Anstöße Politik

Berufliche Schulen

Herausgeber:
Siegfried Jörg
Gunter Ehnert

Autorinnen und Autoren:
Gunter Ehnert
Nicole Rudorf
Iris Sarholz
Thomas Stange
Bettina Wegener
Andrea Wiemeyer

Ernst Klett Verlag
Stuttgart · Leipzig

Wie Sie mit diesem Buch arbeiten

Liebe Schülerinnen und Schüler,

Ihr Politikbuch trägt den Titel „Anstöße". Es möchte Sie anstoßen, über Fragen und Probleme nachzudenken, und Ihnen die dazu notwendigen Kenntnisse vermitteln. Die Denk- und Handlungsanstöße dieses Arbeitsbuches ergeben sich aus kurzen Textauszügen, wichtigen Grafiken, Bildern und Karikaturen. Diese können Sie sich gemeinsam in unterschiedlichen Arbeitsformen erschließen. Sie lernen, soziale und wirtschaftliche Zusammenhänge zu erkennen, politische Entscheidungen nachzuvollziehen, kritisch zu diskutieren und selbst aktiv zu werden. So können Sie sich ein eigenes politisches Urteil bilden und entwickeln dabei auch Ihre Konfliktfähigkeit weiter.

Viele interessante Einsichten wünschen Ihnen die Herausgeber, die Autoren und die Redaktion. Wir sind für Anregungen und konstruktive Kritik dankbar.

Das Buch ist in 10 Kapitel gegliedert. Jedes Kapitel beginnt mit einer **Auftaktdoppelseite**. Sie stoßen auf Bilder, Zitate und offene Fragen. Darin stecken die politischen Probleme, die Sie zum Kapitelthema erwarten.
Wenn Sie das Kapitel erarbeitet haben und einen nachträglichen Blick auf diese Doppelseite werfen, sehen Sie mehr – und manches vielleicht mit anderen Augen.

Das Doppelseitenprinzip gliedert das gesamte Buch. Alle Kapitelthemen werden auf **Themendoppelseiten** dargestellt, die in sich thematisch geschlossen sind. Der blau unterlegte **Verfassertext** in der Randspalte gibt Ihnen eine Einführung in das jeweilige Thema. Inhaltliche Verknüpfungen mit anderen Buchseiten erkennen Sie am Symbol →. Die gelb unterlegten Worterklärungen **Erklärungen**, die darunter stehen, nehmen Sie zu Hilfe, wenn Sie auf unbekannte Begriffe in den Texten stoßen.

Wer mehr Informationen zu einem Thema benötigt als er im Kapitel vorfindet, kann unter dem angegebenen **Online-Link** `Online-Link: 800481-0001` nachschauen oder unter www.klett.de/online recherchieren. Die dort aufgenommenen Materialien und Links werden regelmäßig aktualisiert.

Im Mittelpunkt Ihres Unterrichts werden die **Materialien** stehen M1, auf die sich die **Arbeitsvorschläge** der Doppelseiten **Arbeitsvorschläge** beziehen. Unter jedem Textauszug finden Sie eine Quellenangabe, die Ihnen die Herkunft des Textes verrät. Das ist dann umso wichtiger, wenn es Streit um bestimmte Positionen gibt – und politische Themen sind immer umstritten. Dann können Sie die jeweilige Position leichter zu- oder einordnen.

Jedes Kapitel enthält eine blau unterlegte **Vertiefungsdoppelseite**. Sie unterscheidet sich im Aufbau nicht von den anderen Themendoppelseiten. Hier wird Grundwissen aus dem jeweiligen Kapitel vorausgesetzt und ein Aspekt gezielt vertieft. Wenn Sie ein Referat oder eine Präsentation planen oder wenn Sie das Thema einfach besonders interessiert, greifen Sie zu diesen Seiten.

Für die Erarbeitung von politischen und wirtschaftlichen Themen eignen sich bestimmte Methoden, die Sie auf den Methodendoppelseiten des Buches kennen lernen können. Sie sind gut anwendbar auf die jeweiligen Kapitelthemen, lassen sich aber ebenso gut auch immer wieder neu an anderen Themen erproben. Zuweilen erfordert die Durchführung einer Methode einen größeren Zeitaufwand. Deshalb werfen Sie gleich zu Beginn eines neuen Themas einen Blick auf die **Methodendoppelseite** und planen Ihr Projekt.

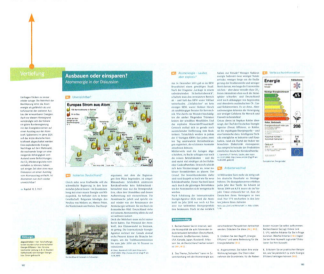

Je öfter Sie eine Methode im Unterricht anwenden, desto selbstverständlicher beherrschen Sie den Ablauf und desto interessanter wird es für Sie – wenn Sie mit Szenarien in die Zukunft schauen, sich als Quizmaster oder Meinungsumfrager betätigen, wenn Sie Ihre Schule mit dem Öko-Audit-Verfahren prüfen oder heftig Pro und Kontra diskutieren. Methoden- und Vertiefungsseiten sind im Inhaltsverzeichnis deutlich gekennzeichnet, damit sie immer schnell zu finden sind.

Inhalt

1 Berufsorientierung im Wandel 8

„Ich bin, was ich kann?"
  Beruf und Leben 10
Jetzt wird's ernst!
  Herausforderung Ausbildung 12
„Ganz schön viel verlangt!"
  Was Arbeitgeber erwarten 14
Flexibel sein?
  Zwischen Job und Traumberuf 16
Mehr als 1000 Worte ...!
  Methode: Karikaturen analysieren 18
Was Hänschen nicht weiß, ...?
  Lebenslanges Lernen.............................. 20
Auf eigenes Risiko?
  Vertiefung: Sich selbständig machen 22
„Sie sind Hausmann?"
  Kindererziehung und Beruf 24
„Früher war alles anders?"
  Generationen im Gespräch 26

2 Arbeit – heute, morgen, übermorgen................... 28

Info@helloworld.com
  Medienkompetenz gefragt 30
Zu Hause arbeiten?
  Telearbeitsplätze 32
Im Datenschungel?
  Methode: Recherchieren im Internet 34
Heute hier – morgen dort?
  Unstete Beschäftigungsverhältnisse................ 36
Schöne, neue Arbeitswelt?
  Im Strukturwandel 38
Im Abseits?
  Risiko Arbeitslosigkeit 40
Konzepte gesucht!
  Vertiefung: Arbeitsmarktpolitik 42
Total global?
  Die vernetzte Arbeitswelt 44

3 Der Sozialstaat im Umbau 46

Was ist schon „sozial"?
  Ideen in einem Begriff 48
Gut und teuer?
  Das System der sozialen Sicherung 50
Jung gegen Alt?
  Der Generationenvertrag im Umbruch 52
Heute an morgen denken?
  Private Altersvorsorge und Grundsicherung 54
Als Verlierer geboren?
  Jugendliche aus Zuwandererfamilien 56
Arm trotz Arbeit?
  Existenzsicherung durch Mindestlöhne 58

Ungleich = ungerecht?
　Kriterien der Einkommensverteilung 60
Wie viel Sozialstaat wollen wir?
　Methode: Eine Meinungsumfrage erarbeiten 62
„Die Rechnung, bitte!"
　Vertiefung: Staatsverschuldung in der Diskussion. 64

4 Europa – und wir mitten drin. 66

Feinde – Partner – Freunde
　Die Geschichte der Europäischen Union. 68
Grenzenlose Freiheit?
　Der Europäische Binnenmarkt 70
Festung Europa?
　Die Außengrenze der EU. 72
Letzte Hoffnung Europa?
　Fluchtweg Mittelmeer 74
Vorhang auf!
　Zusammenarbeit zwischen West und Ost. 76
Beitritt: Nein Danke?
　Die „Türkeifrage". 78
Geben und Nehmen?
　Der Haushalt der EU 80
Alles Markt?
　Vertiefung: Die Gemeinsame Agrarpolitik 82
Dschungelbuch?
　Die Institutionen der EU. 84
Kennen Sie Europa?
　Methode: Ein Quiz entwickeln 86

5 Gewalt – Sackgassen und Auswege 88

Zwang – Willkür – Schicksal
　Gewalt benennen. 90
„Ich habe keine Vorurteile!"
　Vorurteile untersuchen. 92
„Der ist schuld . . . !"
　Ursachenforschung treiben 94
Mediatoren statt Gladiatoren!
　Methode: Streit schlichten 96
Miteinander statt gegeneinander!
　Vertiefung: Toleranz üben 98
„Schalke Unser . . ."
　Sportlich bleiben 100
Von Bildern umstellt
　Verantwortung übernehmen 102

6 Alles, was Recht ist 104

„Machen doch alle so!"
　Kavaliersdelikte, die keine sind. 106
Nur ein Fake!
　Produktpiraterie 108

Erwischt ... und jetzt?
　Sinn und Zweck von Strafe ... 110
„Reden wir?"
　Der Täter-Opfer-Ausgleich ... 112
Heiligt der Zweck jedes Mittel?
　Diskussionen um Folter ... 114
„Die müsste man doch alle killen!"
　Methode: Pro und Kontra argumentieren ... 116
Angst und Schrecken
　Die terroristische Gefahr ... 118
„Ich weiß, was Du getan hast!"
　Überwachung im Rechtsstaat ... 120
„Ich sage, was ich will!"
　Vertiefung: Grenzen der Meinungsfreiheit ... 122
Gleiche Chancen – gleicher Lohn!
　Grundrecht Gleichberechtigung ... 124

7　Die Demokratie der Bundesrepublik Deutschland ... 126

Demokratie – was ist das?
　Elemente und Definitionen ... 128
Wer macht was?
　Institutionen der Demokratie ... 130
Wer kontrolliert wen?
　Vertiefung: Gewaltenteilung in der Demokratie ... 132
Warum so kompliziert?
　Wahlen zum Deutschen Bundestag ... 134
Zum Wohle des Volkes?
　Mitwirkung an der Gesetzgebung ... 136
Bürger an die Macht!
　Pro und Kontra Volksentscheid ... 138
Aktiv sein für andere?
　Politisches Interesse und Engagement ... 140
Am Rande der Demokratie
　Rechtsextremismus unter Jugendlichen ... 142
Jenseits der Demokratie
　Parteienverbot als Lehre aus der Geschichte ... 144
Wer soll das bezahlen?
　Parteienfinanzierung in Deutschland ... 146
„Sagen Sie mal, ..."
　Methode: Experten befragen ... 148

8　Neue Technologien – Chancen und Risiken ... 150

Der Traum vom Fliegen
　Was die Menschheit vorantreibt ... 152
Digital gespalten?
　Die vernetzte Gesellschaft ... 154
Sicher im Netz?
　Online-Shopping und E-Commerce ... 156
Lost in Cyberspace?
　Virtuelle Gewaltspiele ... 158
Freund oder Feind?
　Roboter im Einsatz ... 160

Optima(h)l?
    Lebensmittel aus dem Genlabor 162
Komplett entschlüsselt
    Das Humangenom 164
Menschen nach Maß?
    Vertiefung: Bioethische Diskussionen 166
Im Jahr 2053 ...
    Methode: Szenarien entwickeln 168

9 Umweltschutz zwischen Ökonomie und Ökologie 170

Im Widerstreit?
    Ökonomie und Ökologie 172
Schönes Wetter!?
    Treibhauseffekt und Klimawandel 174
„... ich geb' Gas!"
    Umstrittenes Tempolimit 176
Ein teurer Spaß?
    Umweltschäden durch „Billigflieger" 178
Ein neuer Mix?
    Energiewende geplant 180
Ausbauen oder einsparen?
    Vertiefung: Atomenergie in der Diskussion 182
Umweltschutz mit Prüfsiegel?
    Ökologische Unternehmensführung 184
Umweltfreundliche Schule?
    Methode: Das Öko-Audit-Verfahren anwenden 186

10 Entwicklung und Frieden in der Einen Welt 188

„Nur weg von hier!"
    Migration weltweit 190
Zu teuer?
    Ein neues Klimaschutzabkommen 192
Made in Germany?
    Internationale Arbeitsteilung 194
Gemeinsam abwärts?
    Vertiefung: Internationale Abhängigkeit 196
Gewinner und Verlierer?
    Neue Regeln für den Kaffeemarkt 198
„Fair Pay – Fair Play!"
    Initiativen gegen Kinderarbeit 200
Ausweg in Sicht?
    Der Teufelskreis der Armut 202
„250 Millionen für ... ?"
    Methode: Rollenspiele inszenieren 204
Die Farbe des Friedens
    Ziele und Aufgaben der UNO 206
Riskante Aufbauhilfe?
    Die Bundeswehr in Afghanistan 208
Gemeinsam stärker?
    Nachhaltige Entwicklungspolitik 210

Stichwortverzeichnis 212
Bildnachweis 216

1 Berufsorientierung im Wandel

„Berufsausbildung abgeschlossen – Schluss mit Lernen!"

„In der heutigen Arbeitswelt kann man sich nicht mehr darauf verlassen, alles Nötige zu wissen."

Assistentin für Gestaltung

Online-Link
800481-0001

Arzthelfer

Mechatronikerin

- Für welchen Beruf soll ich mich entscheiden?
- Was kann ich?
- Was will ich?
- Was wird von mir erwartet?
- Welche Folgen hat meine Berufswahl?

Diese und weitere Fragen und Denkanstöße erwarten Sie auf den nächsten Seiten.

1 Berufsorientierung im Wandel

„Ich bin, was ich kann?"
Beruf und Leben

Arbeiten, um zu leben, oder leben, um zu arbeiten? Wenn wir uns entscheiden, einen Beruf zu erlernen oder eine Arbeit anzunehmen, spielen bei unserer Entscheidung viele Faktoren eine Rolle. Welche Fähigkeiten bringe ich selber mit? Was bin ich bereit zu leisten? Fragen, die sich jeder Auszubildende und Arbeitnehmer stellen muss.

Auf dieser Themendoppelseite finden Sie einige Anregungen zur Auseinandersetzung mit der neuen Lebenssituation, die viel Verantwortung mit sich bringt.

→ Kapitel 2, S. 30–39

M1 Arbeiten früher

Werkstatt im Registrierkassenbauwerk der Krupp AG Essen, um 1910

M2 Arbeiten heute

Moderne Autoproduktion, um 2000

M3 Veränderte Arbeitszeiten

Vor rund 150 Jahren mussten sowohl Männer als auch Frauen und Kinder noch 14 bis 17 Stunden am Tag arbeiten – und zwar sieben Tage in der Woche. Erst um 1900 wurden der Zehnstundentag und der arbeitsfreie Sonntag eingeführt. Den Achtstundentag gibt es seit 1913, die Fünftagewoche seit 1956 bzw. in der ehemaligen DDR seit 1967.

R. Breun, Zur Arbeitsgeschichte, in: Leben leben 9/10, Leipzig (Ernst Klett Verlag) 4/2001, S. 99 f.

M4 Sprichworte und Zitate

In der Wissenschaft wissen wir sehr klar, dass der Fortschritt des einen sich aufbaut auf den Schultern der Arbeit des anderen ...
(Arnold Zweig, Schriftsteller, 1887–1968)

Arbeit ist das halbe Leben.

Wer rastet, der rostet.

Wir arbeiten Hand in Hand: Was die eine nicht schafft, lässt die andere liegen ...
(unbekannt)

Den wirklichen Wert eines Menschen misst man an der Arbeit, der er nachgeht.
(Marc Aurel, Philosoph, 121–180)

Müßiggang ist aller Laster Anfang.

Gesegnet ist der, der seine Arbeit liebt. Er möge keinen anderen Segen erbitten.
(Thomas Carlyle, Philosoph und Historiker, 1795–1881)

M5 Wozu arbeiten?

Ich arbeite, ...

... um Respekt zu gewinnen:
„Ich möchte, dass andere meine Tüchtigkeit und meine Arbeitsergebnisse anerkennen."

... um Bewunderung zu gewinnen:
„Ich möchte, dass sich andere über meine Arbeit freuen, staunen und mich ‚toll' finden."

... um auf mich stolz sein zu können:
„Ich möchte sagen können: Das ist mein Werk. Das habe ich getan."

... um Ärger und Aggression ausdrücken zu können:
„Wenn ich eine Arbeit beendet habe, will ich sagen können: Damit bin ich fertig geworden. Diese Schwierigkeit habe ich gemeistert."

... um einen bestimmten Lebensstandard zu erreichen:
„Mit diesem Einkommen kann ich mir bestimmte Dinge leisten, die mir wichtig sind."

... um meinen Lebensunterhalt zu verdienen:
„Ich möchte mit meiner Arbeit sicherstellen, dass ich genug zu essen und ein Dach über dem Kopf habe."

... um meine Neugier und meine Lust an Abwechslung zu befriedigen:
„Mir liegt es, Ideen und Projekte anzukurbeln. Sie können dann ruhig von anderen zu Ende geführt werden."

... um Macht zu haben:
„Ich will anderen sagen, was sie zu tun haben und kontrollieren, wie sie die Dinge erledigen."

nach: K.W. Vopel, Interaktionsspiele für Jugendliche, Teil 1, Salzhausen (iskopress) 8/2003, S. 126f.

M6 Arbeit und Glück

Welchen Anteil hat unser Job an unserem persönlichen Glück, Herr Professor Frey?
Einen außerordentlich hohen. Besonders sichtbar ist das, wenn man keine Arbeit hat: Studien zeigen, dass Personen, die ihre Arbeit verlieren, extrem unglücklich werden, weil ein sinnvolles, erfülltes Leben in unserer Gesellschaft noch immer mit Arbeit verbunden ist.

Arbeit als entscheidender Faktor, um glücklich zu sein? Messen wir ihr da nicht zu viel Bedeutung bei?
Der hohe Stellenwert ist gerechtfertigt: Arbeit hat der Menschheit ermöglicht, ein gutes Leben zu führen – unter guten materiellen und gesundheitlichen Bedingungen.

Professor Bruno S. Frey lehrt an der Universität Zürich Ökonomie (und forscht über das Glück).

Auszug aus einem Interview mit Annabel Dillig, „Wir wollen arbeiten", in: Neon 7/2008, S. 80f.

Arbeitsvorschläge

1. Betrachten und vergleichen Sie die Bilder (M1 und M2). Welche Veränderungen sehen Sie, welche allgemeinen Schlussfolgerungen lassen sich ziehen?

2. Wo arbeiten die Menschen (M2)? Diskutieren Sie Vor- und Nachteile der veränderten Berufswelt.

3. Recherchieren Sie aktuelle Zahlen zur heutigen Tages- und Wochenarbeitszeit. Stellen Sie diese den historischen Angaben (aus M3) in einer Tabelle gegenüber. Diskutieren Sie in Ihrer Klasse, wie weit die Arbeitszeitverkürzung vorangetrieben werden sollte.

4. Sammeln Sie in Kleingruppen auf einem Plakat weitere Zitate und Sprichworte zum Thema „Arbeit" (wie in M4). Markieren Sie diejenigen, die Sie für zutreffend halten. Begründen Sie Ihre Meinung.

5. Diskutieren Sie anschließend im Plenum, welchen Stellenwert Arbeit für Sie persönlich und in der Gesellschaft hat. Beziehen Sie die in M5 und M6 beschriebenen Ziele und Zwecke des Arbeitens in Ihr Gespräch mit ein.

1 Berufsorientierung im Wandel

Jetzt wird's ernst!
Herausforderung Ausbildung

Wenn andere Menschen Sie nach dem gefragt haben, was Sie denn so beruflich machen, haben Sie bis jetzt wahrscheinlich meistens geantwortet: „Ich bin Schülerin" oder „Ich bin Schüler". Wie würden Sie heute auf so eine Frage antworten? Schließlich machen Sie jetzt gerade die ersten Schritte in Richtung Berufswahl oder Berufstätigkeit. Das bedeutet, dass Ihre Ausbildung nun einen Rahmen hat, der stärker an einer beruflichen Praxis orientiert ist. Für viele von Ihnen heißt das sogar: Lernen in einem Ausbildungsbetrieb und Lernen in der Berufsschule. Ist der schulische Teil der Berufsausbildung anders als das, was Sie bisher als Schule kennen? Diese Seite soll Ihnen helfen, sich in dieser neuen Situation zu orientieren.

M1 Das duale System

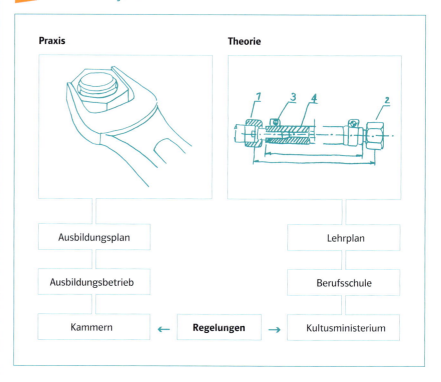

M2 Zwei Lernorte

Da die Ausbildung im Betrieb und in der Berufsschule an zwei Lernorten erfolgt, wird sie auch als duale Berufsausbildung bezeichnet. Auf der Grundlage der Ausbildungsordnung, des Ausbildungsberufsbildes und des Ausbildungsrahmenplanes vermittelt der Betrieb die Fertigkeiten, Kenntnisse und Berufserfahrungen, die für die Ausübung des Berufes wichtig sind.

Dieser eher praktische Teil der Berufsausbildung wird in der Berufsschule durch theoretisches Wissen (Fachbildung) ergänzt und durch allgemein bildenden Unterricht erweitert. Die Inhalte und zeitlichen Abläufe sind im jeweiligen Rahmenlehrplan für diesen Beruf und in den Lehrplänen des Bundeslandes festgelegt.

http://berufswahl.lernnetz.de (Zugriff am 10.02.2009)

M3 Vor- und Nachteile des dualen Systems

Das duale System führt zu einer praxisnahen Berufsausbildung und versorgt die Wirtschaft mit qualifizierten Arbeitskräften. Die Ausbildung und der Unterricht in der Schule sorgen dafür, dass die Betriebe nicht einseitig nach ihrem speziellen Bedarf ausbilden. Allerdings funktioniert dieses System nur, wenn viele Betriebe bereit sind auszubilden – auch über ihren eigenen Bedarf hinaus. Ein Gleichgewicht zwischen dem Angebot und der Nachfrage nach Lehrstellen ist dabei nur schwer herzustellen. Betriebe sind besonders dann bereit auszubilden, wenn sie später selbst Verwendung für die Azubis haben.

P. Nabholz/H. Uhl (Hg.), Zeitfragen, Leipzig (Ernst Klett Verlag) 2008, S. 11

M4 Was Jugendliche vom Lernen am Arbeitsplatz halten

Lernen im Betrieb und in der Berufsschule

Ich denke, Lernen am Arbeitsplatz ist super. Man erfährt viel mehr über Aufgaben und Tätigkeiten als in der Berufsschule. Ich halte die Ausbildung in der Berufsschule trotzdem für sehr wichtig.

Corinna Kugler, Detternhausen

Gruppenarbeit macht Spaß

Richtige Aufträge ausführen, bringt mir bestimmt viel. Und ich muss wissen, warum etwas gemacht wird. Ich bin für Gruppenarbeit, das macht mehr Spaß und man kann viel lernen. Sogar durch die Fehler kann man in der Gruppe lernen.

Enrico Sallini, Steingaden

Allein tüfteln

Gruppenarbeit? Nein danke! In der Gruppe diskutiert und streitet man zu oft. Ich möchte höchstens zu zweit arbeiten.

Ralf Hauser, Gonheim

aus einem Flyer der Bundesanstalt (jetzt Bundesagentur) für Arbeit, 2002, erarbeitet von Corinna Kugler

M5 Pflichten und Rechte

Mit dem Abschluss des Ausbildungsvertrages übernehmen die Ausbildungsbetriebe gegenüber den Auszubildenden und umgekehrt eine Reihe von Pflichten, die ausdrücklich Bestandteil des Ausbildungsvertrages sind. (Die Pflichten einer Partei sind gleichzeitig die Rechte der anderen Vertragspartei.)

für Auszubildende	für Ausbildende
• **Dienstleistungspflicht** Ausführung der im Rahmen der Ausbildung übertragenen Arbeiten mit Fleiß, Aufmerksamkeit und Sorgfalt	• **Ausbildungspflicht** Unterweisung und Beschäftigung der Azubis gemäß Berufsbildungsplan, Bereitstellung der Ausbildungsmittel, Freistellung zum Berufsschulbesuch, Überprüfung der Berichtsheftführung
• **Gehorsamkeitspflicht** Befolgung der Weisungen des Ausbilders oder anderer weisungsberechtigter Personen	• **Fürsorgepflicht** Arbeitsräume und Arbeitsbedingungen müssen so gestaltet sein, dass die Gesundheit der Auszubildenden nicht gefährdet ist
• **Sorgfalts- und Haftpflicht** Einrichtungen und Arbeitsmaterial nur zu den übertragenen Arbeiten verwenden, sorgsam damit umgehen und keinen Missbrauch damit treiben	• **Vergütungspflicht** Zahlung einer Ausbildungsvergütung gemäß gesetzlicher und tarifvertraglicher Regelungen, Gewährung des jährlichen Urlaubs
• **Pflicht zur Sauberkeit und Hygiene**	• **Zeugnispflicht** Ausstellung eines Zeugnisses bei Beendigung des Ausbildungsverhältnisses
• **Schweige- und Treuepflicht** alle betriebsinternen Vorgänge auch nach Beendigung des Arbeitsverhältnisses geheim halten	• **Meldepflicht** Meldung zur Abschlussprüfung spätestens drei Monate vor dem Prüfungstermin
• **Berufsschulpflicht**	
• **Führung eines Berichtsheftes**	
• **Mitteilungspflicht** alle im Rahmen des Betriebs wichtigen Vorkommnisse unverzüglich dem Ausbildenden mitteilen	

zusammengestellt nach Universität Siegen Redaktion: http://www.uni-siegen.de (Zugriff am 11.11.2009)

Arbeitsvorschläge

1. Sie lernen ab jetzt sowohl in der Berufsschule als auch am Arbeitsplatz (M1). Sammeln Sie Informationsmaterial über Ihre Schule, Ihren Ausbildungsbetrieb und Ausbildungsberuf. Fertigen Sie daraus eine Collage an, aus der die neuen Anforderungen erkennbar werden.

2. Stellen Sie die Vor- und Nachteile einer Ausbildung an zwei Lernorten (M2, M3) einander gegenüber. Diskutieren Sie über die Notwendigkeit einheitlicher Ausbildungsordnungen.

3. Die Klasse kennt Sie noch nicht? Dann stellen Sie sich vor. Schreiben Sie auf einen Bogen DIN-A3-Papier Ihren „Steckbrief". Schließen Sie mit einem kurzen Statement zu Ihrer Ausbildungssituation („Diese Ausbildung ist für mich richtig und wichtig, weil …").

4. Welche Erfahrungen haben Sie bisher mit Gruppenarbeit gemacht? Wählen Sie die Position in M4 aus, der Sie am ehesten zustimmen und begründen Sie Ihre Wahl.

5. Um Ihre Ausbildung zu beginnen, haben Sie einen Ausbildungsvertrag unterschrieben. Erarbeiten Sie zusammen mit Ihren Lehrenden einen Vertrag über Ihre Zusammenarbeit in der Schule. Orientieren Sie sich dabei an den in M5 aufgeführten Aspekten.

1 Berufsorientierung im Wandel

„Ganz schön viel verlangt!"
Was Arbeitgeber erwarten

Sie befinden sich in der Berufsvorbereitung, möchten also demnächst eine Berufsausbildung beginnen oder einen Berufsabschluss erwerben. Haben Sie sich richtig entschieden? Läuft bisher alles nach Ihren Vorstellungen? Natürlich denken Sie auch darüber nach, wie es danach weitergehen soll. Dann heißt es wieder: Bewerbungen schreiben! Sie werden den Job bekommen, wenn die Erwartungen, die der Arbeitgeber hat, mit Ihren Kompetenzen übereinstimmen. Aber woher wissen Sie, was von Ihnen verlangt wird? Kann man dazu genügend Erfahrungen in der Ausbildung sammeln?

→ Kapitel 2, S. 36 f.

M1 Eine Stellenanzeige

Wir suchen für ein großes, renommiertes Unternehmen motivierte, zuverlässige und engagierte

Elektriker, Elektroniker, Mechatroniker (m/w)

Aufgaben:
- Herstellung, Montage, Wartung, Entstörung und Instandhaltung von elektromechanischen Anlagen, Geräten und Baugruppen
- Komplettierung, Verdrahtung und Prüfung von Schaltanlagen und Schaltschränken
- Einhaltung von Qualiäts- und Leistungsstandards
- Reparatur- und Wartungsarbeiten

Qualifikationen:
- abgeschlossene Berufsausbildung als Elektriker (oder eine vergleichbare Ausbildung)
- Erfahrung im Arbeiten nach Zeichnungen
- selbstständiges und verantwortungsbewusstes Arbeiten
- konzentrierte und exakte Arbeitsweise
- schnelle Auffassungsgabe
- Zuverlässigkeit, Teamfähigkeit, Flexibilität
- Schichtbereitschaft
- Auto und FS von Vorteil

http://nrw.stellenanzeigen.de/stellenangebote/list_main.asp?t=handwerk (Zugriff am 20.01.2009)

M2 Darauf kommt es an

Sven Seurig, Inhaber eines Malerbetriebs in Großenhain:
„Das Wichtigste im Handwerk sind Umgangsformen, Höflichkeit und Freundlichkeit. Das ist erst mal eine Grundvoraussetzung und alles andere kommt dann von ganz allein. Eine gewisse Teamfähigkeit ist auch wichtig, weil die jungen Leute entweder auf der Baustelle mit erfahrenen Mitarbeitern oder in der überbetrieblichen Ausbildung mit Gleichaltrigen zusammenarbeiten und sich einordnen müssen. Wenn sie nicht mitziehen, dann funktioniert es nicht."

Norbert Dörschner, Geschäftsbereichsleiter Personalmarketing Kaufland:
„Persönliche Stärken, die im Kundenkontakt extrem wichtig sind, spielen bei uns eine große Rolle. Das sind Freundlichkeit, gepflegtes Aussehen und Ausstrahlung. Wenn es um die Inhalte der Arbeit geht, ist uns Verantwortungsbewusstsein sehr wichtig, weil im Handel alles im Detail höchsten Anforderungen genügen muss. Hinzu kommt noch Teamfähigkeit. Denn im Handel sind Sie immer mit Menschen zusammen. Einzelgänger oder Menschen, die gern isoliert arbeiten, werden hier nicht glücklich.

Dieter Omert, Leiter Bildungswesen Audi:
Leistungsorientierung spielt für uns eine ganz wichtige Rolle. Das heißt, jemand nimmt sich konkret etwas vor, jemand möchte Ziele erreichen. Das Thema Teamfähigkeit ist ein ebenso wichtiges Merkmal. Es gibt in der heutigen Arbeitswelt fast keine Tätigkeiten mehr, die jemand allein ausführen kann.
Und als Drittes zählen Auftreten und Erscheinungsbild. Da kommt es nicht so sehr auf Äußerlichkeiten an, z. B. ob jemand einen Ohrring oder so was hat. Sondern: achtet jemand auf sein äußeres Erscheinungsbild, ist die Kleidung der Situation angemessen. Und: kann er auf Menschen zugehen, ist er freundlich, grüßt er?

Bundesagentur für Arbeit (Hg.), Planet Beruf. Mein Start in die Ausbildung, Nürnberg, Juli 2008

Erklärungen

konservativ = am Überlieferten festhaltend; althergebracht, bisher üblich
souverän = einer Lage oder Aufgabe gewachsen sein

M3 Schief gelaufen

Im Schnitt wird jeder vierte neu abgeschlossene Vertrag während der Ausbildung wieder gelöst. Erheblich geringer ist der Anteil abgebrochener Lehren im öffentlichen Dienst, viel höher zum Beispiel im Handwerk und in den freien Berufen. Klein- und Mittelbetriebe sind eher betroffen als größere Unternehmen.

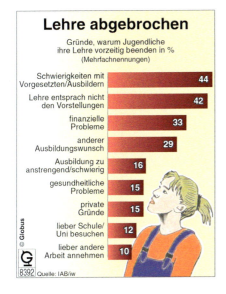

M4 Das Vorstellungsgespräch

Ein Vorstellungsgespräch findet meist mit einem oder mehreren Mitarbeitern aus der Personal- und der jeweiligen Fachabteilung statt. Jetzt geht es darum, richtig Eindruck zu machen. Meistens haben Sie ein paar Tage Zeit für die Vorbereitung. Sammeln Sie wichtige Informationen über das Unternehmen – z.B. in der aktuellen Presse oder im Internet (zur wirtschaftlichen Entwicklung der Branche usw.). Damit Sie im Gespräch auch etwas über Ihre zukünftige Ausbildung äußern können, machen Sie sich vorher schlau bei der Industrie- und Handelskammer.

Alles, was Sie zum Gespräch mitbringen sollten, sind eine positive Einstellung, Ihre Bewerbungsunterlagen sowie einen Notizblock mit Ihren vorbereiteten Fragen. Das Gespräch selbst folgt einem typischen Verlauf. In der Regel ermöglicht man Ihnen ein kleines „warming-up". Meist um Ihnen die Aufregung zu Beginn mit etwas Smalltalk zu nehmen. Man fragt Sie zu Ihrer Anreise, stellt Ihnen die anderen Teilnehmer vor oder hält einen kleinen Vortrag zum Unternehmen. Hören Sie aufmerksam zu, so können Sie sich auch gut von Ihrer Aufregung ablenken. Anschließend stellen Sie sich den Fragen zu Ihrer Person, zu Ihrer fachlichen und persönlichen Eignung und zu ihrem persönlichen Umfeld. Dann werden die allgemeinen Rahmendaten (wie Beginn der Tätigkeit, Erwartungen, Gehalt usw.) geklärt. Zum Abschluss können Sie Ihre eigenen Fragen stellen und sich über den weiteren Entscheidungsprozess informieren.

zusammengestellt nach: Bewerbertipps der BARMER Ersatzkasse: http://www.barmer.de/berufsstart (Zugriff am 30.05.2009, gekürzt)

Arbeitsvorschläge

1. In **M1** und **M2** finden Sie Beispiele für die Erwartungen von Arbeitgebern. Stoßen Sie auf diese Erwartungshaltung auch in Ihrem Betrieb? Auf welche Kompetenzen wird besonders viel Wert gelegt? Tauschen Sie Ihre Erfahrungen aus.

2. Stellen Sie diesen Erwartungen von außen Ihre eigenen Vorstellungen gegenüber: Notieren Sie Ihre Gedanken unter den beiden Fragen „Was erwarte ich von mir?" und „Was erwarte ich von meinem Ausbildungsbetrieb?" auf Wandplakaten.

3. Interpretieren Sie die statistischen Angaben in **M3**: Warum werden Ausbildungsverhältnisse vorzeitig gelöst? Was können Auszubildende tun, damit ihr Ausbildungsverhältnis nicht vorzeitig vom Arbeitgeber gelöst wird? Was würden Sie einem Auszubildenden raten, dessen Ausbildungsverhältnis vorzeitig gelöst wurde? Recherchieren Sie mit Hilfe des Online-Link auf S. 9.

4. Gleichgültig, ob Sie sich in der Berufsvorbereitung oder in einem Ausbildungsverhältnis befinden, das nächste Vorstellungsgespräch kommt bestimmt. Überprüfen Sie **M4** daraufhin, welche Kompetenzen bereits bei einem Vorstellungsgespräch dargestellt werden können.

5. Informieren Sie sich im Internet (Jobbörsen) über weitere wichtige Aspekte eines Vorstellungsprächs. Ergänzen Sie mit Hilfe dieser Informationen Ihre Arbeitsergebnisse zu Vorschlag 4.

1 Berufsorientierung im Wandel

Flexibel sein?
Zwischen Job und Traumberuf

Die Entscheidung für einen bestimmten Ausbildungsberuf ist eine Entscheidung, die das weitere Leben stark beeinflusst. Manche von Ihnen haben den Ausbildungsplatz gefunden, der für sie der Traumjob ist. Andere haben sich für eine Ausbildung entschieden, „um erst mal überhaupt was zu machen", oder weil sie „keine andere Zusage bekommen" haben. Auf der Suche nach dem Traumjob leiten Sie bestimmte Vorstellungen von dem, was Sie im Leben erreichen wollen und was Sie bereit sind, dafür zu tun. Dabei ändern sich natürlich auch im Laufe des Lebens Haltungen. Auf welche Bedingungen müssen Sie sich einstellen? Können Sie so lange suchen, bis Sie die ideale Lehrstelle gefunden haben? Und wenn nicht, was dann?

→ Kapitel 2, S. 36 – 39
→ Kapitel 3, S. 52 f.

M1 Die ideale Lehrstelle?

M2 Hauptsache Arbeit?

Diejenigen, die Arbeit haben, strampeln sich ab, um sie zu behalten. Erfüllen sie die Voraussetzungen nicht oder nicht mehr, gibt es genügend Alternativen, suggerieren die Medien. In dieser Situation können Arbeitgeber immer mehr verlangen: schnellere, bessere, flexiblere Arbeitnehmer, fünf Fremdsprachen kein Hindernis. Um einen Arbeitsplatz zu halten, sind manche bereit, nur noch für den Job zu existieren. Machen Überstunden, checken abends beim Bier schnell noch mal die dienstlichen Mails und sind am Wochenende für den Chef mobil auf Empfang – freiwillig, flexibel bis zum Umfallen. Man möchte ja schließlich auch eine Arbeit, die einen erfüllt. Aber: Muss das so sein? Erwartet das wirklich jemand – oder verlangen wir es am Ende nur von uns selbst? Gibt es einen erfüllenden Job nur bei totalem Engagement? Wo ist die Grenze? Klar, Arbeit muss satt machen, aber: Macht sie so auch glücklich?

http://nrw.stellenanzeigen.de (Zugriff am 20.01.2009)

M3 Azubis gesucht!

Die Bundesagentur für Arbeit meldet rund 100 000 unbesetzte Lehrstellen. Den Statistiken zufolge geht die Zahl der Bewerber deutlich stärker zurück als die der gemeldeten Ausbildungsstellen. Demnach waren Ende Juli 2009 14 Prozent weniger Bewerber bei der Bundesagentur registriert als noch vor einem Jahr. „Trotz Krise fehlt es nicht an Lehrstellen, sondern an Bewerbern", erklärte der Präsident des Deutschen Industrie- und Handelskammertages (DIHK).

EINSTIEG GmbH (Hg.): http://www.einstieg.com (Zugriff am 01.09.2009, gekürzt)

M4 „Ich wollte neue Perspektiven!"

Anstöße Politik: Frau Meibeck, Sie sind jetzt Referendarin an einem Berufskolleg. War Lehrerin schon immer Ihr Traumberuf?

Frau Meibeck: Nein, ursprünglich wollte ich Restauratorin werden. Nach dem Abschluss der Hauptschule mit Fachoberschulreife und dem Besuch des Berufsgrundschuljahres habe ich deshalb eine Ausbildung zur Malerin und Lackiererin absolviert.

Anstöße Politik: War das der richtige Schritt in Richtung Ihres Traumberufs?

Frau Meibeck: Mit dem Gesellenbrief hatte ich das notwendige Grundwissen für die Arbeit in einem Restaurationsbetrieb. Aber die Einstellungsbedingungen waren schlecht, weil es nur wenige Betriebe gab, in denen man als Restauratorin arbeiten konnte. Außerdem gab es viele Bewerber für solche Stellen, die bereits ein berufsspezifisches, abgeschlossenes Studium nachweisen konnten, also besser qualifiziert waren.

Anstöße Politik: Hat Sie das nicht entmutigt?

Frau Meibeck: Nein. Zunächst habe ich eben in meinem Beruf als Malerin und Lackiererin gearbeitet. Dann habe ich mich entschlossen, die Fachhochschulreife, Schwerpunkt Gestaltung, an einer Kollegschule zu erlangen. Damit war ich meinem Ziel schon ein Stückchen näher. Später habe ich dann meinen Meister gemacht. Zu dieser Zeit begann ich mit Jugendlichen zu arbeiten und z.B. Auszubildenden mein Wissen weiter zu geben – das machte mir Spaß.

Anstöße Politik: Und das hat einen Sinneswandel ausgelöst?

Frau Meibeck: Sinneswandel ist vielleicht nicht ganz richtig. Aufgrund der gegebenen Bedingungen habe ich überlegt, wie ich meine erworbenen Qualifikationen und Interessen bestmöglich nutzen könnte, auch wenn das hieß, dass ich dann eben nicht Restauratorin werden würde. Also erwarb ich an einer Kollegschule die Allgemeine Hochschulreife und nahm anschließend ein Lehramtsstudium auf.

Anstöße Politik: Das war ja nicht gerade ein einfacher Weg …

Frau Meibeck: Aber für mich hat er sich gelohnt.

Das Interview führte Andrea Wiemeyer

M5 Das Geschäft mit dem Traum vom Traumjob

[…] Selbst die Kinder wissen inzwischen, dass nicht der weiterkommt, der die beste Stimme hat, sondern der, der sich am besten verkaufen kann. Und dessen Story von RTL besonders rührend erzählt wird. Und sie haben auch gelernt, was mit den Losern passiert. Die beim DSDS-Casting durchgefallen sind und deren peinliche Auftritte dem Fernsehpublikum immer wieder vorgeführt werden – mit dem Trost, dass auch sie eine gewisse Berühmtheit erlangen und vielleicht sogar mal eine Disko oder ein Möbelhaus eröffnen dürfen.

„Ich wär' auch gern Superstar". Das hat unser Junge früher gesagt. Nach drei Staffeln hat sich sein Berufswunsch geändert. „Ich wär' gern der Moderator", sagt er heute. […]

H. Jahberg, Was machen wir heute? Superstars anschauen: http://www.tagesspiegel.de (Zugriff am 23.03.2009)

M6 Casting statt Ausbildung?

„Deutschland sucht den Superstar"

Arbeitsvorschläge

1. Lieber eine Metzgerlehre in München als chancenlos in Flensburg? Interpretieren Sie die Karikatur **M1** (vgl. S. 18f.) und diskutieren Sie, wie weit die Flexibilität von Auszubildenden gehen sollte.

2. Wären Sie bereit, sich wie in **M1** und **M2** beschrieben für eine Ausbildungs- oder Arbeitsstelle zu engagieren? Nehmen Sie Stellung zu den im Text aufgeworfenen Fragen.

3. Hält der Trend zu steigenden Ausbildungschancen an (**M3**)? Recherchieren Sie die aktuellen Zahlen (vgl. Online-Link S. 9).

4. Lesen Sie die Berufsbiografie **M4**. Ist diese Entwicklung eher ein Ergebnis von Zufällen und äußeren Einflüssen oder von persönlichem Engagement? Worin unterscheidet sich dieses Engagement von den in **M2** beschriebenen Anstrengungen? Entscheiden und begründen Sie, zu welchem Einsatz Sie bereit und in der Lage sind, um Ihre beruflichen Ziele zu erreichen.

5. Interpretieren Sie die Aussagen in **M5** und entwickeln Sie in Ihrer Lerngruppe eine Pro- und Kontraliste zum „Berufswunsch Superstar" (**M5**, **M6**).

Methode

Mehr als 1000 Worte ...!
Karikaturen analysieren

Karikatur oder Bild?

Karikaturen sind Zeichnungen, die als Aussagen zum Zeitgeschehen in Zeitungen, Zeitschriften, Flugblättern oder anderen Veröffentlichungen abgedruckt werden und einen großen Kreis von Betrachtern erreichen.

Karikaturen sind damit Bildquellen, die durch die Aussageabsicht des Karikaturisten geprägt werden. Der Karikaturist benutzt wenige Bestandteile einer Situation und „überzeichnet" (= karikiert) diese so, dass eine klare, hintergründige Wahrheit sichtbar wird. Die Karikatur teilt also ganz bewusst und überdeutlich ihre Meinung über die Realität mit. Der Standpunkt des Karikaturisten lässt sich aus dieser Botschaft meistens leicht erschließen. Zuweilen besitzen Karikaturen einen Titel, der auf die Aussageabsicht verweist und das Verständnis der Bildinhalte erleichtert.

Ob Parteienstreit, Steuererhöhung oder Bundeswehreinsatz, Karikaturen bringen politische Themen und Stimmungen auf den Punkt. Spiegelt eine Karikatur Ihre persönliche Meinung wider? Mit ein paar einfachen Interpretationshilfen und Hintergrundkenntnissen können Sie einer Karikatur auf den Grund gehen.

Wie gehe ich bei der Analyse vor?

1. Beschreiben, was zu sehen ist

Weil Karikaturen viele Informationen über nur ein Bild vermitteln, ist es wichtig, jedes Detail wahrzunehmen. Fragen Sie sich: Was ist zu sehen? Was ist zu lesen? Was fällt mir besonders auf? und beantworten Sie diese Fragen durch eine möglichst genaue Beschreibung. Beschreiben Sie z. B., welche Personen der Karikaturist gezeichnet hat, was sie tun, welche Körperhaltung und welchen Gesichtsausdruck sie zeigen. Wie stehen die Personen zueinander? Stehen Sie in einem bestimmten Umfeld? Welche Objekte, Schriftzüge usw. nehmen Sie außerdem wahr? Ist die Karikatur klar und übersichtlich strukturiert?

2. Den Situationsbezug herstellen

Um dahinter zu kommen, was genau der Karikaturist mit seiner Zeichnung ausdrücken und kommentieren möchte, kann es notwendig sein, einige Hintergrundinformationen zu recherchieren. Benennen Sie das Thema der Karikatur und informieren Sie sich darüber in groben Zügen. Dieser Schritt ermöglicht Ihnen, einen Situationsbezug zwischen der Karikatur und dem politischen Problem herzustellen, zu welchem der Zeichner Stellung bezieht. Hier kann es sehr aufschlussreich sein herauszufinden, wo die Karikatur veröffentlicht wurde. Eine Karikatur zum Thema „Dienstleistungsgesellschaft" (wie unser Beispiel) wird in einer Gewerkschaftszeitschrift anders aussehen als in einem Blatt des Arbeitgeberverbandes. Wohin würde z. B. die Karikatur zum sozialen Netz (vgl. S. 19) passen?

aus: Metall. Monatsmagazin der Industriegewerkschaft Metall, Heft 6/2005, S. 35

3. Die Kernaussage herausarbeiten

Auf der Grundlage Ihrer genauen Beschreibung und Ihrer Hintergrundinformationen zum Thema können Sie nun die Karikatur einordnen und analysieren. In welchem Bezug stehen die dargestellten Personen, Objekte und Situationen zum politischen Hintergrund? Was sollen sie symbolisieren? Welche Aussagen und Bewertungen können daraus abgeleitet werden? Wenn es Ihnen gelingt, diese Fragen zu beantworten, dann erkennen Sie gleichzeitig, wen der Zeichner anspricht bzw. auch angreift. Was kritisiert er? Oder wofür ergreift er Partei? Mit dem kritischen Punkt haben Sie die Aussageabsicht des Karikaturisten gefunden.

4. Selbst Stellung beziehen

In einem letzten Analyseschritt können Sie die Karikatur abschließend bewerten. Vielleicht teilen Sie die Kernaussage des Zeichners nicht, vielleicht möchten Sie widersprechen? Dann formulieren Sie einen eigenen politischen Kommentar zum Thema – oder besser noch: Fertigen Sie selbst eine Karikatur an.

1 Berufsorientierung im Wandel

Was Hänschen nicht weiß, …?
Lebenslanges Lernen

Ausgebildet = ausgelernt? Wer seine Berufsausbildung abgeschlossen hat, denkt manchmal: „Jetzt ist endlich Schluss mit der Lernerei!" Aber in der heutigen Arbeitswelt kann man sich nicht mehr darauf verlassen, alles Nötige zu wissen. Berufe und Berufsbilder verändern sich sowohl was Geräte, Maschinen und Techniken angeht, als auch hinsichtlich der Arbeitsabläufe und Arbeitsformen. Vielleicht scheint es vielen ganz selbstverständlich, dass man sich schnell auf neue Arbeitsbedingungen und -techniken einstellen können muss. Aber ein Leben lang lernen – können wir das?

→ Kapitel 2, S. 36 – 40
→ Kapitel 8, S. 154 f.

Erklärungen

Priorität = Vorrang, Vorzug
ethnisch = die Kultur und Lebensgemeinschaft einer Volksgruppe betreffend

M1 Startchancen

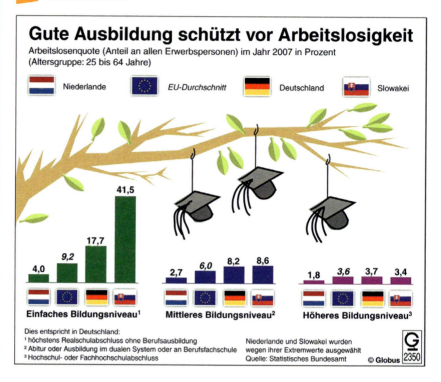

M2 Lebenslanges Lernen

Warum misst die Europäische Union der Verwirklichung lebenslangen Lernens so hohe Priorität bei? Dafür gibt es zwei Gründe, die beide gleichermaßen bedeutsam sind:
– In Europa ist die wissensbasierte Gesellschaft und Wirtschaft entstanden. Mehr als jemals zuvor sind der Zugang zu aktuellen Informationen und Wissen sowie die Motivation und Befähigung zur intelligenten Nutzung dieser Ressourcen der Schlüssel zur Stärkung von Europas Wettbewerbsfähigkeit und zur Verbesserung von Beschäftigungsfähigkeit und Anpassungsfähigkeit der Arbeitskräfte.
– Europäer von heute leben in einem komplexen sozialen und politischen Umfeld. Mehr als jemals zuvor möchte der Einzelne sein Leben selbst planen, wird erwartet, dass er einen aktiven Beitrag zur Gesellschaft leistet, und muss er lernen, positiv mit kultureller, ethnischer und sprachlicher Vielfalt umzugehen. Bildung im weitesten Sinne ist der Schlüssel, um zu lernen und zu begreifen, wie diesen Herausforderungen zu begegnen ist. Um am wirtschaftlichen und am sozialen Leben der Gesellschaft teilzuhaben, braucht jeder ausreichend Kenntnisse und Fähigkeiten, die auf dem neuesten Stand sind.

Memorandum über Lebenslanges Lernen,
© Europäische Gemeinschaften (2003),
zit. nach: http://www.bologna-berlin2003.de/pdf
(Zugriff am 01.08.2009, gekürzt)

M3 Berufliche Fortbildung

Der Abschluss des Berufsausbildungsvertrages stellt für viele junge Arbeitnehmer nur den ersten Schritt in ihrem Berufsleben dar.

Da die moderne Arbeitswelt laufend durch technische Neuerungen weiterentwickelt wird, müssen sich alle daran Beteiligten ständig informieren, d.h. sie müssen ihre Kenntnisse und Fertigkeiten dem neuesten Stand der Technik anpassen. Schätzungen gehen davon aus, dass sich das verfügbare Wissen der Menschheit alle fünf bis zehn Jahre verdoppelt.

Die berufliche Fortbildung, die auf einer abgeschlossenen Berufsausbildung aufbaut, ist für den heutigen Arbeitnehmer eine wichtige Voraussetzung, um den steigenden Anforderungen am Arbeitsplatz gerecht zu werden (z.B. Einsatz von EDV oder CNC-Maschinen). Wer beruflich aufsteigen will, muss meistens zusätzliche Qualifikationen vorweisen können – z.B. den Meisterbrief. Die Meisterprüfung kann nach dem Besuch einer Meisterschule abgelegt werden. Je nach Fachrichtung nimmt dies 1/2 bis 1 1/2 Jahre in Anspruch. Voraussetzung ist eine bestandene Gesellenprüfung. Ohne Meisterprüfung kann man sich in 41 handwerklichen Berufen nicht selbstständig machen. 2007 wurde der deutsche Meisterbrief durch die EU aufgewertet. Alle deutschen Handwerksmeister werden seitdem mit den Absolventen von Fachhochschulen und Bachelor-Studiengängen gleichgestellt.

Eine immer bedeutendere Rolle spielen die Technikerschulen. In der Vollzeitform dauern sie zwei Jahre. An der Technikerschule erhält der Fachschüler eine Weiterbildung in einer bestimmten Fachrichtung wie etwa Maschinenbau, Elektrotechnik, Bautechnik, Sanitärtechnik u.a. Einzelne Fachrichtungen sind noch weiter unterteilt, so z.B. Elektrotechnik in Nachrichtentechnik, Energietechnik und Elektronik. Am Ende der Schulzeit wird nach bestandener Prüfung folgender Titel verliehen: „Staatlich geprüfter Techniker, Fachrichtung …". Für den hauswirtschaftlichen, landwirtschaftlichen und kaufmännischen Bereich gibt es ebenfalls entsprechende Fachschulen.

Beispiele: Fachschule für Wirtschafterinnen, Fachschule für Datenverarbeitung und Organisation usw. Die Akademie des Handwerks ist ein Zusatzangebot für fähige Gesellen oder Meister mit mehrjähriger Berufspraxis. Sie dauert in Vollzeitform zwei Jahre und schließt ab mit der Bezeichnung „Betriebswirt des Handwerks (Gewerbeakademie)".

H. Nuding / J. Haller, Wirtschaftskunde, Stuttgart (Ernst Klett Verlag) 2008, S. 21f.

M4 Motiviert?

Fortbildungs-Motive
Von je 100 Beschäftigten geben als Grund für die Teilnahme an Weiterbildungsmaßnahmen an

- Aktualisierung des beruflichen Wissens: 30
- Förderung der beruflichen Karriere: 22
- Pflichtübung (vom Betrieb gefordert): 9
- Spaß: 8
- Freizeitgestaltung: 7
- Erwerb eines Berufsabschlusses: 4
- Wissenserweiterung: 3
- Arbeitsplatzsicherung: 3
- Andere Menschen kennen lernen: 3
- Persönliches Interesse: 3
- Höheres Einkommen: 2
- Nachholen eines Schulabschlusses/Aufnahme eines Studiums: 2

Quelle: iw, Mehrfachnennungen, Stand 1999, © Globus 7348

M5 Lesen lernen!

Jugendlichen ist oft nicht bewusst, wie wichtig das Lesen ist: Es wird nur das gelesen, was gebraucht wird. Das Lesen von Fachbüchern allerdings hat deutlich zugenommen. Das zeigt, dass der Nutzen von Texten richtig eingeschätzt wird. Die Jugend wird – wenn sie im Beruf überleben will – sehr schnell exakt lesen lernen müssen.

Politik-Aktuell für den Unterricht. Arbeitsmaterialien aus Politik, Wirtschaft und Gesellschaft, Nr. 25/03, S. 2 (gekürzt)

Arbeitsvorschläge

1. Fassen Sie die Aussagen des Schaubildes M1 in kurzen Sätzen zusammen.

2. Entwickeln Sie in Kleingruppen Argumente für berufliche Weiterbildung. Nutzen Sie hierzu alle in M2 und M3 direkt und indirekt angeführten Gründe. Ergänzen Sie weitere.

3. Erstellen Sie aus Ihrer Sammlung und aus M4 eine persönliche Übersicht mit zwei Rubriken: „Ich will mich fortbilden, weil …" und „Ich muss mich fortbilden, weil …" Präsentieren Sie die Ergebnisse und diskutieren Sie die Zuordnungen.

4. Vervollständigen Sie das alte Sprichwort, auf das die Seitenüberschrift anspielt. Macht dieses Sprichwort in der heutigen Zeit noch Sinn? Setzen Sie es in Beziehung zu M3–M5.

Vertiefung

Auf eigenes Risiko?
Sich selbstständig machen

Arbeitslos = chancenlos? In Zeiten hoher Arbeitslosigkeit ist das Engagement aller gefragt – Politiker, Arbeitgeber, Arbeitnehmer, Arbeitsuchender. Was kann jeder Einzelne tun, um sich vor Arbeitslosigkeit zu schützen oder einen Weg aus der Arbeitslosigkeit zu finden? Zum Beispiel einfach ein eigenes Unternehmen gründen? Ist das aber wirklich so einfach? Ist jeder von uns zum Unternehmer geboren? Welche Qualitäten muss man mitbringen, welche Fehler lassen sich vermeiden? Und warum fördert eigentlich der Staat diejenigen, die eine eigene Existenz gründen wollen?

→ Kapitel 2, S. 32 f., 36 – 41

M1 Selbstständig arbeiten

In der Wirtschaftsstatistik werden als Selbstständige alle Erwerbstätigen bezeichnet, die auf eigenes Risiko und eigene Rechnung wirtschaftlich tätig sind und dabei einen Betrieb oder eine Arbeitsstätte als Eigentümer oder Pächter führen. Das können Handwerker sein, Landwirte, Hoteliers oder Angehörige freier Berufe. Die als Kapitalgesellschaften geführten Großunternehmen werden von Managern geführt, während bei den kleineren und mittleren Unternehmen der Eigentümerunternehmer vorherrscht. Die Wirtschaftsgeschichte wurde immer wieder geprägt von dynamischen, einfallsreichen Unternehmertypen.

Stichwort „Unternehmer" in: Duden Wirtschaft von A – Z, Mannheim (Dudenverlag) 2/2004, S. 305 (gekürzt und vereinfacht)

M2 Selbstständigkeit – vom Staat gefördert

Der Gründungszuschuss ist das wichtigste Instrument der Gründungsförderung in Deutschland. Nicht nur Arbeitslose, sondern auch Angestellte können von der Förderung (bis zu ca. 24 000 Euro) profitieren – auch dann, wenn sie aus einer Anstellung heraus kündigen.
Wer Anspruch auf Arbeitslosengeld II hat, kann zusätzlich Einstiegsgeld erhalten, wenn er sich selbstständig macht.

nach: http://www.gruendungszuschuss.de/gruendungsfoerderung.html (Zugriff am 02.04.2009)

M4 Unternehmerische Defizite

Die häufigsten Gründe für das Scheitern einer Existenzgründung:
- zu geringe kaufmännische Kenntnisse
- unklare Produkt- bzw. Geschäftsidee
- Startinvestitionen/laufende Kosten zu niedrig eingeschätzt
- Finanzierung nicht gründlich durchdacht
- unklare Kundenzielgruppe
- unrealistische Umsatzerwartungen

zusammengestellt nach: DIHK Gründerreport 2006, in: Defizite bei Existenzgründern, Schul/Bank-Newsletter 07/2006

M3 Warum hilft der Staat?

Ziele der staatlichen Förderung von Existenzgründungen
- Steigerung der Beschäftigungsdynamik
- Schaffung/Vergrößerung des Dienstleistungsmarktes
- Förderung der Selbstständigkeit
- Flexibilisierung der Beschäftigung
- Reduzierung von Schwarzarbeit

Erklärungen

Defizit = Mangel, fehlende Kenntnis

M5 Unternehmerische Qualitäten?

Vor einigen Tagen erhielt ich einen Brief, der mein Leben ändern wird. Zwischen Rechnungen und Werbungsmüll lag ein Umschlag der Arbeitsagentur im Briefkasten. Ich lief in die Wohnung, machte Espresso, zündete eine Zigarette an und las: Tatsächlich – mir wurde „für die Aufnahme Ihrer selbstständigen Tätigkeit" ein Zuschuss bewilligt. Phantastisch, dachte ich, es hat geklappt.

Sofort spürte ich, wie sich in mir eine Veränderung vollzog. Meine Wohnung würde sich in eine kleine, feine Konzernzentrale verwandeln. Und als erste Investition, stellte ich mir vor, würde ich eine Gegensprechanlage anschaffen, in die ich bei künftigen Verhandlungen mit Geschäftspartnern – Redakteuren, Verlegern, Produzenten – ein sanftes „Ach Janine, bring uns doch zwei Tassen Kaffee. Und ab jetzt bitte keine Störungen!" sprechen würde. Großartig.

M. Ott: Die „Ich-weiß-nicht-recht-AG", in: Süddeutsche Zeitung, 24.11.2003, S. 15

M6 Wo leben die meisten Existenzgründer?

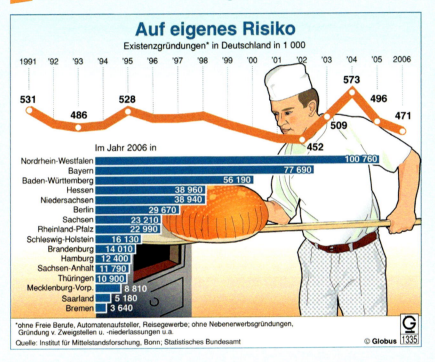

M7 Selbstständigkeit – Chance und Risiko

Was raten Sie Menschen, die an ihrem Arbeitsplatz unzufrieden sind, Herr Professor Frey?
Ich würde ihnen raten, selbstständig zu werden. Sich im freien Arbeiten als Persönlichkeit zu entfalten.

Und die Existenzängste, die man als Selbstständiger hat?
Sie haben Recht, die gibt es. Und trotzdem zeigen Studien, dass Selbstständige glücklicher sind! Obwohl sie im Schnitt nicht so viel verdienen wie Angestellte. Und mehr Stunden pro Woche arbeiten. Das lässt sich nur damit erklären, dass die Selbstständigkeit die Unabhängigkeit erhöht, Menschen aktiver und zufriedener macht.

Trotzdem: Dieser Schritt erfordert Mut. Als Selbstständiger trägt man die Verantwortung für seinen Lebensunterhalt komplett allein.
Ja, aber Risiko ist nicht nur etwas Negatives. Risiko ist belebend, hält einen wach. Das Schlimmste ist Monotonie bei der Arbeit.

Professor Bruno Frey lehrt an der Universität Zürich Ökonomie (und forscht über das Glück).

Auszug aus einem Interview mit Annabel Dillig, „Wir wollen arbeiten", in: Neon 7/2008, S. 80 f.

Arbeitsvorschläge

1. Erklären Sie möglichst genau, wie und warum der Staat Existenzgründungen fördert (**M1–M3**).

2. Nur etwa die Hälfte der Gründer ist nach fünf Jahren noch im Geschäft. Diskutieren Sie mögliche Ursachen für das Scheitern der Selbstständigkeit. Beziehen Sie **M4** in Ihre Überlegungen mit ein. Informieren Sie sich über mögliche Hilfs- und Beratungsangebote für Existenzgründer.

3. Wie schätzen Sie die Unternehmerqualitäten des Jungunternehmers in **M5** ein? Erstellen Sie in Kleingruppen eine Liste von Qualifikationen, die ein Existenzgründer Ihres Erachtens vorweisen sollte.

4. Sich selbstständig machen – überwiegen die Chancen oder die Risiken (**M7**)? Versuchen Sie eine Einschätzung und diskutieren Sie das Für und Wider. Können Sie selbst sich vorstellen, nach der Ausbildung (z. B. mit einem Meisterbrief, vgl. S. 21) den Schritt in die Selbstständigkeit zu tun?

1 Berufsorientierung im Wandel

„Sie sind Hausmann?"
Kindererziehung und Beruf

„Meine Oma hat auf dem Bauernhof geholfen und die Kinder großgezogen, meine Mutter ist Hausfrau, ich möchte Bundespräsident werden!" Keine ungewöhnliche Aussage für einen Mann, aber was, wenn eine Frau diesen Satz sagt? Heute kann doch jeder alles werden, was er will – das bisschen Haushalt und Kinder bekommt man doch nebenbei noch locker hin! Ob diese Aussagen uneingeschränkt zutreffen, können Sie mit Hilfe dieser Seite herausfinden.

→ Kapitel 2, S. 32
→ Kapitel 6, S. 124 f.

M1 Von gestern?

M2 Neuer Vater?

Bereits vor der Schwangerschaft hatten meine Partnerin und ich uns darauf geeinigt, dass ich genauso für unser Kind da sein will wie sie. Wir entschlossen uns dann, die Elternzeit zu teilen. Sie nahm das erste Jahr, ich das zweite.

Damals hatte ich bereits eine Stelle mit reichlich Verantwortung und ich kannte keinen einzigen Mann in meiner Firma, der Elternzeit genommen hatte. Das war dann auch reichlich beklemmend, als erster Mann in einem so großen Laden Elternzeit zu beantragen. Doch die Reaktionen meiner Chefs und Kollegen waren erstaunlich positiv. Ich hatte sogar das Gefühl, sie beneideten mich ein wenig darum.

Die erste Zeit im Elternjahr kam ich überhaupt nicht klar. Ich brauchte bestimmt drei Monate, bis ich den Haushalt und die Bedürfnisse meiner Tochter im Griff hatte. Da hätte ich mir oft mehr Beratungsangebote oder einfach Treffpunkte für Väter mit Kindern gewünscht. Das hätte bestimmt einiges einfacher und angenehmer gemacht. Es war eine aufwühlende Zeit, die ich nicht missen will. Ich lernte neue Grenzen meiner Belastbarkeit kennen und konnte eine so liebevolle Beziehung zu meiner Tochter aufbauen, wie ich das als Feierabend-Papa nie gekonnt hätte. Meine Tochter ist jetzt gerade drei Jahre alt und ich würde immer wieder Elternzeit nehmen.
(Peter S., 38 Jahre, eine Tochter)

Väter e.V. (Hg.), Elternzeit nehmen. Konzern: Der erste Vater in Elternzeit!: http://www.vaeter.de (Zugriff am 22.01.2009)

Erklärungen

Kompetenz = Zuständigkeit, auch: Fähigkeit, etwas zu tun

M3 Kinder, Karriere, Kontrolle?

Von wegen Kinder, Küche, Kirche: Für junge Frauen gehören Beruf und Kinder zusammen. Das neue Motto lautet längst Kinder, Karriere, Kontrolle. Nur viele Männer sehen das anders. Eine neue Studie zeigt, dass Männer das Selbstbewusstsein und die Motivationen von Frauen falsch einschätzen.

Junge deutsche Frauen strotzen vor Selbstbewusstsein. 90 Prozent sagen, es sei für sie wichtig, auf eigenen Beinen zu stehen, fast ebenso viele möchten finanziell unabhängig sein. 78 Prozent wollen Verantwortung in Beruf und Gesellschaft übernehmen. Dies bedeutet keine Absage an Kinder und Familie. 90 Prozent der jungen Frauen wollen Kinder. „Noch vor einigen Jahren stellten sich Frauen bewusst die Frage, ob sie Kinder haben oder Karriere machen wollen. Das ist vorbei, heute wollen sie selbstverständlich beides, übrigens unabhängig von ihrem Bildungsniveau", sagt Professor Jutta Allmendinger vom Wissenschaftszentrum Berlin für Sozialforschung.

Th. Vitzthum, Kinder, Karriere, Kontrolle – Was Frauen wollen (25.03.2008): http://www.welt.de (Zugriff am 31.03.2009)

M4 Berufswahl mit Folgen?

Über 50 Prozent der Mädchen und jungen Frauen entscheiden sich heute für nur zehn von insgesamt rund 350 Ausbildungsberufen. Sie wählen vor allem Dienstleistungsberufe mit eher geringen Karriere- und Verdienstmöglichkeiten, wie Verkäuferin, Arzthelferin und Friseurin. Jungen wählen selbstverständlicher unter einem breiteren Berufsspektrum aus, bevorzugen aber gewerblich-technische Berufe. [...]

Diese Art der Berufswahl hat Auswirkungen auf Beschäftigungsmöglichkeiten, Verdienst, berufliches Fortkommen und auf das gesellschaftliche Ansehen. Mädchen und Frauen begreifen ihre Berufstätigkeit lediglich als „Zuverdienst" und sind eher bereit, ihren Beruf zugunsten der Familienarbeit einzuschränken, zu unterbrechen oder sogar ganz aufzugeben – mit entsprechenden Folgen für ihre ökonomische Unabhängigkeit, ihre Altersversorgung und das Familieneinkommen. Gleichzeitig erhalten Frauen hierdurch die „Alleinkompetenz" für Haushalt, Beziehungspflege und Kindererziehung. Das Bedürfnis von Männern nach gemeinsamer Zeit mit der Familie kommt dabei zwangsläufig zu kurz, wenn sie ihr Leben überwiegend nach den beruflichen Anforderungen ausrichten. Teilzeitarbeit wird gesellschaftlich eher Frauen zugeschrieben, für Männer wird sie kaum akzeptiert.

Internetredaktion des Bundesministeriums für Familie, Senioren, Frauen und Jugend: http://www.gender-mainstreaming.net (Zugriff am 25.03.2009, gekürzt)

M5 Kinderwunsch mit Folgen?

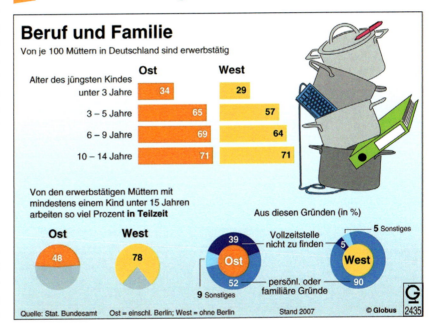

Arbeitsvorschläge

1. Analysieren Sie die Karikatur M1. Welche unterschiedlichen Rollenbilder von Männern und Frauen werden deutlich?

2. Setzen Sie Ihre Ergebnisse in Beziehung zu den in M2 geschilderten Erfahrungen. Informieren Sie sich zum Thema Bundeselterngeld- und Elternzeitgesetz. Überlegen Sie, wodurch mehr Väter zu einer „Babypause" motiviert werden könnten.

3. Fassen Sie die Karikatur M1 als Beginn eines Dialogs auf und entwickeln Sie eine Gesprächsfortsetzung. Beziehen Sie Ihre Arbeitsergebnisse (zu M2) und die Informationen aus M3 mit ein.

4. Im Laufe ihres Berufslebens entscheiden sich Frauen häufig für eine (vorübergehende) Aufgabe der Berufstätigkeit oder für Teilzeitarbeit, wenn sie Kinder versorgen. Diskutieren Sie mit Hilfe der Informationen aus M4 und M5 die Gründe und die Folgen dieses Verhaltens. Ergeben sich Widersprüche zu M3? Erklären Sie diese.

5. Notieren Sie einige Beobachtungen, wie sich die häusliche Arbeitsteilung in Ihrer Familie gestaltet. Entwickeln Sie aus Ihren Erfahrungen heraus gemeinsam mit dem Plenum realistische Ideen für eine gerechte Verteilung der häuslichen Arbeit.

1 Berufsorientierung im Wandel

„Früher war alles anders?"
Generationen im Gespräch

Von einer Generation zur anderen verändern sich in modernen Gesellschaften die Lebens- und Arbeitsbedingungen der Menschen – oft sogar noch schneller. Diese Veränderungen prägen nicht nur Leben und Arbeit, sondern auch die Werte und Lebenseinstellungen der Menschen. Das kann zu Spannungen zwischen den jüngeren und den älteren Gesellschaftsmitgliedern führen. Teils mangelt es einfach an Gesprächsbereitschaft und Verständnis für die andere Seite, teils können sich aber auch echte Interessenkonflikte ergeben. Welches Bild haben Sie, die jüngere Generation, von den Älteren? Wie gestaltet sich das Zusammenleben der Generationen an Ihrem Arbeitsplatz? An den Antworten auf Fragen dieser Art lässt sich einiges ablesen über den sozialen Zusammenhalt einer Gesellschaft – wie ist es damit bestellt in Ihrem Lebensumfeld?

→ Kapitel 3, S. 50–55

M1 Ergebnisse einer Jugendstudie

Ein zweigeteiltes Bild

Das Bild der befragten Jugendlichen von der alten Generation ist zweigeteilt. Zum einen gibt es die Hochbetagten, mit denen ein idealisiertes Bild der verwöhnenden, wenig autoritären Großeltern verbunden ist. Diese Generation hat das Image der Aufbaugeneration, sie hat „ihr Leben lang gearbeitet" und genießt die Achtung der Jugendlichen. Die Jugendlichen zeigen sich interessiert an den Erfahrungen der Alten und an deren Geschichten. […]

Auf der anderen Seite stehen die „jungen Alten", die fit und aktiv das Leben genießen und offen für Neues sind. Dies sehen die Jugendlichen grundsätzlich positiv, es wird aber dann problematisch, wenn die Senioren sich einmischen, wenn sie zu Konkurrenz werden, wenn sie vermehrt in Bereichen auftauchen, die früher der Jugend vorbehalten waren.

Eine doppelte Aufgabe

Die Versorgung und Integration der wachsenden Zahl alter Menschen sehen die befragten Jugendlichen als vorrangige Probleme in einer alternden Gesellschaft. Der vorherrschende Eindruck aus den Interviews: Die Alten, die doch die Bundesrepublik zu dem gemacht haben, was sie nun ist, die in die Sozialversicherung schon für ihre Eltern eingezahlt haben, sollen gut versorgt werden, immerhin verlassen sie sich darauf. Dieses Leistungsversprechen wurde der jungen Generation nicht gegeben. So übernehmen sie im Endeffekt Verantwortung sowohl für sich selbst mit privater Vorsorge als auch für die Alten, denen sie die Solidarität nicht aufkündigen.

15. Shell Jugendstudie. Jugend 2006, hrsg. v. K. Hurrelmann u.a., Frankfurt/M. (Fischer Taschenbuchverlag) 2006, S. 29 f.

M2 Zu jung?

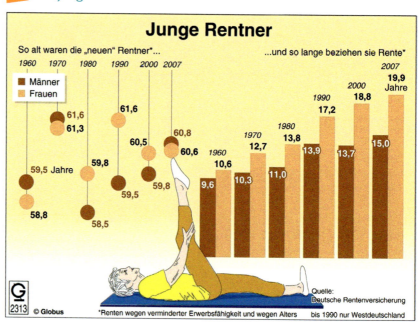

M3 Länger arbeiten – anders arbeiten?

Als Bismarck die damals so genannte „Invalidenversicherung" einführte, bekam ein invalider Arbeiter seine erste Rente mit dem 70. Geburtstag, und den haben von 100 Arbeitern vielleicht zwei erreicht. Die anderen 98 haben nie eine Rente gesehen. Heute sind wir de facto bei einem Rentenbeginn von etwas unter 61 Jahren. Das heißt, die Rente wird viel früher ausgezahlt, aber die Menschen leben länger. Wenn es nun notwendig wird, wieder länger zu arbeiten, muss die Gesellschaft – das heißt die Unternehmen, die Ausbildungssysteme – auch dafür sorgen, dass der Mensch seinen Beruf wechseln kann. Es kann nicht einer mit 67 als Dachdecker oder als Schornsteinfeger aufs Dach kraxeln, es kann auch einer mit 67 nicht unter Tage arbeiten oder Streifenpolizist sein. Aber trotzdem ist er für Arbeit am Schreibtisch oder am Computer brauchbar. Dazu muss er aber im Laufe des Lebens ermutigt werden, sich etwas anderes zu suchen und sich dafür ausbilden zu lassen.

Helmut Schmidt war Bundeskanzler der Bundesrepublik Deutschland von 1974–1982

Helmut Schmidt „im Gespräch", in: Frankfurter Allgemeine Zeitung vom 08.12.2008, S. 3

M4 Die Mischung macht's

Sandra, 25, Physiotherapeutin, ist eine Mischung von Jung und Alt am Arbeitsplatz wichtig. Zum einen ganz allgemein unter den Kollegen, weil sich die verschiedenen Altersgruppen gut unterstützen und voneinander lernen können.

„So ein frischer Wind ist auch nicht verkehrt, denke ich mal, weil es ändert sich vieles so schnell, neue Bestimmungen und so Sachen, wo jemand Junges ganz andere Ideen hat, der vielleicht mal sagt: ‚Mensch, wir könnten das doch auch mal so und so machen.' Wo die Älteren auch mal drüber nachdenken und sagen: ‚Das ist gar nicht mal eine schlechte Idee, von dem Gesichtspunkt haben wir es noch gar nicht gesehen.' Und die Jüngeren haben dann eben den Vorteil, dass die von den Älteren wieder was lernen, weil die schon länger drin sind."

M5 Zu alt?

Zum anderen ist ihr eine altersgemischte Kundschaft in ihrem eigenen Beruf wichtig.

Manchmal muss sich Sandra bei ihren Kundinnen erst behaupten und ihre Kompetenz unter Beweis stellen, damit sie ernst genommen wird. Insgesamt hat sie aber ein positives Bild von der älteren Generation:

„Da kann man sich teilweise über Sachen unterhalten, von denen man's gar nicht gedacht hat oder die wissen über Sachen viel besser Bescheid als man selbst."

nach: 15. Shell Jugendstudie. Jugend 2006, hrsg. v. K. Hurrelmann u.a., Frankfurt/M. (Fischer Taschenbuchverlag) 2006, S. 434f.

Tandemarbeitsplatz: Ein älterer Mitarbeiter arbeitet zusammen mit einem Berurfsanfänger.

Aufgaben

1. Stimmt Ihr Bild von der älteren Generation mit den Ergebnissen der Jugendstudie (M1) überein? Tauschen Sie sich mit Ihrem Nachbarn über Ihre eigene Sichtweise aus.

2. Fassen Sie die Aussagen des Schaubildes (M2) in kurzen Sätzen zusammen. Informieren Sie sich mit S. 50/51 darüber, wie die Renten in Deutschland finanziert werden. Welches Problem entsteht durch die steigende Rentenbezugsdauer?

3. Welche Lösung des Problems schlägt der Altkanzler Helmut Schmidt (M3) vor? Wie kommt dieser Vorschlag bei Ihren Arbeitskollegen an? Führen Sie eine knapp gehaltene Meinungsumfrage (vgl. S. 62/63) in Ihrem Betrieb durch.

4. Erläutern Sie, wie man in Ihrem Beruf von altersgemischten Kollegen- und Kundengruppen profitieren kann (M4, M5).

2 Arbeit – heute, morgen, übermorgen

„Wir leben in einer Arbeitsgesellschaft."

„In Zukunft sieht Arbeit so aus, dass …!"

Der finnische Konzern NOKIA verlegte seine Mobilfunkproduktion 2008 komplett aus Deutschland (Bochum) nach Rumänien.

Online-Link
800481-0002

Berufstätige Mutter am PC

Berufstätiger Vater am PC

- Wie verändern die neuen Medien die Arbeitswelt?
- Wohin führt der Strukturwandel?
- Wo bleiben die Vollzeitarbeitsplätze?
- Warum ist es so schwierig, Arbeitslosigkeit zu bekämpfen?

Diese und weitere Fragen und Denkanstöße erwarten Sie auf den nächsten Seiten.

2 Arbeit – heute, morgen, übermorgen

Info@helloworld.com
Medienkompetenz gefragt

Deutschland befindet sich im Übergang zur Informationsgesellschaft. Neue Medien, Informations- und Kommunikationstechnologien beeinflussen unsere Arbeit und unseren Alltag. Geht nichts mehr ohne den Computer? Werden manche Berufe „überflüssig" und kommen neue hinzu? Werden Bildungsschranken aufgehoben oder erst errichtet? Bedeutet diese Entwicklung Chance oder Gefahr für die Bekämpfung der Arbeitslosigkeit? Das sind wichtige Fragen dieses Kapitels.

→ Kapitel 8, S. 154 f.

M1 Die digitale Revolution

Als Johannes Gutenberg die Druckpresse erfand, war das eine technische Revolution mit enormen Auswirkungen. Mit dem Buchdruck begann die Massenverbreitung von Informationen und Wissen und gleichzeitig endete damit das Wissensmonopol der Kirchen. Die digitale Revolution, die wir erleben, hat – ebenso wie Gutenbergs Erfindung – Monopole aufgelöst und Ideen entfesselt. Wissen und Information sind nicht mehr fest verwurzelt und sesshaft, sondern mobil und nomadisch. Der Strom aus Daten, Bildern und Ideen bewegt sich körper-, schwere- und mühelos über räumliche und zeitliche Grenzen hinweg und hat das morsche Gerüst des Industriezeitalters unwiderruflich unterspült.

Gundula Englisch über Jobnomaden, in: changeX Partnerforum (Hg.): Living at Work, Folge 12: www.changeX.de (Zugriff am 18.09.2006)

M2 Die Informationsgesellschaft

Für die Bundesregierung hat die beschleunigte Nutzung und Verbreitung moderner Informations- und Kommunikationstechnologien wirtschafts-, forschungs-, technologie- und bildungspolitische Priorität. Sie sieht es als ihre Aufgabe an, den Wandel zur globalen Informationsgesellschaft aktiv mitzugestalten und die beschleunigte Nutzung und Verbreitung moderner Informations- und Kommunikationstechnologien in Wirtschaft und Gesellschaft voranzubringen. Die Politik ist gefordert, die Anpassungsfähigkeit der Gesellschaft und die Wettbewerbsfähigkeit der Wirtschaft zu fördern und damit nachhaltig neue Beschäftigungspotentiale zu erschließen.

Bundesministerium für Wirtschaft und Technologie und Bundesministerium für Bildung und Forschung, Innovation und Arbeitsplätze in der Informationsgesellschaft des 21. Jahrhunderts. Aktionsprogramm der Bundesregierung

M3 Die digitalisierte Arbeitswelt

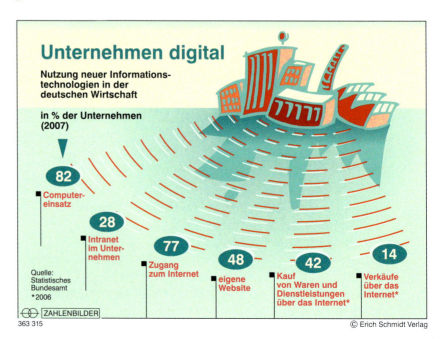

Erklärungen

IT = Informationstechnologie
Monopol = hier: Vorrecht, alleiniger Anspruch (eigentlich auf Herstellung und Verkauf eines Produkts)
Priorität = hier: Vorrangigkeit

M4 Stellensuche früher und heute

M5 Jobsuche via Internet

„Mit drei Klicks zum neuen Arbeitsplatz" – so führt die Bundesagentur für Arbeit ihre neu gestaltete Internet-Jobbörse ein. Hier können Arbeitsuchende nach Stellenangeboten Ausschau halten oder ihre Bewerbungen direkt über die Homepage an Unternehmen weiterleiten. Auch Arbeitgeber nutzen die Jobbörse täglich auf der Suche nach geeigneten Bewerbern.

Autorentext

M6 Die digitale Bewerbung

Für Unternehmen immer wichtiger: Die digitale Bewerbung. Sie spart Zeit und Geld. Bevor Sie eine Bewerbung online versenden, sollten Sie aber auf Nummer sicher gehen, dass diese auch vom Unternehmen gewünscht ist.
Es gibt verschiedene Möglichkeiten, sich online zu bewerben, z. B.:
– per E-Mail (kurze oder vollständige Bewerbung)
– über ein Online-Formular auf der Website des Unternehmens.

Bewerbung per E-Mail
Bei einigen Unternehmen schicken Sie zunächst nur ein kurzes Anschreiben per E-Mail. Wenn Sie damit beim Unternehmen Interesse wecken, werden Sie in der Regel aufgefordert, umfangreiche Bewerbungsunterlagen per Post nachzureichen. Die vollständige Bewerbung per E-Mail ist genauso aufwendig wie die Zusammenstellung in klassischer Form.

Online-Formular
Viele Unternehmen haben ein spezielles Bewerbungsformular auf ihrer Website hinterlegt. Sie müssen hier die Angaben zu Ihrem Lebenslauf entweder eingeben oder haben die Möglichkeit, Ihre digitalen Dokumente anzuhängen. Zum leichteren Ausfüllen der Formulare bietet es sich an, bereits vorhandene Texte, z. B. aus dem Word-Dokument zu kopieren und online einzufügen.

zusammengestellt nach: Bewerbertipps der BARMER Ersatzkasse: http://www.barmer.de/berufsstart (Zugriff am 30.5.2009)

Arbeitsvorschläge

1. Was heißt eigentlich Informationsgesellschaft? Entwickeln Sie mit Hilfe von M1–M3 eine eigene Definition.

2. Vielleicht gibt es Informations- und Kommunikationstechnologien, die Sie zwar kennen, aber noch nicht genutzt haben. Entwickeln Sie in Kleingruppen eine Übersicht, mit der sich das herausfinden lässt. Unterscheiden Sie dabei Informations- und Kommunikationsmittel, die Sie in Ihrem Privatleben nutzen und solche, die Sie beruflich nutzen. Notieren Sie auch die, die Sie gar nicht nutzen. Präsentieren Sie das Ergebnis der Klasse und werten Sie es aus.

3. Schauen Sie sich die verschiedenen Kategorien in Zahlenbild M3 an und prüfen Sie, ob und wo Ihr Ausbildungsbetrieb mit vertreten ist.

4. Die Agentur für Arbeit, Jobbörsen und Privatunternehmen bieten Jobsuche und Bewerbung online an. Haben Sie sich per E-Mail um einen Ausbildungsplatz beworben? Stellen Sie die Vor- und Nachteile von „klassischer" Arbeitssuche und Internet-Bewerbung einander gegenüber (M4–M6).

5. Lässt sich Ihre privat erworbene Kompetenz im Umgang mit Medien auch für berufliche Zwecke nutzen? Erkundigen Sie sich nach Möglichkeiten und Qualifizierungsangeboten, die mit Ihrem Beruf zu tun haben.

2 Arbeit – heute, morgen, übermorgen

Zu Hause arbeiten?
Telearbeitsplätze

Jeden Morgen früh aufstehen, zur Arbeit und wieder zurück nach Hause. Manchen Menschen kommt da der Gedanke: „Ach, wie schön wäre es doch, wenn ich zu Hause arbeiten könnte. Aufstehen, wann ich will, niemanden interessiert, was ich trage und alles in einer gemütlichen Umgebung." Natürlich gibt es Berufe, die für Heimarbeit völlig ungeeignet sind – oder wollen Sie in Ihrem Wohnzimmer eine Auto-Hebebühne stehen haben? Ob freiwillig oder unfreiwillig – für immer mehr Menschen steht eine Verlagerung des Arbeitsplatzes in die eigenen vier Wände an, weil sich Berufsbilder und -anforderungen ändern. Aber nicht nur der Arbeitsort ändert sich, auch Arbeitszeiten unterliegen einem Wandel. Wie sich das auf die Arbeit auswirkt, können Sie selbst untersuchen.

→ Kapitel 1, S. 22 f.
→ Kapitel 6, S. 124 f.

M1 Aus Arbeit wird Telearbeit

Mit Hilfe der neuen Technologien können Arbeitsplätze und Arbeitszeiten flexibler gestaltet werden. Telearbeit zum Beispiel schafft Arbeitsmöglichkeiten außerhalb der Firma.
Telearbeit kann die Arbeitsqualität der Beschäftigten durch eine stärker selbst bestimmte und ganzheitliche Arbeitsgestaltung verbessern. Andererseits birgt Telearbeit auch erhebliche Risiken für die Arbeitnehmerinnen und Arbeitnehmer:
– die unzureichende organisatorische und soziale Integration in die Unternehmen,
– die Ausgrenzung vom betrieblichen Geschehen,
– die räumliche Isolierung,
– der mangelnde persönliche Kontakt sowie
– die eingeschränkte Kommunikation.

Deutscher Gewerkschaftsbund, workshop zukunft. Arbeit und Leben aktiv gestalten. DGB-Themenheft Nr. 6, Berlin, 2001, S. 8

M2 Telearbeit – ein Zukunftstrend

Ausgerechnet ein Büroausstatter hat die jüngste Untersuchung über die „Zukunft des Teleworking" gesponsert. Bei Brother ist man überzeugt, dass die Bedeutung der IT-Heimarbeit wachsen werde – und damit auch der Bedarf an Ausstattung für die Arbeit in den eigenen vier Wänden. Denn zum einen müssen Unternehmen jetzt auch in Zielgruppen nach qualifizierten Angestellten suchen, die sie bisher nicht anvisiert hatten, beispielsweise unter jungen Müttern. Zum anderen werden die Arbeitsbedingungen im verschärften Wettbewerb der Unternehmen um Personal ein wichtiges Argument. Die Aussicht, sich nicht jeden Morgen durch den Verkehrsstau ins Großraumbüro kämpfen zu müssen, könnte für einen Bewerber in der Auswahl des potentiellen Arbeitgebers durchaus den Ausschlag geben.

nach: W. Stieler, Eine Frage des Vertrauens: http://www.spiegel.de (Zugriff am 15.04.2009, gekürzt)

M3 Home-office (1)

Erklärungen

Differenzierung = Aufgliederung, Abstufung

M4 Erfahrungen mit Telearbeit

Norbert Meyer, Programmierer

Ein Autounfall vor fünf Jahren veränderte das Leben von Norbert Meyer schlagartig – aus dem Programmierer wurde über Nacht ein querschnittsgelähmter Rollstuhlfahrer. „Ich wollte aber nicht mit 33 Frührentner werden." Norbert Meyer ist nun ständiger Telearbeiter bei einem Programmier-Service-Unternehmen: Er entwickelt Software für verschiedene große Unternehmen. Per Standleitung ist er von zu Hause aus mit den Rechenzentren der jeweiligen Auftraggeber verbunden. „Ich kann so, ohne tatsächlich anwesend zu sein, meine Aufgaben in dem jeweiligen Unternehmen erledigen", so Meyer. Und wenn doch einmal ein Vor-Ort-Termin nötig sein sollte, dann stellt der Programmier-Service einen Fahrdienst für Körperbehinderte bereit.

www.schule.dgb.de/materialien/doks/workshop_zukunft/heft6.pdf (Zugriff am 11.11.2009)

Anna Weber, Diplomkauffrau

Anna Weber arbeitet als Einkäuferin für ein großes Kaufhaus. Seit ihre Tochter Isabelle zur Welt gekommen ist, ist sie als Telearbeiterin ständig zu Hause. Durch eine Internetverbindung mit dem Kaufhaus hält Anna Weber sich über die aktuellen Verkaufsdaten in der Damenmoden-Abteilung auf dem Laufenden. Mit den Verkäuferinnen und Verkäufern spricht sie am Telefon oder schickt ihnen E-Mails. Auf dieser Basis entscheidet sie, welche Modelle in welcher Menge eingekauft werden. Um besser zu verstehen, wie die Kundinnen die Dinge sehen, hält sie einmal im Monat eine Telefonkonferenz mit einer kleinen Gruppe von Stammkundinnen ab. „So bin ich wirklich im Bilde über die Bedürfnisse meiner Kundinnen, obwohl mir der persönliche Kontakt natürlich fehlt. Aber dafür kann ich mir meine Arbeitszeit flexibler einteilen – ich kann zum Beispiel auch abends arbeiten und habe so mehr Zeit für meine Tochter."

www.schule.dgb.de/materialien/doks/workshop_zukunft/heft6.pdf (Zugriff am 11.11.2009)

Martina Mittberger, EDV-Fachfrau

Martina Mittberger ist als EDV-Fachfrau bei einer großen Behörde angestellt. Sie betreut das Intranet, also das lokale Netzwerk, mit dem alle Behörden-PCs untereinander verbunden sind. Vor einem Monat hat sie sich entschieden 40 Prozent ihrer Arbeitszeit zu Hause zu verbringen. Dazu richtete die Behörde ihr zu Hause einen Telearbeitsplatz ein. „Für mich ist es optimal, einen Teil meiner Arbeitszeit flexibel gestalten zu können. Ich bin ein Phasenmensch, der lieber auch mal abends oder am Wochenende arbeitet. Ganz zu Hause arbeiten kann ich mir nicht vorstellen – ich hätte einfach das Gefühl nicht zu wissen, was in der Behörde so läuft, und würde mich schnell von den Kolleginnen und Kollegen isoliert fühlen. Ich muss allerdings im Moment ziemlich aufpassen, dass ich den Wechsel zwischen Arbeit und Freizeit zu Hause hinkriege. Es gibt Tage, an denen ich kaum aufhören kann zu arbeiten, und andere Tage, an denen ich es einfach nicht schaffe, mit der Arbeit anzufangen.

Praxisbeispiel nach BMWI/BMA (Hg.), Telearbeit. Chancen für neue Arbeitsformen, mehr Beschäftigung, flexible Arbeitszeiten, in: Deutscher Gewerkschaftsbund (Hg.), workshop zukunft. Arbeit und Leben aktiv gestalten. DGB-Themenheft Nr. 6, Berlin, 2001, S. 9

M5 Home-office (2)

Arbeitsvorschläge

1. Stellen Sie die Chancen und Risiken der Telearbeit für Arbeitnehmer und Arbeitgeber (aus M1 und M2) einander gegenüber. Teilen Sie Ihre Klasse dafür in zwei Gruppen auf. Die einen entwickeln auf einem Plakat eine Liste mit Pro- und Kontra-Argumenten für Arbeitgeber, die anderen für Arbeitnehmer. Vergleichen Sie Ihre Ergebnisse und versuchen Sie eine Zukunftsprognose: Wird es einen dramatischen Boom der Telearbeit geben?

2. Gibt es in Ihrem beruflichen Umfeld Möglichkeiten, Telearbeitsplätze einzurichten? Tauschen Sie Ihre Erfahrungen und Ideen aus.

3. Interpretieren Sie die Karikaturen M3 und M5 und vergleichen Sie die jeweiligen Aussagen miteinander.

4. Lesen Sie die drei Erfahrungsberichte M4 und stellen Sie Bezüge her zu Ihren Argumenten (aus Arbeitsvorschlag 1). Begründen Sie mit Hilfe der gesammelten Argumente, ob Telearbeit für Sie geeignet wäre oder nicht.

Methode

Im Datendschungel?
Recherchieren im Internet

Gezielt recherchieren

Wenn Sie schon einige Erfahrung mit der Recherche im Internet haben, dann wissen Sie inzwischen: Das Problem ist nicht, überhaupt an Informationen zu kommen. Das Problem ist vielmehr, an die richtigen Informationen zu kommen. Um gezielt zu recherchieren, benötigt man ein wichtiges Werkzeug, das die unzähligen verfügbaren Informationen zu filtern hilft: die Suchmaschine. Allerdings kann auch eine gute Suchmaschine Ihnen nicht die notwendigen Vorarbeiten abnehmen wie:

a) sich genau über das Thema klar werden,
b) Fragen zu formulieren, die mit den gesammelten Informationen beantwortet werden könnten und
c) einige für die Suche im Netz geeignete Begriffe zu sammeln.

Das Ergebnis kann gut in einer Mindmap dargestellt werden.

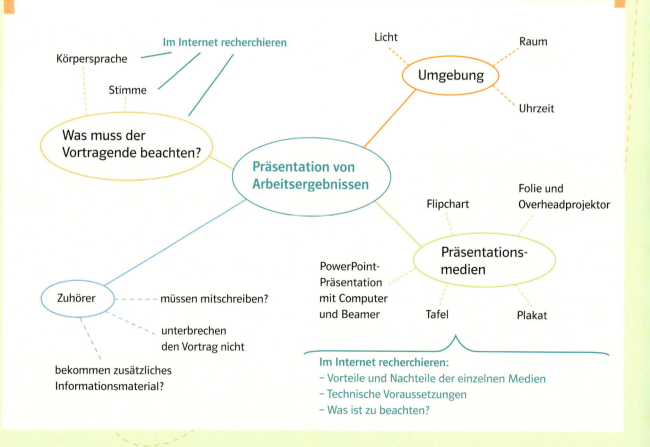

Auch wenn man mit gut überlegten Begriffen arbeitet, kann es sein, dass entweder zu viele oder zu wenige Ergebnisse angezeigt werden und viele Links auf den ersten Blick nicht recht einzuschätzen sind. Alle Suchmaschinen (und Kataloge) stellen daher Mittel bereit, die bei der Suche helfen. Man kann das Suchspektrum verkleinern oder erweitern; Hinweise geben die jeweiligen Hilfe- bzw. Suchfunktionen der betreffenden Maschine.

Nehmen Sie z. B. die Funktion „Erweiterte Suche" von Google und wenden Sie sie an auf eine Thematik, die mit Ihrem Beruf/Berufsfeld zu tun hat.

So kann die Suche durch unterschiedliche Kombinationen von Suchbegriffen verfeinert werden. Sie können so ähnlich auch ohne Suchmaske selbstständig recherchieren, indem Sie die „Booleschen Operatoren" zu Hilfe nehmen. Das sind die logischen Verknüpfungen UND, ODER, NICHT. Kombinieren Sie auf diese Weise möglichst viele Begriffe miteinander, dann verirren Sie sich nicht im Datendschungel.

Informationen gezielt auswerten

Im Internet hat jeder die Möglichkeit, zugleich Sender und Empfänger zu sein. Aber längst nicht alles, was „gesendet" wird, ist zuvor redaktionell bearbeitet und geprüft worden. Schlichte Behauptungen stehen gleichberechtigt neben nachgewiesenen Forschungsergebnissen, seriöse Nachrichten neben Fehlern und gezielten Falschmeldungen. Es ist der Nutzer selbst, der die Informationen, die er verwenden will, prüfen muss. Keine ganz einfache Aufgabe für ihn. Am besten nehmen Sie die folgende W-Fragenkette zu Hilfe.

Was?
Enthält die Seite sachlich korrekte Informationen?

Wann?
Sind die Informationen aktuell? Ist ein Aktualisierungsdatum angegeben?

Wie?
Stehen Inhalt und grafische Gestaltung in einem angemessenen Verhältnis?

Wer?
Werden Informationen über den Anbieter und seine Zielsetzung gegeben?

Wohin?
Sind die angegebenen Links aktuell oder sind es „tote" Links?

Prüfen Sie verschiedene Internetseiten Ihrer Wahl mit Hilfe der genannten Kriterien. Wenn Sie noch etwas tiefer nachforschen wollen, stellen Sie sich zum Schluss die Frage: Was ist der Zweck der Veröffentlichung? Denn wenn Sie über die Zielgruppe der Site nachdenken, ergeben sich bereits Rückschlüsse auf die Objektivität des Textes.
Nur weil ein Dokument online erscheint, heißt das noch lange nicht, dass es wahrheitsgetreue Informationen beinhaltet. Haben sich Zweifel an der Seriosität der von Ihnen geprüften Seiten eingestellt, dann versuchen Sie es mit einer neuen Recherchestrategie, einem neuen Rechercheweg. Umgehen Sie den alten Anbieter und suchen Sie nach weiteren Informationsquellen.

2 Arbeit – heute, morgen, übermorgen

Heute hier – morgen dort?
Unstete Beschäftigungsverhältnisse

Aus der Lehre in ein Praktikum, dann in das nächste Praktikum, endlich ein Arbeitsvertrag, dann Kurzarbeit, schließlich Zeit- oder Leiharbeit? Sieht so die neue berufliche „Normalbiografie" aus? Werden wir so arbeiten – immer die Gefahr der Arbeitslosigkeit vor Augen?

Die traditionelle Arbeitnehmerbiografie in den Aufbaujahren der Bundesrepublik war bestimmt durch einen lebenslang ausgeübten Beruf, eine lange Firmenbindung und ein unbefristetes Vollzeitarbeitsverhältnis, das sogenannte „Normalarbeitsverhältnis". Heute braucht der Arbeitsmarkt mobile und flexible Arbeitskräfte, heißt es. Worauf müssen wir uns einstellen? Wovor können wir uns schützen?

→ Kapitel 10, S. 196 f.

Erklärungen

Symptom = Kennzeichen
Beweislastumkehr = nicht der Kläger, sondern der Beklagte muss Beweise erbringen

M1 Immer unterwegs?

M2 „Generation tolles Praktikum"?

Ein Blick auf die vom Deutschen Gewerkschaftsbund (DGB) betriebene Internetseite zur Praktikumsbewertung zeigt, die Internetseite ist keine reine Meckerecke geworden, in der sich nur die Frustrierten und Nörgler eintragen. „Die positiven und negativen Bewertungen halten sich ungefähr die Waage", sagt die Referentin der Abteilung Jugend beim Bundesvorstand in Berlin. Die Bewertungen schwanken sehr stark zwischen den einzelnen Branchen. Vor allem große Betriebe bekommen bessere Noten. Je größer ein Unternehmen ist, desto fairer ist die Bezahlung, auch wenn sie nie an ein echtes Gehalt heranreicht. Bei kleineren Unternehmen hingegen fällt das Bild nicht ganz so positiv-professionell aus. „Kleinere Arbeitgeber können der Versuchung offenbar nicht widerstehen, die Praktikanten als Ersatz für vollwertige Arbeitskräfte zu missbrauchen", sagt die DGB-Referentin. Das lässt sich im Internet nachlesen: Die Vorwürfe reichen von der Ausbeutung als billige Arbeitskraft über mangelnde Betreuung bis hin zu langweiligen Tätigkeiten, ohne die Möglichkeit, etwas zu lernen. Schlimmster Vorwurf: Es wird ein Job im Anschluss an das Praktikum versprochen, dann folgt aber doch nur der nächste Praktikant auf dieser Position.

C. Knop / J. Winkelhage, Generation tolles Praktikum, in: Frankfurter Allgemeine Zeitung vom 15.09.2006, S. 24 (stark gekürzt)

M3 Krisensymptom Kurzarbeit?

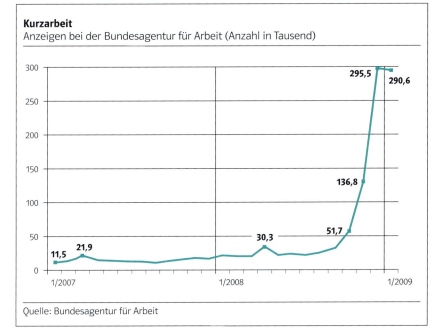

Kurzarbeit
Anzeigen bei der Bundesagentur für Arbeit (Anzahl in Tausend)

Quelle: Bundesagentur für Arbeit

Unternehmen, die aufgrund einer vorübergehend schlechten Auftragslage die betriebliche wöchentliche Arbeitszeit verkürzen müssen, können für ihre Arbeitnehmer Kurzarbeitergeld bei der Bundesagentur für Arbeit beantragen.

Schul/Bank Newsletter 03/2009

M4 Neue Regeln für das Praktikum?

Seit einigen Monaten wird darüber diskutiert, ob es neue gesetzliche Regelungen für Praktika geben soll. In der Diskussion sind folgende Punkte:
– Praktika könnten als „Lernverhältnisse" definiert und dadurch von „Arbeitsverhältnissen" abgegrenzt werden.
– Praktikanten, die über eine abgeschlossene Ausbildung verfügen, sollten ein Anrecht auf angemessene Vergütung haben.
– Im Streitfall müssten Arbeitgeber beweisen müssen, dass ein Praktikanten- und kein Arbeitsverhältnis zwischen beiden Seiten bestand.
– Praktikantenverträge sollten künftig zwingend schriftlich abgeschlossen werden.
– Ausschlussfristen, nach deren Ablauf Praktikanten ihre Ansprüche nicht mehr geltend machen könnten, dürfte es nicht mehr geben..

Autorentext

Arbeitsvorschläge

1. Erarbeiten Sie in Kleingruppen einen Vergleich der Arbeitsbiografien von früher und heute (mit VT in der Randspalte und M1). Kennzeichnen Sie dafür auf einem Zeitstrahl die verschiedenen biografischen Stationen mit Altersangaben. Überlegen Sie, welche positiven und negativen Einschnitte es im Laufe eines heutigen Berufslebens geben kann. Vergleichen Sie Ihre Ergebnisse miteinander.

2. Werden Praktikanten von deutschen Unternehmen ausgenutzt (M2)? Schauen Sie sich Praktikumsbewertungen im Netz an (vgl. Online-Link S. 29) und berichten Sie von eigenen Erfahrungen. Ergänzen Sie evtl. auf Ihrem Zeitstrahl (vgl. AV1) Praktikumsphasen.

3. Kurzarbeitergeld vom Steuerzahler (M3)? Warum bringt der Staat diese Fördermittel auf? Suchen Sie nach Gründen.

4. Informieren Sie sich über Zeitarbeit und stellen Sie Vor- und Nachteile dieser Arbeitsform für Unternehmen und Arbeitnehmer zusammen. Ergänzen Sie evtl. Phasen von Kurz- und Zeitarbeit auf Ihrem Zeitstrahl (vgl. AV1).

5. Von verschiedenen Seiten gab es Einwände gegen die Neuregelungen für Praktika (M5), z. B. von der IHK. Welche Bedenken könnte es geben? Formulieren Sie in Partnerarbeit einen Brief an den DIHK-Präsidenten, in welchem Sie Pro- und Kontra-Argumente abwägen. Stellen Sie auch dar, wann und warum ein Praktikum für Sie in Frage käme. Informieren Sie sich abschließend über den gegenwärtigen Diskussionsstand und eventuelle Neuregelungen (vgl. Online-Link S. 29).

2 Arbeit – heute, morgen, übermorgen

Schöne, neue Arbeitswelt?
Im Strukturwandel

Es gab Zeiten, da arbeiteten die meisten Menschen in Deutschland in der Landwirtschaft und in kleinen Handwerksbetrieben. Im Zuge der Modernisierung benutzte man anstelle von Pferden Traktoren und aus Handwerksbetrieben wurden Fabriken mit riesigen Maschinenhallen und Förderbändern. Inzwischen wird vieles in anderen Ländern produziert. Von Deutschland aus werden zunehmend die Waren und Dienstleistungen verwaltet und verkauft. Aus der Industriegesellschaft ist die Dienstleistungsgesellschaft geworden. Mit diesem Wandel geht eine tief greifende Veränderung der Arbeitswelt einher. Es gibt neue Arbeitsplätze, neue Berufsbilder, neue Anforderungen an die Berufsausbildung – Sie selbst sind davon mit betroffen.

→ Kapitel 1, S. 12 f.

M1 Auf dem Weg in die „nachindustrielle Ökonomie"?

Kokerei im Ruhrgebiet, um 1930

Kultur und Kunst statt Kohle und Stahl, Landschaftspark Duisburg um 2000

Erklärungen

Informations- und Kommunikationstechnologie (IuK-Technologie) = neuer großer Industriekomplex, der sich seit den 1980er Jahren herausbildete, als die Fernsprechnetze digitalisiert wurden
Informatisierung = Durchdringung aller Lebensbereiche der Gesellschaft mit IuK-Technologie

M2 Von der Industriebrache zum Einkaufsparadies

Am 12. September 1996 wurde in Oberhausen das CentrO nach vier Jahren des Umbaus eines ehemaligen Thyssen Werksgeländes eröffnet. Jedes Jahr kommen über 23 Millionen Besucher zur „Neuen Mitte Oberhausens". Das CentrO umfasst ein Einkaufszentrum, eine Gastronomiepromenade, einen Freizeitpark, einen Businesspark, eine Veranstaltungsarena und ein Musicaltheater. Von Anfang an war CentrO ein beliebtes Reiseziel für Kurzzeittouristen. Die Kombination von Einkauf, Erlebnis, Erholung und Kultur ist ein wachsender Markt auf dem Tourismussektor.

Zahlreiche Initiativen des Landes, der Kommunen und privater Anbieter haben sich die professionelle Vermarktung des Ruhrgebiets zum Ziel gemacht. CentrO ist bereits ein fester Bestandteil der Reiseroute vieler Touristen, die das Ruhrgebiet ansteuern. Jedes Jahr kommen rund 23 Prozent der Bustouristen, die zum Weihnachtsshopping ins Einkaufszentrum und zum Weihnachtsmarkt anreisen, aus den Niederlanden und Belgien, aber auch aus anderen europäischen Ländern.

nach Informationen aus Online-Unterlagen der CentrO-Pressestelle

M3 Berufe ändern sich

Beruf: Schriftsetzer, 1968

Beruf: Mediengestalter, 2005
Vom Schriftsetzer zum Mediengestalter: Während früher der Bleisatz genutzt wurde, werden Buchseiten heute am Computer gesetzt. Der Ausbildungsberuf Mediengestalter ersetzt den des Schriftsetzers.

M4 Die informatisierte Arbeitswelt

Mit dem technischen Fortschritt ist eine Gewichtsverschiebung der drei Produktionssektoren einhergegangen: Waren zu früheren Zeiten die Menschen überwiegend in der Landwirtschaft und seit der Industrialisierung im verarbeitenden Gewerbe tätig, so bindet heute insbesondere der Dienstleistungssektor Arbeitskraft an sich. Allerdings ist dabei zu beachten, dass ein großer Teil der Dienstleistungen „produktionsbezogen" ist – sie dienen der Planung und Durchführung der Güterproduktion sowie der Verteilung der Güter.

Daher ist es durchaus angemessen, die moderne Gesellschaft als eine industrielle Dienstleistungsgesellschaft zu bezeichnen.

Zur Zeit findet eine ökonomische und technische Revolution statt, in der die Informations- und Kommunikationstechnologien (IuK-Technologien) eine Schlüsselrolle einnehmen. Heute werden bereits mehr als 50 Prozent der Arbeitsplätze durch IuK-Techniken deutlich geprägt, und dieser Einfluss wird auch noch weiter zunehmen. Man spricht bereits von einer Informatisierung der Arbeitswelt.

Bert Rürup, Werner Sesselmeier, Wirtschafts- und Arbeitswelt, in: Werner Weidenfeld, Deutschland Trendbuch, Opladen 2001, S. 250 (gekürzt), zit. nach: http://www.schader-stiftung.de (Zugriff am 15.03.2009)

Arbeitsvorschläge

1. Beschreiben Sie spontan, welche Begriffe Ihnen zu den Fotos **M1** einfallen. Erfinden Sie aus diesen Begriffslisten eine Geschichte, die beschreibt, welcher Wandel stattgefunden haben könnte.

2. Auf einem ehemaligen Industriegelände entsteht ein Einkaufsparadies (**M2**). Ist dies ein Beispiel für einen positiven Strukturwandel? Sammeln Sie Material zum Thema CentrO (vgl. Online-Link S. 29) und untersuchen und beschreiben Sie die Veränderung für die Region und die dort arbeitenden Menschen.

3. Erläutern Sie am Berufsbild des Mediengestalters (**M3**), was mit der „Informatisierung" der Arbeitswelt (**M4**) gemeint ist.

4. Recherchieren Sie einige Berufsbilder (wie **M3**), bei denen ein ähnlicher Wandlungsprozess stattgefunden hat.

2 Arbeit – heute, morgen, übermorgen

Im Abseits?
Risiko Arbeitslosigkeit

„Wer arbeitslos ist, ist doch selber schuld!" – „Die liegen schön auf der faulen Haut und dem arbeitenden Steuerzahler auf der Tasche!" Das sind Sprüche, die man immer wieder hört, wenn es um das Thema Arbeitslosigkeit geht. Aber wenn Arbeitslosigkeit doch „so locker" ist, eine „echte Alternative zum anstrengenden Arbeitsleben", warum haben dann die meisten Menschen Angst davor, arbeitslos zu werden? Arbeitslosigkeit bedeutet immer ein persönliches Schicksal. Worin die Ursachen dafür liegen, dass Menschen ihre Arbeit verlieren oder keine finden, wie man mit Arbeitslosigkeit umgehen kann und welche Auswege aus der Arbeitslosigkeit führen können, das kann mit den folgenden Materialien erarbeitet und kritisch diskutiert werden.

→ Kapitel 1, S. 8 f., 16 f.
→ Kapitel 3, S. 50 f., 58 f.

Erklärungen

Lebensqualität = Lebensbedingungen in einer Gesellschaft (z. B. im Blick auf Bildung und Beruf), die zum Wohlbefinden des Einzelnen beitragen.

M1 Sieht so die Wirklichkeit aus?

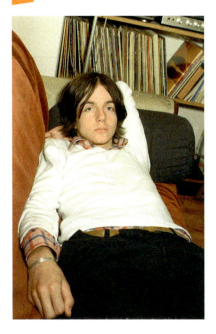

M2 Unglücksfaktor Arbeitslosigkeit

Arbeitslosigkeit macht unglücklich – allerdings nicht in erster Linie, weil Menschen ohne Job weniger Geld zu Verfügung haben. Viel stärker leidet die Lebensqualität, weil sich Arbeitslose ausgegrenzt fühlen und ihre Selbstachtung leidet. Wer die deutsche Beschäftigungsmisere vor allem als eine Frage des Einkommens und der finanziellen Anreize sieht, unterschätzt das Problem und blendet wichtige Aspekte aus. So machen sich auch Menschen, die selbst noch einen Job haben, bei steigenden Beschäftigungsproblemen ebenfalls immer mehr Sorgen um ihren Arbeitsplatz.

N. Häring/O. Storbeck, Ökonomie 2.0 – 99 überraschende Erkenntnisse, Stuttgart (Schäffer-Poeschel-Verlag) 2007, S. 25

M3 Arbeit – nicht zu ersetzen?

Auf den ersten Blick führt Arbeitslosigkeit zu einer Verschlechterung der finanziellen Situation. Man verliert seinen Lebensunterhalt. Genauso wichtig sind aber die so genannten psycho-sozialen Faktoren, die mit Arbeit verbunden sind. Beschäftigung heißt, seine Fähigkeiten anzuwenden, neue Fertigkeiten zu lernen, soziale Kontakte zu haben, die Zeit zu strukturieren. Dies alles geht durch Arbeitslosigkeit verloren. Manches davon kann ersetzt werden, etwa durch ehrenamtliche Tätigkeiten, mehr Kontakte im Privatbereich oder die ausgedehnte Pflege von Hobbys. Doch unsere Gesellschaft ist so zentral auf Erwerbsarbeit gerichtet, dass nichts anderes diese bedeutsame psychologische Funktion so gut und gebündelt erfüllt.

Thomas Kieselbach (Psychologe), Wozu führt Arbeitslosigkeit bei den Betroffenen? In: Schwäbisches Tagblatt/Südwestpresse, 03.06.2003

M4 „Suche Zukunft!"

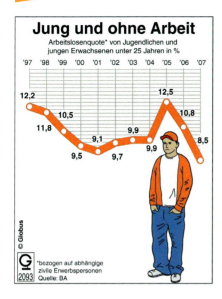

M5 Zum Beispiel René

Nach seinem Realschulabschluss hat René ein Jahr lang eine Lehrstelle gesucht. Die Zeit dazwischen überbrückte er mit Praktika. Nun wird er zur Fachkraft für Lagerwirtschaft ausgebildet. In der Schule war René „faul", aber seine Noten reichten ihm. Er ist sogar ein bisschen stolz darauf, dass er überhaupt den Abschluss gemacht hat, denn im letzten Schulhalbjahr wohnte er nicht mehr zuhause.

Die Zeit des Auszugs aus dem Elternhaus hat René sehr geprägt. Dazu kam es, weil er mit 15 „ne Menge getrunken" und dadurch Ärger mit der Polizei hatte. Nach einem Streit mit der Mutter ging er. Zwar gab es noch ein Gespräch gemeinsam mit einem Streetworker, aber „dann haben wir uns gesagt, nehmen wir uns erstmal zwei Wochen Pause, denken über alles nach. Meine Eltern sind ja der Meinung, ich hab mir das alles ausgesucht. Obwohl ich der Meinung bin, da gehören immer zwei dazu." In der folgenden Zeit wohnte René bei Kumpels, „war halt blöd, mit 15 irgendeine Wohnung zu finden". Mit dem Auszug hat seine Kindheit aufgehört. „Da musste ich dann von einem Tag auf den anderen erwachsen werden und mir meinen Kühlschrank selber voll machen und alles so."

Seine Lehre macht René Spaß, er findet, er hat es gut getroffen. Er mag seine Kollegen, und die Arbeitsinhalte gefallen ihm auch. Es sieht auch ganz gut aus, dass ihn die Firma nach der Lehre und dem Wehrdienst übernimmt. Das Privatleben passt er der Ausbildung an. René hat seit dem Beginn der Ausbildung seinen Freundeskreis verändert. Er hat sich Freunde gesucht, die auch arbeiten gehen. „Weil vorher … hatt' ich jeden Tag Besuch und das geht jetzt halt nicht mehr. Dann such' ich mir lieber Leute, die auch arbeiten gehen, die dann auch verstehen, wenn man mitten in der Woche keenen Bock hat, die zu treffen."

Um seinen Job zu behalten, hält René Fleiß, Leistung und eine sympathische Erscheinung für das Wichtigste. Seine beruflichen Ziele hat sich René bereits gesteckt. Er will den Meister machen und „vielleicht ein Logistikcenter aufmachen". Die Chancen dafür schätzt er als relativ gut ein.

Die Arbeitsmarktsituation für Jugendliche findet er „schlimm", vor allem für Hauptschüler. Noch schwieriger findet er jedoch den Wiedereinstieg in den Job nach einer Phase der Erwerbslosigkeit. „An Arbeitslosigkeit gewöhnt man sich sehr schnell. Ich zwar nicht so, aber die meisten Leute. Bis 14.00 Uhr schlafen. Und dann auf einmal um 5.00 Uhr aufstehen, das schaffen die nicht lange."

Der Wunsch, ohne Geldsorgen zu sein, bestimmt seine Wünsche für die Zukunft. Dann wird auch alles andere kommen, wie eine „nette Freundin" und „vielleicht noch ein Kind". Was er sich also wünscht:

„Eigentlich hauptsächlich keine Geldsorgen. Dann kommt der Rest so von alleine. Dann fühlt man sich wohl in seiner Haut, wenn man nach Hause kommt. Dann haste Hunger, dann gehste einkaufen und dann lebt man nur noch. Dann kann man auch von der Arbeit kommen: ‚ja!' (lacht). Und sich dann auch am nächsten Tag darauf freuen. Weil man weiß, bis Monatsende geht's dir gut …"

Porträt aus: 15. Shell Jugendstudie. Jugend 2006, hrsg. v. K. Hurrelmann u. a., Eine pragmatische Generation unter Druck, Frankfurt/Main (Fischer Taschenbuchverlag) 2006, S. 396–403 (stark gekürzt)

Arbeitsvorschläge

1. Beschreiben Sie die Eindrücke, die mit den beiden Bildern (M1) erzeugt werden. Finden Sie Argumente, die bestreiten, dass diese Bilder „typisch" sind für arbeitslose und arbeitende Menschen.

2. Teilen Sie Ihre Klasse in zwei Gruppen. Die eine Gruppe erstellt ein Plakat mit der Überschrift „Das sind für uns Vorteile und Nachteile der Berufstätigkeit". Die andere Gruppe erstellt ein Plakat mit der Überschrift „Das sind für uns Vorteile und Nachteile von Arbeitslosigkeit". Ziehen Sie für Ihre Überlegungen M2 und M3 mit heran. Diskutieren Sie die Ergebnisse und begründen Sie, warum für Sie persönlich jeweils die Vor- oder die Nachteile schwerer wiegen.

3. Welche der in M3 genannten Auswirkungen von Arbeitslosigkeit treffen Jugendliche besonders hart? Begründen Sie Ihre Auswahl.

4. Fassen Sie die Aussage des Diagramms (M4) in kurzen Sätzen zusammen.

5. Lesen Sie den Werdegang von René (M5). Gliedern Sie den Text in Abschnitte und geben Sie jedem Abschnitt eine Überschrift. Versuchen Sie, Renés berufliche Vorstellungen und Chancen einzuschätzen: Wie hoch ist sein Risiko, arbeitslos zu werden, wie hoch sind seine Fähigkeiten, mit einem solchen Schicksalsschlag umzugehen?

Vertiefung

Konzepte gesucht!
Arbeitsmarktpolitik

Unsere Gesellschaft ist eine Arbeitsgesellschaft, das heißt die Erwerbsarbeit ist Grundlage unseres materiellen Wohlstandes, unsere sozialen Sicherungssysteme sind daran gekoppelt und schließlich schafft Arbeit Anerkennung. Somit stellt Arbeitslosigkeit für eine Gesellschaft immer ein gravierendes Problem dar, denn Arbeitslosigkeit belastet Menschen und Ökonomie. Warum ist es so schwer, Arbeitslosigkeit abzubauen, besonders in Zeiten einer weltweiten Wirtschaftskrise? Wer könnte das Problem angehen? Welche Möglichkeiten hat der Staat und wie wirksam sind seine Instrumente? Zu diesem Thema lohnt sich auch ein Blick über die deutschen Grenzen hinaus. Vielleicht können wir von unseren europäischen Nachbarn einiges lernen.

→ Kapitel 10, S. 194–197

Erklärungen

Diskrepanz = Unterschied
Konjunkturzyklus = Zeitraum, in welchem die wirtschaftliche Entwicklung die einzelnen Konjunkturphasen von einem Aufschwung (Boom) oder Abschwung (Rezession) zum nächsten durchläuft

M1 Protest

Die sozialen Spannungen in Frankreich weiten sich zunehmend auf die Chefetagen der heimischen Industrie aus: Erstmals ist jetzt ein Spitzenmanager – Vorstandsvorsitzender des Handelskonzerns PPR, zu dem unter anderem Puma gehört – in Bedrängnis geraten. Er wurde knappe zwei Stunden lang von Beschäftigten zweier PPR-Tochtergesellschaften in einem Taxi festgehalten. Die Mitarbeiter sind aufgebracht, weil er ein Sparprogramm angeordnet hat, das zum Abbau von 1 200 Stellen führen könnte.
Mit Staatshilfen können indessen die Beschäftigten des Caterpillar-Werkes in Grenoble rechnen. Staatspräsident Nicolas Sarkozy erklärte sich in einem Radio-Interview bereit, den französischen Standort des weltweit größten Baumaschinenherstellers zu retten. Rund fünfzig Mitarbeiter hatten dort 24 Stunden lang vier Führungskräfte festgehalten.
Der frühere Generalsekretär der eher gemäßigten Gewerkschaft CFDT, Jean Kaspar, sagte der Tageszeitung „Le Monde", dass für solche Ereignisse der „unterentwickelte soziale Dialog" in Frankreich verantwortlich sei. Arbeitnehmer und Arbeitgeber gingen häufig nur in einer sehr konfrontativen Weise miteinander um. In der Krise verschärfe sich das. Eine Einbindung der Mitarbeiter in Entscheidungen der Führungsebene fände nicht statt.

Ch. Schubert, Wütende Mitarbeiter rücken den Patrons auf den Leib, in: Frankfurter Allgemeine Zeitung vom 02.04.2009, S. 12 (gekürzt)

M2 Ursachen von Arbeitslosigkeit

Untersucht man die Entstehung von Arbeitslosigkeit, dann zeigt sich schnell, dass es eine ganze Reihe verschiedener Ursachen und auch unterschiedlicher Typen der Arbeitslosigkeit gibt.
Auf den Arbeitsmärkten gibt es immer eine gewisse Anzahl von offenen Stellen – während es gleichzeitig Arbeitslose gibt, die zur Besetzung dieser Stellen durchaus geeignet wären. Es dauert allerdings eine gewisse Zeit, bis die Arbeitsuchenden auf die vorhandenen Stellen vermittelt sind. Informationen müssen beschafft und ausgetauscht werden. Bewerber müssen sich vorstellen (oft wollen beide Seiten – Arbeitgeber und Arbeitnehmer – mehrere Alternativen prüfen und vergleichen); die Wohnungssituation an den neuen Orten muss erkundet werden usw. Bis also ein passender Arbeitsplatz gefunden ist, vergeht Zeit – und solange besteht **friktionelle Arbeitslosigkeit**.
Bei friktioneller Arbeitslosigkeit passen die arbeitslosen Bewerber und die offenen Stellen zusammen – sie müssen sich nur finden. Gerade diese Übereinstimmung fehlt aber bei **merkmalsstrukturierter Arbeitslosigkeit**. Hier liegen Diskrepanzen zwischen den Profilen der Arbeitslosen (wie Ausbildung, Qualifikation, Berufserfahrung, Alter, Geschlecht, gewünschte Arbeitszeit) und den Anforderungsprofilen der offenen Stellen vor. Arbeitsangebot und Arbeitsnachfrage passen so, wie sie sind, nicht zusammen. Dies erklärt z. B. eine Situation, in der viele Unternehmen und Betriebe händeringend nach qualifizierten Arbeitskräften suchen und gleichzeitig Millionen Menschen arbeitslos sind.
Die Zahl der beschäftigten Arbeitskräfte schwankt außerdem (ziemlich) regelmäßig mit den Konjunktur- oder Wachstumszyklen. Die in konjunkturellen Abschwüngen „freigesetzten" Arbeitskräfte verbleiben oft solange arbeitslos, bis mit dem nächsten Aufschwung die Produktionskapazitäten wieder ausgelastet werden können

und die **konjunkturelle Arbeitslosigkeit** nachlässt.

Mit dem komplizierten Begriff der **system-strukturellen Arbeitslosigkeit** wird ein ebenso komplizierter Typus von Unterbeschäftigung bezeichnet, nämlich die durch einen strukturellen Mangel an Arbeitsplätzen bedingte Arbeitslosigkeit. Wenn nicht genügend Arbeitsplätze in einer Volkswirtschaft vorhanden sind, besteht für die Arbeitslosen wenig Aussicht, offene Stellen angeboten zu bekommen.

Gerhard Willke, Arbeitslosigkeit. Diagnosen und Therapien, Hameln (Landeszentrale für politische Bildung) 1990, S. 61, 64 – 66 (leicht vereinfacht)

M3 Aktive Arbeitsmarktpolitik

Schulische Bildung	Weiterbildung	Beschäftigungsförderung	Vermittlungshilfen
• allgemeine Bildung • berufliche Bildung	• Förderung der Arbeitgeber • Förderung der Arbeitnehmer	• Lohnsubvention an Arbeitgeber • Lohnsubvention an Arbeitnehmer • Arbeitsbeschaffung	• Arbeitsvermittlung • Arbeitsvorbereitung • Bewerbungstraining

M4 Modellversuch „Flexicurity"

Zahlreiche Experten loben die Systeme der nordischen Länder, allen voran Dänemark, für ihre Fähigkeit neue Arbeitsplätze zu schaffen und Arbeitslosen gleichzeitig ein hohes Maß an Sozialschutz zukommen zu lassen. Industrieverbände sind von den lockeren Anstellungs- und Kündigungsvorschriften ebenfalls begeistert, da es ihnen eine höhere Flexibilität und raschere Anpassung an Marktentwicklungen ermöglicht. Das Konzept beruht auf der Annahme, dass Flexibilität und Sicherheit sich nicht ausschließen, sondern ergänzen. Der geringe Beschäftigungsschutz für Arbeitnehmer wird durch eine hohe Arbeitslosenunterstützung und Fortbildungsmöglichkeiten ausgeglichen. An die Stelle des Kündigungsschutzes tritt die Sicherheit, schnell wieder Arbeit finden zu können. Der soziale Dialog zwischen Arbeitnehmern und Arbeitgebern ist ein wichtiger Bestandteil des „Flexicurity"-Modells.

EMM Europäische Multiplikatoren-Medien (Hg.), http://www.euractiv.com/de (Zugriff am 17.04.2009, gekürzt)

M5 Europas Sozialmodelle im Überblick

Das mediterrane Modell (Italien, Spanien, Griechenland):
Die Sozialausgaben konzentrieren sich auf Renten, der Schwerpunkt liegt auf Beschäftigungsschutz und Frühverrentungssystemen.

Das kontinentale Modell (Frankreich, Deutschland, Luxemburg):
Schwerpunkte liegen auf Sozialversicherungsabgaben, auf Erwerbslosenunterstützung und Renten, es besteht hoher Kündigungsschutz.

Das angelsächsische Modell (Irland, Großbritannien und auch Portugal):
Es werden viele Billigjobs und Aktivierungsmaßnahmen angeboten, Zahlungen werden an regelmäßige Beschäftigung geknüpft, es besteht geringer Beschäftigungsschutz.

Das nordische Modell (Dänemark, Finnland und Schweden, sowie die Niederlande und Österreich):
hohe Sozialausgaben und Steuern, liberale Anstellungs- und Kündigungsvorschriften, aktivierende Arbeitsmarktpolitik

zusammengestellt nach: http://www.euractiv.com/de (Zugriff am 22.03.2009)

Arbeitsvorschläge

1. Setzen Sie sich in kleinen Gruppen zusammen und diskutieren Sie die Vorgänge in Frankreich (**M1**). Ist die Erklärung des Gewerkschaftsfunktionärs für Sie überzeugend?

2. Entwickeln Sie aus den Beschreibungen in **M2** ein Schema, in welchem Sie mit eigenen Worten die vier Formen von Arbeitslosigkeit erklären. Welchem Typus würden Sie die drohende Arbeitslosigkeit der französischen PPR-Mitarbeiter (**M1**) zuordnen?

3. Überlegen Sie mit Ihrer Gruppe, was die Politik gegen die vier Arten von Arbeitslosigkeit tun könnte. Sammeln Sie Ihre Ideen auf einer Wandzeitung. Nehmen Sie **M2** und **M3** zu Hilfe. Informieren Sie sich auch zu aktuellen arbeitsmarktpolitischen Maßnahmen in der Arbeitsagentur, in der Tagespresse und im Internet.

4. Erläutern Sie sich gegenseitig in Ihrer Gruppe das Modell „Flexicurity" (**M4**). Welches ist die entscheidende Voraussetzung, an der der Erfolg des Modells hängt?

5. Wie gehen andere Länder mit dem Problem „Arbeitslosigkeit" um? Informieren Sie sich mit **M5**. Ob sich die Konzepte der anderen auch für die Bundesrepublik eignen? Organisieren Sie zu dieser Frage eine Expertenbefragung (vgl. S. 148 f.).

2 Arbeit – heute, morgen, übermorgen

Total global?
Die vernetzte Arbeitswelt

Was ist eigentlich Globalisierung? Betrifft Globalisierung überhaupt unser tägliches Leben? Wir denken nicht ständig darüber nach, welchen Weg um die ganze Welt ein Bauteil unseres Computers hinter sich hat, wenn wir unseren Rechner betätigen. Die Dimensionen der Globalisierung spüren wir aber am Wandel unserer Berufs- und Arbeitswelt. Globalisierung bedeutet Chancen und Risiken für Politik und Wirtschaft, im Kleinen und im Großen. Kann man sich vor negativen Folgen schützen?

→ Kapitel 6, S. 108 f.
→ Kapitel 10, S. 194–197

M1 Globalisierung ist, wenn …

… ein Chemieunfall in Basel zum Krabbensterben in Rotterdam führt, wenn das Endspiel der Fußball-WM von zwei Milliarden Menschen via Fernsehen live verfolgt wird, wenn Turbulenzen an der Tokioter Börse in Minutenschnelle zum Kursverfall in New York, London und Frankfurt führen, wenn die Lautsprecherstimme im Flughafen Tegel ab 18 Uhr aus Kalifornien kommt, wenn indische Software-Experten von Bangalore aus die IBM-Rechner in Armonk warten, wenn der Film „Titanic" in 100 Ländern am gleichen Tag in die Kinos kommt und die Teenies weltweit für Leonardo DiCaprio, Brad Pitt oder Til Schweiger schwärmen, wenn die Kämpfer im Kosovo oder im Kongo gleichermaßen wie ihre Gegner in den Feuerpausen zur Marlboro greifen, wenn der Club-Urlaub auf Mallorca, in Kenia, der Dominikanischen Republik oder Antalya sich nur noch durch die Dauer der Anreise unterscheidet.

U. Menzel, Was ist Globalisierung? in: E. Launer (Hg.), Zum Beispiel Globalisierung, Göttingen (Lamuv) 2001, S. 9

M2 Weltreise eines Chip

Die Airbags eines Autos werden durch den Sensor auf einem Computerchip gesteuert. Dieser Beschleunigungsmesser – auch Accelerometer genannt – hat schon eine Weltreise hinter sich, bevor das Auto, in das er eingebaut wurde, überhaupt einen Kilometer weit gefahren ist.

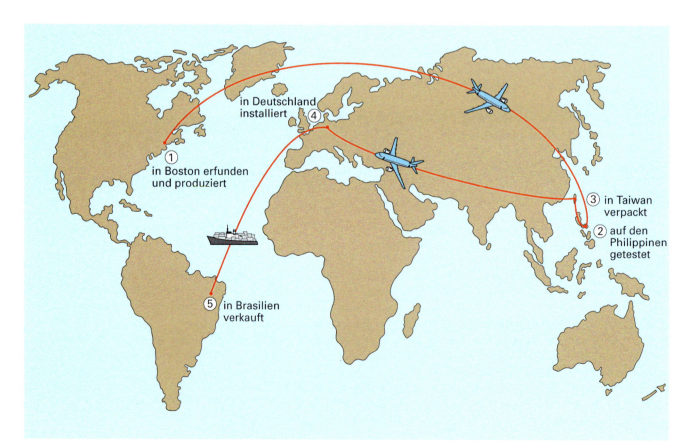

① in Boston erfunden und produziert
④ in Deutschland installiert
③ in Taiwan verpackt
② auf den Philippinen getestet
⑤ in Brasilien verkauft

M3 Moderne Sklaverei?

Ob Karstadt, C&A, Adidas, Nike, H&M, Levis – sie alle lassen ihre Bekleidung in Weltmarktfabriken in Billiglohnländern produzieren. 80 bis 90 Prozent unserer Kleidung wird in solchen Fabriken überwiegend von Frauen hergestellt. Über die ausbeuterischen und unwürdigen Arbeitsbedingungen in diesen Fabriken, in Lateinamerika „Maquiladoras" genannt, wird jedoch kaum berichtet. Die dort geltenden Sonderregelungen sind durchweg UnternehmerInnenfreundlich. Keine oder geringe Umweltauflagen, keine Zölle, keine Steuern, freie Gewinnrückführung, kaum Gewerkschaften, kostenlose Infrastruktur, fertige Fabrikhallen zu geringen Mieten sind aus kapitalistischer Sicht äußerst gewinnversprechend.

Dorit Siemers: Maquiladoras. Moderne Sklaverei für unseren Konsumwahn, Bericht einer Delegationsreise nach El Salvador, graswurzelrevolution, 4/2001; zitiert nach: www.graswurzel.net/258/elsalvador.shtml (Zugriff am 18.09.2006)

M4 Deutsche Firmen setzen auf China

Produktpiraterie, Korruption und Bürokratie schrecken sie nicht ab: Deutsche Firmen wollen ihr China-Engagement laut einer Umfrage der Deutschen Handelskammern in Peking und Shanghai deutlich ausbauen. Dabei werden die Investitionsbedingungen schlechter.

China lockt immer mehr kleine und mittlere Unternehmen aus Deutschland an: Jedes Jahr kommen rund 200 deutsche Firmen in die Volksrepublik, weil sie sich einen guten Absatzmarkt und niedrige Lohn- und Produktionskosten erhoffen. Die meisten, die den Sprung gewagt haben, scheinen es nicht zu bereuen.

A. Lorenz, Deutsche Firmen setzen massiv auf China: http://www.spiegel.de (Zugriff am 21.03.2009)

M5 Weltweiter Kostendruck

Die teure deutsche Steinkohle ist gegenüber der Importkohle nicht mehr konkurrenzfähig. Hier informieren sich zwei Bergleute in Dinslaken über Umschulungsmöglichkeiten.

M6 Massenproduktion zu Niedriglöhnen

1000 Beschäftigte arbeiten allein in dieser Halle in Ho-Chi-Minh-Stadt in Vietnam an der Schuhherstellung für einen multinationalen Konzern.

Aufgaben

1. Die Materialien dieser Seiten (**M1**–**M6**) zeigen positive und negative Auswirkungen der Globalisierung. Ordnen Sie diese gemeinsam mit Ihrem Nachbarn in einer Positiv-/Negativ-Liste. Vergleichen Sie Ihre Ergebnisse mit denen Ihrer Mitschüler und diskutieren Sie, ob es Beispiele gibt, die sowohl Vorteile als auch Nachteile bringen.

2. Finden Sie Beispiele für Auswirkungen der Globalisierung in Ihrem beruflichen oder privaten Alltag, ähnlich wie in **M2** dargestellt. Versuchen Sie herauszufinden, ob und wie Ihr Betrieb/Ihre Branche von Auswirkungen der Globalisierung betroffen ist.

3. Formulieren Sie in Kleingruppen Überlegungen dazu, warum Arbeitnehmer in so genannten Billiglohnländern für wenig Geld arbeiten (**M3**). Sammeln Sie Ideen, Anregungen und Möglichkeiten, ob und wie Arbeitnehmer in reichen Industrieländern darauf reagieren könnten oder sollten. Präsentieren Sie Ihre Ergebnisse und diskutieren Sie in der Klasse.

4. Stellen Sie sich vor, Sie wären eine der Arbeiterinnen in **M6**. Wie würde sich dadurch Ihr (Arbeits-)Alltag verändern? Unter welchen Bedingungen wären Sie bereit, so zu arbeiten?

5. Untersuchen Sie die ökonomische Seite der Globalisierung genauer mit den Seiten 194–197.

3 Der Sozialstaat im Umbau

„Der Sozialstaat kann in seiner bisherigen Form nicht aufrechterhalten werden!"

„Der Staat wird immer für Umverteilung innerhalb der Gesellschaft sorgen müssen!"

Helferin der Bahnhofsmission gibt Essen an Bedürftige aus.

Online-Link
800481-0003

Zu schwer?

Zu teuer?

- Ist der Sozialstaat eine „Dauerbaustelle"?
- Welche Reformen sind sinnvoll und sozial gerecht?
- Wer ist von Armut bedroht – und warum?

Diese und weitere Fragen und Denkanstöße erwarten Sie auf den nächsten Seiten.

3 Der Sozialstaat im Umbau

Was ist schon „sozial"?
Ideen in einem Begriff

Sozial, solidarisch, Sozialstaat – diese Begriffe sind zur Selbstverständlichkeit geworden. So selbstverständlich, dass es uns keine Mühe zu bereiten scheint, „asoziale" Verhaltensweisen oder „unsolidarische" Politik zu benennen. Seit einigen Jahren aber nehmen Debatten zu, in denen klar wird, dass es wohl doch sehr unterschiedliche Ansichten darüber gibt, was „sozial" ist. Gerade zum Thema „Sozialstaat" sind Diskussionen zu verfolgen, in denen alle politischen Richtungen behaupten, sozial verantwortlich zu handeln. Offenkundig entstand irgendwann eine Idee vom Sozialen, von der man durchaus unterschiedliche Vorstellungen hat. Doch was bedeutet es dann konkret, wenn die Bundesrepublik Deutschland nach dem Grundgesetz ein „sozialer" Rechtsstaat ist?

Erklärungen

Bruttoinlandsprodukt = Summe aller erstellten Sachgüter und Dienstleistungen eines Landes pro Jahr (= Wirtschaftsleistung)

M1 Industrielle Revolution und soziale Frage

Die Idee des sozialen Staates hat ihren geschichtlichen Ausgangspunkt in der „sozialen Frage" des 19. Jahrhunderts. Damals hatten verschiedene Entwicklungen innerhalb weniger Jahrzehnte zu einer radikalen Änderung der traditionellen Lebensformen und zur Verarmung weiter Bevölkerungskreise geführt. Große technische Erfindungen (z. B. Dampfmaschine) machten es im 19. Jahrhundert in vielen Gewerbezweigen lohnend, von der Handarbeit zu einer industriellen Produktionsweise überzugehen. Das bedeutete zugleich, dass viele selbstständige Handwerker durch die Konkurrenz der Fabriken arbeitslos wurden.

Auch die 1811 aus der Leibeigenschaft entlassenen Bauern gingen einen ähnlichen Weg. Sie wurden rasch zahlungsunfähig, weil sie häufig die relativ hohen Ablösesummen für das zugeteilte Land nicht bezahlen konnten. So mussten sie ihren Grund und Boden wieder verkaufen und verdingten sich wie die vormaligen Handwerker als Fabrikarbeiter.

Die Industrialisierung in Deutschland wurde darüber hinaus von einer Bevölkerungsexplosion begleitet. Durch den Rückgang der Sterbehäufigkeit (vor allem bei Säuglingen und Kindern) stieg zwischen 1800 und 1875 die Bevölkerungszahl ungefähr auf das Doppelte. Die rasch wachsende Zahl von Arbeitern bewirkte einen enormen Druck auf dem Arbeitsmarkt und führte insgesamt zu äußerst elenden Arbeits- und Existenzbedingungen. Wie sollte und konnte man diese elenden Zustände überwinden? Das war die große soziale Frage im 19. Jahrhundert.

nach: H. Albeck, „Der Sozialstaat", in: Informationen zur politischen Bildung Nr. 215, Bonn (Bundeszentrale für politische Bildung), 1987, S. 3 f. (gekürzt)

M2 Arbeitsbedingungen im 19. Jahrhundert

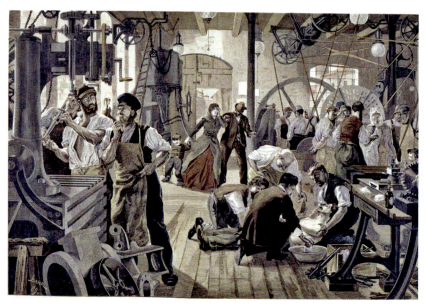

Unfall in einer Maschinenfabrik
Gemälde von Johann Bahr (um 1890), mit dem für den Besuch der „Deutschen Allgemeinen Ausstellung für Unfallverhütung" in Berlin geworben wurde

M3 Tätigkeitsfelder eines Sozialstaats

Soziale Sicherung	Sozialer Ausgleich	Soziale Gleichberechtigung
• Absicherung typischer Lebensrisiken	• Stärkere Belastung von Reicheren zugunsten von Ärmeren (Umverteilung von Einkommen) • Schaffung von Chancengleichheit	• Stärkung der Rechte von Benachteiligten/ Schwächeren

M4 Freie Marktwirtschaft

In der freien Marktwirtschaft steht die Handlungsfreiheit des Einzelnen im Vordergrund. Jeder kann seinen eigenen wirtschaftlichen Interessen nachgehen und im Prinzip tun und lassen, was er möchte. Welche Güter zu welchem Preis produziert und verkauft werden, wird dem freien Spiel von Angebot und Nachfrage auf dem Markt überlassen. Da dem Einzelnen der Nutzen aus seiner Tätigkeit selbst zufließt, bestehen entsprechend hohe Leistungsanreize. Die zurückhaltende Rolle des Staates beschränkt sich darauf, die Rahmenbedingungen für einen funktionierenden Markt zu setzen (z. B. Schutz des Wettbewerbs, Rechtssicherheit). Gelegentlich wird auch vom „Nachtwächterstaat" gesprochen.

Diese Vorteile sind nicht ohne gewichtige Nachteile zu erreichen: Die Gefahr ist groß, dass der jeweils Stärkere den Schwächeren ausnutzt. Ungleiche Machtverhältnisse bestehen beispielsweise zwischen Arbeitgebern und Arbeitnehmern. Die Geschichte der frühen Industrialisierung zeigt, welche Folgen auftreten können, wenn soziale Schutzeinrichtungen fehlen. Während Unternehmer zum Teil schnell reich wurden, deckte der Lohn der Arbeiter – trotz eines zehnstündigen Arbeitstages – häufig nicht einmal das familiäre Existenzminimum ab.

Vor der Einführung der gesetzlichen Sozialversicherung ab 1883 waren Krankheit, Alter und Arbeitslosigkeit gleichbedeutend mit Armut.

nach: Hans-Jürgen Albers/ Gabriele Albers-Wodsak, Volkswirtschaftslehre, Haan-Gruiten (Verlag Europa-Lehrmittel), 8/2008, S. 190 ff.

M5 Wettbewerb und Schutz

Ludwig Erhard gilt als Vater der sozialen Marktwirtschaft. Als erster Bundeswirtschaftsminister verband er den freien Wettbewerb des Marktes mit den Ideen von sozialer Gerechtigkeit und Absicherung. Der Staat greift regulierend ein, wenn die Wirtschaft soziale Ungerechtigkeiten schafft. Dahinter steht die Überzeugung, dass der Einzelne nicht alleine auf sich und seine Leistungsfähigkeit angewiesen sein soll, sondern im Notfall mit der Solidarität der Allgemeinheit rechnen kann.

nach: Arbeitsgemeinschaft Jugend & Bildung e.V. (Hg.), Sozialpolitik. Ein Heft für die Schule, Wiesbaden (Universum Verlag), 2008, S. 6

M6 Zahlen und Fakten

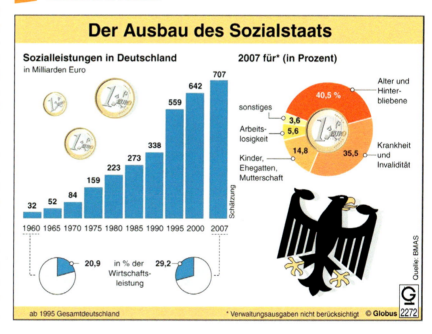

Arbeitsvorschläge

1. Wie entstand im 19. Jahrhundert die „soziale Frage" (M1, M2)? Nennen und erläutern Sie drei Ursachen.

2. Tabelle M3 gibt einen Überblick über drei Tätigkeitsfelder eines Sozialstaats. Informieren Sie sich im Internet (vgl. Online-Link S. 47) über konkrete Maßnahmen. Sammeln Sie Ihre Ergebnisse in einer Tabelle.

3. Tragen Sie in Partnerarbeit jeweils drei Vor- und Nachteile der freien Marktwirtschaft zusammen (M4) und erläutern Sie diese.

4. Beschreiben Sie mit eigenen Worten, was unter „sozialer Marktwirtschaft" (M4, M5) zu verstehen ist.

5. „Die Sozialleistungen sind in den letzten Jahren stärker gestiegen als die Wirtschaftsleistung." Überprüfen Sie diese Aussage (mit M6). Diskutieren Sie, ob von einem Ausbau des Sozialstaats gesprochen werden kann.

3 Der Sozialstaat im Umbau

Gut und teuer?
Das System der sozialen Sicherung

Beim Thema Sozialstaat denken viele immer nur an Alte, Kranke oder Arbeitslose. Wer jung, gesund und berufstätig ist, ärgert sich meist über die Steuern und Sozialabgaben, die vom hart erarbeiteten Bruttoverdienst abgezogen werden. Er fragt sich: Weshalb kümmert sich eigentlich nicht jeder um sich selbst?

Seit einigen Jahren müssen die Erwerbstätigen immer höhere Abgaben bezahlen, um die stark steigenden Sozialleistungen finanzieren zu können. Welche Ursachen haben zu dieser Entwicklung geführt und welche Probleme sind damit verbunden? Kann das System der sozialen Sicherung „sozial verträglich" umgebaut werden?

→ Kapitel 2, S. 40–43
→ Kapitel 6, S. 124 f.

Erklärungen

existenziell = hier: die Existenz, also die materielle Lebensgrundlage betreffend
Solidargemeinschaft = Gemeinschaft von Menschen, die füreinander einstehen

M1 Beispielrechnung

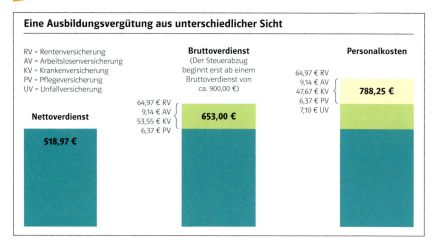

Eine Ausbildungsvergütung aus unterschiedlicher Sicht

M2 Eckdaten zur Sozialversicherung

(1970 bis 1990 Westdeutschland, ab 2000 Gesamtdeutschland)

	1970	1980	1990	2000	2007
Beitragssätze (in % des Bruttoverdienstes)	26,5	32,4	35,6	41,1	40,1
Sozialausgaben insgesamt (in Mrd. €) darunter:	86,3	228,5	342,6	644,8	747,3
Rentenversicherung	26,5	72,4	109,4	217,4	242,3
Arbeitslosenversicherung	1,8	11,7	25,0	64,8	40,6
Bevölkerung (in Mio.)	61,0	61,7	63,7	82,3	82,3

Lothar F. Neumann/Klaus Schaper, Die Sozialordnung der Bundesrepublik Deutschland, Bonn 2008, S. 178; Bundesministerium für Arbeit und Soziales (Hg.), Sozialbudget, Bonn 2008, S. 20; Statistisches Bundesamt u. a. (Hg.), Datenreport 2008. Ein Sozialbericht für die Bundesrepublik Deutschland, Bonn 2008, S. 12

M3 Absicherung der Lebensrisiken

Die Sozialversicherungen sind gesetzliche Pflichtversicherungen. Sie sollen vor existenziellen Einkommensrisiken schützen, wie sie aus Alter, Krankheit, Arbeitslosigkeit und Unfall entstehen können.

Der Staat verpflichtet bestimmte Personengruppen (zumeist Arbeitnehmer), Beiträge in die unterschiedlichen Zweige der Sozialversicherung zu zahlen. Die Beiträge zur Renten-, Arbeitslosen-, Kranken- und Pflegeversicherung werden je zur Hälfte von Arbeitgeber und Arbeitnehmer getragen. Die Beiträge zur Unfallversicherung werden vom Arbeitgeber alleine übernommen. Ohne diese Zwangsmitgliedschaft würden viele Arbeitnehmer auf die Absicherung der Lebensrisiken in diesen Solidargemeinschaften verzichten und wären in Notfällen auf die Barmherzigkeit der Mitbürger oder die Sozialhilfe angewiesen.

nach: Hans-Jürgen Albers u. a., Wirtschaft – Recht – Beruf, Haan-Gruiten (Verlag Europa-Lehrmittel) 8/2008, S. 32

M4 Sozialversicherung im Wandel

	Rentenversicherung	Krankenversicherung	Pflegeversicherung	Arbeitslosen-versicherung	Unfallversicherung
Beiträge	Werden grundsätzlich je zur Hälfte von Arbeitgeber und Arbeitnehmer bezahlt, für die Krankenversicherung müssen die Arbeitnehmer 0,9 % mehr Beitrag bezahlen, Kinderlose bezahlen für die Pflegeversicherung 0,25 % mehr				Arbeitgeber zahlt allein
Leistungen	Altersrente, Rente bei verminderter Erwerbsfähigkeit, Hinterbliebenenrente, Rehabilitationsmaßnahmen	Krankenbehandlung, Krankheitsverhütung, Gesundheitsförderung, Krankengeld, Mutterschaftshilfe	häusliche und stationäre Pflegeleistungen je nach Grad der Pflegebedürftigkeit	Arbeitslosenunterstützung, Arbeitsvermittlung, Berufsberatung, Umschulungsmaßnahmen, Entgeltzuschüsse	Heilbehandlung, Verletztengeld, Berufshilfe, Hinterbliebenenrente, Sterbegeld
Reformbedarf durch	weniger Jüngere, mehr Rentner = die Beiträge der Erwerbstätigen reichen nicht zur Finanzierung	ständig steigende Ausgaben durch die Bevölkerungsentwicklung und den medizinisch-technischen Fortschritt	ständig steigende Ausgaben durch die Bevölkerungsentwicklung und den medizinisch-technischen Fortschritt	Kostenexplosion vor allem durch hohe Arbeitslosigkeit	durch die zurückgehende Anzahl von Berufsunfällen ein noch gesunder Zweig der Sozialversicherung
Reformansätze	Mehr Eigenvorsorge (auch staatlich gefördert); Renten steigen langsamer; Rentenalter wurde auf 67 Jahre angehoben.	Höhere Beitragssätze; Kindermitversicherung aus Steuermitteln; „Gesundheitsfond" teilt jeder Krankenkasse den gleichen Beitrag pro Patient zu; Leistungskürzungen.	Rentner tragen ihren Beitrag zur PV allein; Versicherte sollen Teil der Beiträge für „privates Pflegekonto" ansparen.	Kürzere Anspruchsdauer für Leistungen bei Arbeitslosigkeit; Arbeitslosenhilfe und Sozialhilfe ist zum Arbeitslosengeld II zusammengelegt worden.	Arbeitnehmer sollen selbst für eine Versicherung von Unfällen auf dem Weg zur Arbeitsstelle bezahlen (Vorschlag der Arbeitgeber).

zusammengestellt nach: Arbeitsgemeinschaft Jugend und Bildung e.V. (Hg.), Generation 67. Soziale Sicherung, Altersvorsorge, Berufseinstieg, Wiesbaden 2008, S. 5

M5 Eine SPIEGEL-Umfrage

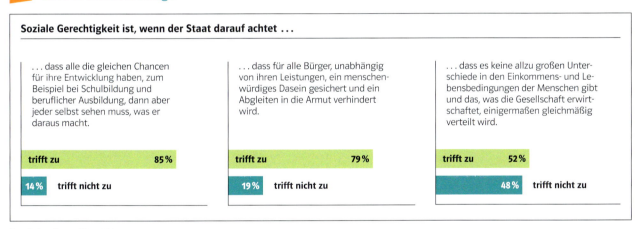

Soziale Gerechtigkeit ist, wenn der Staat darauf achtet ...

... dass alle die gleichen Chancen für ihre Entwicklung haben, zum Beispiel bei Schulbildung und beruflicher Ausbildung, dann aber jeder selbst sehen muss, was er daraus macht.
trifft zu 85 %
14 % trifft nicht zu

... dass für alle Bürger, unabhängig von ihren Leistungen, ein menschenwürdiges Dasein gesichert und ein Abgleiten in die Armut verhindert wird.
trifft zu 79 %
19 % trifft nicht zu

... dass es keine allzu großen Unterschiede in den Einkommens- und Lebensbedingungen der Menschen gibt und das, was die Gesellschaft erwirtschaftet, einigermaßen gleichmäßig verteilt wird.
trifft zu 52 %
48 % trifft nicht zu

Der Spiegel vom 22.10.2007

Arbeitsvorschläge

1. „Azubis kosten zu viel!" – „Ich verdiene viel zu wenig!" Erläutern Sie diesen Widerspruch mit Hilfe des Schaubilds **M1**.

2. Obwohl die Abgaben für die Sozialversicherungen hoch sind, scheinen sie notwendig zu sein (**M1**, **M3**). Beschreiben Sie, wie Ihr Leben ohne Sozialversicherungen aussehen würde.

3. Berechnen Sie gemeinsam mit Ihrem Nachbarn, wie hoch die Pro-Kopf-Leistungen der Sozialversicherungen im Jahre 1970 und im Jahre 2007 waren. Sammeln Sie gemeinsam Gründe für diese Entwicklung (**M2**, **M4**).

4. Bearbeiten Sie in Kleingruppen die einzelnen Zweige der Sozialversicherungen (**M4**). Nehmen Sie jeweils kritisch Stellung zu den verschiedenen Reformvorschlägen, notieren Sie Ihre Ergebnisse auf einer Wandzeitung und präsentieren Sie diese anschließend im Plenum.

5. „Die Reform der Sozialversicherung ist eine politische Daueraufgabe in einer modernen Wirtschaftsgesellschaft." Erläutern Sie diese These mit Hilfe von **M5**.

3 Der Sozialstaat im Umbau

Jung gegen Alt?
Der Generationenvertrag im Umbruch

Immer jeweils die Erwerbstätigen zahlen für die Rentner, lautet der Grundsatz der Rentenversicherung. Sie tun dies in der Erwartung, ihrerseits im Alter von der nachgewachsenen Generation finanziert zu werden (Generationenvertrag). Doch diese Umverteilung von Jung zu Alt stößt heute auf Schwierigkeiten. Etwas mehr als ein Viertel aller Einnahmen der Rentenkasse stammen mittlerweile vom Staat. Heißt es bei einer immer älter werdenden Bevölkerung künftig: Jung gegen alt? Oder kann das Rentensystem so verändert werden, dass die Jungen von heute nicht nur für die Älteren zahlen, sondern selbst auch gesichert sind?

→ Kapitel 1, S. 26 f.

Erklärungen

Generationenvertrag = Gesellschaftliche Übereinkunft, wonach die Erwerbstätigen jeweils für die aktuellen Rentner bezahlen und gleichzeitig für eine nachwachsende Generation sorgen
Invalidität = Arbeitsunfähigkeit
Produktivität = (hier: Arbeitsproduktivität) Wert in Euro, der z. B. innerhalb einer Arbeitsstunde geschaffen wird

M1 Heute – morgen – übermorgen?

Bevölkerung aus dem Gleichgewicht

Jüngere (unter 20-Jährige): heute (2005) 32; morgen (2030) 30; übermorgen (2050) 29

Auf je 100 Einwohner im Alter zwischen 20 und 64 Jahren kommen so viele

Ältere (65 Jahre und älter): heute (2005) 32; morgen (2030) 52; übermorgen (2050) 64

2030 und 2050 Prognose
Quelle: Stat. Bundesamt
© Globus 1585

M2 Kleine Geschichte der Rentenversicherung

Das erste Invaliditäts- und Altersversicherungsgesetz (1889) verpflichtete alle Arbeiter in die Rentenkasse einzuzahlen. Der Beitragssatz von 1,7 % wurde zur Hälfte von Arbeitgebern und Arbeitnehmern getragen. Die Rente gab es erst mit 70 Jahren. Da die durchschnittliche Lebenserwartung bei nur 40 Jahren lag, kam kaum einer in deren Genuss. Außerdem war die Rente nicht mehr als ein kleines Zubrot. Ein Arbeiter bekam eine monatliche Rente von nur 11,25 Mark.

Unter Bundeskanzler Adenauer kam es 1957 zu einem Systemwechsel. Bis zu diesem Zeitpunkt wurden die Renten nach dem Kapitaldeckungsverfahren organisiert. Die Beitragszahlungen der Versicherten wurden angespart und die fälligen Renten mit zusätzlichen Zinsen finanziert. Damit war ab 1957 Schluss: Eingeführt wurde eine Umverteilungsmaschine, die auf einem Generationenvertrag beruht. Die von den aktiv im Berufsleben stehenden Erwerbstätigen gezahlten Beiträge werden sofort verwendet, um die aktuell fälligen Renten zu bezahlen (Umlageverfahren). Erstmals sollte die Rente nicht nur Hilfe zum Lebensunterhalt, sondern ein wirklicher Lohnersatz sein.

Kernstück der Reform war die dynamische Rente, d. h. die Anpassung der Rentenbezüge an die allgemeine Einkommensentwicklung.

Aber der Rentensegen wurde unerwartet teuer: Der technische Fortschritt rationalisierte Millionen von Arbeitsplätzen weg. Die Menschen gingen immer früher in Rente. Nach dem Mauerfall 1989 wurden auch ostdeutsche Rentenansprüche integriert.

Vor allem die anhaltend hohe Arbeitslosigkeit beeinträchtigte die Rentenkasse – dauerhaft bis heute.

G. Lehn, Geschichte der Rentenversicherung:
http://www.seniorenbeirat-wetter.de
(Zugriff am 11.11.2009, gekürzt)

M3 Was tun?

Die Probleme der Rentenversicherung

- Rentner je 100 Beitragszahler*: heute 39, 2030 (Prognose) 52
- Rentenniveau (Verhältnis zum Netto-Arbeitseinkommen): 1960 63,2 %, heute 68,9 %
- Rentenbezugsdauer: 1960 9,9 Jahre, heute 16,6 Jahre
- Renteneintrittsalter: 1960 64,7 Jahre, heute 62,7 Jahre
- Beitragssatz zur Rentenversicherung: 1960 14,0 %, heute 19,5 %

Quelle: VDR   *Eckrentner-Quotient   z. T. Angaben für Westdeutschland   © Globus 8736

M4 Die alternde Gesellschaft – kein Problem?

Der Kölner Statistik-Professor Gerd Bosbach im Interview mit Claudia Ehrenstein (Die Welt)

DIE WELT: Sie warnen vor blindem Vertrauen in die demographischen Prognosen. Warum?
Professor Gerd Bosbach: Demographen können nur sehr begrenzt in die Zukunft schauen. Bei 20 oder 30 Jahren wird es schon schwierig. Prognosen über einen Horizont von 50 Jahren sind unseriös. Wenn wir die vergangenen 50 Jahre betrachten, so hat es Entwicklungen gegeben, die niemand vorhersehen konnte. Die Einführung der Antibabypille, der Zuzug von Gastarbeitern, der Trend zu Kleinfamilie und Single-Dasein sowie der Fall der Mauer haben die demographische Entwicklung in Deutschland entscheidend beeinflusst. Wir leben in einer schnelllebigen Zeit und müssen in Zukunft mit noch mehr Strukturbrüchen rechnen.
DIE WELT: Werden die Jungen im Jahr 2050 dennoch unter der Last der Alten zusammenbrechen?
Bosbach: Bleiben wir dabei, dass alles so eintritt, wie von den Demographen prognostiziert. Selbst dann muss die wachsende Zahl der Alten nicht zwangsläufig zur Last werden. Ältere Menschen können noch sehr produktiv sein, wenn sie nur die Möglichkeit dazu bekommen. Wenn dann zum Beispiel das Renteneintrittsalter nur um wenige Jahre erhöht wird, sieht auch im Jahr 2050 das Verhältnis zwischen Erwerbstätigen und Ruheständlern schon viel entspannter aus.
DIE WELT: Was muss die Politik heute tun, um den demographischen Wandel für alle Generationen gerecht zu gestalten?
Bosbach: Sie muss für eine gute Ausbildung der Jungen sorgen und zugleich altengerechte Arbeitsplätze schaffen, die einen fließenden Übergang in den Ruhestand erlauben. Auch die Betriebe würden davon profitieren, wenn die alten und erfahrenen Mitarbeiter nicht immer früher aus dem Arbeitsprozess verschwinden. Wir brauchen mehr Forschung in diesem Bereich und Modellversuche von Altersteilzeit in der Industrie. Über eine Verlängerung der Lebensarbeitszeit muss erst diskutiert werden, wenn es tatsächlich einen Arbeitskräftemangel gibt.
DIE WELT: Sehen Sie auch Chancen in dem bevorstehenden demographischen Wandel?
Bosbach: In allen westlichen Industrienationen altern die Gesellschaften. Deutschland könnte im Umgang mit dem Alter und in der Schaffung altersgerechter Arbeitsplätze zu einem Vorreiter werden. Das wäre international ein echter Wettbewerbsvorteil.
DIE WELT: Das sind ja geradezu rosige Zukunftsaussichten. Sehen Sie denn gar keine Schattenseiten?
Bosbach: In den vergangenen Jahrzehnten ist es gelungen, die rasante Alterung der Gesellschaft durch höhere Produktivität zu kompensieren. Da sehe ich auch in Zukunft keine Probleme.

C. Ehrenstein / G. Bosbach, „Die langfristigen Prognosen der Demographen sind unseriös" (3. Juni 2004): http://www.welt.de (Zugriff am 12.08.2009)

Arbeitsvorschläge

1. Welche Probleme können sich aus der in **M1** dargestellten Situation ergeben? Legen Sie in Partnerarbeit eine Liste an und berücksichtigen Sie verschiedene Bereiche der Gesellschaft.

2. Nehmen Sie Stellung zur Frage, ob der Generationenvertrag (vgl. Randspalte, **M2**) unter diesen Bedingungen noch eingehalten werden kann und soll.

3. Bei der Rentenversicherung ist es 1957 zu einem grundlegenden Systemwechsel gekommen, wie in **M2** beschrieben. Notieren Sie die wesentlichen Gemeinsamkeiten und Unterschiede der beiden Systeme.

4. Die Rentenversicherung steht vor einer Reihe von Problemen (**M3**). Erarbeiten Sie sich in kleinen Gruppen diese Probleme und erläutern Sie die jeweiligen Ursachen. Versuchen Sie, einen Lösungsvorschlag zu entwickeln, der Ihrer Vorstellung von einem fairen Generationenvertrag entspricht. Nehmen Sie dafür **M4** und auch S. 26/27 zu Hilfe.

3 Der Sozialstaat im Umbau

Heute an morgen denken?
Private Altersvorsorge und Grundsicherung

Etwa ein Fünftel des Bruttoverdienstes müssen Arbeitnehmer und Arbeitgeber jeden Monat gemeinsam in die gesetzliche Rentenversicherung einzahlen. Wer sich fragt, welche Rentenansprüche er damit als Arbeitnehmer erwirbt, wird stets auf den so genannten „Standardrentner" als Orientierungsgröße verwiesen. 45 Jahre lang hat dieser statistisch für das Durchschnittseinkommen gearbeitet und dann (im Jahr 2008 in Westdeutschland) knapp 1 200 Euro Rente bezogen. Das müsste doch zum Leben reichen, oder? Die meisten Bundesbürger sind der Meinung, dass mehr private Vorsorge notwendig ist. Jeder Zweite hat Angst vor Armut im Alter. Nur jeder Fünfte hingegen mag sich mit dem Thema Altersvorsorge aktiv befassen. Sind diese Sorgen berechtigt? Und wenn ja, wie könnte man mit ihnen umgehen?

→ Kapitel 1, S. 26 f.

M1 Rentenansprüche

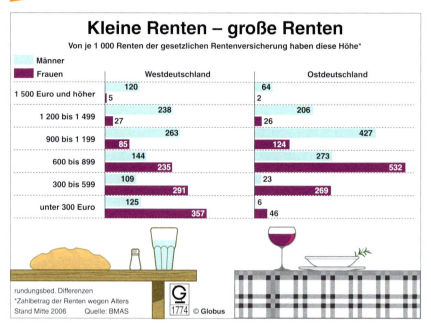

M2 Entwicklung des Rentenniveaus

Jahr	1980	1990	2000	2004	2020 (geplant)
Rentenniveau	57,6 %	55,0 %	52,8 %	52,4 %	mind. 46 %

Das Rentenniveau beschreibt das prozentuale Verhältnis zwischen der Standardrente und dem Durchschnittsentgelt der Arbeitnehmer, jeweils vermindert um die Sozialabgaben und bei den Arbeitnehmern um ihren Beitrag zur privaten Altersvorsorge. Im Jahr 2004 lag das Rentenniveau bei 52,4 %, die Rentner erhielten also etwas mehr als die Hälfte des durchschnittlichen Einkommens der Arbeitnehmer. Kritisch ist anzumerken, dass nur Wenige auf eine Versicherungszeit von 45 Jahren zurückblicken können. Für die weitaus überwiegende Zahl der Arbeitnehmer ist daher der Einkommensausfall im Alter größer.

Das Ziel, durch die Sozialrente den Lebensstandard im Alter zu sichern, ist mit den aktuellen Reformen praktisch aufgegeben worden. Und selbst das Ziel der Armutsvermeidung im Alter gerät in Gefahr. Auch das Ziel der Teilhabe der Rentner an der durchschnittlichen Einkommensentwicklung gerät immer mehr außer Sicht. Die Gründe liegen zum einen in der schwachen Lohnentwicklung der letzten Jahre aufgrund der hohen Arbeitslosigkeit und zum anderen in dem politischen Bestreben, den Beitragssatz zur Rentenversicherung um jeden Preis zu stabilisieren und lieber die schrittweise Anpassung der Renten auszusetzen oder zu beschneiden.

Lothar F. Neumann/Klaus Schaper, Die Sozialordnung der Bundesrepublik Deutschland, Bonn (Bundeszentrale für politisches Bildung) 5/2008, S. 194 f. (gekürzt und vereinfacht)

Erklärungen

Lebensstandard = Bezeichnung für wirtschaftlichen Wohlstand; gemessen am Grad der Versorgung von Personen und Haushalten mit Sachgütern und Dienstleistungen
Rentenniveau = Höhe der Rente in Prozent des durchschnittlichen Einkommens eines Arbeitnehmers
Standardrente = Höhe der monatlichen Rente nach 45 Beschäftigungsjahren mit einem jeweils durchschnittlichen Einkommen
subsidiär = die Selbstverantwortung kleiner Gemeinschaften unterstützend
Rentenfonds = Form der Kapitalanlage

M3 Das Förderkonzept der Riester-Rente

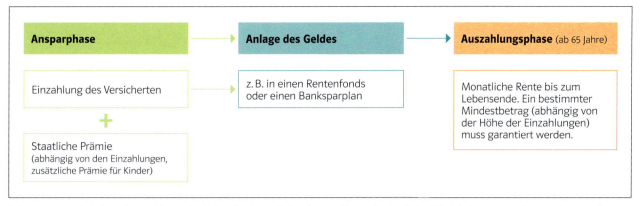

Jeder Ehepartner hat einen eigenen Vertrag. Nicht Berufstätige, z. B. Hausfrauen, können die staatliche Prämie bekommen, auch wenn sie keine eigenen Beiträge einzahlen.

M4 Grundsicherung im Alter?

aus einem Interview mit Thomas Straubhaar, Präsident des Hamburgischen Welt-WirtschaftsInstituts (HWWI)

Viele Menschen werden angesichts der Rentenlücke im Alter ihren Lebensunterhalt nicht mehr bestreiten können. Was soll dann aus ihnen werden?
Straubhaar: Deshalb bin ich für die Einführung einer staatlichen Mindestsicherung.

Also eine staatliche Grundsicherung für alle, nicht nur für Rentner?
St.: Ja, sie darf an keine Bedingung geknüpft sein. Alle 80 Mio. Bundesbürger sollen sie bekommen.

Die gesetzliche Rente fällt dafür völlig weg?
St.: Ja, und dadurch müssten die Menschen auch keine Beiträge mehr zur Renten- und Arbeitslosenversicherung bezahlen.

Wie hoch sollte dieses staatliche Grundeinkommen für alle denn sein?
St.: Es sollte sich am Existenzminimum orientieren. Dieses liegt laut Armutsbericht bei rund 7 000 Euro im Jahr.

Für den Staat wäre das eine Belastung von knapp 600 Milliarden Euro im Jahr. Wie soll er diese gewaltige Summe finanzieren?
St.: Das ist nicht viel mehr als das, was der Staat heute schon an sozialen Transfers leistet. Und die würde er sich ja bei meinem Modell sparen. Dafür werden für jeden Euro, der verdient wird, an der Quelle gleich mit einem festen Steuersatz von beispielsweise 25 Prozent Steuern abgeführt.

In: Berliner Zeitung vom 17. März 2006, S. 4 (gekürzt)

M5 Eine neue „soziale" Idee?

Das Modell des bedingungslosen Grundeinkommens weicht vom Prinzip des „Forderns und Förderns" ab und vernachlässigt das Prinzip der Gegenleistung. Alle sollen soziale Hilfe erhalten und nicht nur, wer auch bereit ist, etwas dafür zu tun. Es geht somit auch über den Gedanken des sozialen Ausgleichs in der heutigen sozialen Marktwirtschaft hinaus. Denn dort soll nur subsidiär unterstützt werden, wer unverschuldet in Not geraten und zu schwach ist, sich selbst zu helfen.
Das bedingungslos gewährte Grundeinkommen gibt dagegen jedem Menschen einen Vertrauensvorschuss. Es schafft so für viele erst die finanzielle Basis für verantwortliches Handeln und gesellschaftliches Engagement.

Ingrid Hohenleitner/Thomas Straubhaar, Grundeinkommen und soziale Marktwirtschaft, in: Aus Politik und Zeitgeschichte Nr. 51/52 vom 17.12.2007, S. 14 (gekürzt)

Arbeitsvorschläge

1. Berechnen Sie mit Hilfe von **M1**, wie viel Prozent der Frauen in West- und Ostdeutschland und wie viel Prozent der Männer in West- und Ostdeutschland eine Rente bis 899,00 € erhalten. Sammeln Sie mögliche Gründe für den festgestellten Unterschied und diskutieren Sie darüber.

2. Nennen und erläutern Sie die mit der gesetzlichen Rente verbundenen Zielsetzungen (**M2**). Erklären Sie, weshalb diese evtl. nicht mehr erreicht werden können (vgl. dazu S. 50/51).

3. Im Rahmen der „Riester-Rente" (**M3**) werden viele Möglichkeiten der Geldanlage staatlich gefördert. Recherchieren Sie hierzu im Netz, einigen Sie sich in Ihrer Klasse auf vier Anlageformen und stellen Sie jede auf einer Wandzeitung vor.

4. Setzen Sie sich kritisch mit dem Vorschlag des Wirtschaftsforschers Thomas Straubhaar (**M4**) und dessen Folgen (**M5**) auseinander. Formulieren Sie in Form eines Leserbriefs Ihren Standpunkt.

3 Der Sozialstaat im Umbau

Als Verlierer geboren?
Jugendliche aus Zuwandererfamilien

Rund 15 Millionen Menschen in der Bundesrepublik und damit fast 20 Prozent der Bevölkerung haben einen Migrationshintergrund. Sie selbst oder mindestens ein Elternteil stammen nicht aus Deutschland. Über die Hälfte dieser Menschen besitzt einen deutschen Pass, ihre Wurzeln hingegen reichen in ein anderes Land, oft auch in eine andere Kultur.

Zuwanderer gelten in Deutschland als relativ schlecht integriert. Es heißt, sie seien weniger gebildet, häufiger arbeitslos und seltener am öffentlichen Leben beteiligt als Mitglieder der Mehrheitsgesellschaft. Ist das tatsächlich so? Wenn ja, welche Chancen, sich besser zu integrieren, haben Jugendliche aus Zuwandererfamilien? Und was müsste getan werden, damit ihre Chancen steigen?

→ Kapitel 1, S. 20 f.
→ Kapitel 4, S. 78 f.
→ Kapitel 10, S. 190 f.

Erklärungen

Integration = Verbindung einer Vielzahl einzelner Personen und Gruppen zu einer Gesellschaft
Indikator = Merkmal, das als Hinweis auf etwas anderes dient
Migration = hier: Zuwanderung

M1 Guter Hoffnung?

M2 Herkunft entscheidend?

Das Berlin-Institut für Bevölkerung und Entwicklung hat die Integrationslage von verschiedenen Zuwanderer-Herkunftsgruppen untersucht. Mit Hilfe von Indikatoren wird beschrieben, wie diese Gruppen in den unterschiedlichen Bereichen (z.B. Bildung, Erwerbsleben und soziale Absicherung) im Vergleich zur deutschen Mehrheitsgesellschaft abschneiden. Als gelungene Integration wird dabei die Annäherung der Lebensbedingungen mit Menschen mit Migrationshintergrund an die der Einheimischen im Sinne gleicher Chancen und gleicher Teilhabe definiert. Dieser gegenseitige Prozess muss mit einer Öffnung der Aufnahmegesellschaft sowie dem Integrationswillen der Migranten einhergehen.

Am besten integriert sind die Personen aus den weiteren Ländern der Europäischen Union (ohne Südeuropa). Sie gehören zumeist zu der europaweiten Wanderungselite, die leicht Beschäftigung findet und sehr gut gebildet ist. Ebenfalls gute Integrationswerte weist die sehr große Gruppe der Aussiedler auf. Sie sind mit einem vergleichsweise hohen Bildungsstand nach Deutschland gekommen.

Mit Abstand am schlechtesten integriert ist die Gruppe mit türkischem Hintergrund. Zwar sind die meisten schon lange im Land, aber ihre Herkunft, oft aus wenig entwickelten Gebieten im Osten der Türkei, wirkt sich bis heute aus. Als einstige Gastarbeiter kamen sie häufig ohne jeden Schul- oder Berufsabschluss, und auch die jüngere Generation lässt wenig Bildungsmotivation erkennen. Die in Deutschland geborenen Türken haben zwar doppelt so häufig das Abitur wie die selbst Zugewanderten, aber selbst der hoffnungsvolle Wert der Jüngeren liegt immer noch zu 50 Prozent unter dem Niveau der Einheimischen. Die hohe Erwerbslosigkeit unter der zugewanderten Generation bleibt bei den Jüngeren bestehen.

nach: Franziska Woellert u.a., Ungenutzte Potenziale. Zur Lage der Integration in Deutschland, Berlin (Berlin-Institut für Bevölkerung und Entwicklung), 2009, S. 6 ff. (gekürzt)

M3 Erfahrungsberichte

Atilla Korkmaz, 22, Berlin-Moabit: „Viermal habe ich die Schule abgebrochen. Zweimal normale Hauptschule, dann zwei spezielle Maßnahmen vom Arbeitsamt für Schulabbrecher. Ich bin einfach nie hingegangen. Meine Mutter und mein Onkel haben zwar versucht, mir gut zuzureden, aber das hat nichts gebracht. Meine Mutter habe ich da sowieso nie ernst genommen. Ich hatte immer das Gefühl, ich muss eher auf sie aufpassen als sie auf mich. Mein Vater hat uns verlassen, als ich fünf war. Meine Mutter hat in einer Wäscherei gearbeitet, später war sie arbeitslos. Dieses Mal will ich den Abschluss unbedingt schaffen. Ich habe jetzt eine Freundin. Wegen ihr habe ich angefangen, über Zukunft nachzudenken."

Yüksel Bayhan, 31, Heilbronn: „In Heilbronn gab es mal einen Raub, zu dem ich eine Gruppe türkischer Jugendlicher befragte, die der Täterbeschreibung ähnelten. Sie haben die Tat geleugnet, sich aber auf Türkisch darüber unterhalten – ohne zu ahnen, dass ich sie verstehe. Als ich sie konfrontierte, wurden sie sehr aggressiv und nannten mich einen Verräter. Richtig zu Hause fühle ich mich weder hier noch in der Türkei. Ich bin zwar in Baden-Württemberg geboren und spreche fließend Schwäbisch, habe aber noch den türkischen Pass. Noch bin ich in meinem Beruf ein Exot. Ich wünsche mir, dass auch mehr Türken Lehrer werden, Ärzte, Anwälte."

Melda Akbas, 17, Berlin: „Im nächsten Jahr will ich Abitur machen. Von Mathe abgesehen bin ich wohl ziemlich gut. Mir ist das auch wichtig, ich will gut sein, und ich will auch, dass meine Eltern stolz sind auf mich. Vielleicht studiere ich später Jura. Als mein Vater nach Deutschland kam, ging er zur Hauptschule, aber er schaffte den Abschluss nicht. Uns Kindern wurde immer gepredigt, wie wichtig Bildung ist, und dass man durchhalten muss. Wir besitzen seit Jahren den deutschen Pass, aber das schützt uns nicht vor Vorurteilen. Viele denken ja, Türke, das ist gleich rückständig und doof."

zusammengestellt nach: Katrin Elger (u.a.), Für immer fremd, in: DER SPIEGEL 5/2009, S. 34–36

M4 Soziale Lage entscheidend?

Der Bundesinnenminister Wolfgang Schäuble wandte sich gegen den Eindruck, viele Türken seien schlecht integriert und selbst schuld daran. Bei ähnlichen sozialen Voraussetzungen seien sie „genauso erfolgreich wie andere Bevölkerungsgruppen", sagte er. Es komme nicht auf die Herkunft, sondern auf die soziale Lage an, etwa die Ausbildung der Eltern. Kürzlich hatte eine Studie des Berlin-Instituts Aufsehen erregt, die den Türkischstämmigen besonders schlechte Ergebnisse bei der Integration bescheinigte.
Der Vorsitzende der Türkischen Gemeinde Deutschland (TGD), Kenan Kolat, forderte, religiöse Vorbehalte muslimischer Migranten in Schulen weniger zu berücksichtigen. Alle Kinder unter 14 Jahren sollten keine religiösen Symbole, einschließlich eines Kopftuchs, tragen dürfen.

Roland Preuß, Schäuble macht Zugeständnisse, in: Süddeutsche Zeitung Nr. 71 vom 26.03.2009, S. 6 (gekürzt)

Arbeitsvorschläge

1. Interpretieren Sie die Karikatur (M1). Gibt es Ihrer Ansicht nach Bevölkerungsgruppen, deren Nachwuchs in die Armut geboren wird? Gehören Zuwandererfamilien zu diesen Gruppen?

2. Zuwanderer gelten in Deutschland als schlecht integriert. Notieren Sie die Ergebnisse der Studie M2 stichwortartig.

3. Diskutieren Sie in kleinen Gruppen, ob und inwiefern die geschilderten Erfahrungen und Lebensläufe (M3) für Sie ungewöhnlich sind. Ziehen Sie hierbei stets Vergleiche zu Jugendlichen ohne Migrationshintergrund.

4. Entwickeln Sie in Gruppenarbeit Vorschläge für eine bessere Integration von türkischstämmigen Jugendlichen in die deutsche Gesellschaft (wie in M4). Ordnen Sie Ihre Ideen nach Forderungen, die Sie an die Mehrheitsgesellschaft richten und nach Forderungen, die Sie an die Zuwanderer und ihre Familien richten. Erstellen Sie zuletzt eine Rangordnung Ihrer Ergebnisse.

3 Der Sozialstaat im Umbau

Arm trotz Arbeit?
Existenzsicherung durch Mindestlöhne

Löhne werden in Deutschland bislang zwischen Gewerkschaften (z. B. Verdi) und Arbeitgeberverbänden (z. B. dem Einzelhandelsverband) ohne staatliche Einmischung ausgehandelt. Die Verhandlungsergebnisse werden in Tarifverträgen festgeschrieben, die jeweils für eine bestimmte Region (z. B. Nordrhein-Westfalen) und eine bestimmte Branche (z. B. den Einzelhandel) mindestens ein Jahr gültig sind. Seit der Einfluss der Gewerkschaften schwindet, sinken die tariflichen Löhne oder Unternehmen zahlen sogar „unter Tarif". Dadurch kommt es zu unzumutbaren „Armutslöhnen", sagen die Gewerkschaften und haben eine „Initiative Mindestlohn" gestartet. Sie fordern ein neues Gesetz, mit dem in allen Branchen ein Mindestlohn von zunächst 7,50 Euro eingeführt werden soll. Was meinen Sie dazu?

Erklärungen

Tarifvertrag = zwischen Gewerkschaften und Arbeitgeberverbänden ausgehandelte Vereinbarung über mindestens einzuhaltende Regeln (Löhne, Urlaubstage, Kündigungsfristen etc.)
Tariflohn = nach einem Tarifvertrag mindestens zu zahlender Lohn
Branche = Wirtschaftszweig
Arbeitslosengeld II = steuerfinanzierte Unterstützungszahlung für Langzeitarbeitslose oder Niedriglöhner (auch „Hartz IV" genannt)
Rationalisierung = Steigerung der Produktivität durch Einsparen von Kosten (meist verbunden mit Arbeitsplatzabbau und höherem Einsatz von Maschinen)
Lohndumping = Lohnabsenkung, um sich Vorteile gegenüber Wettbewerbern zu verschaffen
(Handwerker-)Innung = Zusammenschluss selbstständiger Handwerker

M1 „Armutslöhne?"

M2 „Mindestlöhne sichern die Existenz!"

2,5 Mio. Beschäftigte beziehen weniger als 50 Prozent des durchschnittlichen Bruttolohns und erhalten damit Armutslöhne. Mit zwei Dritteln ist der Anteil von Frauen hierbei besonders hoch. Zudem sind vornehmlich Angestellte aus kleinen Unternehmen (80,9 %) betroffen und nicht allein Berufseinsteiger oder gering qualifizierte Arbeitnehmer. Zwei Drittel aller Armutslohnempfänger haben einen berufsqualifizierenden Abschluss und sind älter als 30 Jahre. Armut trotz Arbeit ist demnach weder ein vorübergehendes Phänomen des Berufseinstiegs noch eine unmittelbare Frage der Qualifikation, sondern längst in der Mitte der Gesellschaft angekommen.

Zwei Drittel aller Armutslöhne werden in der Dienstleistungsbranche gezahlt. Dienstleistungen, wie etwa im Bäckereifachverkauf oder Wachdienst, sind in der Regel ortsgebunden und können nicht ins Ausland verlagert werden. Ein gesetzlicher Mindestlohn würde nicht zur Verlegung von Arbeitsplätzen führen.

Vielmehr würde ein gesetzlicher Mindestlohn gleiche Wettbewerbsbedingungen für alle Unternehmen und Beschäftigten schaffen. Das stoppt die Abwärtsspirale der Löhne und sorgt für mehr Geld in den Taschen der Konsumenten. Diese Stärkung der Kaufkraft belebt die Konjunktur der gesamten Volkswirtschaft. Vor allem soll ein Mindestlohn aber eine eigenständige Existenzsicherung aller Beschäftigten oberhalb der Armutsgrenze sicherstellen.

nach: www.mindestlohn.de (Homepage der Gewerkschaften Nahrung-Genuss-Gaststätten und Verdi) (Zugriff am 19.02.2009, gekürzt)

M3 „Mindestlöhne vernichten Arbeitsplätze!"

Jede Vollzeittätigkeit soll ein Existenz sicherndes Einkommen gewährleisten. Diese Forderung steht in einem klaren Widerspruch zur bisherigen Arbeitsmarktpolitik, nach der Langzeitarbeitslosen grundsätzlich jede Arbeit zugemutet werden kann, deren Entlohnung gegebenenfalls durch das staatliche Arbeitslosengeld II aufgestockt wird. Damit soll gerade gering Qualifizierten eine Beschäftigungschance geboten werden.

Die nunmehr geforderten Mindestlöhne würden aber gerade das Gegenteil bewirken: Sie vernichten im erheblichem Ausmaß bestehende Niedriglohntätigkeiten. Wie soll der Handwerksbetrieb, der bislang 4,50 Euro Stundenlohn bezahlt hat, plötzlich deutlich mehr für Lohnkosten ausgeben? Werden die Kunden die höheren Preise akzeptieren? Rationalisierung und zunehmende Importe aus dem Ausland werden die Folge sein!

Dass Arbeitsplätze verloren gingen, stellt trotz aller anders lautenden Beteuerungen eine reale Gefahr dar. Schließlich werden vor allem in Ostdeutschland auch im produzierenden Gewerbe und keineswegs nur im Dienstleistungssektor längst Löhne um die 5,– Euro bezahlt.

_{Der Verfasser ist Direktor des arbeitgebernahen Instituts der deutschen Wirtschaft Köln.}

M. Hüther, Contra Mindestlohn (09.03.2006): http://www.zeit.de (Zugriff am 19.02.2009, gekürzt und vereinfacht)

M4 „Arbeit muss sich lohnen!"

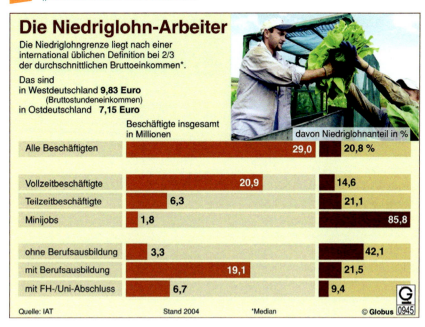

M5 „Armutslöhne verderben die Qualität!"

Chr. Faber führt in Datteln einen Betrieb für Gebäudereinigung. Seine Mitarbeiter verdienen mindestens 7,87 €/Std. Für ihn nicht zu viel – im Gegenteil: „Für gut ausgebildete Fachkräfte ist das die unterste Grenze", meint er. Geringere Löhne verderben die Qualität der Arbeit.

Faber fordert sogar einen Mindestlohn. Denn in seiner Branche sei die Konkurrenz groß; die Gebäudereiniger unterböten sich gegenseitig im Preis. Und das gehe nur, wenn sie an den Personalkosten sparen.

J. Flocke, Mindestlohn – für Unternehmer uninteressant? (06.03.2007): http://www.wdr.de (Zugriff am 19.02.2009, gekürzt)

M6 „Die Politik sollte sich raushalten!"

aus einem Interview mit der thüringischen Friseur-Landesinnungsmeisterin S. Hain

Mit einem Mindestlohn würden viele ihren Job verlieren?
Hain: Ja, ich denke an Salons in ländlichen Gebieten. Die werden ihre Mitarbeiter auf weniger Stunden setzen, die davon erst recht nicht leben können. Uns würden schon mehr Kontrollen nützen, ob der bisher gültige Tarifvertrag überhaupt eingehalten wird. Unternehmer und Gewerkschaften sollten Löhne aushandeln, und die Politik sollte sich raushalten.

nach: http://www.dradio.de/dlf/sendungen/interview_dlf/610206 (Zugriff am 19.02.2009)

Arbeitsvorschläge

1. Lesen Sie den Einführungstext (in der Randspalte). Interpretieren Sie anschließend die Karikatur **M1**. Welche Forderungen lassen sich aus der Darstellung ableiten?

2. Formulieren Sie zu jedem Zitat der Überschriften von **M2**–**M6** eine spontane Erwiderung, z. B. auch eine Rückfrage.

3. Fassen Sie die Angaben aus Übersicht **M4** in einem halbseitigen Informationstext zusammen. Bringen Sie durch eine griffige Überschrift Ihre Bewertung zum Ausdruck.

4. Führen Sie in Ihrer Klasse eine Pro- und Kontra-Diskussion zur Einführung eines gesetzlichen Mindestlohns durch (vgl. S. 116/117). Beziehen Sie dabei Informationen aus allen Materialien der beiden Seiten mit ein.

3 Der Sozialstaat im Umbau

Ungleich = ungerecht?
Kriterien der Einkommensverteilung

Angenommen es gäbe etwas zu verteilen – Güter oder Leistungen. Wann ginge es bei der Verteilung gerecht zu? Sollen alle dasselbe bekommen? Oder jeder so viel er braucht? Wie aber wird festgestellt, wer wie viel braucht? Das Problem der gerechten Verteilung ist so alt wie die Menschheit selbst – und war immer umstritten. Eine einheitliche Vorstellung von Gerechtigkeit kennt deshalb auch das Grundgesetz nicht, obgleich es die Idee der sozialen Gerechtigkeit hoch hält. Die praktischen Bemühungen um soziale Gerechtigkeit in unserem Sozialversicherungssystem orientieren sich am politisch definierten Bedarf jedes Einzelnen. Einkommen hingegen werden in einer Marktwirtschaft nicht „nach Bedarf" verteilt. Welche Prinzipien der Einkommensverteilung gelten auf dem Arbeitsmarkt?

M1 Verteilungsgerechtigkeit?

Reicher Mann und armer Mann
standen da und sah'n sich an,
und der Arme sagte bleich:
Wär ich nicht arm, wärst du nicht reich.

Bertolt Brecht: Alfabet (Buchstabe R). In: Bertolt Brecht, Gesammelte Werke. Bd. 9 (Gedichte 2), Frankfurt a. M.: Suhrkamp (werkausgabe edition suhrkamp), 1967, S. 511ff.

M2 Wirtschaft im Wandel?

WIRTSCHAFT IM WANDEL

M3 Schere öffnet sich weiter

Nach dem Jahr 2000 ging der Einkommensanteil der ärmsten 20 Prozent der Bevölkerung stetig zurück und liegt nun im Jahre 2006 bei 9,3 Prozent. Seit Beginn der 2000er-Jahre stieg der Anteil der reichsten 20 Prozent der Bevölkerung auf 36,8 Prozent an. Die Ungleichheit der verfügbaren Einkommen der privaten Haushalte hat sich damit deutlich erhöht und steigt weiter.

Einkommensanteile	1997	2001	2005	2006
Ärmste 20% der Bevölkerung	10,1%	9,9%	9,4%	9,3%
Reichste 20% der Bevölkerung	34,4%	34,9%	36,1%	36,8%

Statistisches Bundesamt u. a. (Hg.), Datenreport 2008. Ein Sozialbericht für die Bundesrepublik Deutschland, Bonn 2008, S. 164

Erklärungen

Bertolt Brecht (1898–1956), Schriftsteller und Regisseur, lebte ab 1924 in Berlin, 1933 Emigration, 1949 Rückkehr nach Ost-Berlin. Brecht gehört zu den einflussreichsten Autoren des 20. Jahrhunderts.
Nivellierung = Angleichung

M4 Verteilungskriterien

Die in gewisser Weise einfachste Verteilung wäre, allen Personen den gleichen Anteil am Gesamteinkommen zukommen zu lassen. Begründen ließe sich ein solches Vorgehen damit, dass alle Menschen gleich sind. In der Realität ist dieses Gleichheitsprinzip in reiner Form nie ernsthaft verfochten worden. Hauptargument gegen eine vollständige oder weitgehende Nivellierung der Einkommen ist der fehlende Leistungsanreiz. Ein Mindestmaß an Leistungsbereitschaft stellt aber sowohl individuell als auch gesellschaftlich eine Überlebensbedingung dar.

Somit bleiben als diskussionswürdige Kriterien der Einkommensverteilung nur zwei Prinzipien:

Leistungsprinzip: Das Gesamteinkommen in einer Volkswirtschaft ist Ergebnis des wirtschaftlichen Leistungsprozesses. Das Leistungsprinzip geht von dem Grundsatz aus, dass jeder vom Gesamteinkommen so viel erhält, wie er zur Leistungserbringung beigetragen hat. Bei gleicher Leistung werden gleiche Einkommen, bei unterschiedlicher Leistung werden unterschiedliche Einkommen gezahlt.

Bedarfsprinzip: Dem Bedarfsprinzip liegt die Vorstellung zugrunde, dass jeder so viel Einkommen erhält, wie er zur Deckung seiner „berechtigten" Bedürfnisse benötigt.

Hans-Jürgen Albers / Gabriele Albers-Wodsak, Volkswirtschaftslehr, Haan-Gruiten (Verlag Europa-Lehrmittel) 8/2008, S. 432 ff. (gekürzt)

M5 Leistungsgerechte Bezahlung?

Viele Unternehmen haben für ihre Beschäftigten eine leistungsorientierte Bezahlung eingeführt. Der Grund ist einleuchtend: Leistung soll belohnt werden. Dadurch steigen Arbeitsmotivation und Arbeitszufriedenheit. Da Leistung an konkrete Arbeitsergebnisse geknüpft ist, kann durch eine leistungsorientierte Bezahlung das Verhalten der Beschäftigten in diesem Sinne gesteuert werden. Außerdem lassen sich so Leistungsunterschiede zwischen den Beschäftigten aufdecken.

Allerdings erzielen diese Bezahlsysteme in der Praxis häufig nicht die gewünschte Wirkung. Der wichtigste Grund ist, dass das Bezahlsystem nicht speziell auf den jeweiligen Beschäftigten ausgerichtet, also nicht individuell gestaltet ist. Eine leistungsorientierte Bezahlung funktioniert nur, wenn die Leistung objektivierbar und dadurch messbar ist. Die individuelle Leistung bei Teamarbeit beispielsweise ist aber für Außenstehende und Vorgesetzte kaum erkennbar.

Joachim Schwalbach, Leistungsgerechte Bezahlung: www.wiwi.hu-berlin.de (Zugriff am 07.10.2009, sprachl. vereinfacht)

M6 Haushaltskasse

Arbeitsvorschläge

1. Lesen Sie den Text von Bertolt Brecht (M1). Wie stehen Sie zu seiner Grundaussage?

2. Interpretieren Sie die Karikatur (M2) und schätzen Sie ein, wie realistisch die beiden gezeichneten Situationen sind. Passt die Grundaussage der Karikatur zu Brechts Text (M1)?

3. Gestalten Sie mit den Zahlen aus M3 in Gruppenarbeit unterschiedliche Schaubilder (z. B. Kurven- oder Kreisdiagramme) zur Einkommensentwicklung in Deutschland. Halten Sie die Verteilung für gerecht? Begründen Sie Ihre Antwort.

4. Erstellen Sie eine tabellarische Übersicht mit den jeweiligen Vor- und Nachteilen der in M4 genannten Verteilungskriterien.

5. Angenommen, Sie möchten als Geschäftsführer eines Möbelherstellers die folgenden Mitarbeiter leistungsgerecht bezahlen: Hausmeister – Sachbearbeiterin für den Einkauf von Holz – Schreiner – Sekretärin für die Abteilungsleitung Marketing – Verkäufer im fabrikeigenen Studio. Entwickeln Sie Vorschläge und halten Sie diese stichwortartig fest. Diskutieren Sie schließlich Ihre Ergebnisse in der Klasse.

6. Diskutieren Sie im Blick auf das Schaubild M6, ob es gerechter wäre, wenn alle das Gleiche verdienen würden.

Methode

Wie viel Sozialstaat wollen wir?
Eine Meinungsumfrage erarbeiten

Vorbereitung

Welches Ziel verfolgt die Meinungsumfrage?
Eine Meinungsumfrage zum Sozialstaat allgemein kann beispielsweise das Ziel verfolgen: „Einstellungen zum deutschen Sozialstaat ermitteln und nach Geschlecht und Alter auswerten".

Welche Inhalte sollen abgefragt werden?
Um welche Aspekte des Sozialstaates soll es gehen? Gehen Sie beispielsweise das vorliegende Kapitel noch einmal durch und entscheiden Sie, welche Bereiche für die geplante Befragung interessant sein können.

Wer soll befragt werden?
Klasse, Jahrgangsstufe, Bildungsgang, Schule, Stadtteil oder die ganze Stadt? Während kleine Gruppen vollständig befragt werden können, genügt bei größeren Personenkreisen eine Zufallsauswahl (z. B. Passanten auf dem Marktplatz oder Auswahl aus dem Telefonbuch).

Wie soll die Befragung durchgeführt werden?
Aus Kostengründen empfiehlt sich die direkte Befragung anhand eines einheitlichen Fragebogens, der von den Befragten selbst oder mit Unterstützung der Interviewer ausgefüllt wird. Indirekte schriftliche Befragungen sind meist im Hinblick auf Zeit und Kosten aufwändiger.

Welche Fragen sollen gestellt werden?
Formulieren Sie in einer arbeitsteiligen Gruppenarbeit jeweils fünf Fragen zu den jeweils festgelegten Bereichen. Gute Fragen haben folgende Eigenschaften:
– kurz und bündig;
– möglichst einfach formuliert;
– auf den Wissensstand der Befragten abgestimmt;
– wertneutral.
Um die Auswertung möglichst einfach durchführen zu können, sollten offene Fragen ohne Antwortvorgaben vermieden werden, z. B. „Was halten Sie von der privaten Altersvorsorge?". Die Frage sollte so umformuliert werden, dass die Befragten jeweils in einer Skala etwas ankreuzen können (siehe Beispiel unten).

In welcher Reihenfolge werden die Fragen gestellt?
Grundsätzlich sollte folgende Reihenfolge eingehalten werden:
– einfache Fragen (Gesprächsbereitschaft herstellen)
– schwierige Fragen (höchste Aufmerksamkeit erforderlich)
– persönliche, heikle Fragen (nicht am Anfang, sonst Ablehnung)

Beispiel

Eindeutige Aussagen und Gestaltung eines Fragebogens:

Regelungen	lehne ich völlig ab	lehne ich ab	neutral	stimme zu	stimme völlig zu
„Der Staat sollte die private Altersvorsorge der alleinigen Verantwortung seiner Bürger überlassen."	( )	( )	( )	( )	( )
„Der Staat sollte die Zuschüsse zur privaten Altersvorsorge kürzen."	( )	( )	( )	( )	( )

Durchführung

Sollten wir uns gleich mit dem erstellten Fragebogen auf die Straße stürzen?
Nein, ein vorheriger Testlauf ist sehr sinnvoll. Probieren Sie den Fragebogen in der Familie, bei Bekannten oder Freunden erst einmal aus. Fragen Sie auch jeweils nach, wie die Fragen verstanden werden. Erst mit einem entsprechend korrigierten Fragebogen sollte die eigentliche Meinungsumfrage begonnen werden.

Wie kann die erforderliche Mitwirkung der Befragten hergestellt werden?
Vor jedem Interview sollten Ziel und Inhalt der Befragung erläutert werden: „Hallo, mein Name ist … von der … Schule. Wir führen derzeit eine Befragung zu … durch. Ich möchte Ihnen/Dir dazu ein paar Fragen stellen." Größere Umfragen sollten auch in der Lokalpresse angekündigt werden.
Wichtig ist auch der Hinweis, dass sämtliche Informationen vertraulich behandelt und anonym verarbeitet werden. Dieser Grundsatz sollte auch tatsächlich befolgt werden!!!

Wie lange darf ein Interview dauern?
Erfahrungsgemäß lässt nach etwa zehn Minuten die Auskunftsbereitschaft deutlich nach. Also stellen Sie nicht mehr als 15 bis 20 Fragen zusammen, die auf eine DIN-A4-Seite passen sollten.

Auswertung

Wie kann die Meinungsumfrage ausgewertet werden?
Sehr empfehlenswert ist eine Auswertung per Computer. Grafstat ist beispielsweise ein relativ einfaches und sehr leistungsfähiges Auswertungsprogramm (kostenloser Download unter **www.grafstat.de**). Grafstat unterstützt auch die Erstellung eines Fragebogens und leistet sehr nützliche Dienste bei der grafischen Darstellung der Ergebnisse.
Wer das nicht möchte oder kann, muss sich die Mühe machen, die Antworten auszuzählen, die entsprechenden Anteile zu errechnen und daraus ein Diagramm zu entwickeln (Beispiel siehe unten).

Was fangen wir mit den Ergebnissen an?
Gerade beim Thema „Sozialstaat" existieren in Abhängigkeit vom Alter, Geschlecht, Berufsstand u. ä. ganz unterschiedliche Einstellungen. Vergleichen Sie diese miteinander und versuchen Sie, die Unterschiede zu erklären. Formulieren Sie schließlich jeweils Ihren persönlichen Standpunkt.

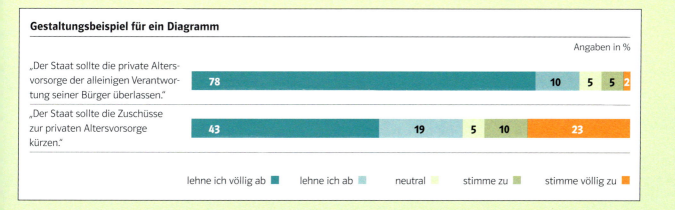

Vertiefung

„Die Rechnung, bitte!"
Staatsverschuldung in der Diskussion

Eigentlich wollte die Bundesregierung im Jahr 2011 einen ausgeglichenen Haushalt vorlegen, also die anfallenden Staatsausgaben ohne neue Schulden finanzieren. Als aber auch Deutschland von der internationalen Finanz- und Wirtschaftskrise erfasst wurde, rückte dieses Ziel in weite Ferne. Schlimmer noch: Um das rasch sinkende Wirtschaftswachstum wieder anzukurbeln und das Finanzsystem vor einem Zusammenbruch zu bewahren, wurde seit 2009 die Verschuldung in nie da gewesene Höhen getrieben. Außergewöhnliche Krisen erfordern außergewöhnliche Maßnahmen, hieß es. Warum eigentlich? Und wie kommen wir nun wieder heraus aus der Schuldenspirale?

→ Kapitel 3, S. 50 f.
→ Kapitel 10, S. 196 f.

M1 „Schulden von heute …

Die Schulden des Bundes, der Länder und der Gemeinden werden Ende 2009 rund 1 655 Mrd. Euro betragen. Am höchsten ist der Bund verschuldet; auf ihn entfallen 62 Prozent der Staatsschulden. Danach folgen die Länder mit 32 Prozent und die Schulden der Gemeinden schlagen mit 6 Prozent zu Buche.

Wer Schulden macht, muss Zinsen zahlen. Der Staat muss heute jeden achten Euro, den er durch Steuern einnimmt, für Schuldzinsen ausgeben. Dieses Geld fehlt an anderer Stelle, um die eigentlichen Aufgaben des Staates zu erfüllen. Auch wird dadurch der Spielraum für dringend notwendige Entlastungen auf der Steuer- und Abgabenseite eingeschränkt.

Die Schulden von heute sind die Steuern von morgen, denn die Schulden, die der Staat heute macht, müssen wir oder uns nachfolgende Generationen später in Form von Steuern zurückzahlen. Diese Realität bekommt zusätzliche Brisanz, bedenkt man, dass der Bund in 2008 gut 90 Prozent seiner Ausgaben für Konsumzwecke verwendete. Es muss also später für einen Großteil dessen gezahlt werden, was zu diesem Zeitpunkt dann schon längst vom Staat verkonsumiert wurde und somit keinen Nutzen mehr stiften kann, wie dies bei Investitionen der Fall wäre. Der Artikel 115 Grundgesetz verbietet dem Bund, mehr Kredite als die Höhe der im Haushaltsplan veranschlagten Ausgaben für Investitionen aufzunehmen. Eine Überschreitung dieser Grenze ist nur zur Abwehr einer Störung des gesamtwirtschaftlichen Gleichgewichts gestattet. Der Hintergedanke dieser Bindung der Kreditaufnahme an möglichst nachhaltige Investitionen ist der, dass wenn sich der Staat schon zu Lasten künftiger Generationen verschuldet, diese wenigstens auch einen Nutzen daraus ziehen sollen.

Bund der Steuerzahler Deutschland e.V., Stellungnahme zur Staatsverschuldung, zit. nach: www.steuerzahler.de (Zugriff am 16.04.2009, gekürzt)

M2 … sind die Steuern von morgen."

Erklärungen

Brisanz = Sprengkraft
Konsumausgaben des Staates = Zahlungen (wie Sozialausgaben), die in den Wirtschaftskreislauf fließen, ohne dem Staat Gewinne zu bringen – im Gegensatz zu Investitionen, mit denen er Geld erwirtschaften kann
Konjunkturzyklus = Zeitraum, in welchem die wirtschaftliche Entwicklung die einzelnen Konjunkturphasen von einem Aufschwung (Boom) oder Abschwung (Rezession) zum nächsten durchläuft
expandieren = wachsen, sich ausdehnen
Rendite = Verzinsung der Überschüsse eines Projekts im Verhältnis zum eingesetzten Geld

M3 „Schuldenbremse ist Wahnsinn"

Die genauen Details der diskutierten „Schuldenbremse" stehen noch nicht fest. Klar aber ist: Nach den neuen Regeln sollen ab 2020 die Länder überhaupt keine Schulden mehr machen dürfen, die Neuverschuldung des Bundes wird auf ein sehr niedriges Niveau begrenzt. Ausnahmen gibt es für schwere Rezessionen und Naturkatastrophen. Schwankende Steuereinnahmen im Konjunkturzyklus sollen dagegen hingenommen werden.

Jede Führungskraft in der Wirtschaft weiß jedoch, dass ein erfolgreiches Unternehmen ohne Kredite nicht expandieren kann. Tatsächlich ist es für Firmen sinnvoll, dass ein Betrieb für neue Investitionen Kredite aufnimmt. Nämlich dann, wenn er mit den Neuanschaffungen mehr Geld erwirtschaften kann, als er für Zinsen aufwenden muss. Ein Manager, der dauernd Erfolg versprechende Projekte mit Renditen von zehn Prozent streicht und sich für fünf Prozent Zinsen Geld von der Bank leiht, wird sehr bald von den Aktionären abgesetzt. Und das zu Recht.

Auch für Privathaushalte sind Schulden nicht unbedingt gefährlich. Wenn eine Familie feststellt, dass sie sich mit einer monatlichen Hypothekenrate von 1 000 Euro ein Haus leisten kann, für das sie sonst 1 500 Euro Miete zahlen müsste, kann es durchaus sinnvoll sein, einen Kredit aufzunehmen.

Die „Schuldenbremse" soll aber nun gerade dem Staat das verbieten, was beispielsweise für Unternehmen und Privathaushalte vernünftig ist. Dabei unterscheidet die Regel nicht, ob das Geld vom Staat verschwendet oder investiert wird. Was für ein fragwürdiges Unterfangen das ist, erkennt man leicht, wenn man es auf den Privathaushalt überträgt. Eine analoge Regel für eine Durchschnittsfamilie mit einem Jahreseinkommen von 60 000,- Euro würde erlauben, jedes Jahr 210,- Euro Schulden für ein üppiges Weihnachtsessen zu machen. Gleichzeitig aber verbietet die Vorgabe, 150 000,- Euro für den Bau eines Einfamilienhauses oder 10 000,- Euro für das Studium der Tochter zu leihen.

Der Verfasser ist Professor für Volkswirtschaftslehre an der Hochschule für Technik und Wirtschaft in Berlin.

nach: S. Dullien, Wieso die Schuldenbremse Wahnsinn ist: http://www.spiegel.de (Zugriff am 16.04.09, gekürzt)

M4 Rezepte?

– **die neoliberale Position** (die auf die ordnenden Kräfte des freien Marktes und die Stärkung der Angebotseite setzt):

Das Hauptproblem sind zu hohe Staatsausgaben, insbesondere im Sozialbereich. Folglich müssen die Staatsausgaben gekürzt werden: Sozialhilfe, Arbeitslosenunterstützung, weitere Sozialleistungen. Parallel sollen die Steuern im Spitzenbereich gesenkt werden. Zwar verschärft sich die Staatsverschuldung dadurch zunächst, aber es werden für die Leistungsträger Anreize für Investitionen geschaffen, die Konjunktur verbessert sich, am Ende hat der Staat höhere Steuereinnahmen als vorher.

Der zeitweilige Erfolg der USA im Kampf gegen die Staatsverschuldung spricht für diese Auffassung.

– **die gewerkschaftliche Position** (die auf die ordnenden Kräfte des Staates und die Stärkung der Nachfrageseite setzt):

Das Hauptproblem sind zu niedrige Staatseinnahmen. Folglich müssen die Staatseinnahmen erhöht werden: Wiedereinführung der Vermögensteuer, Erhöhung der Steuern für Besserverdienende und Großunternehmen. Parallel sollen die Steuern für Geringverdiener gesenkt und die Sozialleistungen erhöht werden. Zwar verschärft sich die Staatsverschuldung dadurch zunächst, aber es werden Konsumanreize geschaffen, die Konjunktur verbessert sich, am Ende hat der Staat höhere Steuereinnahmen als vorher.

Der Erfolg Dänemarks im Kampf gegen die Staatsverschuldung spricht für diese Auffassung.

zusammengestellt nach: K. Först, Staatsverschuldung im Parteienstreit (November 2006): http://staatsverschuldung.de (Zugriff am 16.04.2009)

Arbeitsvorschläge

1. Angenommen, der Staat nimmt ab 2010 keine neuen Schulden mehr auf und zahlt jeden Monat 1 Mrd. € zurück. Wie viele Jahre wird es dauern, bis der Schuldenberg vollständig abgetragen ist? Berechnen Sie die Summe mit **M1**.

2. Interpretieren Sie die Karikatur **M2**. Schreiben Sie ein dreizeiliges Statement an die Adresse des Zeichners („Stimme Ihnen zu/nicht zu, denn …")

3. Übertragen Sie die Argumentation in **M3** auf Ihr Privatleben. Diskutieren Sie mit Ihrem Tischnachbarn, unter welchen Umständen Sie bereit wären, neue Schulden zu machen. Wann würden Sie das ablehnen?

4. Markieren Sie zwei gegenüberliegende Ecken in Ihrem Klassenraum als „neoliberal" bzw. „gewerkschaftlich". Positionieren Sie sich mit Hilfe von **M4** in der entsprechenden Ecke. Wer unentschlossen ist, kann sich einen Platz in der Mitte suchen. Versuchen Sie nun, mit Argumenten Ihre Mitschüler/-innen von Ihrer Position im Raum zu überzeugen und sie in ihre Ecke zu ziehen. Fassen Sie anschließend die vorgebrachten Argumente zusammen und überarbeiten Sie – wenn nötig – Ihr Statement zur Karikatur (vgl. Arbeitsvorschlag 2).

4 Europa – und wir mitten drin

„Früher war die Einheit Europas eine Hoffnung für viele Menschen."

„Heute ist sie eine Notwendigkeit für alle."

Das Europa der 27

Online-Link
800481-0004

Der Euro: ein wirtschaftliches und zugleich ein politisches Projekt

Stark befestigte Außengrenze der EU in Melilla (Marokko)

- Wir leben in Deutschland – was haben wir mit der Europäischen Union zu tun?
- Brauche ich einen Europass?
- Brauchen wir neue Grenzen?
- Brauchen wir Geld aus Brüssel?

Diese und weitere Fragen und Denkanstöße erwarten Sie auf den nächsten Seiten.

4 Europa – und wir mitten drin

Feinde – Partner – Freunde
Die Geschichte der Europäischen Union

Vieles an und in Europa ist heute für uns ganz selbstverständlich: freundschaftliche Beziehungen zu anderen europäischen Staaten, Reiseverkehr und Warenaustausch ohne Grenzkontrollen, mittlerweile zahlen wir sogar in vielen Ländern mit derselben Währung. Für die, die in einem vereinten Europa aufwachsen, scheint es fast vergessen, dass sich viele Länder Europas einst feindlich gegenüberstanden. So stellt sich die Frage, wie es eigentlich zu den Veränderungen kam. Nach dem Zweiten Weltkrieg lag Europa in Trümmern, und fast alle Länder hatten schwer an den Folgen zu tragen. Weshalb beschlossen Nationen, die noch kurz zuvor extrem verfeindet waren, das gemeinsame Projekt „Europa"? Und wie sah der Weg aus, der zu Frieden und wirtschaftlichem Wohlstand führte?

M1 Europa in Trümmern

Um heute die epochale Bedeutung der beginnenden Zusammenarbeit der europäischen Länder schon wenige Jahre nach dem Ende des Zweiten Weltkriegs ermessen zu können, muss man die Welt von damals in Erinnerung rufen. Europa lag buchstäblich in Trümmern: Nicht nur das besiegte Deutschland, das den Krieg vom Zaun gebrochen hatte, war zerstört, nicht nur die befreiten Länder, die unter dem Expansionswahn des Nationalsozialismus gelitten hatten, kämpften ums Überleben, auch die europäischen Siegerstaaten Frankreich und England trugen die schwere Last der Kriegsfolgen.

M. Fritzler / G. Unser, Die Europäische Union, Bonn (Bundeszentrale für politische Bildung) 2/2001, S. 15

M2 Die Montanunion

Auf Initiative des französischen Außenministers Robert Schuman (Schuman-Plan vom 09.05.1950) kam es am 18.04.1951 zur Unterzeichnung des Vertrags über die Europäische Gemeinschaft für Kohle und Stahl (EGKS). Die Grundidee stammte vom französischen Planungskommissar Jean Monnet. Die EGKS (auch Montanunion genannt) sollte für Kohle und Stahl einen gemeinsamen Markt schaffen und damit eine gemeinsame Kontrolle, Planung und Verwertung dieser Grundstoffe und deren Produkte ermöglichen. Hauptmotive für diesen Vorschlag bildeten die Überlegungen zur Beseitigung der deutsch-französischen Erbfeindschaft und der Wunsch nach Schaffung eines Grundsteins für eine europäische Föderation. Die vermeintliche deutsche Bedrohung Frankreichs sollte auf diesem Weg ebenfalls ausgeschlossen werden und zusätzlich eine Mitverfügung Frankreichs über die deutschen Kohlereserven gesichert werden. Adenauer sprach sich für den Schuman-Plan aus. Zum einen diene er, nach dessen Ansicht, der deutsch-französischen Verständigung und zum anderen ermögliche er der noch nicht souveränen Bundesrepublik Deutschland, auf der internationalen Bühne Verhandlungen zu führen. Der Vertrag zur Gründung der EGKS trat am 23.07.1952 in Kraft.

W. Weidenfeld, Europäische Einigung im historischen Überblick, in: W. Weidenfeld / W. Wessels (Hg.), Europa von A–Z, Bonn (Europa Union Verlag) 2000, S. 14

M3 Vom „Europa der Sechs" zum „Europa der Siebenundzwanzig"

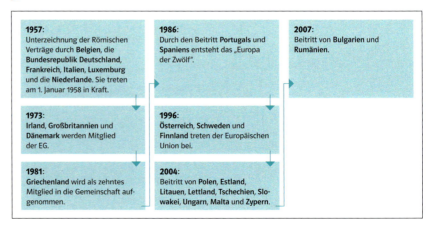

1957: Unterzeichnung der Römischen Verträge durch **Belgien**, die **Bundesrepublik Deutschland**, **Frankreich**, **Italien**, **Luxemburg** und die **Niederlande**. Sie treten am 1. Januar 1958 in Kraft.

1973: **Irland**, **Großbritannien** und **Dänemark** werden Mitglied der EG.

1981: **Griechenland** wird als zehntes Mitglied in die Gemeinschaft aufgenommen.

1986: Durch den Beitritt **Portugals** und **Spaniens** entsteht das „Europa der Zwölf".

1996: **Österreich**, **Schweden** und **Finnland** treten der Europäischen Union bei.

2004: Beitritt von **Polen**, **Estland**, **Litauen**, **Lettland**, **Tschechien**, **Slowakei**, **Ungarn**, **Malta** und **Zypern**.

2007: Beitritt von **Bulgarien** und **Rumänien**.

Erklärungen

epochal = aufsehenerregend, bedeutend
Expansion = räumliche Ausdehnung (verbunden mit mehr Einfluss und Macht)

M4 Vertiefungsprojekte der EU

EWG und Euratom
Am 1. Januar 1958 traten die Römischen Verträge zur Gründung der Europäischen Wirtschaftsgemeinschaft (EWG) und der Europäischen Atomgemeinschaft (Euratom) in Kraft. Die EWG hatte die Schaffung eines gemeinsamen Marktes zum Ziel, in dem Waren, Personen, Dienstleistungen und Kapital frei zirkulieren konnten. Daneben vereinbarten die Vertragspartner eine gemeinsame Außenhandelspolitik und eine gemeinsame Agrarpolitik. Die Gründung der EWG hat sich bis heute als das wichtigste Ereignis in der Geschichte der europäischen Einigung erwiesen. Vor allem von dem Ziel eines gemeinsamen Binnenmarktes zwischen den Vertragsstaaten gingen starke Einigungsimpulse aus.

Maastrichter Vertrag
Der Maastrichter Vertrag von 1992 enthielt die Vereinbarung, die Europäische Gemeinschaft nunmehr Europäische Union zu nennen.
Zudem wurde vereinbart, die vorherige – nur begrenzt verbindliche – währungspolitische Zusammenarbeit im Rahmen des Europäischen Währungssystems in die Europäische Währungsunion zu überführen. Hierzu gehörte auch die Einführung des Euro als gemeinsame europäische Währung für 1999 (Umstellung der Konten) bzw. 2002 (Einführung des Bargeldes). [...]

Europäische Gemeinschaft
1967 entstand durch die Zusammenlegung der Organe der drei Teilgemein-

schaften EGKS, EWG und Euratom die Europäische Gemeinschaft (EG)

Einheitliche Europäische Akte
Im Juli 1987 wurde mit Inkrafttreten der Einheitlichen Europäischen Akte die erste größere Reform der EG-Verträge verwirklicht. Vor allem sollte der bereits 1957 vereinbarte Binnenmarkt bis 1993 endlich vollendet werden. Deshalb wurden die Entscheidungsverfahren der EG, die wegen der Einstimmigkeitserfordernisse im Rat häufig blockiert waren, durch Vereinbarung häufigerer Mehrheitsabstimmungen im Ministerrat und eine Aufwertung des Parlaments deutlich gestärkt. Zudem weiteten die Vertragspartner die Zuständigkeiten der EG in den Bereichen Umweltschutz sowie Forschung und Technologie aus und fixierten die 1970 vereinbarte Europäische Politische Zusammenarbeit in einem Vertrag.

nach: Otto Schmuck, Motive, Leitbilder und Etappen der Integration, in: Informationen zur politischen Bildung, 2. Quartal 2003, S. 13 f.

M5 Absichten und Ziele

aus der Berliner Erklärung:
Wir verwirklichen in der Europäischen Union unsere gemeinsamen Ideale: Für uns steht der Mensch im Mittelpunkt. Seine Würde ist unantastbar. Unser europäisches Modell vereint wirtschaftlichen Erfolg mit sozialer Verantwortung. Der Gemeinsame Markt und der Euro machen uns stark. So können wir die zunehmende weltweite Verflechtung der Wirtschaft auf den internationalen Märkten nach unseren Wertvorstellungen gestalten. Wir wollen in der Energiepolitik und beim Klimaschutz gemeinsam vorankommen.
Die Freiheits- und Bürgerrechte werden wir auch im Kampf gegen ihre Gegner verteidigen. Rassismus und Fremdenfeindlichkeit dürfen nie wieder eine Chance haben.
Wir setzen uns dafür ein, dass Konflikte in der Welt friedlich gelöst und Menschen nicht Opfer von Krieg, Terrorismus und Gewalt werden. Die Europäische Union will Freiheit und Entwicklung in der Welt fördern – Armut, Hunger und Krankheit zurückdrängen.

Erklärung anlässlich des 50. Jahrestages der Unterzeichnung der Römischen Verträge, © Europäische Gemeinschaften (2007): http://www.eu2007.de (Zugriff am 10.09.2009, gekürzt)

Arbeitsvorschläge

1. In M1 ist von der „schweren Last der Kriegsfolgen" die Rede, die die am Krieg beteiligten Länder zu tragen hatten. Vor welchem Hauptproblem standen die europäischen Länder nach dem Krieg?

2. Erläutern Sie die französischen und deutschen Motive, die zur Gründung der EGKS führten (M2). Überlegen Sie, warum zwei ehemals stark verfeindete Länder ausgerechnet die Bereiche Kohle und Stahl unter eine gemeinsame Kontrolle gestellt haben. Was müsste in heutiger Zeit unter Kontrolle gestellt werden, um ähnliche Ziele zu erreichen?

3. M3 zeigt die kontinuierliche Erweiterung der EU, M4 stellt wichtige Vertiefungsprojekte vor. Unterscheiden Sie die Begriffe „Erweiterung" und „Vertiefung". Skizzieren Sie die Bereiche, in denen die EU-Länder nach und nach zusammenarbeiten, z. B. auf Wandplakaten, und zusammenarbeiten wollen (M5).

4 Europa – und wir mitten drin

Grenzenlose Freiheit?
Der Europäische Binnenmarkt

Häufig ist die Rede vom EU-Binnenmarkt – die wenigsten jedoch wissen, was genau damit gemeint ist. Er umfasst 15 Staaten, zwischen denen bestimmte Regelungen den freien Transport von Waren, Dienstleistungen und Kapital ermöglichen; ja sogar Personenverkehr (fast) ohne Grenzkontrollen. Auch die Aufnahme einer Arbeit oder die Eröffnung eines Unternehmens in einem anderen Land sind innerhalb des Binnenmarktes gestattet. Solche Art „Freiheit" hört sich erst einmal positiv an. Trotzdem sind viele Menschen skeptisch. Was genau bringt uns dieser Binnenmarkt? Haben wir dadurch möglicherweise auch Nachteile? In welcher Form profitiert der Einzelne und welche möglichen Gefahren stecken in diesem System der Freizügigkeit?

Erklärungen

Niederlassungsfreiheit = das Recht der EU-Bürger auf Niederlassung in einem anderen Mitgliedsland zur selbstständigen Ausübung gewerblicher, landwirtschaftlicher oder freiberuflicher Erwerbstätigkeiten (Art. 43–48 EGV). Jeder EU-Bürger kann sich damit praktisch in der gesamten EU selbstständig machen.
EuGH = Europäischer Gerichtshof
Mobilität = Beweglichkeit, hier: Wohnsitzwechsel

M1 Grenzkontrollen

M2 Grundfreiheiten des Binnenmarktes

Freier Personenverkehr
- Wegfall der Grenzkontrollen
- Harmonisierung der Einreise-, Asyl-, Waffen-, Drogengesetze
- Niederlassungs- und Beschäftigungsfreiheit für EU-Bürger
- Verstärkte Außenkontrollen

Freier Dienstleistungsverkehr
- Liberalisierung der Finanzdienste
- Harmonisierung der Banken- und Versicherungsaufsicht
- Öffnung der Transport- und Telekommunikationsmärkte

Freier Warenverkehr
- Wegfall der Grenzkontrollen
- Harmonisierung oder gegenseitige Anerkennung von Normen und Vorschriften
- Steuerharmonisierung

Freier Kapitalverkehr
- Größere Freizügigkeit für Geld- und Kapitalbewegungen
- Schritte zu einem gemeinsamen Markt für Finanzleistungen
- Liberalisierung des Wertpapierverkehrs

nach: Bundeszentrale für politische Bildung (Hg.), Wirtschaft heute, Bd. 499, Bonn 2006, S. 279

M3 Der Europass

Um die Chancen des Europäischen Binnenmarktes sinnvoll nutzen zu können, wird es immer wichtiger, Wissen und Information grenzüberschreitend und nachhaltig auszutauschen. Der europass ist ein Service der Europäischen Kommission, der Auszubildenden, Studierenden, Lernenden und/oder Arbeitsuchenden hilft, ihre Qualifikationen und Fähigkeiten so darzustellen, dass sie europaweit verständlich sind. Der europass öffnet Türen zum Lernen und Arbeiten in Europa. Mit seinen unterschiedlichen Bausteinen bietet er die Möglichkeit, im In- und Ausland gesammelte Erfahrungen zu dokumentieren und darzustellen. Dabei vermittelt er ein umfassendes Gesamtbild der Qualifikationen und Kompetenzen einzelner Personen und erleichtert so die Vergleichbarkeit im europäischen Umfeld. So können sich alle Bürgerinnen und Bürger für eine Bewerbung den europass Lebenslauf oder den europass Sprachenpass erstellen. Der europass Mobilität dokumentiert Lern- und Arbeitserfahrungen, die im europäischen Ausland gesammelt wurden, während der europass Diplomzusatz und die europass Zeugniserläuterung für eine bessere Vergleichbarkeit von Abschlüssen aus Studium und Beruf sorgen.

zusammengestellt nach: http://www.europass-info.de (Zugriff am 05.05.2009)

M4 Das Bosman-Urteil des Europäischen Gerichtshofes (EuGH)

VfL Gummersbach, Saison 2008/09

Folgende Staatsangehörigkeiten sind vertreten: Deutschland (5), Ungarn (1), Montenegro (1), Russland (1), Frankreich (2), Serbien (1), Island (1), Norwegen (1), Griechenland (1), Slowenien (1), Österreich (1) und Kroatien (2). Der Trainer ist Kroate, der Co-Trainer Deutscher und der Physiotherapeut ist Iraner. Die beiden Mannschaftsärzte sind Deutsche.

Nach den Regeln des Deutschen Fußballbundes (DFB) durften die Vereine höchstens drei ausländische Spieler bei einem Spiel einsetzen. Gegen diese Ausländerregel klagte der belgische Fußballprofi Jean-Marc Bosman. Er hatte Erfolg: Der EuGH erklärte 1995 die Bestimmung für unwirksam.

Demnach dürfen alle Sportvereine Staatsangehörige anderer Mitgliedstaaten der EU nicht als Ausländer behandeln. Auch die bis dahin gängige Praxis der Clubs, für den Wechsel eines ihrer Spieler zu einem Verein eines anderen EU-Staates eine Ablösesumme zu verlangen, erklärte der Hof für unvereinbar mit der nach Artikel 48 EG-Vertrag garantierten Freizügigkeit der Arbeitnehmer.

M. Fritzler / G. Unser, Die Europäische Union, Bonn (Bundeszentrale für politische Bildung) 2/2001, S. 61

Arbeitsvorschläge

1. Kennen Sie ähnliche Situationen (M1)? Tauschen Sie Ihre Reiseerfahrungen mit Ländergrenzen aus.

2. Setzen Sie sich in Kleingruppen zusammen und legen Sie zu den in M2 genannten vier „Grundfreiheiten des Binnenmarktes" jeweils ein Plakat an. Notieren Sie unter den beiden Rubriken „Was habe ich davon?" und „Welche Nachteile könnten sich daraus für mich ergeben?" Ihre spontanen Ideen. Nach einer festgelegten Zeitspanne „wandern" die Plakate im Uhrzeigersinn weiter, bis jeder in der Gruppe etwas notiert hat. Hängen Sie die Plakate in Ihrem Klassenraum aus.

3. Vertiefen Sie einen der vier Aspekte, den „freien Personenverkehr", mit M3. Die Europäische Kommission macht Werbung und versucht über den europass, die jungen Europäer zu mehr Mobilität zu bewegen. Welche Gründe vermuten Sie dafür? Unter welchen Bedingungen würden Sie in ein anderes Land der EU ziehen?

4. Warum haben Sportvereine ein starkes Interesse an der Aufhebung der „Ausländerregel"? Nehmen Sie Stellung zum Bosman-Urteil des EuGH (M4).

5. Please download the Europass CV (use the online link) and fill in the blanks. You can use your Europass CV not only for your job applications in foreign countries but also in Germany.

4 Europa – und wir mitten drin

Festung Europa?
Die Außengrenze der EU

EU-Bürger reisen grenzenlos. Wenn Sie sich heute Abend dafür entscheiden, das morgen beginnende Wochenende in Paris zu verbringen, müssen Sie nicht prüfen, ob Ihr Pass noch gültig ist. Sie werden auch nicht durch lange Staus an der Grenze bei der Fahrt in den Urlaub behindert. Was früher undenkbar war, ist mittlerweile Alltag geworden. An den Grenzen innerhalb der Europäischen Union finden kaum noch Passkontrollen statt. Ist doch toll – oder nicht?
Jeder weiß, dass Kontrollen nicht dazu dienten, den „Normalbürger" aufzuhalten oder zu verärgern – vielmehr wurde hier nach Verbrechern gefahndet, Schmuggelware und Diebesgut beschlagnahmt, verhindert, dass jemand illegal ins Land kam. Was bedeutet der Wegfall der Binnengrenzen nun für die Außengrenze der EU?

→ Kapitel 10, S. 190 f.

M1 Das Schengener Abkommen

Im Juni 1985 unterzeichneten fünf EG-Staaten in Schengen, einem kleinen Ort in Luxemburg, einen völkerrechtlichen Vertrag („Schengen I") über den schrittweisen Abbau der Kontrollen zunächst im Personenverkehr. Die neue Bewegungsfreiheit sollte jedoch nicht mit dem Verlust an Sicherheit für die Bürger und der völligen Aufgabe nationaler Regelungen erkauft werden. Daher wurde 1990 – wiederum in Schengen – in einem ergänzenden Durchführungsabkommen ein Katalog von begleitenden Sicherheitsmaßnahmen vereinbart.
„Schengen II" sollte ursprünglich zeitgleich mit der Vollendung des Binnenmarktes zum 1. Januar 1993 in Kraft treten. Doch erst nach Beseitigung einer Reihe von Problemen (u. a. Schwierigkeiten beim Aufbau des Informationssystems) konnten am 26. März 1995 zwischen den damaligen sieben Schengen-Staaten (Deutschland, Frankreich, den Beneluxstaaten, Spanien und Portugal) die Personen- und die Warenkontrollen an den Binnengrenzen weitgehend abgeschafft werden.
Seit Inkrafttreten des Abkommens gilt für die Beitrittsstaaten die prinzipielle Regel: Freizügigkeit nach innen und Grenzsicherung nach außen. Binnenmarkt ohne Grenzkontrollen, strenge Kontrollen an den Außengrenzen.
„Schengen" verbietet nicht die Wiedereinführung von Grenzkontrollen im EU-Innern für eine gewisse Zeit, wenn der betreffende Mitgliedstaat seine nationale Sicherheit als gefährdet erachtet.

M. Fritzler / G. Unser, Die Europäische Union, Bonn (Bundeszentrale für politische Bildung) 2/2001, S. 132 f.

M2 Die Außengrenze der EU

Mit dem Schengener Abkommen wurden 1985 die Binnengrenzen zwischen den EU-Staaten aufgehoben, zugleich entstand eine neue Außengrenze der EU, die im Süden an Afrika, im Osten an die Ukraine und Russland, im Südosten an die Türkei grenzt. Langfristig soll sie durch eine Europäische Grenzpolizei gesichert werden. Bis es so weit ist, will man die nationalen Grenzschützer an den Außengrenzen der EU mit hochempfindlichen Bewegungsmeldern, Infrarotsuchgeräten, Hightech-Abwehrgeräten und vernetzten Datensystemen schlagkräftiger machen.
Bis zu zwei Millionen Menschen dringen jedes Jahr illegal in die Europäische Union ein, die genaue Zahl kennt man nicht. Die Schlepper raten den Flüchtlingen, ihre Personalpapiere vor der Reise zu vernichten, damit sie nicht identifizierbar sind. Das verhindert die Abschiebung – denn in welches Land soll man sie abschieben? Die spanischen Behörden z. B. können derzeit nur jeden zehnten Illegalen wieder zurückschicken, alle anderen müssen nach 40 Tagen auf freien Fuß gesetzt werden.

Rüdiger Dammann / Ingke Brodersen, Das neue Europa, Ravensburg 2007, S. 123 f.

M3 Illegale Einwanderer

72

M4 Europol

Europol (= Europäisches Polizeiamt) hat den Auftrag, die Leistungsfähigkeit der zuständigen nationalen Behörden sowie deren Zusammenarbeit in einer ständig wachsenden Zahl von Bereichen zu verbessern:
- Verhütung und Bekämpfung des Terrorismus,
- Bekämpfung des illegalen Drogenhandels,
- Bekämpfung des Menschenhandels,
- Bekämpfung von Schleuserorganisationen,
- Bekämpfung des illegalen Handels mit spaltbarem Material,
- Bekämpfung des illegalen Kraftfahrzeughandels,
- Bekämpfung der Fälschung des Euro,
- Bekämpfung der Geldwäsche im Zusammenhang mit der internationalen organisierten Kriminalität.

Europäische Kommission, © Europäische Gemeinschaften (2006): http://europa.eu.int/scadplus/leg/de (Zugriff am 18.09.2006)

M5 Das Schengen-Informationssystem (SIS)

Das Schengener Abkommen von 1990 regelt eine Reihe kritischer Fragen zu Grenzkontrollen und grenzüberschreitenden Fahndungen sowie zum grenzüberschreitenden Datenaustausch einschließlich der Erfassung von Personen und Objekten. Das Abkommen ermöglicht eine weitreichende Erfassung und Überwachung großer Bevölkerungsgruppen in den betroffenen Ländern. Aufgrund von Schengen entsteht ein weitreichendes System und Netzwerk polizeilicher Zusammenarbeit, Datenerfassung und Überwachung – von Island im Norden bis zum Mittelmeer im Süden, von der Spitze von Portugal im Westen bis zur deutsch-polnischen Grenze im Osten. Das Schengen-Informationssystem hat eine zentrale Datenbank in Straßburg und nationale Datenbanken in allen Schengen-Staaten.

N. Manfred, Schengen, Europol, Eurodac und EU-Überwachungspläne (2001): http://www.no-racism.net (Zugriff am 05.05.2009, gekürzt)

M7 Eine typische „Schengen-Grenze"

M6 Grenzüberschreitend

Arbeitsvorschläge

1. In M1 wird die generelle Regel aufgestellt „Freizügigkeit nach innen und Grenzsicherung nach außen". Erklären Sie die Bedeutung dieser Regel mit eigenen Worten. Notieren Sie mit Ihrem Nachbarn Gründe für eine verstärkte Grenzsicherung nach außen.

2. Wie soll die verstärkte Grenzsicherung aussehen (M2)? Erklären Sie, warum in diesem Zusammenhang von der „Festung Europa" die Rede ist.

3. Schlepperbanden raten illegalen Einwanderern nach Europa, ihre Papiere zu vernichten. Den in Europa untergetauchten Flüchtlingen droht damit ein Leben ohne Rechte, ohne Krankenversicherung, ohne soziale Absicherung, immer in Angst vor der Polizei. Welchen Risiken sind diese Menschen (M3) ausgesetzt?

4. Interpretieren Sie die Karikatur (M6). Nutzen Sie dafür die Informationen aus M4, M5 und M7.

Letzte Hoffnung Europa?
Fluchtweg Mittelmeer

Die Europäische Union gilt vielen Flüchtlingen der Welt als „gelobtes Land". Im Vergleich zu ihren Heimatländern scheint diese Metapher meist auch angebracht zu sein: Einen gesicherten Lebensunterhalt, medizinische Versorgung und die Hoffnung auf Arbeit und Geld – das treibt Menschen auf die Flucht nach Europa, die sich von ihren Ländern nichts mehr erwarten. Skrupellose Schlepperbanden machen oftmals aus ihrer Hoffnung ein lukratives Geschäft.

In den letzten Jahren ist Lampedusa, eine zu Italien gehörende Insel im Mittelmeer, zum Magneten für viele Flüchtlinge geworden. Warum wird gerade diese Insel angesteuert, was bedeutet eine Flucht über das Mittelmeer für die Flüchtlinge und wie soll Europa reagieren?

→ Kapitel 10, S. 190 f.

M1 Gewitter auf See

Als die Flüchtlinge schon abgefahren sind, unterhalte ich mich mit dem Kapitän, der eigens für mich von Bord kommt.
– Gratulation, ist das Erste, was ich sage, ich gratuliere Ihnen herzlich!
– Warum?, lächelt der Kapitän, ein groß gewachsener, sportlicher Mann von vielleicht vierzig Jahren, und weiß doch sofort, was ich meine. Ihm wenigstens ist die Rührung anzumerken. Ich erfahre, wie sie die Flüchtlinge entdeckt haben, dicht gedrängt auf einem kleinen Holzboot, nein, nicht im Sturm, da wäre es zu spät gewesen, sondern kurz davor, als es noch hell war.
– Wie haben die Flüchtlinge reagiert, als sie Ihr Schiff gesehen haben?
– Sie haben diskutiert, das sahen wir von weitem, einige freuten sich und winkten, andere hatten Angst und schienen für Flucht zu plädieren. Mit unseren Beibooten versperrten wir ihnen den Weg. Als wir ihnen sagten, dass wir sie nicht nach Libyen zurückbringen würden, ja, von da an haben sich alle gefreut, da haben sie gejubelt. Kurz danach zogen sich die Wolken zusammen, da wurden sie plötzlich ganz still, und als das Gewitter ausbrach, wurde ihnen klar, wie knapp sie dem Tod entronnen waren.
– Wie ist es mit anderen Flüchtlingen, die heute Nacht auf Booten unterwegs waren?, frage ich. Gibt es eine Chance, dass jemand überlebt hat?
Der Kapitän denkt nach und sagt dann:
– Null Prozent.

M2 Fluchtweg Mittelmeer

Als ich nach Frontex frage, bricht es beinah aus ihm heraus:
– Wenn ich ein Holzboot mit 65 Menschen auf dem offenen Meer sehe, und ein Sturm zieht herauf, dann ist mir Frontex völlig egal, dann denke ich nicht an Immigration, an Papiere, an Zollbehörden. Dann rette ich sie, verdammt noch mal.
Für ihn als Kapitän, fährt er fort, um seinem kleinen Ausbruch eine Erklärung beizugeben, stünde das Seerecht über etwaigen EU-Verordnungen, er dürfte also gar nicht anders handeln.
– Sieht das jeder Kapitän so?, frage ich. Ihm ist sofort bewusst, dass ich auf die Berichte über Frontex-Einsätze anspiele, bei denen die Soldaten in die Schlauchboote stechen oder den Flüchtlingen das Wasser und die Nahrung nehmen, um sie an der Weiterfahrt zu hindern.
– Ich bin mir sicher, sagte er, dass jedenfalls alle französischen Kapitäne genauso gehandelt hätten, außerdem hatte ich die Zustimmung meiner Einsatzleitung.
Ich bin mir sicher, dass er genauso gehandelt hätte auch ohne die Zustimmung seiner Einsatzleitung.

K. Navid, An Bord sind Maria und Josef: http://www.zeit.de (Zugriff am 06.04.2009, gekürzt)

M3 Grenzkontrollen auf See?

Nach Angaben des „International Centre on Migration Policy Development" überqueren pro Jahr etwa 100 000 bis 120 000 Schutzsuchende und MigrantInnen das Mittelmeer, ohne dass sie im Besitz der für eine Einreise nach Europa notwendigen Papiere wären. Ca. 35 000 von ihnen stammen aus der Sub-Sahara, 55 000 aus den afrikanischen Mittelmeeranrainerstaaten, 30 000 aus anderen Staaten (vor allem asiatischen Ländern und Staaten des mittleren Ostens). Dabei wird geschätzt, dass in den letzten zehn Jahren etwa 10 000 Menschen beim Versuch, das Mittelmeer zu überqueren, ertrunken sind.
Die grenzpolizeiliche und paramilitärische Abriegelung der europäischen Außengrenzen bedarf nicht nur nationaler, sondern europäischer Debatten, zumal sich unter den Betroffenen regelmäßig auch Personen befinden, die nach geltendem Völker- und Europarecht als schutzbedürftig im Sinne der Genfer Flüchtlingskonvention (GFK) erachtet werden. Bei der Kontrolle der Außengrenzen der EU handeln die Grenzschutzorgane der Mitgliedstaaten in enger Kooperation miteinander. Sie werden unterstützt durch die Europäische Grenzschutzagentur Frontex. Die Grenzschutzagentur verfügt über eigenes Personal und hat über ein technisches Zentralregister derzeit Zugriff auf insgesamt 24 Hubschrauber, 19 Flugzeuge, 107 Boote sowie zahlreiches mobiles Gerät. [...]

aus einem Gutachten für Forum Menschenrechte, amnesty international, European Center for Constitutional and Human Rights und Pro Asyl (2007) von A. Fischer-Lescano / T. Löhr, zit. nach: http://www.ecchr.eu/publikationen/articles/gutachten-mittelmeer-rechte.html (Zugriff am 23.11.2009, gekürzt)

M4 Ein Leuchtturm für Lampedusa?

Der Berliner Künstler Thomas Kilpper möchte den Menschen in den Nussschalen lebensrettende Zeichen senden. Sein 60 Meter hoher Leuchtturm auf Lampedusa soll zugleich ein Kulturzentrum für die Einheimischen werden. Mit einem neun Meter hohen Modell wirbt er um Spenden und Unterstützung der EU. Der konservative Bürgermeister von Lampedusa hat schon ein Grundstück für den Bau zugesagt.

news, in: Greenpeace Magazin 03/2009, S. 18

Arbeitsvorschläge

1. Lesen Sie das Interview M1 und erläutern Sie die Situation a) der Flüchtlinge und b) des Kapitäns. Welche Risiken gehen die Flüchtlinge ein, warum tun sie das (VT)? Vor welchen Aufgaben steht der Kapitän, warum reagiert er sehr emotional auf Nachfragen (M3)?

2. Beschreiben Sie die Lage der Insel Lampedusa (M2). Warum ist die Insel zum Zielort vieler Flüchtlinge geworden?

3. Wie reagiert die EU auf die Flüchtlingswelle aus Afrika, in welchem Dilemma steckt sie dabei (M3)? Tauschen Sie sich mit Ihrem Nachbarn über diese Fragen aus. Haben Sie Verständnis für die Reaktion des Kapitäns in M1?

4. Versetzen Sie sich in die Rolle des Bürgermeisters von Lampedusa (M4) und verfassen Sie (je zu zweit) einen Brief an das EU-Parlament in Brüssel, in welchem Sie mit verschiedenen Argumenten um Unterstützung bitten für die Aktion „Leuchtturm/Kulturzentrum für Lampedusa".

5. Entwickeln Sie in Kleingruppen verschiedene Szenarien (vgl. S. 168/169) zu der Frage „Wie sollte Europa die Flüchtlingsthematik in Zukunft angehen?" (vgl. dazu auch S. 193).

4 Europa – und wir mitten drin

Vorhang auf!
Zusammenarbeit zwischen West und Ost

Von einem historischen Ereignis sprachen die Staats- und Regierungschefs der EU auf dem EU-Gipfel 2003 in Athen. Der Eiserne Vorhang war gefallen. Zehn neue Länder sollten in die Union aufgenommen werden. Damit war die Teilung Europas in einen Westteil und einen Ostteil überwunden. Früher konnte man die Länder der EU an einer Hand abzählen – und heute? Kaum jemand ist in der Lage, alle 27 Länder hintereinander aufzusagen. Was sind das eigentlich für Länder im Osten und Südosten des Kontinents, die im Zuge der Osterweiterung Schritt für Schritt in die EU aufgenommen werden? Europa will zusammen wachsen, aber: Kann das gelingen in einem Europa XXL?

Erklärungen

Eiserner Vorhang = 1945 geprägter Begriff für die Abgrenzung des Herrschaftsbereichs der UdSSR (Sowjetunion) und einiger weiterer Staaten gegenüber der westlichen Welt

M1 Markteuropa?

Die kroatische Schriftstellerin Slavenka Drakulic erzählt von ihrer ersten Begegnung mit einer bis dahin unbekannten Welt. Damals, es war im Jahr 1954, ist sie gerade fünf Jahre alt und hält ihr erstes Stückchen Schokolade in Händen. „Innen drin war eine Nuss. Es knackte und ich schmeckte die Nuss und die Schokolade zerschmolz in meinem Mund, ein Geschmack, den ich nie zuvor gekostet hatte. Das Täfelchen Schokolade hatten wir aus dem Ausland geschickt bekommen. Nie zuvor hatte ich Süßigkeiten in so zartem Papier eingewickelt gesehen [...]"
Heute lebt Slavenka Drakulic in der schwedischen Hauptstadt Stockholm, wo sie jeden Tag aus vielen hübsch verpackten Schokoladensorten auswählen könnte. Hier findet sie aber auch – auf einem Markt ganz in der Nähe ihrer Wohnung – fast alle aus ihrem Heimatland gelieferten Zutaten, um für Freunde ein typisch kroatisches Gericht namens „Sarma" zuzubereiten.

Dass wir heute fast überall in Europa zu ähnlichen Preisen aus einer großen Warenvielfalt auswählen können, verdanken wir in erster Linie dem gemeinsamen europäischen „Binnenmarkt". Er ist eine Grundidee, auf der der europäische Einigungsprozess beruht: Je freier Menschen, Waren, Dienstleistungen und Kapital zwischen den Mitgliedstaaten verkehren können, desto mehr werden die Gesellschaften zusammenwachsen. Davon werden am Ende alle profitieren. Denn engere Beziehungen untereinander fördern nicht nur Wirtschaftswachstum und Wohlstand, sondern sorgen zugleich für politische Stabilität und helfen damit, den Frieden zu sichern. Zu schön, um wahr zu sein?

Rüdiger Dammann / Ingke Brodersen, Das neue Europa, Ravensburg 2007, S. 140 f., S. 76 ff. (gekürzt und umgestellt)

M2 Neue Kräfte?

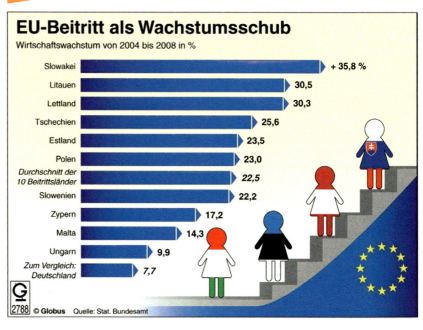

EU-Beitritt als Wachstumsschub
Wirtschaftswachstum von 2004 bis 2008 in %

Slowakei	+ 35,8 %
Litauen	30,5
Lettland	30,3
Tschechien	25,6
Estland	23,5
Polen	23,0
Durchschnitt der 10 Beitrittsländer	22,5
Slowenien	22,2
Zypern	17,2
Malta	14,3
Ungarn	9,9
Zum Vergleich: Deutschland	7,7

© Globus 2788 Quelle: Stat. Bundesamt

M3 Der Euro – ein politisches Projekt?

Die Verwirklichung der europäischen Währung ist nur vordergründig ein wirtschaftlicher Vorgang. Im Kern ist der Euro ein politisches Projekt, das den Integrationsprozess durch die ökonomische Schicksalsgemeinschaft unumkehrbar machen soll. In der Geschichte der europäischen Vereinigung sind allerdings immer schon politische Ziele über die Wirtschaft angegangen worden.

Jürgen Jeske, Die Einführung des Euro – ein ökonomisches und politisches Großprojekt auf einem Weg ohne Umkehr, in: Frankfurter Allgemeine Zeitung vom 02.01.1999

M4 Beitritt erwünscht?

Der Europäische Rat Kopenhagen hat im Juni 1993 in den „Kopenhagener Kriterien" die Anforderungen an die Beitrittsländer konkretisiert. Diese verlangen von den Beitrittsländern die Erfüllung der folgenden Kriterien:

Politisches Kriterium: „Institutionelle Stabilität als Garantie für demokratische und rechtsstaatliche Ordnung, für die Wahrung der Menschenrechte sowie die Achtung und den Schutz von Minderheiten";

Wirtschaftliches Kriterium: „Eine funktionsfähige Marktwirtschaft sowie die Fähigkeit, dem Wettbewerbsdruck und den Marktkräften innerhalb der EU standzuhalten";

Rechtliches Kriterium: Die Fähigkeit, alle Pflichten der Mitgliedschaft – das heißt das gesamte Recht sowie die Politik der EU (den sogenannten „Acquis communautaire") – zu übernehmen, sowie das Einverständnis mit den Zielen der Politischen Union und der Wirtschafts- und Währungsunion.

Fortsetzung des Erweiterungsprozesses, © Europäische Gemeinschaften (2007): http://www.eu2007.de (Zugriff am 03.09.2009, gekürzt)

M5 Unbekanntes Land?

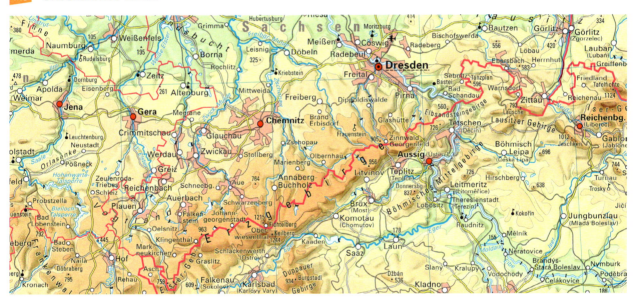

Arbeitsvorschläge

1. Welche Grundidee vom Zusammenwachsen der europäischen Länder liegt dem EU-Projekt zugrunde (M1–M3). Nehmen Sie Stellung zu dieser Idee und ihren Erfolgschancen.

2. Kennen Sie diese Region (M5)? Finden Sie heraus, welche drei europäischen Länder hier aneinander grenzen.

3. Erarbeiten Sie jeweils zu zweit ein Kurzporträt zu einem der zwölf ost- und südosteuropäischen EU-Mitgliedstaaten (vgl. auch die Karte auf S. 66), z. B. mit Informationen zu Hauptstädten, Ländergröße, Einwohnerzahl, Pro-Kopf-Einkommen und Wirtschaftsstruktur. Stellen Sie anschließend Ihr Land der Klasse vor.

4. Beurteilen Sie die Bedingungen (M4), die ein Land erfüllen muss, um der EU beitreten zu können. Erstellen Sie gemeinsam in Ihrer Klasse eine Liste. Würden Sie diese Aufzählung ergänzen wollen?

4 Europa – und wir mitten drin

Beitritt: Nein Danke?
Die „Türkeifrage"

Im Herbst 2005 begann die Europäische Union Verhandlungsgespräche mit der Türkei. An einen baldigen Beitritt des Landes zur EU wird dabei nicht gedacht, als Fernziel wird ein solcher Schritt aber auch nicht ausgeschlossen. Die Europäische Union hat sich in mehreren Erweiterungsrunden in der Vergangenheit Schritt für Schritt vergrößert. Nun stellt sich die Frage, wann und wo dieser Prozess an ein Ende kommt. Wie weit reicht Europa geografisch? Was macht Europa politisch aus? Lassen sich mit den angrenzenden Ländern im Süden und Osten des Kontinents Formen der Zusammenarbeit entwickeln, die ein gutes Verhältnis auch ohne Beitritt ermöglichen? Beleuchten Sie diese Fragen am schwierigen Beispiel der Türkei etwas genauer.

M1 Wie weit reicht Europa?

Der Bosporus: Nahtstelle und Trennlinie zweier Kontinente

M2 Die Türkei – ein Land der Europäischen Union?

Pro

Die Türkei ist seit 1924 eine Republik, in der das Wahlrecht gilt und die Trennung von Kirche und Staat festgeschrieben ist. Geografisch liegt der größere Teil des Landes in Asien, doch die Türkei ist Gründungsmitglied der UNO und hat sowohl die „Allgemeine Erklärung der Menschenrechte" als auch die „Europäische Menschenrechtskonvention" als verbindlich anerkannt. Seit 1949 ist die Türkei Mitglied des Verteidigungsbündnisses NATO und somit strategisch wie politisch in die westliche Gemeinschaft eingebunden.

Warum also sollte dem modernen islamischen Land der Beitritt zur EU verweigert werden? Im Gegenteil, mit der Türkei, so ihre Fürsprecher, würde man einen Partner gewinnen, der als Vermittler in die arabische Welt von großem Wert sein und helfen könnte, das gespannte Verhältnis zu vielen islamischen Ländern zu entkrampfen.

Kontra

Gestützt auf die Berichte von Menschenrechtsorganisationen wie Amnesty International äußern die Gegner hingegen erhebliche Zweifel an der Rechtsstaatlichkeit der Türkei. Von Einschränkungen der Meinungs- und Pressefreiheit ist die Rede, von Frauendiskriminierung, Verstößen gegen die Religionsfreiheit und einem stärker werdenden Einfluss des muslimischen Glaubens auf die Politik. Die Türkei, so ihr zentrales Argument, respektiere nicht die Grundrechte des Einzelnen; ein vom Islam geprägtes Land habe ein anderes Menschenbild als das christliche Europa und überdies würde das vergleichsweise unterentwickelte – und mit mehr als 70 Millionen Einwohnern sehr bevölkerungsreiche – Land die Union wirtschaftlich völlig überfordern.

Rüdiger Dammann / Ingke Brodersen, Das neue Europa, Ravensburg 2007, S. 140 f. (gekürzt)

M3 Zukunftsperspektive?

Regelmäßig informiert der Fortschrittsbericht des EU-Parlaments über die Reformen in der Türkei. Im neuesten Bericht werden viele Kritikpunkte deutlich, auch das Tempo der Reformen wird bemängelt.

Der jüngste EU-Fortschrittsbericht zur Türkei ist in der vorsichtigen Sprache der Diplomatie gehalten. Und doch lässt er an Deutlichkeit kaum zu wünschen übrig. Bei den politischen Reformen seien kaum Fortschritte erzielt worden. Es hapere beim Recht auf freie Meinungsäußerung und bei der Religionsfreiheit, heißt es dort. Zusätzliche Anstrengungen bedürfe es bei der Korruptionsbekämpfung und im Justizsystem sowie bei den Rechten für Gewerkschaften, Kinder und Frauen. Die kritischen Anmerkungen treffen ziemlich genau die Stimmungslage der Mehrheit der Europa-Abgeordneten. Mehr und mehr Europa-Politiker sehen den Beitrittsprozess der Türkei mit großer Skepsis. Selbst diejenigen, die eine EU-Mitgliedschaft im Prinzip befürworten, bestehen auf der unbedingten Erfüllung der Beitrittsverhandlungen. Einen kleinen aber entscheidenden Schritt weiter gehen konservative Abgeordnete im Europaparlament, so wie Markus Färber (CDU). Er hält es für aussichtslos, auf zügige Reformschritte zu setzen. Einen demokratischen Rechtsstaat nach westeuropäischem Muster wird es in der Türkei auf absehbare Zeit nicht geben, sagt er: „Man muss der Türkei klar und deutlich sagen, dass zum jetzigen Zeitpunkt eine Vollmitgliedschaft unmöglich ist. Wir dürfen hier keine falschen Hoffnungen in Ankara wecken, weder bei den politisch Verantwortlichen noch bei den Menschen", sagt er. Vielmehr müsse man dort zusammenarbeiten, wo es möglich sei. „Und wenn sich dann in 20, 30 oder 50 Jahren eine andere Konstellation ergibt, haben wir damit die Tür nicht zugemacht."

Europäisches Parlament kritisiert Reformtempo – Skepsis gegen EU-Beitritt der Türkei wächst: http://www.tagesschau.de (Zugriff am 22.10.2008)

M4 Stimmungsbarometer

Zweimal jährlich werden im Auftrag der Europäischen Union Tausende von Bürgern der Mitgliedstaaten und auch der EU-Beitrittskandidaten zu verschiedenen, vorwiegend politischen Themenkomplexen genau befragt und die Ergebnisse ca. ein Vierteljahr später publiziert. Das Europabarometer 64 vom Herbst 2005, „Die öffentliche Meinung in der Europäischen Union", beinhaltet Zahlen auch für unsere Fragestellung und beleuchtet u. a., wie die Bevölkerung in Deutschland und in anderen EU-Mitgliedstaaten die Aufnahme der Türkei sieht. „Nach der neuesten Umfrage sind 49 Prozent der Befragten in den jetzigen 25 Mitgliedstaaten für eine zusätzliche Erweiterung der Europäischen Union in den nächsten Jahren, 39 Prozent dagegen" heißt es in der Studie von 2005.

Der nationale Europoll-Bericht zu Deutschland fragt noch genauer: Dass die Türkei zum Teil zu Europa gehört, sehen 54 Prozent der Deutschen wie der Europäer. 35 Prozent der Deutschen und 40 Prozent der Europäer glauben auch, dass die türkische Geschichte ein Teil der europäischen Geschichte ist. Eine deutliche Mehrheit in Deutschland weist aber die Argumente für einen EU-Beitritt der Türkei wie regionale Sicherheit, Signal für die islamische Welt etc. zurück. 71 Prozent der in Deutschland Befragten glauben zudem, „dass die kulturellen Unterschiede zwischen der Türkei und den Mitgliedsländern der Europäischen Union zu groß seien, als dass ein Beitritt sinnvoll wäre". Europaweit sehen das 55 Prozent genauso. Islam und Europa gehen für viele Menschen nicht zusammen. Der Islam wird überwiegend mit Intoleranz, Dogmatismus, Diskriminierung von Minderheiten und Frauenfeindlichkeit assoziiert – wie falsch auch immer dieses Pauschalurteil sein mag. In den Medien werden türkische Migranten überwiegend im Zusammenhang mit Themen wie Zwangsheirat und Ehrenmord, Gewalt unter Jugendgangs und Schulversagen präsentiert. Türkische Frauen werden nicht als Anwältinnen und Ärztinnen wahrgenommen, sondern oftmals nur als Importbräute dargestellt, von der Schwiegerfamilie ausgebeutet, unfähig, sich allein durchzusetzen […].

U. Steinbach / J. Cremer, Die Türkei in der EU: Heftiger Ausschlag des Stimmungsbarometers (17. Juli 2006): http://www.bpb.de (Zugriff am 17.10.2008, gekürzt)

Arbeitsvorschläge

1. Betrachten Sie die Luftaufnahme **M1** und suchen Sie den Ort auf einer Landkarte in Ihrem Atlas. Erklären Sie die Bildunterschrift.

2. Welche Gründe sprechen für einen Beitritt der Türkei, welche dagegen (**M2**)? Beraten Sie mit Ihrem Nachbarn, wie schwer die einzelnen Argumente wiegen. Suchen Sie das in Ihren Augen gewichtigste Argument heraus und schreiben Sie eine kurze Begründung für Ihre Wahl.

3. Vergleichen Sie Ihre Einschätzung mit der Haltung der Europa-Politiker (in **M3**). Warum sehen diese den Beitritt der Türkei sehr skeptisch?

4. Führen Sie zum Thema „EU-Beitritt der Türkei" eine Meinungsumfrage durch (vgl. S. 62/63). Lassen Sie sich dabei von den Fragen des Europabarometers und des Europoll-Berichts (**M4**) anregen.

4 Europa – und wir mitten drin

Geben und Nehmen?
Der Haushalt der EU

Der Haushalt der EU ist wesentlich kleiner als der Haushalt der Bundesrepublik Deutschland. Er entspricht in etwa der Summe der Haushalte von Nordrhein-Westfalen und Bayern.
Trotzdem hält sich hartnäckig die Vorstellung, dass Deutschland Unsummen an die EU abführt. Was kostet uns Europa? Woher bezieht die EU ihre finanziellen Mittel? Und schließlich: Welche Rolle spielt Deutschland bei diesen Transaktionen?

M1 Streit um's Geld

Die Mitgliedsländer der EU haben sich vertraglich zu einem ausgeglichenen Haushalt verpflichtet. Das heißt, die EU darf nicht mehr Geld ausgeben, als sie einnimmt. Um diesen Haushalt gibt es eigentlich unentwegt Streit. Denn da die EU keine Steuern erheben kann, müssen die Einnahmen im Wesentlichen von den Mitgliedsländern aufgebracht werden. Da schaut jeder, dass es gerecht zugeht. Für solche Gerechtigkeit ist im Prinzip dadurch gesorgt, dass sich die Höhe des Beitrags jedes Landes an dessen Stärke (BSP) bemisst. Von diesem Wert steht, so die Vereinbarung, ein Prozent der EU zu; hinzu kommt noch ein Teil der nationalen Mehrwertsteuereinnahmen.
Entscheidend ist aber nun, wie und wofür das Geld ausgegeben wird. Bisher wird fast die Hälfte der Gesamtsumme für die Landwirtschaft aufgewendet – durch direkte Förderung (Subvention) einzelner Produkte, wie Zuckerrüben, Milch, Raps, oder durch garantierte Abnahmepreise. Ein weiterer großer Teil, gut 40 Prozent des Haushalts, wird für die Förderung strukturschwacher, also weniger entwickelter, häufig ländlicher Gebiete ausgegeben – dazu gehörten lange Zeit auch die neuen deutschen Bundesländer. Das heißt, die gerecht verteilten Einnahmen der EU fließen als Ausgaben wieder an die Mitgliedsländer zurück. Diesmal allerdings deutlich ungleich verteilt, weil die Landwirtschaft zum Beispiel in Griechenland wesentlich wichtiger ist als etwa in den Niederlanden, und weil die schwächeren Länder mehr Förderung erhalten als die stärkeren. Das ist auch der Sinn der Sache, führt aber immer wieder zu Streit zwischen den Nettozahlern und den Nettoempfängern.

R. Dammann / I. Brodersen, Das neue Europa, Ravensburg (Ravensburger Buchverlag) 2007, S. 102 f. (gekürzt)

M2 Alle Jahre wieder?

Erklärungen

öffentlicher Haushalt = Voranschlag einer öffentlichen Einrichtung über die Einnahmen und Ausgaben in einem bestimmten Zeitraum

M3 Die Finanzen der EU

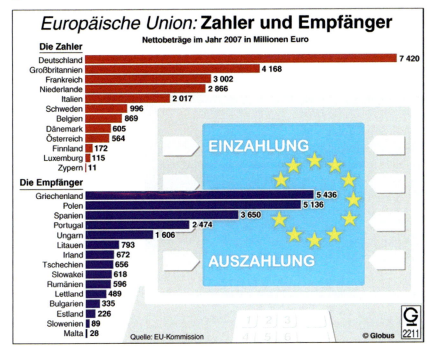

Netto-Zahler = diese Länder haben mehr in die EU-Kasse gezahlt, als sie aus den verschiedenen EU-Töpfen zurückerhalten haben

Netto-Empfänger = diese Länder haben mehr Geld aus den EU-Töpfen erhalten, als sie in die EU-Kasse eingezahlt haben

M4 Deutschland als Nettozahler?

Immer wieder wird in unseren Medien die Bundesrepublik als „Nettozahler" oder als „Zahlmeister Europas" bezeichnet. Was ist damit gemeint? Dem liegt eine einfache Rechnung zugrunde: Jeder Mitgliedstaat kann am Jahresende ausrechnen, wie viel Geld er an die Europäische Union abgeführt hat; und er kann abschätzen, wie viel aus den Unionskassen wieder an ihn zurückgeflossen ist. Zieht man das eine vom anderen ab, kann der Saldo für den einen Staat positiv sein (er bekommt mehr zurück als abfließt), für andere aber negativ („Nettozahler").

In der Tat hat Deutschland bei einer solchen Gegenüberstellung bisher am schlechtesten abgeschnitten. Das ist problematisch, auch nach Auffassung der Bundesregierung und der parlamentarischen Gremien in Deutschland. Auf Dauer ist die Nettoleistung Deutschlands im heutigen Umfang nicht hinnehmbar.

Richtig ist aber auch: Leistung und Gegenleistung lassen sich hier, wie in vielen Fällen, nicht einfach durch Vergleich von Zahlung und Rückfluss gegeneinander aufrechnen.

Wer Steuern zahlt, bekommt die Gegenleistung ja auch nicht in barem Geld zurück, sondern meist in Vorteilen, die nicht unmittelbar zu berechnen sind wie Straßennetze, Schulen, Ausgaben für Sicherheit.

Deutschland hat als eines der größten Exportländer der Welt von der Möglichkeit zollfreien Handels im Binnenmarkt große Vorteile. Rund 60 Prozent unserer Ausfuhren gehen in Mitgliedsländer der Europäischen Union. Das sichert Arbeitsplätze.

Und auch dies ist zu bedenken: Die Europäische Union versteht sich als Solidargemeinschaft; die Starken helfen den Schwächeren. Wenn jeder Staat aus den Kassen Brüssels ebenso viel erhielte, wie er hineinzahlt, könnte man sich das Hin und Her gleich ersparen. Und vor allem: Frieden im vereinten Europa ist ein kostbares, unbezahlbares Gut; der Beitrag, den die Europäische Union hierzu geleistet hat und leistet, kann nicht hoch genug eingeschätzt werden.

Presse- und Informationsamt der Bundesregierung: Europa 2000, Bonn 7/1998, S. 100 f.

Arbeitsvorschläge

1. Woher kommen die Mittel für den EU-Haushalt und wohin fließt das Geld? Informieren Sie sich mit M1.

2. Interpretieren Sie die Karikatur M2. Warum gibt es kaum Streit um die Einnahmen, um so mehr aber um die EU-Ausgaben?

3. Analysieren Sie die Grafik M3. Klären Sie dabei die Begriffe „Netto-Zahler" und „Netto-Empfänger".

4. Profitiert die Bundesrepublik von der Europäischen Union oder zahlt sie „drauf" (M3, M4)? Diskutieren Sie diese Frage mit Ihrem Nachbarn und gehen Sie dabei auch auf die Stichworte „Solidargemeinschaft" und „Friedenssicherung" ein. Geben Sie anschließend ein kurzes Statement zu dieser Frage vor der Klasse ab.

Vertiefung

Alles Markt?
Die gemeinsame Agrarpolitik

Die Erinnerung an Hunger und Lebensmittelknappheit prägte nach 1945 das Denken vieler europäischer Politiker. So spielte die Landwirtschaft 1957 bei den Verhandlungen zur Gründung der Europäischen Wirtschaftsgemeinschaft eine wichtige Rolle. Um die (noch schwache) Inlandsproduktion vor dem Weltmarkt zu schützen, wurde die europäische Landwirtschaft durch Marktordnungen reguliert und nicht dem freien Spiel der Marktkräfte überlassen.

Seit 1993, verstärkt seit 2003, wird dies nun anders. Mit Agrarreformen organisiert die EU die schrittweise Einführung marktwirtschaftlicher Prozesse in den landwirtschaftlichen Sektor. Welche Veränderungen wird es dadurch geben? Was geschieht mit kleinen „unproduktiven" Höfen? Wie wirken die Reformen auf die neu beigetretenen Länder in Osteuropa? Das sind einige Fragen der europäischen Agrarexperten. Ihre Antworten und Reformversuche können Sie auf diesen Seiten ergründen.

Erklärungen

Agrarreform = Regelungen für Veränderungen im gesamten landwirtschaftlichen Sektor unter bestimmten Zielsetzungen
Subventionszahlungen = staatliche Zuschüsse

M1 Markt statt Marktordnung?

Die neue Zeitrechnung in der europäischen Agrarpolitik begann 2003. Damals wurden die Subventionszahlungen von der Produktionsmenge abgekoppelt. Seither erhält jeder Betrieb Direktzahlungen – in Deutschland werden sie nach der Anbaufläche berechnet. Die frei werdenden Mittel von etwa einer Milliarde Euro pro Jahr bleiben jedem Land erhalten. Sie werden teilweise für Strukturmaßnahmen im ländlichen Raum eingesetzt – für die Landwirte sollen z. B. alternative Einkommens- und Beschäftigungsmöglichkeiten geschaffen werden –, teilweise für Klimaschutzprojekte und Umweltschutz.

nach: D. Weingärtner, Einigung bei EU-Agrarreform. Weniger Geld für große Höfe (20.11.2008): http://www.taz.de (Zugriff am 16.06.2009)

M2 Protest der Bauern

Die Agrarreform stößt bei den Bauern auf herbe Kritik. Da die Direktzahlungen die Preissenkungen nicht in vollem Umfang auffangen, sind viele Höfe nicht mehr konkurrenzfähig und müssen stillgelegt werden.

M3 Einrichtung eines Milchfond

Ungeachtet der Proteste deutscher Bauern wird die Mengenbegrenzung für Milch stufenweise abgesenkt und bis 2015 ganz wegfallen. Der Milchmarkt wird dann von Angebot und Nachfrage regiert. Derzeit ist das Angebot aber ohnehin schon zu hoch, was den Preis stark drückt. Kleine Höfe in Gebirgslagen Bayerns und des Schwarzwaldes werden in Not geraten, befürchtet die Bundesregierung und richtet einen Sonderfond für seine Milchbauern ein, der durch die eingesparten Subventionen finanziert wird. Mit dem Milchfond will sie jetzt eine Modernisierung der Betriebe unterstützen.

dpa/Reuters, Einigung in Brüssel. EU verteilt Agrarsubventionen neu (20.11.2008): http://www.sueddeutsche.de (Zugriff am 16.06.2009)

M4 Neuverteilung

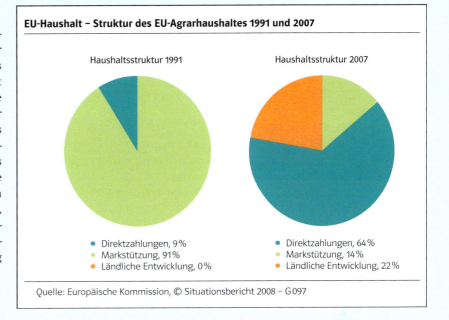

Quelle: Europäische Kommission, © Situationsbericht 2008 – G 097

M5 Landwirte in Polen ...

Zwei Kühe und acht Hektar Land – mehr besitzt ein durchschnittlicher Bauer in Polen nicht. Höchst bescheiden wirkt das im Vergleich zu deutschen Verhältnissen. Was polnische Bauern auf ihren Minihöfen an Koteletts, Eiern und Hähnchenschenkeln produzieren, reicht meist nur für den eigenen Verbrauch.

Jetzt wird Polen das größte Agrarland der erweiterten Europäischen Union: Von elf Millionen EU-Landwirten leben zwei Millionen in Polen. Und in keinem anderen Land sind sie so unproduktiv: Schuld daran sind veraltete Maschinen, fehlendes Geld für Dünger und schlechte Bodenqualität.

M. Behm, Von zwei Kühen leben. Polens Bauern produzieren fast nur für den Eigenbedarf, in: DIE ZEIT vom 1. April 2004 (vereinfacht)

M6 ... EU-Gewinner?

David Kedzierski besitzt 100 Hektar Land. Für ihn habe sich der EU-Beitritt besonders gelohnt, sagt er: Mit seinen modernen Maschinen kann er viel schneller arbeiten als mit den alten. Heute könne er sechs Hektar Land an einem Tag pflügen. Früher habe er für die gleiche Fläche drei Tage gebraucht, so Kedzierski. Er zeigt auf seinen grünen Hochleistungstrecker, dessen Räder größer sind als er selbst. Am Trecker ist ein neuer Pflug angebracht. Gekauft hat er die Geräte mit Hilfe der EU-Gelder. Bislang habe er aus dem EU-Fördertopf für die Modernisierung der Landbetriebe 60 000 Euro bekommen. Genau so viel musste er selbst dazu zahlen. Nun schmiedet er neue Pläne. „Ich möchte noch mehr Landfläche kaufen, meinen Betrieb verdoppeln. Ich hab' doch jetzt eine moderne Ausrüstung, also ich kann ohne Probleme noch mehr Land bestellen."

J. Bronska, Von EU-Bremsern zu EU-Gewinnern – Landwirte in Polen (Fokus Europa, 23.09.2008): http://www.dw-world.de (Zugriff am 16.06.2009, gekürzt)

Arbeitsvorschläge

1. Mit über 40 Prozent steckt die EU das meiste Geld ihres Haushalts in die Landwirtschaft. Die neue Agrarreform senkt die Kosten für die Agrarsubventionen nicht. Warum gibt es sie dann? Vergleichen Sie die beiden Konzepte miteinander (M1). Überlegen Sie gemeinsam mit Ihrem Nachbarn: Welche Ziele verfolgt das neue Konzept?

2. Wie verändert sich die landwirtschaftliche Produktion, wenn die bisherigen Marktordnungen aufgehoben und die Regeln der freien Marktwirtschaft eingeführt werden? Verfassen Sie – je zu zweit – einen Kommentar aus der Sicht eines Landwirts zu der Reform. Lassen Sie ihn beschreiben, was sich für ihn ändert und welche Sorgen und Befürchtungen er mit dem neuen Konzept verbindet (M1–M4).

3. Lesen Sie die Berichte über Landwirte in Polen (M5, M6). Wie wirkt sich die Agrarreform dort aus? Entwickeln Sie in kleinen Gruppen Szenarien zum Stichwort „Die europäische Landwirtschaft der Zukunft". Wie das geht, finden Sie auf den Seiten 168/169 beschrieben.

4. Nehmen Sie abschließend selbst Stellung zur neuen Verteilung der Agrarsubventionen.

4 Europa – und wir mitten drin

Dschungelbuch?
Die Institutionen der EU

Den politischen Aufbau und den Zusammenhang der einzelnen Staatsorgane der Bundesrepublik zu durchschauen, fällt vielen schon schwer – wenn es auch noch „übernational" wird, scheint das Ganze noch verwirrender zu werden. Was regeln die einzelnen Länder noch selbst und in welchen Bereichen wird die Politik eigentlich in Brüssel gemacht? Was wird im EU-Parlament, durch den Europäischen Rat, den EU-Ministerrat usw. eigentlich entschieden? Können wir – und wenn ja, in welchem Rahmen – darauf Einfluss nehmen? Die geringe Wahlbeteiligung bei den Europawahlen deutet darauf hin, dass viele Menschen, nicht nur in Deutschland, nicht genau wissen, wie die EU funktioniert. Aber für Europa gilt, was auch für jedes einzelne Mitgliedsland gilt: Wer mitspielen will, muss die Regeln kennen.

→ Kapitel 7, S. 130 – 134

M1 Aufgaben der Organe der Europäischen Union

Das Europäische Parlament: Die Stimme des Volkes

Die Abgeordneten werden alle fünf Jahre direkt in den Mitgliedsstaaten gewählt. Die Hauptaufgabe des Parlaments ist die Verabschiedung der Europäischen Gesetzgebung. Diese Aufgabe teilt es sich mit dem Rat der Europäischen Union. Rechtsetzungsvorschläge werden von der Europäischen Kommission vorgelegt. Parlament und Rat sind ebenfalls gemeinsam für die Verabschiedung des Jahreshaushalts der EU zuständig. Das Parlament kann der Europäischen Kommission das Misstrauen aussprechen. Das Parlament wählt den Bürgerbeauftragten, der Beschwerden der Bürger über Missstände in den EU-Organen nachgeht.

Der Rat der Europäischen Union (= Ministerrat): Die Stimme der Mitgliedstaaten

Er ist zusammen mit dem Parlament das wichtigste gesetzgebende Organ und Entscheidungsgremium der EU. Er ist ebenfalls verantwortlich für die Tätigkeiten der EU im Bereich der gemeinsamen Außen- und Sicherheitspolitik sowie im Bereich Justiz und Inneres. Dem Ministerrat gehören die Minister aller nationalen Regierungen der EU-Mitgliedstaaten an. An den Sitzungen nehmen die jeweiligen Fachminister teil: Außenminister, Wirtschafts- und Finanzminister usw. Jedes Land hat eine bestimmte Anzahl von Stimmen im Ministerrat, die sich in etwa nach der Größe der einzelnen Länder richten, aber zugunsten der kleineren Länder gewichtet sind. Die meisten Entscheidungen werden mit Mehrheit getroffen, obwohl heikle Themen in Bereichen wie Außen- und Sicherheitspolitik Einstimmigkeit erfordern.

Der Europäische Rat: Die Vorgabe der Marschroute

Im Europäischen Rat kommen die Staats- oder Regierungschefs der Mitgliedstaaten der Europäischen Union und der Präsident der Kommission zusammen. Bei den Tagungen des Europäischen Rates sind neben den Staats- oder Regierungschefs der Mitgliedstaaten ihre Außenminister und ein Mitglied der Kommission anwesend. Der Europäische Rat kommt mindestens zweimal jährlich unter dem Vorsitz des Staats- oder Regierungschefs zusammen, der im Rat der Europäischen Union den turnusgemäß halbjährlich wechselnden Vorsitz innehat.

Die Europäische Kommission: Im Interesse des Gemeinwohls

Sie erarbeitet Vorschläge für neue europäische Rechtsvorschriften, die sie dem Europäischen Parlament und dem Rat vorlegt. Sie ist verantwortlich für die praktische Umsetzung der EU-Maßnahmen und überwacht die Verwaltung des EU-Haushalts. Zudem wacht sie darüber, dass die europäischen Verträge und die europäischen Rechtsvorschriften eingehalten werden. Bei Rechtsverstößen kann sie den Europäischen Gerichtshof anrufen. Der Präsident der Kommission wird von den Regierungen der EU-Mitgliedstaaten ernannt und vom Europäischen Parlament bestätigt.

Der Europäische Gerichtshof: Die Herrschaft des Rechts

Er sorgt dafür, dass das EU-Recht in allen EU-Mitgliedstaaten einheitlich ausgelegt und angewendet wird, damit das Recht für jedermann gleich ist. So sorgt er dafür, dass die nationalen Gerichte in der gleichen Frage nicht unterschiedlich urteilen. Der Gerichtshof überwacht auch, ob die Mitgliedstaaten und Organe der EU ihren Verpflichtungen nachkommen.

Der Europäische Rechnungshof: Verantwortungsvoller Umgang mit Steuergeldern

Er sorgt dafür, dass die Finanzmittel der EU, die aus Steuergeldern stammen, ordnungsgemäß, wirtschaftlich und zweckgebunden verwendet werden. Er kann alle Organisationen, Gremien oder Unternehmen, die EU-Finanzmittel verwenden, überprüfen.

Der Europäische Wirtschafts- und Sozialausschuss:
Die Stimme der Zivilgesellschaft

Die Mitglieder vertreten die wichtigsten Interessengruppen der EU wie Arbeitgeber, Gewerkschaften, Verbraucher und Umweltschützer. Der Ausschuss hat beratende Funktion und nimmt Stellung zu Rechtsetzungsvorschlägen im Bereich Beschäftigung, Soziales, Berufsausbildung usw.

Der Ausschuss der Regionen:
Die lokale Perspektive

Er wird bei Rechtsetzungsvorschlägen angehört, die sich in den Bereichen Verkehr, Gesundheit, Beschäftigung oder Bildung unmittelbar auf die kommunale und regionale Ebene beziehen.

Europa im Überblick, © Europäische Gemeinschaften (2009): http://europa.eu/abc/panorama/howorganised/index_de (Zugriff am 23.11.2009)

Der Europäische Bürgerbeauftragte: Die Beschwerde-Stelle

Der Europäische Bürgerbeauftragte untersucht Beschwerden über Missstände in den Organen und Einrichtungen der Europäischen Union. Er bearbeitet Mängel in der Verwaltungstätigkeit (z.B. Nichtbeantwortung von Anschreiben, Vorenthalten von Informationen, Verzögerung, Diskriminierung etc.). Der Bürgerbeauftragte wird die betroffene Einrichtung informieren und nach einer einvernehmlichen Lösung suchen. Wenn Sie ein Bürger der EU sind oder Ihren Wohnsitz in einem ihrer Länder haben, können Sie eine Beschwerde beim Europäischen Bürgerbeauftragten einreichen.

Der Europäische Bürgerbeauftragte, © Europäische Gemeinschaften (2009): http://www.ombudsman.europa.eu/home.faces (Zugriff am 03.12.2009)

M2 Das „Europa 27"

© Erich Schmidt Verlag

Arbeitsvorschläge

1. Formulieren Sie in Kleingruppen Fragen zu den einzelnen Institutionen der EU. Erarbeiten Sie anschließend so viele Antworten als möglich mit Hilfe der Materialien **M1**, **M2**. Wenn nötig recherchieren Sie im Internet. Stellen Sie anschließend Fragen und Antworten auf einer Wandzeitung dar. Präsentieren Sie sich gegenseitig Ihre Ergebnisse.

2. Welche Funktion hat der Europäische Gerichtshof? Recherchieren Sie im Internet nach einem aktuellen Fall, den der Europäische Gerichtshof bearbeitet. Stellen Sie diesen Ihren Mitschülern vor.

3. Welche Institutionen sind dafür zuständig, Gesetze zu erlassen? Schildern Sie den Weg, den ein Gesetz von der Entstehung bis zur Ratifizierung (Genehmigung, Bestätigung) zurücklegen muss.

4. Entwerfen Sie Wandzeitungen, auf denen die Aufgaben des Europäischen Rates, des EU-Ministerrats und der Europäischen Kommission dargestellt sind. Recherchieren Sie zusätzlich im Internet.

Methode

Kennen Sie Europa?
Ein Quiz entwickeln

Die Teams

Zunächst teilen Sie die Klasse in Kleingruppen von drei bis vier Teilnehmern auf. Diese Kleingruppen ermöglichen eine konzentrierte Arbeitsweise, in der jedes Gruppenmitglied sich gut einbringen kann. Dann werden die Themen aus dem Kapitel „Die Europäische Union" den jeweiligen Teams zugeordnet. Am besten losen Sie die Themen aus; erfahrungsgemäß geht das schneller als das aufwändige Aussuchen durch die jeweiligen Gruppen (meist werden Themen doppelt ausgesucht und müssen dann doch ausgelost werden).
Die zugelosten Themen sind inhaltlich auszuwerten. Dazu sollen Sie sich Fragen ausdenken, die Sie im Anschluss an die Gruppenarbeit in der Klasse Ihren Mitschülern stellen können.

Die Karteikarten

Jede Gruppe erhält eine vorher in der Klasse festgelegte Anzahl von Karteikarten für die Quizfragen. Auf diesen Karteikarten werden auf der einen Seite die von den jeweiligen Gruppen erarbeiteten Fragen und Antworten notiert.
Auf der anderen Seite steht die Punktzahl, die man bei richtiger Beantwortung der Frage erhalten kann. Einige Fragen, die Sie sich in den Gruppen ausdenken, sind schwieriger zu beantworten; diese werden mit einer höheren Punktzahl belohnt (z. B. 500 Punkte). Andere, sehr leicht zu beantwortende Fragen, sind entsprechend dotiert.
Es ist die Aufgabe der jeweiligen Gruppen zu bestimmen, welche Fragen eher leicht, welche eher nicht so leicht zu beantworten sind; das ist gar nicht so einfach, wie Sie bald sehen werden.

Beispiele

Karteikarte (wenige Punkte)

Welche dieser aufgeführten Länder sind keine EU-Länder?
• Frankreich • Italien • Norwegen • Irland • Island • Luxemburg • Österreich
Lösung: Norwegen und Island

Karteikarte (viele Punkte)

Aus welchem Grund war Frankreich an der Gründung der EGKS interessiert?
Lösung: Beseitigung der deutsch-französischen Erbfeindschaft, Kontrolle der Kohle und Stahlproduktion Deutschlands (zur Waffenproduktion notwendig), Ausschaltung der deutschen Bedrohung

Punkteübersicht

Entstehung der EU	Der Binnenmarkt	Der Euro	Die Osterweiterung
100 Punkte	100 Punkte	100 Punkte	100 Punkte
200 Punkte	200 Punkte	200 Punkte	200 Punkte
300 Punkte	300 Punkte	300 Punkte	300 Punkte
400 Punkte	400 Punkte	400 Punkte	400 Punkte
500 Punkte	500 Punkte	500 Punkte	500 Punkte
600 Punkte	600 Punkte	600 Punkte	600 Punkte
700 Punkte	700 Punkte	700 Punkte	700 Punkte

Die Suche nach geeigneten Quizfragen

Jede Gruppe bearbeitet mindestens einen Themenbereich des Kapitels. Pro Themenbereich sollen sich die Gruppenmitglieder sieben Fragen ausdenken. Diese Zahl ist willkürlich gesetzt; natürlich können Sie sich in der Klasse auch auf fünf oder eine andere Anzahl von Fragen einigen. Achten Sie bereits beim Auswählen der Fragen darauf, dass sowohl leichte, als auch schwierigere Fragen gestellt werden. Diese Fragen müssen übrigens natürlich nicht aus den Arbeitsvorschlägen der Themendoppelseiten stammen.
Nun müssen Sie in Ihren Gruppen die Fragen nach Schwierigkeit ordnen. Die leichteste Frage ist 100 Punkte wert, die schwierigste 700 Punkte.
Es gibt verschiedene Möglichkeiten der Fragestellung. Zwei sehen Sie im Beispiel (S. 86), eine weitere Möglichkeit kennen Sie aus der Sendung „Wer wird Millionär":
Sie können also auch eine Frage stellen und vier Antwortmöglichkeiten vorgeben. Der Kandidat muss sich dann nur noch zwischen a, b, c oder d entscheiden. Hinweis: Diese Fragen sind meist leichter zu beantworten.
Nun notieren Sie auf jede Karteikarte eine Frage und die dazugehörige Antwort; auf die Rückseite kommt die zu erzielende Punktzahl.

Die Punkteübersicht

Die Übersicht über die zu gewinnenden Punkte kann auf einer Folie, an der Tafel oder als Wandzeitung mit einem Plakat entstehen. Die Gruppen, die mit dem Erstellen der Fragen fertig sind, können diese Punkteübersicht anfertigen. Im nebenstehenden Beispiel sind vier Themenbereiche mit jeweils sieben Fragen enthalten; Ihre Tabelle erweitert sich natürlich pro Themenbereich und zusätzlich gestellter Frage.

Das Quiz

Nun kann das Spiel beginnen.
Die Gruppen sind nacheinander an der Reihe. Gruppe eins beginnt und sucht sich eine Frage aus. Natürlich darf dies keine Frage aus dem selbst bearbeiteten Themenkomplex sein.
Beispielsweise wählt die Gruppe eins aus dem Themenkomplex „Der Binnenmarkt" die 400-Punkte-Frage. Die Gruppe, welche diese Frage erstellt hat, liest diese nun vor. Gruppe eins hat eine Minute Zeit sich zu beraten – natürlich ohne Bücher oder andere Unterlagen. Beantwortet sie die Frage richtig, werden ihr 400 Punkte gutgeschrieben. Beantwortet sie die Frage nicht oder falsch, geht die Gruppe leer aus. Die ausgewählte Punktezahl wird durchgestrichen.
Nun ist Gruppe zwei an der Reihe.
Sie können vorher die Spielrunden festlegen oder so lange spielen, wie es der Lehrer oder die Lust zulassen.
Tipp: Gehen Sie ein wenig taktisch vor. Schwierige Fragen bringen zwar viele Punkte, haben aber auch das Risiko, dass Sie diese nicht beantworten können. Wählen Sie also mit Bedacht.

5 Gewalt – Sackgassen und Auswege

„Früher war Gewalt in der Geschichte allgegenwärtig."

„Ist heute eine Gesellschaft ohne Gewalt vorstellbar?"

Kick für den Augenblick?

Online-Link
800481-0005

Immer wieder Samstag?

S-Bahnhof München Solln am 12. September 2009

- Gewalt hat viele Facetten.
- Gewalt beginnt mit Vorurteilen …
- … und dreht immer schneller hoch.
- Anti-Gewalttraining, wozu denn?

Diese und weitere Fragen und Denkanstöße erwarten Sie auf den nächsten Seiten.

5 Gewalt – Sackgassen und Auswege

Zwang – Willkür – Schicksal
Gewalt benennen

Was ist Gewalt? … wenn Nasen nach einer Rangelei auf dem Schulhof bluten? … wenn ein Lehrer seine Schüler als faul beschimpft? … wenn eine Mutter das hysterische Weinen ihres Kindes zu überschreien versucht? Eins ist klar, Gewalt richtet sich immer gegen etwas: gegen Sachen, gegen Menschen, gegen sich selbst oder gegen Ideologien von Gruppen. Sie kennen sicher viele Beispiele aus eigener Erfahrung, in denen andere oder Sie selbst verletzt wurden. Eine allgemeine Gewaltdefinition fällt uns schwer und klingt viel zu sachlich. Umso besser, dass Plakate an öffentlichen Plätzen alarmieren wollen und zu Solidarität mit Opfern aufrufen. Bleibt die Frage, wo beginnt Gewalt?

→ Kapitel 8, S. 158 f.

Erklärungen

resultieren = folgen

M1 Gewalt ist … nur ein Wort?

Gewalt ist …

… die Ausübung von Herrschaft und Macht.

… Nötigung, Erpressung, Vergewaltigung, Raub …

… Kotzen, Ritzen, Hungern …

… für einige die einzige Lösung ihrer Probleme.

… Anwendung von physischem oder psychischem Zwang.

… gegen Sachen, Menschen, sich selbst oder Ideologien von Gruppen gerichtet.

G – gefährlich, …

E – entkräftend, …

W – wahnsinnig, …

A – abstoßend, …

L – lähmend, …

T – tötend, …

M2 Gewaltdefinition 1

Gewalt tut weh. Gewalt verletzt und zerstört. Gewalt liegt immer dann vor, wenn Menschen gezielt oder fahrlässig physisch (körperlich) oder psychisch (seelisch) geschädigt werden. Gewalt ist immer an Macht geknüpft. Dazu gehört auch der Bereich der strukturellen Gewalt, also Ordnungssysteme und ökonomische Prinzipien, die materielle, soziale und ideelle menschliche Entwicklungen beeinträchtigen oder verhindern.

Stichwort „Gewalt", in: Ruhrkanaker & Arbeitsgruppe SOS-Rassismus NRW (Hg.), Lexikon für die Antirassismusarbeit, Schwerte/Villigst (Eigenverlag) 1999, S. 27

M3 Gewaltdefinition 2

Gewalt ist im engeren Sinne die Anwendung von physischem oder psychischem Zwang. Im Strafrecht führt die Anwendung von Gewalt im Zusammenhang mit verschiedenen Straftaten zu einem höheren Strafmaß, z. B. bei Nötigung, Erpressung, Vergewaltigung und Raub. Gewalt ist ein zwangsweises Einwirken auf den Willen des Opfers. Die Gewalteinwirkung kann den Willen des Opfers völlig ausschalten, z. B. wenn der Täter sein Opfer niederschlägt. Die Gewalteinwirkung kann aber auch nur mittelbar zu dem vom Täter gewollten Verhalten führen, wie z. B. beim Bedrohen eines Dritten mit einer Waffe.

Stichwort „Gewalt", in: Microsoft Encarta 99 Enzyklopädie (1993-1998): http://ods.dokom.net (Zugriff am 12.03.2009)

M4 Gewalt hat viele Facetten

M5 Gewalt und soziale Ungerechtigkeit

In einem weiteren Sinn lässt sich der Begriff der „strukturellen Gewalt" auch als „soziale Ungerechtigkeit" verstehen – dann nämlich, wenn die Verhältnisse, unter denen Menschen in einer Gesellschaft leben müssen, ihre Entwicklung beeinträchtigen und sie benachteiligen. Die ungerechten Strukturen der Gesellschaft üben Gewalt aus. An diesen Strukturen kann sich wiederum Gewalt entzünden, z.B. in Form von politischem Protest. Moderne Gesellschaften sehen es daher als eine wichtige Aufgabe an, Chancengleichheit zu schaffen. Das Grundgesetz der Bundesrepublik fordert ausdrücklich vom Staat, „auf die Beseitigung bestehender Nachteile" hinzuwirken (Art. 3, Abs. 2 GG). Der soziale Friede in einer Demokratie kann dann am besten gewahrt werden, wenn sich ein möglichst geringes Maß an sozialer Ungerechtigkeit in den gesellschaftlichen Strukturen verfestigt.

Autorentext

---

1. Was ist Gewalt, wie ist Gewalt? Lesen Sie M1 und ergänzen Sie eigene Ideen.

2. Vergleichen Sie die beiden Definitionen von Gewalt (M2, M3). Warum dürfte es schwierig sein, im Strafrecht mit einem weiten Gewaltbegriff zu argumentieren?

3. Schauen Sie sich mit Ihrem Nachbarn zusammen die Bilder (M4) an und benennen Sie mit Hilfe der Informationen aus M2 und M3 und eigener Formulierungen die Art der Gewalt, die in den abgebildeten Situationen steckt. Diskutieren Sie Ihre Zuordnungen anschließend im Plenum.

4. Erstellen Sie eine eigene Bildcollage zum Thema Gewalt als soziale Ungerechtigkeit (M5).

5 Gewalt – Sackgassen und Auswege

„Ich habe keine Vorurteile!"
Vorurteile untersuchen

„Ich habe keine Vorurteile!" – Diese Aussage ist meist positiv gemeint und soll Offenheit und Toleranz gegenüber dem Mitmenschen zum Ausdruck bringen. Kann diese Aussage richtig sein, wenn wir bereits unbewusst beim ersten Eindruck über eine Person urteilen, bevor wir sie tatsächlich kennen? Was ist das Positive oder Negative an Vorurteilen? Dienen Vorurteile der Orientierung in der Gesellschaft? Bieten Vorurteile Sicherheit und Schutz in der Gruppe von Gleichgesinnten? Begünstigen Vorurteile die Entstehung von Gewalt gegen andere? Mit Hilfe dieser Fragen wird im Folgenden eine Basis für mehr Toleranz zum Abbau von Vorurteilen geschaffen.

→ Kapitel 7, S. 142–145

Erklärungen

Stereotype = eingebürgertes, dauerhaftes Vorurteil mit festen Vorstellungsklischees gegenüber Personen, Gruppen oder Nationen
manipulieren = hier: Menschen bewusst, gezielt beeinflussen
Diskriminierung = durch Behauptungen (unzutreffende Äußerungen) jemandes Ruf in der Öffentlichkeit schaden; ihn benachteiligen

M1 Begriffserklärung „Vorurteile"

Vorurteile sind Vorstellungen, die ohne Prüfung auf deren Richtigkeit übernommen werden. Wenn diese Vorstellungen dauerhafte Form annehmen, werden sie Stereotype genannt. Wenn jemand voreingenommen ist, neigt er dazu, nur die Dinge zu sehen, die seine Vorstellungen bestätigen, er sieht nur noch das, was er sehen will und seine Vorurteile bestätigt. Vorurteile sind verletzend. Vor allem, wenn sie dazu gebraucht werden, um jemanden ungerecht zu behandeln. Vorurteile nehmen anderen Menschen die Möglichkeit zu zeigen, wer sie sind und was sie können.
Vorurteile sind hartnäckig und daher schwer zu bekämpfen, aber es gibt Hoffnung: Niemand wird mit Vorurteilen geboren. Sie sind angelernt und können deswegen auch wieder verlernt werden.

Ruhrkanaker & Arbeitsgruppe SOS-Rassismus NRW (Hg.), Lexikon für die Antirassismusarbeit, Schwerte/Villigst (Eigenverlag) 1999, S. 27

M2 Alle haben Vorurteile

Förster: Vorurteile sind in besonderer Weise im Gedächtnis gespeichert. Das Vorurteil ist in Augenblicken, in denen keine Zeit zum Nachdenken bleibt, in Stressmomenten etwa, sofort präsent und verhaltensleitend. Aber man sollte das alles nicht nur negativ sehen. Vorurteile haben auch eine wichtige nützliche Funktion.
Die Zeit: Welche denn?
Förster: Sie machen es möglich, auf Menschen und Situationen schnell zu reagieren. Wenn ein Mensch mit einem Messer, ein Hund mit einem Maulkorb auf uns zukommt, dann handeln wir, ohne zu überlegen, ob die Gefahr wirklich besteht oder nicht. Oder ein Beispiel aus dem ganz normalen Alltag: Wenn ich kurz vor Feierabend noch schnell ein Rezept für die Party abends brauche, werde ich mich, wenn gerade noch vier Kollegen und eine Kollegin da sind, an die einzige Frau in der Gruppe um Rat wenden ...
Die Zeit: ... und damit ein Vorurteil bestätigen.

aus einem Interview mit Prof. Jens Förster (Sozialpsychologe an der Universität Bremen, Spezialgebiet: Vorurteilsforschung).

J. Förster, Lustvolle Momente (19.09.2006): http://www.zeit.de (Zugriff am 16.01.2009)

M3 Funktionen von Vorurteilen

1. Vorurteile haben eine Ordnungsfunktion in der sozialen Umwelt.
2. Vorurteile dienen der Abwehr von Unsicherheiten und Angst gegenüber Neuem, Fremden und Ungewohntem.
3. Vorurteile helfen, das eigene Selbstwertgefühl zu erhalten, besonders bei Menschen, die für neue Erkenntnisse nicht offen sind.
4. Vorurteile stützen das Wertesystem der eigenen Gruppe (z. B. Familie, Verein, Heimatland). Sie dienen der Anpassung.
5. Vorurteile haben eine Abgrenzungsfunktion gegenüber anderen Gruppen und deren Werten.
6. Vorurteile haben Sündenbockfunktion und machen manipulierbar.
7. Vorurteile führen im täglichen Leben häufig zur Diskriminierung Andersdenkender, Andershandelnder und Andersaussehender und schlagen leicht in Hass und Gewalt um.

nach: Detlef J. Giesen, Funktionen von Vorurteilen, in: Erich und Hildegard Bulitta, Vorurteile abbauen. Materialien zur Friedenserziehung, Volksbund Deutsche Kriegsgräberfürsorge e.V., 2003, S. 14

M4 Im Vorbeigehen

M5 Vorurteile unter der Lupe

1. Von Vorurteilen braucht man erst dann zu sprechen, wenn trotz gegenteiliger Erfahrung an einer bestimmten Meinung festgehalten wird.
2. Vorurteile sind keine Lügen. Personen, die Vorurteile äußern, sind fest von deren Richtigkeit überzeugt. Man spricht deshalb auch von „gefährlichen" Gewissheiten.
3. So wie in manchem Irrtum ein „Körnchen Wahrheit" steckt, kann es auch mit Vorurteilen sein. Häufig handelt es sich um einseitige Urteile. Das Schlimme daran: „Halbwahrheiten sind schlimmer als Unwahrheiten."
4. Vorurteile zwischen Gruppen werden dann gefährlich, wenn kein Gleichgewicht der Kräfte besteht. Für Minderheiten können Vorurteile höchst bedrohlich werden.
5. Vorurteile zwischen Gruppen gleichen einer Waage mit besonderen Eigenschaften: Was der anderen Gruppe negativ angelastet wird, erscheint bei der eigenen Gruppe (zu der man sich zugehörig fühlt) positiv. Aufwertung durch Abwertung!
6. Im Falle von „Ersatz- oder Stellvertretervorurteilen" werden Feindbilder geschaffen, um die Unzufriedenheit mit der eigenen Situation „abzuladen", und es wird einfach Frust abgebaut, der vielleicht durch ganz andere Ursachen entstanden ist ...
7. Mit Vorurteilen kann man Verantwortung abschieben. Für das eigene Verhalten oder auch Versagen wird einfach ein anderer verantwortlich gemacht.

Wolfgang Redwanz, in: Zeitlupe, Heft 33, Vorurteile, Bonn (Bundeszentrale für politische Bildung) 1996, S. 13 ff. (gekürzt)

M6 Bestseller

Arbeitsvorschläge

1. M1 erklärt, was Vorurteile sind und wie sie wirken. Berichten Sie von Ihren eigenen Erfahrungen: Wo ist man Ihnen oder anderen mit Vorurteilen begegnet?

2. In M2 werden nützliche Vorurteile beschrieben. Überlegen Sie gemeinsam mit Ihrem Nachbarn, welche Vorurteile Sie selbst haben oder kennen, die nützlich sind. Stellen Sie Ihre Auswahl begründet in der Klasse vor und diskutieren Sie eventuelle Unterschiede.

3. Erstellen Sie in Kleingruppen Wandzeitungen zu den Funktionen von Vorurteilen (M3). Finden Sie zu jeder Funktion konkrete Beispiele und präsentieren Sie die Ergebnisse anschließend im Plenum.

4. Analysieren Sie Karikatur M4 hinsichtlich der dargestellten Vorurteile.

5. Bearbeiten Sie in Kleingruppen je eine These aus M5. Versuchen Sie, für die ausgewählte These Beispiele zu finden (wie M6). Stellen Sie Ihre Überlegungen in der Klasse vor und diskutieren sie darüber.

5 Gewalt – Sackgassen und Auswege

„Der ist schuld ... !"
Ursachenforschung treiben

Die Suche nach den Ursachen für Gewalttätigkeit in der Gesellschaft führt zunächst zu der Frage: Wer sind die Verursacher von Gewalt? Es ist nicht immer einfach, eine Linie herzustellen zwischen denen, die Gewalt verursachen und denen, die sie tatsächlich ausüben. Aber wenn es gelingt, lässt sich oft ein erster Schritt zur Verbesserung der Zustände tun. Wo allerdings wirklich die Verantwortung liegt, ist oft schwer zu klären. Denn viele Situationen werden nicht nur von einer einzelnen Person oder einer bestimmten Gruppe beeinflusst. Schnell heißt es, „die Gesellschaft" trägt die Schuld am gewalttätigen Verhalten mancher ihrer Mitglieder. Diese Antwort ist recht bequem und mag dazu führen, dass der Einzelne denkt, er könne nichts tun. Wer aber den Zusammenhang von Ursache und Wirkung durchschaut, kann das „Karussell der Sündenböcke" stoppen, oder nicht?

→ Kapitel 8, S. 158 f.

Erklärungen

Integration = hier: Einbeziehung, Eingliederung in ein größeres Ganzes
Frustration = Erlebnis einer wirklichen oder vermeintlichen Zurücksetzung oder Enttäuschung
Aggression = Angriffsverhalten, feindselige Haltung mit dem Ziel, die eigene Macht zu steigern
Delinquenz = Straffälligkeit
legitimieren = hier: etwas für gesetzmäßig, rechtens erklären

M1 Gewaltspirale

M2 Karussell der Sündenböcke

Es ist an deutschen Schulen zu Gewalttätigkeiten gekommen. Nicht zum ersten Mal, nicht völlig überraschend. Man kannte Fälle von Gewalt, die sich von Schülern gegen Lehrer, von Lehrern gegen Schüler richteten, auch Fälle von Gewalt, die Schüler untereinander ausüben, wobei das weibliche Geschlecht mittlerweile miteinbezogen ist. Nun muss man zur Kenntnis nehmen, dass es nicht nur um Situationen geht, in denen Frustrationen explosiv zum Ausdruck kommen können, sondern um Situationen, in denen Aggressionen systematisch aufgebaut werden. Kurz: Die Schule ist, traut man den Nachrichten darüber, zu einem Stressfaktor für Schülerinnen und Schüler, für Lehrerinnen und Lehrer und für Eltern geworden.
Was ist da los? Wer ist daran schuld? Wen kann man verantwortlich machen? – Diese Fragen fahnden nach Ursachen und nach Verantwortlichen; solche Sündenböcke sind – natürlich – die Schüler, die die Wohltaten einer komfortablen Lebensführung nicht zu schätzen wissen. Das sind die Lehrer, die es versäumen, genug zu lernen, um erzieherisch wirksam werden zu können, und das sind die Eltern, die ihre Kinder zuwerfen mit Luxus, sie aber nicht ausstatten mit Lust an der Leistung. Die jungen Menschen reagieren dann nahezu allergisch, weil die Ansprüche nach Disziplin, Sozialverhalten, Leistungsbereitschaft nicht als positiv definiert werden können, sondern als Zwang daherkommen. Ein Karussell von Zuschreibungen, das sich dreht und wendet und kein Ziel hat – außer eben die Ermittlung der Gruppe, die sich am wenigsten wehren kann ...

Peter Fuchs, Versprechen und Strafe, in: Frankfurter Rundschau vom 18.02.2004, S. 34 (gekürzt)

M3 Auf der Suche nach den Ursachen

A „Winner-Loser"-Kultur:

Christian Pfeiffer: ... in der Jugendkultur steigen die sozialen Gegensätze drastisch an, eine wachsende Zahl von jungen Menschen sieht sich in der Rolle des frustrierten Zuschauers.
Forum Schule: Sind diese Verlierer unserer „Winner-Loser"-Gesellschaft anfälliger für kriminelle Handlungen?
Christian Pfeiffer: Es gibt in der Tat einen eindeutigen statistischen Zusammenhang zwischen gesellschaftlichen Bedingungen, Bildungschancen, sozialer Integration und Delinquenz. Man kann ganz klar sagen: Je besser die soziale Integration gelingt, umso niedriger ist die Gewaltrate der betreffenden Jugendlichen.

Interview von Heinz Schirp mit Prof. Christian Pfeiffer. In: Landesinstitut für Schule und Weiterbildung NRW (Hg.), Forum Schule 2/2000, S. 12 f.

B Konflikttheorie:

Wenn Interessenkonflikte zwischen konkurrierenden Gruppen bestehen und beide Gruppen nicht zu vereinbarende Ziele verfolgen, wird die Fremdgruppe massiv abgelehnt. Wenn soziale und ökonomische Konfliktsituationen entstehen (z. B. Arbeitslosigkeit), nehmen (bestehende) Vorurteile an Schärfe zu. Erst durch die Entstehung eines Konfliktes kommt es zu Gefühlsreaktionen und Feindseligkeiten und diese brechen dann (auch in Form von Gewalt) aus.

Erich und Hildegard Bulitta, Vorurteile abbauen. Materialien zur Friedenserziehung, Volksbund für Kriegsgräberfürsorge e. V., 2003, S. 13

C Frustrations-Aggressions-Theorie:

Die Frustrations-Aggressions-Theorie nimmt zunächst einmal an, dass aggressives Verhalten eine Reaktion von Frustration ist. Wenn Aggression nicht gegenüber demjenigen gezeigt werden kann, dem sie eigentlich gilt, wird diese auf ein anderes schwächeres Opfer abgelassen, das dann als Sündenbock dient. Vor der Aggression gibt es Schuldzuweisungen, die dann das Handeln „legitimieren". Dadurch erhofft man sich eine Verbesserung der eigenen Lage. Diese Theorie gilt für Stereotype und Vorurteile sowohl im engeren und weiteren Umfeld, als auch zwischen verschiedenen Nationen und zeigt sich auch in der Gegenwart.

Erich und Hildegard Bulitta: Vorurteile abbauen. Materialien zur Friedenserziehung, Volksbund für Kriegsgräberfürsorge e. V. 2008, S. 12

D Verhaltensökologie:

Der Mensch verfügt von Natur aus über ein beträchtliches Maß an Energie (Kraft, Durchsetzungswillen, Ausdauer usw.). Diese war in früheren Zeiten Grundvoraussetzung für das Überleben, als Jagd und Kampf in einer feindlichen Umwelt das Leben bestimmten. Auch heute verfügt der Mensch noch über das gleiche Maß an Energie, die sich naturgemäß bei Jugendlichen besonders zeigt. Aber in der modernen Gesellschaft mit ihren strengen Regeln und dem engen Lebensraum gibt es kaum Gelegenheiten, die vorhandene natürliche Energie sinnvoll einzusetzen. Daher verfallen Jugendliche nicht selten auf Gewaltakte gegen Menschen und/oder Sachen.

Neue Anstöße. Bd. 3. Leipzig (Ernst Klett Verlag), 2002, S. 15

M4 Ohne Worte

Arbeitsvorschläge

1. Warum werden Jugendliche gewalttätig? Wie beantwortet der Karikaturist (M1) diese Frage?

2. Gewalt an der Schule (M2) haben Sie wahrscheinlich auch schon selbst erlebt. Berichten Sie von Ihren Erfahrungen und sammeln Sie in der Klasse Vorschläge, wie Gewalt verhindert oder wenigstens vermindert werden kann. Diskutieren Sie anschließend die Umsetzbarkeit Ihrer Ideen.

3. Teilen Sie die Klasse in vier Gruppen und untersuchen Sie die Erklärungen in M3 A – D. Jede Gruppe listet stichpunktartig eine Theorie auf einer Wandzeitung auf. Anschließend werden die Theorien im Plenum erläutert.

Methode

Mediatoren statt Gladiatoren!
Streit schlichten

Ein alltägliches Beispiel

Montagmorgen, erste große Pause im Schulzentrum. Zwei Schüler unterschiedlichen Alters und verschiedener Schulformen haben „Probleme" miteinander, die sie nicht mehr verbal lösen können. Eine Aufsicht geht auf die beiden zu: „Was ist hier los?"–„Er hat mich getreten!"–„Aber er hat angefangen!" Die Aufsicht versucht es mit einer Floskel: „Dann gebt euch jetzt die Hand und vertragt euch wieder." Eigentlich haben nun beide verloren und gehen unzufrieden auseinander. Das Problem müsste gründlicher bearbeitet werden, aber die Pause ist zu Ende und alle müssen zurück in den Unterricht.
Damit der Streit in der nächsten Pause oder nach Schulschluss aber nicht weitergeht und womöglich zu heftigeren Tätlichkeiten führt, könnten ein Mediator und/oder eine Mediatorin eingeschaltet werden.

Was ist Mediation?

Mediation bedeutet Vermittlung in Streitfällen durch unparteiische Dritte, die das Vertrauen der Konfliktparteien genießen. Mediation wurde als Verfahren zur gewaltfreien Konfliktlösung in den USA entwickelt, bedeutet „Vermittlung im Streit" oder auch einfach „Streitschlichtung" und wird erfolgreich bei außergerichtlichen Konflikten angewendet, die in den Grundzügen auch dem Täter-Opfer-Ausgleich bei strafrechtlichen Fällen entsprechen.
→ Kapitel 6, S. 112 f.

Mediatorin und Mediator – ein starkes Team

Die Aufgabe der Mediatorinnen und Mediatoren besteht darin, bei Konflikten, die sich in einer Sackgasse befinden, den Prozess zu einer einvernehmlichen Lösung mit den beteiligten Kontrahenten anzuleiten. Ihre Aufgabe besteht nicht darin, einen Schiedsspruch oder ein Urteil zu fällen. Dies ist möglich, wenn die Mediatorin und der Mediator von den Konfliktparteien voll akzeptiert werden und als vertrauenswürdig anerkannt sind. Deshalb sollten sie nicht direkt beteiligt und unparteiisch sein, d.h. kein eigenes Interesse am Ausgang des Konfliktes haben. Sie nehmen die Standpunkte, Interessen und Gefühle der Beteiligten ernst und zeigen dies in einer offenen, sachbezogenen Gesprächsführung, die gegebenenfalls neu erlernt werden muss. Eine Mediation auf dieser Ebene ist nicht möglich, wenn Waffen, Drogen oder massive Körperverletzungen im Spiel sind.

96

Die Schulung der Mediatorinnen und Mediatoren

Der Kurs dazu sollte von einer in diesem Gebiet erfahrenen Lehrkraft oder einem Mitarbeiter eines pädagogischen Beratungszentrums geleitet werden. Er dauert etwa 15 bis 20 Stunden. In den Schulungen lernen die künftigen Mediatoren
- wie Vertrauen gewonnen werden kann,
- wie Fakten gesammelt werden können,
- wie aktives Zuhören geht,
- wie konstruktive Fragen gestellt werden können,
- wie erfolgreich im Team gearbeitet wird,
- wie aufgebrachte Gefühle beruhigt werden und vermittelnd gehandelt wird,
- wie Gesprächsnotizen gemacht und kritische Punkte nach Bedeutung für die Kontrahenten geordnet werden,
- wie man selbstbewusst auftritt,
- wie Übereinkünfte formuliert und niedergeschrieben werden,
- was getan werden kann, wenn keine Übereinkunft erzielt wird.

Ablauf einer Mediation

Eine Mediation im Team aus einer Mediatorin und einem Mediator ist sinnvoll, wenn es sich um einen komplexen Konflikt handelt und die Konfliktparteien ebenfalls aus mindestens einer Frau und einem Mann bestehen, in anderen Fällen kann eine Mediation auch von einer Person durchgeführt werden.
Die Initiative zu einer Mediation kann von nur einer Partei ergriffen werden, dann muss sich der Mediator darum bemühen, die zweite Konfliktpartei für die Vermittlung zu gewinnen. Genauso können aber auch andere nur mittelbar Beteiligte um eine Mediation bitten, sie müssen sich dann in einem Mediationsteam mit darum kümmern, dass die Kontrahenten freiwillig an einem Mediationsgespräch teilnehmen.

Vorbereitend für die Mediation muss mit den Kontrahenten zeitnah zum Konflikt Ort und Zeit vereinbart werden und für einen Raum gesorgt sein, indem ein ruhiges Gespräch in offener und Vertrauen fördernder Atmosphäre möglich ist. Hier sollten alle Beteiligten gleichrangig zueinander sitzen können.
Die Gesprächsregeln sollten allen an der Mediation Beteiligten vorher zur Kenntnis gegeben werden.

Dann kann's losgehen:
1. Schritt: Einleitung durch das Mediationsteam (Ablauf und Einhaltung der Gesprächsregeln)
2. Schritt: Sichtweisen der einzelnen Kontrahenten und Beteiligten darstellen
3. Schritt: Konflikterhellung durch Nachfragen zu den verborgenen Interessen, Hintergründen und Gefühlen und Zusammenfassung des Gehörten durch das Mediationsteam
4. Schritt: Lösungsmöglichkeiten sammeln und entwickeln
5. Schritt: gemeinsame Übereinkunft und realisierbaren Konsens formulieren

Zum Abschluss der Mediation muss ein Konsens erzielt werden, der erst dann bindend ist, wenn die Beteiligten dem Verhandlungsergebnis zustimmen. Unter Umständen sollte das Ergebnis schriftlich fixiert und von den Konfliktparteien unterschrieben werden.

Zu einem späteren Zeitpunkt nehmen die Mediatorin oder der Mediator noch mal Kontakt zu den Konfliktparteien auf und klären, ob die Übereinkunft den Konflikt tatsächlich gelöst hat oder ob Korrekturen angebracht werden müssen oder ganz neu verhandelt werden sollte.

Vertiefung

Miteinander statt gegeneinander!
Toleranz üben

Wenn es Stress am Arbeitsplatz gibt, sich die Kollegen nicht grün sind, der Neue alles falsch und der Chef Druck macht, dann kann die Toleranz auf eine harte Probe gestellt werden. Irgendwann reicht es jedem mal … Aber wie weit geht Toleranz? Heißt es aktiv zu werden, wenn man es selbst kaum noch aushält? Könnte man Toleranz dann nicht auch als Gleichgültigkeit empfinden? Wie muss tolerantes Verhalten aussehen, um es als Vorstufe zum Frieden zu begreifen? Und wie erreicht man, dass die Beteiligten miteinander statt übereinander sprechen, dass sie jeglicher Diskriminierung entgegenwirken und sich gegenseitig anerkennen? Toleranz im betrieblichen Alltag – offenbar keine ganz einfache Sache!

→ Kapitel 10, S. 206 f.

M1 Was bedeutet Toleranz?

Toleranz bedeutet eigentlich „Duldung" und wird heute vor allem verstanden als Respektierung, Anerkennung und Wertschätzung der reichen Vielfalt unserer Kulturen, unserer Ausdrucksformen und unseres Menschseins. Sie wird gefördert durch Wissen, Offenheit, Kommunikation sowie Gewissens-, Gedanken- und Glaubensfreiheit. Toleranz bedeutet, andere sie selbst sein zu lassen, ohne dass ihr Anderssein dir aufgezwungen wird. Toleranz bedeutet nicht Nachgeben oder Aufgeben, sondern eine aktive Grundhaltung, die durch das Akzeptieren der weltweit geltenden Menschenrechte und der Freiheit des anderen erworben wird. Die Ausübung von Toleranz bedeutet nicht die Hinnahme sozialer Ungerechtigkeit oder die Aufgabe oder Schwächung der eigenen Überzeugung. Ursprünglich wurde Toleranz nicht immer nur positiv verstanden. Die traditionelle Bedeutung des Wortes (Toleranz = Duldung) beinhaltet weder Respekt noch Anerkennung.

Ruhrkanaker & Arbeitsgruppe SOS-Rassismus NRW (Hg.), Lexikon für die Antirassismusarbeit, Schwerte/Villigst (Eigenverlag) 1999, S. 63

M2 Gerechtigkeit – weltweit?

Keine Kultur und keine Epoche will auf Gerechtigkeit verzichten. Dass in der Welt Gerechtigkeit herrschen soll, gehört zu den Leitzielen der Menschheit seit ihrer Frühzeit. Man kann die Menschheit geradezu als eine Art „Gerechtigkeitsgemeinschaft" verstehen. Überall werden z. B. so gut wie dieselben Grundrechtsgüter geschützt. Überall werden Mord, Diebstahl und Raub sowie Beleidigungen, ferner Maß-, Gewichts- und Urkundenfälschungen, nicht zuletzt elementare Umweltverstöße, früher beispielsweise Brunnenvergiftungen, geahndet. Andere Leitziele hingegen hat die Menschheit wegen ernüchternder Erfahrungen aufgegeben.

Otfried Höffe, Gerechtigkeit. Eine philosophische Einführung, München (C.H.Beck) 2001, S. 10 ff (gekürzt)

M3 Kultur der Anerkennung – weltweit?

Wir sind der Überzeugung, dass sich mit dem Beginn des neuen Jahrhunderts jede Gesellschaft bestimmte Fragen stellen muss: Tut sie genug für die Integration aller ihrer Bürger? Wendet sie sich entschieden gegen jegliche Art von Diskriminierung? Basieren ihre Verhaltensnormen auf den Prinzipien der Allgemeinen Erklärung der Menschenrechte von 1948? Es wäre zu begrüßen, wenn die Weltkonferenz eine Erklärung abgeben und einen Aktionsplan vorlegen würde, der die Standards, die Strukturen, die Vorgehensweisen – kurz: die entsprechende Kultur – schafft, um die volle Anerkennung der Würde und Gleichberechtigung aller Menschen und die Wahrung ihrer Menschenrechte zu garantieren. Was wir uns für jeden Mann, jede Frau und jedes Kind vorstellen, ist ein Leben, in dem die Ausübung individueller Begabungen, Neigungen, Interessen und persönlicher Rechte durch eine dynamische Solidarität gewährleistet wird …

Mary Robinson, UN-Hochkommissarin für Menschenrechte, und Nelson Mandela zur UN-Weltkonferenz gegen Rassismus in Durban, Südafrika, September 2001, zit. nach: http://www.interkultureller-rat.de (Zugriff am 29.07.2004)

M4 Wo ist das Problem?

M5 Auszüge aus Betriebsvereinbarungen

Adam Opel AG: Wesentlicher Teil unserer Unternehmenskultur ist die respektvolle Zusammenarbeit. Chancengleichheit, Toleranz und der faire Umgang miteinander gehören zu unseren Grundüberzeugungen …
Sartorius AG: Eine Unternehmenskultur, die geprägt ist von durchgängiger Information und partnerschaftlichem Verhalten am Arbeitsplatz, bildet die Basis für ein positives innerbetriebliches Arbeitsklima und ist damit eine wichtige Voraussetzung für den wirtschaftlichen Erfolg eines Unternehmens.

Bündnis für Demokratie und Toleranz – gegen Extremismus und Gewalt (Hg.), Für Demokratie und Toleranz in der Arbeitswelt. Betriebsvereinbarungen für Chancengleichheit und gegen Diskriminierung, Berlin 2003, S. 11

M6 So nicht!

1. Ein Schlosser wird von seinem Meister mit der Reparatur einer Pumpe beauftragt. Er kann den Auftrag aber nicht erledigen, weil die Zulieferfirma falsches Material geliefert hat. Als der Meister am nächsten Tag bemerkt, dass die Reparatur nicht ausgeführt wurde, schreit er seinen Mitarbeiter an: „Steh hier nicht rum, sondern beweg dich endlich und reparier die Pumpe!" Der Meister dreht sich um, ohne dass der Mitarbeiter die Chance hatte, etwas zu erklären …

2. Ein Mitarbeiter, der seit 35 Jahren im Betrieb arbeitet, wird aufgrund interner Umstrukturierungs-Maßnahmen versetzt. Sein Aufgabengebiet erweitert sich (Umgang mit dem PC) und überfordert ihn. Die versprochene Einarbeitung/Unterstützung seitens seiner jüngeren Kollegen ist unzureichend. Der Stress nimmt zu – der Mitarbeiter wird krank und fällt immer wieder aus.

3. Eine Mitarbeiterin kommt ins Besprechungszimmer, die Kollegen verstummen sofort und meiden den persönlichen Kontakt. Die Betroffene spürt zwar die Situation, weiß aber nicht, wie und warum sie entstanden ist, und ist der Situation hilflos ausgeliefert.

Infracor GmbH, Abtlg. Site & Business Information, Marl (Hg.), Gemeinsam statt einsam. Partnerschaftliches Verhalten am Arbeitsplatz. Ein Leitfaden gegen Leidpfade. o. J., S. 8

Arbeitsvorschläge

1. Man kann eine Person, Gruppe, Leistung, Meinung, Tatsache, Grenze oder eine Vaterschaft auf unterschiedliche Weise anerkennen. Erarbeiten Sie sich an diesen Beispielen zusammen mit Ihrem Nachbarn die beiden in **M1** vorgestellten Toleranzbegriffe. Überlegen Sie sich, welche Folgen die jeweilige Definition für jedes Beispiel hat. Formulieren Sie anschließend ein kurzes Statement: „Toleranz ist für mich …".

2. Welche Fragen und Hinweise würde der Philosoph Otfried Höffe (**M2**) an die UN-Hochkommissarin Mary Robinson (**M3**) richten, wenn er mit ihr ins Gespräch käme? Schreiben Sie zu zweit ein fiktives Interview.

3. Interpretieren Sie die Karikatur (**M4**). Stellen Sie sich vor, die Zeichnung wäre im Zusammenhang mit den Texten **M2** und **M3** in einer Zeitung erschienen. Welchen Kommentar will der Karikaturist vermutlich damit abgeben?

4. Zeigen Sie an einem Beispiel (z. B. mit den Seiten 198–205 in Kapitel 10), wie wichtig das Leitziel Gerechtigkeit (**M2**) für die internationale Zusammenarbeit von Staaten ist.

5. Warum finden sich Auszüge wie diese (**M5**) in Betriebsvereinbarungen? Notieren Sie in Kleingruppen, welche Vorteile mehr Toleranz am Arbeitsplatz für Arbeitgeber und Arbeitnehmer hat. Beziehen Sie die Beispiele aus **M6** in Ihre Überlegungen mit ein.

5 Gewalt – Sackgassen und Auswege

„Schalke Unser …"
Sportlich bleiben

Der FC Schalke 04 ist für alle Interessierten eine feste Größe in der Fußballwelt. Für die Anhänger des Vereins aber ist die Mannschaft noch viel mehr, ihre Spiele sind ein fester Bestandteil im Leben der Fans, Siege werden überschwänglich gefeiert, Niederlagen bitterlich beweint. Die heftigen Emotionen treten aber (wie bei anderen Fußballclubs auch) nicht nur im Rund der Arena zutage, sondern beeinflussen auch das Geschehen außerhalb des Stadions. Was kann passieren, wenn die Emotionen hochschießen? Und sind da eigentlich nur die Fans rivalisierender Clubs unterwegs? Was passiert auf den Nebenschauplätzen jenseits der fußballbegeisterten Zuschauer? Welche Rolle spielen „Tausend Freunde" bei Sieg und Niederlage? Dies sind Aspekte, die mit Sportsgeist nur wenig zu tun haben, dafür um so mehr mit Fairness.

M1 Das „Schalke Unser"

Schalke Unser im Himmel
Du bist die auserkorene Mannschaft
verteidigt werde Dein Name
Dein Sieg komme
wie zu Hause so auch auswärts
unseren üblichen Heimsieg gib uns immer
und gib uns das „Zu Null"
so wie wir Dir geben die Unterstützung
und niemals vergib denen aus der Nähe von Lüdenscheid
wie auch wir ihnen niemals vergeben werden
und führe uns stets ins Finale
denn Dein ist der Sieg und die Macht
und die Meisterschaft in Ewigkeit.
Attacke!
www.fan-ini.de.

M2 Die Fanfreundschaft: „Schalke und der FCN"

Es klingt wie ein Widerspruch, wenn Fans zweier rivalisierender Fußballclubs behaupten, dass sie eine tiefe Freundschaft verbindet. … Viele Jahrzehnte kämpften Schalke 04 und der 1. FC Nürnberg gegeneinander um Meisterschaften und Pokale, standen die Vereine an der Spitze – die einen im Westen, die anderen im Süden.
Und doch pflegen die Fans der beiden Mannschaften seit mehr als 20 Jahren eine innige Freundschaft. Statt Beschimpfungen und Krawallen feiern die Ultras zusammen, organisieren Choreographien in den beiden Stadien und feuern ihre Teams gemeinsam an. … Die zu jedem Aufeinandertreffen eingesetzten Sonderzüge werden von den Fans der anderen Mannschaft schon am Bahnhof begeistert empfangen …

Bündnis Aktiver Fußballfans e. V./ Tatort-Kollektiv: Gerd Dembowski / Ronald Noack / Martin Endemann: http://www.schalke04.de (Zugriff am 11.11.2009)

M3 Schalke-Fan verurteilt

Die Siegener Zeitung berichtet von der Verurteilung eines neonazistisch vorbestraften Schalke-Fans zu vier Jahren auf Bewährung, 100 EUR Geldstrafe und 30 Sozialstunden. Er war nach dem Sieg des FC Schalke 04 über Bayern München „Sieg Heil" grölend durch die Straßen von Daaden gezogen und hatte einem Wirt den Hitlergruß gezeigt. Nachdem der Wirt ihn rausgeworfen hatte, hatte er mit Freunden versucht, sich gewaltsam wieder Zutritt zum Lokal zu verschaffen.

Bündnis Aktiver Fußballfans e. V.: http://www.tatort-stadion.de (Zugriff am 12.03.2009)

M4 Auch Ärzte und Anwälte prügeln

Die Hooligan-Szene wird von männlichen Jugendlichen und jungen Erwachsenen bestimmt, die gerade nicht nur aus dem so genannten problembelasteten unteren Lebensmilieu stammen, sondern aus allen Teilen der Gesellschaft. Auch hält sich ihre Fußballbegeisterung in Grenzen, und die polizeilich stark kontrollierten (Bundesliga-)Stadien sind schon lange nicht mehr die bevorzugten Orte ihrer gewaltsamen Auseinandersetzungen – eher schon die Plätze davor und die Innenstädte. Gewaltbereite Hooligans reisen möglichst unauffällig und nüchtern an und planen konspirativ (per Handy, per SMS etc.) ihre „dritte Halbzeit", um nicht „vorzeitig von der Polizei aus dem Rennen geworfen zu werden". Man bekennt sich zur geilen Gewalt als Freizeithobby, als ultimativem Kick für den Augenblick.

Wilfried Ferchhoff, Jugend und Jugendkulturen im 21. Jahrhundert., Wiesbaden (Verlag der Sozialwissenschaften), 2007, S. 194 (gekürzt und vereinfacht)

M5 Auf der Suche nach einem besonderen Gefühl

a) „Der Fußball ist wie ein zweites Privatleben. Ich kann mit meiner Freundin weggehen, da habe ich meine Sonntagshose an, da geh ich Essen ganz fein, geh ins Kino ganz fein, sitz abends daheim und guck Fernsehen. Und dann gibt's wie ein' Bildschnitt, dann schlaf ich eine Nacht, steh morgens auf und dann ist Fußballtime. Dann guck ich halt, wo ich gut kann, wo geht 'ne Party ab."

b) „Es ist ein unheimlich spannendes Gefühl, wenn man in so einer riesigen Gruppe von 100 bis 120 Leuten mitläuft, und man muss wirklich aufpassen, ob jetzt links oder rechts oder irgendwelche – jetzt wirklich in Anführungszeichen – feindliche Hooligans kommen. Das erinnert mich irgendwie immer so an diese Geländespiele, die man früher immer gemacht hat mit Jugendgruppen. Das ist wirklich so, wie wenn man Räuber und Gendarm spielt. Und was das Ganze manchmal noch spannender macht, ist, dass die Polizei dann auch noch mitmischt, weil das macht die Sache dann interessanter, weil es schwieriger ist, weil man dann auf zwei Gegner achten muss und nicht nur auf einen."

G. A. Pilz, „Emotionen beleben das Geschäft" – Vom widersprüchlichen Umgang mit der Gewalt: eine sozialkritische Analyse (19.09.2006): http://www.hooligans.de (Zugriff am 20.01.2007)

M6 Himmlischer Beistand?

Kirchenfenster in St.Joseph (Gelsenkirchen)
Manchmal muss der heilige St. Aloysius von Gonzaga, der Patron der (Schalker) Jugend, mit blau-weißen Fußballschuhen nachhelfen.

Arbeitsvorschläge

1. Das „Schalke Unser" (M1) wurde von Fans in Anlehnung an das christliche „Vater Unser" verfasst. Kann Fußball zur Religion werden? Soll Religion sich um Fußball kümmern (M6)? Nehmen Sie Stellung.

2. Sind solche Fanfreundschaften (M2) ungewöhnlich? Haben Sie ähnliche Erfahrungen? Berichten Sie davon, wenn Sie mögen.

3. Recherchieren Sie in Partnerarbeit aktuelle Berichte über Ausschreitungen nach Fußballspielen (M3, M4). Erstellen Sie Zeitabläufe und suchen Sie nach Ursachen.

4. Fans, Ultras und Hooligans – erstellen Sie in Gruppenarbeit drei Wandplakate, auf denen Sie jeweils eine der Gruppierungen beschreiben (mit M2–M5). Präsentieren Sie Ihre Ergebnisse. Welcher dieser Gruppen würden Sie sich selbst zuordnen?

5. Lesen Sie M4 und M5. Helfen hier zur Erklärung die vier Theorien von S. 95 (M3) weiter?

5 Gewalt – Sackgassen und Auswege

Von Bildern umstellt
Verantwortung übernehmen

Bilder, die Geschichte machen – das gibt es. Es gibt Bilder, die weit über das normale Zuschauerinteresse hinaus, ihren Betrachter so heftig anrühren, dass er nicht hinschauen und gleich wieder vergessen kann. 1972 ging ein solches Bild um die Welt. Ein Kriegsfoto. Es wurde zum Sinnbild für das Leiden aller zivilen Kriegsopfer.
In der Bilderflut, der wir täglich ausgesetzt sind, findet sich allerdings wenig, das zum Sinnbild taugt. Ein Sensationsjournalismus, der von ständiger Überbietung lebt, liefert uns immer neue schockierende Bilder. Eine Werbebranche, die von der erfolgreichen Vermarktung ihrer Produkte lebt, appelliert ununterbrochen an unsere Wünsche und Bedürfnisse. Wie sollen wir da noch angemessen auf Bilder reagieren? Welche Meinung sollen wir vertreten, wenn Gewalt abgelichtet, abgedruckt und abgedreht wird? Gibt es Grenzen? Wo liegen sie für Sie?

Erklärungen

Napalm = Füllstoff für Benzinbrandbomben
Vietnamkrieg = 2. Phase des Indochinakriegs (1964 – 1973), der anfangs ein vietnamesischer Bürgerkrieg war und durch einen begrenzten Einsatz amerikanischer Truppen zugunsten Südvietnams entschieden werden sollte, stattdessen aber eskalierte
„Vierte Gewalt" = Bezeichnung für die Massenmedien in einer Demokratie wegen ihres starken Einflusses auf die Meinungsbildung der Bevölkerung

M1 Kim Phuc

M2 Das Mädchen hinter dem Foto

Die ganze Welt kennt Kim Phuc, auch wenn die meisten ihren Namen nicht wissen: Sie ist das neunjährige nackte, schreiende Mädchen, das nach dem Napalm-Angriff der Südvietnamesen auf die Stellungen des Kriegsgegners Nordvietnam dem Betrachter direkt entgegenläuft. Ein Foto meines Kollegen Nick Ut aus dem Jahr 1972, das in seiner schonungslosen Unmittelbarkeit den Verlauf des Vietnamkrieges änderte. Denn den Amerikanern und der gesamten Weltöffentlichkeit wurde durch dieses erschütternde Bild klar, was das ‚militärische Engagement' der USA in Vietnam anrichtete – darüber hinaus, was jeder Krieg unter der zivilen Bevölkerung anrichtet.
Ich war damals selbst Kriegsberichterstatter für den stern in Vietnam und stellte mir angesichts dieses Fotos die Frage, die sich jeder Fotograf immer wieder stellt – verschärft als ich erfuhr, dass der Rücken des Kindes durch Napalm-Verbrennungen nur noch rohes Fleisch war: Wo hat das berufliche Interesse aufzuhören? Wann kommt der Augenblick, in dem man als Mensch einem anderen Menschen bedingungslos helfen muss?
Ehrlich kann ich die Frage bis heute nicht beantworten. Als Fotoreporter im Einsatz sieht man die Welt durch das Objektiv. Nur gute Arbeit zählt, und das heißt, man will und muss möglichst dramatische Bilder machen. Dazu kommt oft die Angst um das eigene Leben und – nicht zu vergessen – es geht alles ungeheuer schnell. Nick Ut hat sich in dieser Stresssituation für die pragmatische Lösung entschieden: Er hat erst fotografiert und dann das wimmernde Mädchen in ein Hospital ins 60 Kilometer entfernte Saigon gefahren. Wahrscheinlich hätte ich es genauso gemacht.

Denise Chong, Das Mädchen hinter dem Foto, Hamburg (Hoffmann und Campe) 2001/engl. 1999, S. 5 f. (Zitat aus dem Vorwort von Perry Kretz)

M3 Darf man das Video zeigen?

Der US-Amerikaner Nick Berg wurde während der US-Invasion im Irak 2004 entführt und enthauptet. Militante Islamisten veröffentlichten Videoaufnahmen von dem Mord.

Das Online-Video vom Mord an Nick Berg provoziert die Frage, ob man Bilder äußerster Grausamkeit der Öffentlichkeit zumuten kann. Die Medien in Deutschland haben sich entschieden, dass sie es nicht tun. Das ist inkonsequent und verlogen. Wenn Journalisten dokumentarisches Material bekommen, das eventuell die Menschenwürde verletzt, ist es trotzdem ihre Pflicht, die Quellen nicht im eigenen „Giftschrank" zu verschließen. Grausame Bilder von Kriegshandlungen sind seit jeher aus den unterschiedlichsten Motiven publiziert worden. Das Foto eines vietnamesischen Offiziers, der einen Gefangenen erschießt – eines der berühmtesten Kriegsfotos überhaupt – ging um die ganze Welt und war maßgeblich dafür verantwortlich, dass sich die öffentliche Meinung in Europa gegen den Krieg wendete. Eins ist unstrittig: Je grausamer die Bilder waren, umso mehr bekamen die Recht, die gegen einen Krieg waren.

B. Schröder, Darf man das Video zeigen? (11.05.2004): http://www.burks.de (Zugriff am 19.09.2006, gekürzt)

M4 Bilder nutzen sich ab

Die Art der Gefühle – auch der moralischen Entrüstung –, die Fotos von Unterdrückten, Ausgebeuteten, Verhungerten und Hingemetzelten in uns auslösen können, hängt auch vom Grad unserer Vertrautheit mit solchen Bildern ab. Don McCullins Fotos von ausgemergelten Biafra-Kindern aus den frühen siebziger Jahren haben manche Betrachter weniger erschüttert als Werner Bischofs Aufnahmen von Opfern indischer Hungersnöte aus den frühen sechziger Jahren, weil derartige Bilder inzwischen alltäglich geworden waren. Fotos schockieren, insofern sie etwas Neuartiges zeigen. Bedauerlicherweise wird der Einsatz immer weiter erhöht, zum Teil eben wegen der ständig zunehmenden Zahl solcher Schreckensbilder.

Susan Sontag, Über Fotografie, Frankfurt am Main (Fischer-Taschenbuch-Verlag) 1980, S. 25

M5 Bilder rütteln wach

So inhuman es auch scheinen mag, die Medien sollten nicht darauf verzichten, auch drastisch-anschauliches Material zu verwenden, nur weil einige so etwas als abstoßend empfinden. Obwohl sie natürlich abstoßend sind, vermitteln derartige Szenen doch ein wirklicheres Bild von den Schrecken des Krieges. Krieg ist nicht schön, und seine Kosten (in Bezug auf Geld und Menschenleben) können unglaublich hoch sein. Werden solche Szenen gezeigt, wird die Öffentlichkeit gezwungen, sich der hässlichen Realität des Krieges zu stellen.

R.C. Vincent/J. Galtung, Krisenkommunikation morgen, in: M. Löffelholz (Hg.), Krieg als Medienereignis, Opladen (Westdeutscher Verlag) 1993, S. 193 f.

M6 Bilder gehören zur Demokratie

In der Demokratie müssen diese beiden Aufgaben (der Information und der Meinungsbildung) durch die dritte, durch Kritik und Kontrolle gegenüber staatlicher und gesellschaftlicher Macht ergänzt werden. Die Medien sollen einen Gegenpol zu dieser Macht bilden. Dadurch können nicht nur Missstände im Nachhinein aufgedeckt werden. Eine kritische Presse trägt vielmehr dazu bei, dass Missstände von vornherein vermieden oder durch öffentliche Kritik verhindert werden. Mit Blick auf diese Aufgabe werden Massenmedien auch als „vierte Gewalt" – neben dem Parlament, der Regierung und den unabhängigen Gerichten bezeichnet.

H. Becker u.a., Leitfragen Politik, Stuttgart (Ernst Klett Verlag) 1997, S.76

Arbeitsvorschläge

1. Setzen Sie sich in kleinen Gruppen zusammen und untersuchen Sie das Foto (**M1**) in drei Schritten: a) Beschreiben Sie sich gegenseitig, was Sie sehen (Menschen nach Mimik und Gestik, Beziehungen zwischen den Menschen, Bildaufbau, Bildausschnitt, Blickrichtung des Fotografen); b) Stellen Sie Vermutungen darüber an, in welchem Zusammenhang das Foto entstand; c) Überprüfen Sie Ihre Annahmen (mit Hilfe der Erklärungen und **M2**).

2. Diskutieren Sie in Ihrer Gruppe, ob es für Fotografen und Verlage Regeln oder Grenzen geben sollte für die Veröffentlichung derartiger Bilder (**M1**) und wenn ja, welche das sein könnten. Beziehen Sie in Ihre Diskussion die Argumente aus **M4**–**M6** mit ein.

3. Überprüfen Sie Ihre Auffassung an einem Beispiel. Sollen die Videoaufnahmen von der Enthauptung eines Amerikaners durch Iraker (**M3**) gezeigt werden? Notieren Sie je eine der folgenden Optionen auf einem Blatt Papier: „Ja – zu jeder Zeit!", „Nein – zu keiner Zeit!", „Ja, aber nur unter bestimmten Auflagen!" Verteilen Sie die drei Seiten im Raum und ordnen Sie sich selbst einer der drei Positionen zu. Jede Gruppe darf nun Mitglieder einer anderen Gruppe nach einer Begründung für den gewählten „Standpunkt" befragen.

6 Alles, was Recht ist …

„Jeder wär' gern Richter!"

„Das Recht muss nicht die mehrheitliche Volksmeinung widerspiegeln. Es soll die Menschenwürde schützen und jedem ein Höchstmaß an Freiheit zusichern."

Eine Aktion der deutschen Filmwirtschaft zum „Schutz des Originals"

Letztes Wort: Urteilsverkündung

Letzte Konsequenz: Freiheitsentzug

- Auch Kavaliersdelikte sind Delikte.
- Sind die härteren Strafen die besseren Strafen?
- Heiligt der Zweck jedes Mittel?
- Wie weit rechts ist noch erlaubt?

Diese und weitere Fragen und Denkanstöße erwarten Sie auf den nächsten Seiten.

6 Alles, was Recht ist …

„Machen doch alle so!"
Kavaliersdelikte, die keine sind

Dem vorlauten Mitschüler eins auf die Nase gehauen, 'ne „Tüte" geraucht oder 'ne „Line" gezogen, ein schickes TAG auf eine Hauswand gesprüht, für den Kumpel vor Gericht die Wahrheit etwas „zurechtgerückt", den neuesten Film aus dem Internet gezogen – sind das schon Straftaten? Nach dem Strafgesetzbuch handelt es sich um Körperverletzung, Verstoß gegen das Betäubungsmittelgesetz, Sachbeschädigung, Meineid und Verletzung des Urheberrechts. Wie definiert man „Straftat"? Warum gibt es bestimmte Sachverhalte, die zwar verboten bzw. illegal sind, aber dennoch von einigen (oder vielen?) akzeptiert oder nicht als „besonders schlimm" empfunden werden?

M1 Das Geschäft mit der Musik

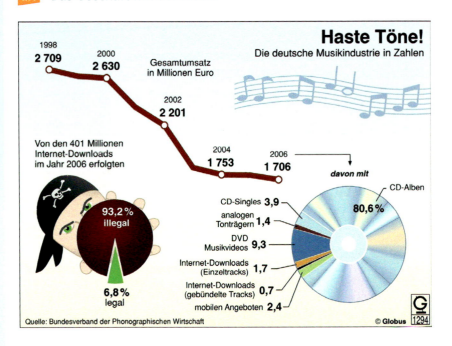

Erklärungen

Manipulation = hier: absichtliche Verfälschung von Informationen, Zahlen
Interpretation = Auslegung
Delikt = Vergehen, Straftat
Kooperation = Zusammenarbeit
differenziert = verschieden

M2 Versicherungsbetrug

Der deutschen Versicherungswirtschaft entsteht durch Versicherungsbetrug jährlich ein Schaden von vier Milliarden Euro. Dabei sind es nicht nur die großen und spektakulären Betrugsfälle, sondern auch die vielen kleinen und mittleren Forderungen vom Otto-Normalverbraucher, die unberechtigterweise gestellt werden.

Versicherungsbetrug zieht sich durch alle sozialen Schichten: Unabhängig von Alter, Geschlecht, Einkommen und sozialer Stellung bereichern sich jedes Jahr Hunderttausende Versicherungsnehmer, indem sie Leistungen einfordern, die ihnen gemäß ihres Versicherungsvertrages nicht zustehen.

Nach Auskunft des Gesamtverbandes der Deutschen Versicherungswirtschaft (GDV) werde der Versicherungsbetrug oftmals noch immer als Kavaliersdelikt angesehen. Der Versicherungsnehmer besitze kaum ein Unrechtsbewusstsein in diesem Punkt; es gelte als „normal" oder zumindest als akzeptabel, seine Versicherung zu betrügen. Da vielen Fällen von Versicherungsbetrug ein tatsächlicher, nur eben nicht versicherter Schaden zugrunde liegt, werde das eigene Gewissen dadurch beruhigt, dass es sich ja um einen „wirklichen" Schaden gehandelt habe. Somit sei die Manipulation ja lediglich als eine etwas großzügigere Interpretation der Versicherungsbedingungen einzustufen.

Beim Versicherungsbetrug handelt es sich um ein Delikt, das strafrechtlich verfolgt wird. Dabei ist auch schon der versuchte Versicherungsbetrug strafbar und hat für den Täter ernst zu nehmende Folgen, die auch eine Freiheitsstrafe nach sich ziehen können.

F. Weber, Jährlicher Milliardenschaden für Wirtschaft. Versicherungsbetrug ist kein Kavaliersdelikt (31.12.2002): http://www.bbv-net.de (Zugriff am 19.09.2006)

M3 Gesetz gegen Schwarzarbeit

Das Gesetz der Bundesregierung zur Bekämpfung von illegaler Beschäftigung und Schwarzarbeit ist am 1. August 2002 in Kraft getreten. Illegale Beschäftigung und Leistungsmissbrauch schädigen im erheblichen Maße die Volkswirtschaft. Durch den unfairen Wettbewerb werden viele Unternehmen in ihrer Existenz bedroht. Sie können im Preiskampf gegen die oft erheblich preiswerteren illegalen Anbieter nicht bestehen. Diese Wettbewerbsverzerrung zwischen legaler und illegaler Arbeit zerstört legale Arbeitsplätze beziehungsweise verhindert neue Arbeitsplätze.

Pressemitteilung des Bundesarbeitsministers vom 01.08.2002

M4 Jeder Dritte lässt schwarz arbeiten

Mehr als vier Millionen Privathaushalte in Deutschland beschäftigen eine Hilfe für das Putzen, die Gartenarbeit, Altenpflege oder Hausaufgabenhilfe ohne Rechnung und ohne Anmeldung. Rund 95 Prozent der 4,5 Millionen Haushaltshilfen arbeiten schwarz. Das ergab eine Studie des Instituts der deutschen Wirtschaft Köln (IW) für 2007. Die Bereitschaft, die Putzhilfe oder Pflegekraft anzumelden, ist gering ausgeprägt. Knapp die Hälfte der 1 000 Befragten gab an, dann keine Haushaltshilfe mehr beschäftigen zu wollen. Wer eine Putzhilfe über eine Agentur sucht, muss nach IW-Angaben mit doppelt so hohen Kosten rechnen. [...]

Eine Legalisierung der Schwarzarbeit in Privathaushalten könne bis zu 300 000 Vollzeitstellen schaffen, sagte die Leiterin des Berliner IW-Büros. Die Politik müsse die Schwarzarbeit stärker eindämmen. Die bessere steuerliche Absetzbarkeit und Gutscheine für Dienstleistungen im Haushalt seien sinnvoll.

Frankfurter Allgemeine Zeitung vom 24.02.2009, S. 11 (dpa)

M5 Die Aufgabe des Rechts

Wozu rechtliche Regeln gut sind, ist leicht einzusehen, wenn man sich einen Zustand ohne Regeln vorstellt, in dem jede Person tun darf, was sie will und kann. Dass ein solcher Zustand nicht wünschenswert ist, liegt auf der Hand. Schließlich fahren alle schlechter, wenn sie nur auf ihren Vorteil aus sind, und alle profitieren, wenn sie kooperieren, d.h. wenn sie ihr Verhalten beschränken. So wäre es sicher nicht gut, wenn es jedem freistünde, andere nach Belieben zu verletzen oder zu schädigen.

Dennoch ist Kooperation schwer erreichbar, weil jeder einzelne Anreiz zum „Schwarzfahren" hat, sich also durch die Ausbeutung des Anderen einseitige Vorteile verschaffen kann. Infolgedessen kommt eine Kooperation nicht zustande, wenn die Beteiligten nicht durch entsprechende Regeln und Normen dazu genötigt werden. Kleine Gemeinschaften sind sehr wohl in der Lage, Verhaltensregeln durch sozialen Druck aufrecht zu erhalten. Je größer und differenzierter aber eine Gesellschaft wird, desto notwendiger benötigt sie ein Regelwerk, das durch autorisierte Instanzen gesichert wird. Genau diese Aufgabe soll das Recht erfüllen.

Stichwort „Norm" in: Handbuch der politischen Philosophie und Sozialphilosophie, hrsg. v. Stefan Gosepath u.a., Berlin (de Gruyter) 2008, Bd. 2, S. 917f. (gekürzt und vereinfacht)

M6 Die gesellschaftliche Akzeptanz des Rechts

Im Normalfall werden die Gesetze nicht deshalb beachtet, weil sich der Bürger die negativen Folgen ersparen will, die ihre Missachtung nach sich ziehen kann. Die Wirksamkeit einer Rechtsnorm beruht vielmehr darauf, dass sie freiwillig beachtet wird. Welche Gründe sind es, die im Normalfall die Freiwilligkeit der Rechtsbefolgung bewirken?

Wichtig ist zunächst, dass rechtliche Regeln nur ein äußeres Verhalten gebieten oder verbieten. Jedermann ist verpflichtet, sich den geltenden Gesetzen entsprechend zu verhalten, aber niemand ist gezwungen, auch die Gründe für richtig zu halten, die die jeweilige parlamentarische Mehrheit zum Erlass einer bestimmten Rechtsnorm veranlasst haben.

Wolfgang Horn, Grundlagen des Rechts, in: Bundeszentrale für politische Bildung (Hg.), Recht I, Nr. 216, Neudruck 1991, S. 16

Arbeitsvorschläge

1. Erstellen Sie eine Liste von Handlungsweisen, die zwar illegal sind, von Ihnen aber nicht als Straftat empfunden werden. Vergleichen und diskutieren Sie Ihre Listen miteinander. Überrascht Sie die Information zum Internet-Downloading aus M1?

2. Klären Sie mit Hilfe eines Nachschlagewerks den Begriff „Kavaliersdelikt" (M2).

3. Wie kommt es, dass viele Menschen das Raubkopieren (M1), Versicherungsbetrug (M2) oder Schwarzarbeit (M3, M4) für Kavaliersdelikte halten? Überlegen Sie sich Gründe.

4. Wechseln Sie nun die Perspektive: Wer wird durch dieses Verhalten geschädigt? Erläutern Sie diese Frage am Beispiel „Schwarzarbeit" (M3, M4).

5. Warum sollte man freiwillig Verhaltensregeln und Gesetze einhalten? Leuchten Ihnen die in M5 und M6 genannten Argumente ein? Listen Sie einige Gründe auf, die für Sie ausschlaggebend sind, nicht kriminell zu werden.

6 Alles, was Recht ist ...

Nur ein Fake
Produktpiraterie

Ob Rolex, Gucci oder Nike, ob Turnschuh, Handtasche oder Autoradio – fast alle teuren und begehrten Markenartikel sind heute auch als Fälschungen auf dem Markt zu finden. Im Urlaub, bei ebay oder auch mal auf dem Flohmarkt ist preiswert zu erstehen, was man sich andernorts nicht leisten könnte. Jeder vierte Deutsche hat schon einmal ein Plagiat gekauft. Ein Kavaliersdelikt? Die allermeisten drückt das Gewissen nicht. Aber was ist, wenn das Beispiel Schule macht und die Methode „Produktpiraterie" im großen Stil in die Wirtschaft Einzug hält?

→ Kapitel 10, S. 194–197

M1 Gefährliche Plagiate?

Käufer von Fälschungen erhalten oftmals schlechte Qualität zu überhöhten Preisen. Somit werden nicht nur die Originalhersteller geschädigt, sondern auch die Kunden durch ein unausgeglichenes Preis-Leistungsverhältnis. Im Gegensatz zum Originalprodukt haben die illegalen Nachahmungen meist keinen einzigen Belastungs-, Hygiene- oder pharmazeutischen Test durchlaufen, weshalb die Folgen der Benutzung für den Verbraucher nicht absehbar sind: So wurden in gefälschten Kleidungsstücken giftige Substanzen und Fasern gefunden, in gefälschten Medikamenten Wirkstoffzusammensetzungen, die entweder wirkungslos waren oder unerwünschte Nebenwirkungen hervorriefen. Bei der Grenzbeschlagnahme gingen auch schon Bremsklötze ins Netz der Zollfahnder, die lediglich aus Lehm bestanden und sich spätestens nach dem zweiten Bremsmanöver aufgelöst hätten, oder Ölfilter, die einen leicht entzündbaren Papiereinsatz hatten.

marktform GmbH (Hg.), Produkt- und Markenpiraterie: http://www.foerderland.de (Zugriff am 19.09.2008)

M2 „Sagen Sie NEIN!"

M3 Original oder Fälschung?

Plagiarius 2006 – Auszeichnung Motorsäge „MS 380", Oben Original: ANDREAS STIHL AG & Co. KG, Waiblingen, Deutschland, Unten Plagiat: SWOOL Power Machinery Co. Ltd., Quzhou, Zhejiang, VR China

---

Erklärungen

Fake = engl. Schwindel, Fälschung
Plagiat = unerlaubte Kopie
Produktpiraterie = Geschäfte mit Nachahmer-Waren, die mit dem Ziel hergestellt werden, einer Originalware zum Verwechseln ähnlich zu sein. Dabei werden Markenrechte und wettbewerbsrechtliche Vorschriften verletzt.

M4 Rechtliche Folgen

Strafen für den Kauf von Plagiaten fallen in Europa äußerst unterschiedlich aus. In Deutschland ist der Kauf nicht strafbar, solange die Produkte nicht weiterverkauft, sondern selbst verwendet werden. Waren im Wert von bis zu 300 Euro können eingeführt werden. Probleme gibt es jedoch, wenn Urlauber zehn gleiche T-Shirts oder Schuhe einführen. Entdeckt der Zoll sie, werden sie beschlagnahmt und vernichtet. Es droht ein Strafverfahren wegen Steuerhinterziehung und Markenrechtsverletzung.

Auch wer angebliche Markenware bei Onlinetauschbörsen wie Ebay anbietet, handelt sich Ärger ein. Je wertvoller die Marke, deren Produkt er vertickt hat, desto höher der Streitwert, und daran orientieren sich unter anderem die Anwaltsgebühren. Kosten für den Hobbyhändler: zwischen 500 und etwa 10 000 Euro. Dazu können noch Schadenersatzansprüche des Herstellers kommen. „Der Vertrieb mit gefälschter Ware ruft auch den Staatsanwalt auf den Plan", sagt Anwältin Bormann und verweist auf Paragraf 143 Markengesetz. Danach droht eine Geldstrafe oder bis zu fünf Jahre Gefängnis.

zusammengefasst nach: M. Hutterer, Plagiate - Gefahr für Geld und Leben (01.11.2007): http://www.focus.de (Zugriff am 19.09.2008)

M5 Wirtschaftlicher Schaden

Der Handel mit Marken- und Produktfälschungen hat negative wirtschaftliche Folgen für die gesamte Volkswirtschaft. Schätzungen gehen davon aus, dass europaweit jährlich ca. 100 Millionen Fälschungen beschlagnahmt werden. Gefälschte Produkte haben inzwischen einen Anteil von 5 bis 9 Prozent am Welthandel, was laut OECD ein Handelsvolumen von 450 Milliarden Dollar bedeutet.

Nach Angaben der Europäischen Union ist davon auszugehen, dass pro Jahr weltweit rund zwei Millionen Arbeitsplätze – 70 000 davon in Deutschland – aufgrund von Markenpiraterie verloren gehen. Neben den Arbeitsplätzen, die einer Volkswirtschaft einerseits verloren gehen, gibt es andererseits die Berufsgruppen, die von der Pirateriebekämpfung bzw. der Prävention leben. Klar ist, dass dieser Personenkreis nicht die Arbeitsplätze aufwiegen kann, die durch die Herstellung von und den Handel mit Fälschungen verloren gehen. Beispiele für Tätigkeitsfelder in diesem Wirtschaftszweig sind:
- spezialisierte Rechtsanwälte,
- Beratungsagenturen,
- Wirtschaftsdetektive,
- Ansprechpartner und Rechtsanwälte in Branchenverbänden,
- Mitarbeiter des Zolls, Warenvernichter,
- Anbieter von technischen Kennzeichnungen für Originale,
- Mitarbeiter der Patent- und Markenämter und der internationalen Verbände zum Schutz des geistigen Eigentums.

marktform GmbH (Hg.), Produkt- und Markenpiraterie: http://www.foerderland.de (Zugriff am 19.05.2009)

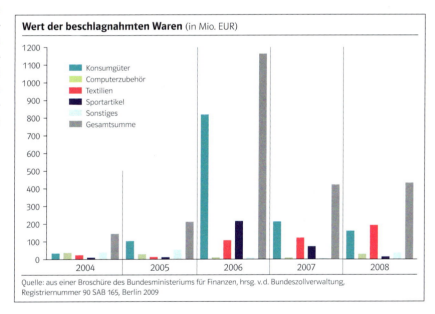

Wert der beschlagnahmten Waren (in Mio. EUR)

Quelle: aus einer Broschüre des Bundesministeriums für Finanzen, hrsg. v.d. Bundeszollverwaltung, Registriernummer 90 SAB 165, Berlin 2009

Arbeitsvorschläge

1. Führen Sie in Ihrer Klasse eine Kartenabfrage durch: Was spricht für, was spricht gegen den Kauf von gefälschten Markenprodukten? Berücksichtigen Sie bei Ihren Überlegungen M1–M3.

2. Erstellen Sie in Kleingruppen eine Liste der Markenprodukte, von denen Sie Fälschungen kennen; Sie können auch im Internet dazu recherchieren. Notieren Sie zu den verschiedenen Produkten die Risiken, die bei der Nutzung entstehen können (vgl. M1, M2).

3. Die Weltgesundheitsorganisation (WHO) schätzt, dass heute etwa 10 Prozent aller weltweit gehandelten Medikamente gefälscht sind (vgl. dazu M1). Führen Sie in Ihrer Klasse eine Plenumsdiskussion zur Frage: „Hohe Strafen für Medikamentenfälscher?" durch.

4. Schreiben Sie eine Argumentation unter der Überschrift „Warum Produktpiraterie wirtschaftlichen Schaden anrichtet". Nutzen Sie dazu M4 und M5. Finden Sie Argumente, die deutlich machen, dass auch Sie persönlich betroffen sind.

6 Alles, was Recht ist …

Erwischt … und jetzt?
Sinn und Zweck von Strafe

Strafe muss sein – oder? Doch was nützen Strafen, was soll damit erreicht werden? Gerade heute wird immer wieder über Sinn und Zweck von Strafen diskutiert. Häufig hört man Forderungen nach längeren und härteren Strafen. Vom „Urlaub auf Staatskosten" wird gewitzelt, um darauf anzuspielen, dass in Justizvollzugsanstalten vom Fernseher über die Playstation bis hin zu Fitnessgeräten alles zur Verfügung stehe, was mit unseren Vorstellungen von Strafe „verbüßen" nichts zu tun hat. Im deutschen Jugendstrafrecht steht nicht die Abschreckung an erster Stelle, sondern die Erziehung. Jugendliche sollen zu einer Lebensführung befähigt werden, die Ihnen ein berufliches und ein privates Leben inmitten der Gesellschaft ermöglicht – und nicht an deren Rand.

→ Kapitel 1, S. 20 f.

M1 Am Pranger stehen …

Pranger (mhd. pranger, v. mhd. phrengen, = drücken, pressen. Der Ausdruck steht zunächst für das drückende Halseisen, danach für den Schandpfahl). Ursprünglich in der kirchlichen Bußpraxis verwendet, fand der Pranger vom 12. Jh. an immer häufigere, bald allgemeine Anwendung zum Vollzug von Ehrenstrafen. Er war an Stellen stärksten Publikumsverkehrs (am Rathaus, auf dem Marktplatz) aufgestellt, und diente als Strafwerkzeug und Rechtswahrzeichen zugleich. Die Prangerstrafe wurde verhängt für Delikte wie geringfügiger Diebstahl, Ruhestörung, Unsittlichkeit, Verleumdung, Beleidigung, Unzucht, Kuppelei, Maß- oder Gewichtsbetrug usw. Der/die am Pranger festgeschlossene Delinquent/in wurde der Öffentlichkeit, je nach Art des Prangers, mehr oder weniger schimpflich vorgeführt und war der Anpöbelei und der Verhöhnung durch die Menge hilflos preisgegeben. Am Pranger wurden auch körperliche Züchtigungen (Strafen an Haut und Haar) vollzogen und Diebesware oder gemaßregelte Gegenstände (z. B. falsches Scheffelmaß) ausgestellt. Einige Beispiele: Der Stock oder Block, worin der Missetäter in verschiedener Anordnung mit Hals, Armen oder Beinen eingeschlossen wurde; der Käfig, worin er stehend oder sitzend zur Schau gestellt wurde; die Schandbühne, um ihn weithin sichtbar zu machen. Sofern die Prangerstrafe – fallweise mit Auspeitschen – vom Scharfrichter vollzogen wurde, hatte sie Ehrlosigkeit zur Folge.

Peter C. A. Schels, Kleine Enzyklopädie des deutschen Mittelalters: http://u0028844496.user.hosting-agency.de (Zugriff am 14.11.2009, gekürzt)

M2 … oder Sozialstunden ableisten …

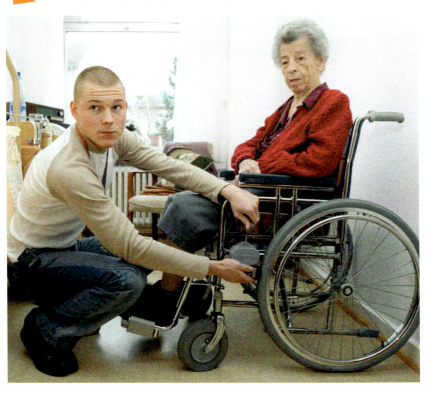

Erklärungen

präventiv = vorbeugend
Delinquent = veralteter Ausdruck für: Angeklagter, Verbrecher
devot = unterwürfig
Sanktionen = Strafmaßnahmen

M3 ... oder arbeiten?

M4 Arbeit und Ausbildung im Jugendstrafvollzug

„Hier hab ich auf Arbeit Sachen gelernt, von denen ich gar nicht wusste, dass ich das überhaupt könnte und dass mir das mal Spaß machen würde."

„Das Positive ist, dass de das Arbeiten hier richtig durchziehst, dass du das Arbeiten ooch ernst nimmst. Na, das Negative ist das mit der Freiheit ja."

„Na, ich hab's draußen nich geschafft, ich wollt's aber dann hier drinne. Also meine Haftzeit nutzen in der Hinsicht, um de neunte Klasse halt noch mal zu machen, weil ich hatt'nen Abgangszeugnis achte Klasse und wollte halt neunte sowieso irgendwann nochma machen, und wenn's Abendschule gewesen wär. Drinne, wenn de's Angebot kriegst, dann macht mer das doch dann."

Die verschiedenen Aussagen über Lernen und Arbeit im Jugendstrafvollzug stammen aus Interviews mit männlichen Jugendlichen und Heranwachsenden in Haft. Sie machen deutlich, dass die Ausbildungs- und Beschäftigungsmaßnahmen während einer Jugendstrafe nicht nur als Zwang, sondern auch als Chance wahrgenommen werden. Ganz typisch ist dabei der Kontrast zwischen drinnen und draußen: Was die Jugendlichen sich drinnen zutrauen, was sie im Gefängnis durchhalten, meinen sie draußen nicht geschafft, nicht durchgezogen zu haben. Diese Spannung bringt besonders der zweite Sprecher auf den Punkt: das Arbeiten durchzuhalten findet er positiv, den Freiheitsverlust negativ. Die Struktur des Gefängnisses wird nicht nur als einschränkend, sondern auch als unterstützend empfunden.

Die Interviews wurden geführt im Rahmen eines Projektes des Kriminologischen Forschungsinstituts Niedersachsen e.V.,
zit. nach: http://www.kfn.de/Forschungsbereiche_und_Projekte/Abgeschlossene_Projekte.htm (Zugriff am 14.05.2009)

M5 Sanktionen nach dem Jugendstrafrecht

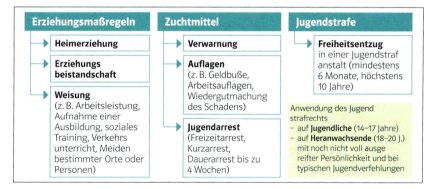

Arbeitsvorschläge

1. Stellen Sie sich vor, Sie treffen in der Fußgängerzone auf folgende Szene: Ein junger Mann muss büßen. Fünf Tage Prangerstehen lautet seine Strafe (M1). Er steht angekettet da und Hunderte von Passanten gehen vorbei und lesen das Urteil zu seinen Füßen. Was meinen Sie, wie reagieren die Menschen? Sammeln Sie auf einem großen Wandplakat mögliche Kommentare. Notieren Sie anschließend, welche Ziele und Zwecksetzungen von Strafe darin zum Ausdruck kommen. Ergänzen Sie weitere mögliche.

2. „Gemeinnützige Arbeit" – ist das in Ihren Augen eine sinnvolle Strafe (M2)? Welche der von Ihnen notierten Strafzwecke sprechen dafür, welche nicht?

3. Mehr als 80 Prozent aller jugendlichen Untersuchungshäftlinge besitzt keine abgeschlossene Schulausbildung. Über eine abgeschlossene Berufsausbildung verfügen weniger als 1 Prozent. Sollten Jugendliche in Haft die Möglichkeit bekommen, dies nachzuholen (M3)? Diskutieren Sie im Plenum.

4. Lesen Sie nach, wie die betroffenen Inhaftierten solche Angebote erleben (M4).

5. Informieren Sie sich mit M5 über die in Deutschland üblichen Strafmaßnahmen für Jugendliche und junge Erwachsene. Ordnen Sie alle Maßnahmen den passenden Zielsetzungen auf Ihrem Wandplakat zu.

6 Alles, was Recht ist …

„Reden wir?"
Der Täter-Opfer-Ausgleich

Wird ein Straftäter erwischt, gibt es in der Regel einen Prozess und anschließend – falls er schuldig gesprochen wird – eine entsprechende Strafe. Was sich hier kurz anhört, ist meistens eine langwierige Sache. Zwischen Tat und Urteil kann viel Zeit vergehen. Häufig ist es so, dass für den Täter die Strafe nichts mit der Tat zu tun hat; denn welchen Zusammenhang gibt es zwischen Körperverletzung und Sozialstunden, in denen Grünanlagen gesäubert werden? Hinzu kommt, dass die Opfer im Strafprozess nur eine untergeordnete Rolle spielen und die Verfahrensweise für sie nur wenig befriedigend ist. Eine Alternative zu herkömmlichen Verfahren stellt der Täter-Opfer-Ausgleich (TOA) dar. Es ist der Versuch, den entstandenen Konflikt zwischen den Hauptbeteiligten, nämlich Täter und Opfer direkt zu lösen. Wenn dies gelingt, kann ein Strafprozess vermieden werden.

→ Kapitel 5, S. 94 – 99

Erklärungen

Täter-Opfer-Ausgleich (TOA) = Möglichkeit im Jugendstrafrecht, von einer Verurteilung des Täters abzusehen und stattdessen Auflagen zu machen

M1 „Menschen hautnah"

Für eine WDR-Fernsehdokumentation in der Reihe „Menschen hautnah" suchen wir Mitwirkende, die zustimmen, sich bei ihrem Weg, den sie im Rahmen des Täter-Opfer-Ausgleichs gehen, von der Kamera begleiten zu lassen. Wir suchen sowohl eine/n Konfliktberater/in als auch Täter und Opfer, die sich am Anfang des Prozesses des Aufeinanderzugehens befinden. Sie sollten bereit sein, uns und den Zuschauern an ihren Gefühlen und Gedanken teilhaben zu lassen. Wir sind nicht festgelegt auf ein bestimmtes Delikt, sondern es geht uns um eine ernsthafte und sensible Darstellung des Themas. Wir möchten die Öffentlichkeit über das Prinzip des Täter-Opfer-Ausgleichs aufklären und beide Seiten nachvollziehbar vor Augen führen. Wir, Arne Urkenstock und Jürgen Kura, arbeiten seit Jahren als Journalisten und Regisseure mit dem Schwerpunkt Sozialreportagen. Die jeweils 45 Minuten langen Dokumentarfilme in der WDR-Reihe „Menschen hautnah" wurden vielfach preisgekrönt und widmen sich, wie der Titel es schon sagt, auf eine ganz eigene Art und Weise Menschen in besonderen Lebenssituationen.

nach: www.toa-servicebuero.de (Zugriff am 28.08.2006)

M2 „Sie haben die Wahl!"

Ihnen ist Unrecht geschehen.
Sie wurden verletzt.
Im Strafverfahren geht es um Vergangenes.
Hier geht es um Ihre Rechte und Ihre Chance auf eine bessere Zukunft:

- Wiedergutmachung bekommen
- Schmerzensgeld erhalten
- Prozesskosten sparen
- Reden, Fragen, Ärger loswerden
- Entschuldigung hören
- Angst abbauen
- den Konflikt bereinigen
- Frieden finden

All dies bietet Ihnen eine Mediation in Strafsachen, eine außergerichtliche Schlichtung – im Strafgesetzbuch Täter-Opfer-Ausgleich genannt (z. B. § 46a StGB). Freiwillig – kostenlos – in Ihrer Region.

http://www.toa-servicebuero.de/geschaedigte (Zugriff am 14.05.2009)

M3 Der Täter-Opfer-Ausgleich

Die Grundidee des Täter-Opfer-Ausgleichs ist es, Konflikte, die im Zusammenhang mit einer Straftat stehen, unmittelbar mit den Beteiligten zu bearbeiten.
Es soll Tätern und Opfern die Gelegenheit gegeben werden, den Konflikt zu klären und den verursachten Schaden auszugleichen.

Voraussetzung

Täter und Opfer müssen dem Ausgleichsversuch zustimmen. Die Teilnahme ist freiwillig. Der Täter ist bereit, sich mit der Tat und den Opfern auseinanderzusetzen und Verantwortung für den entstandenen Schaden zu übernehmen.

Auf Opferseite muss eine natürliche Person betroffen sein. Ein Ausgleich mit einer Institution kommt nicht in Betracht.

Chancen

Das Opfer kann:
- seine Vorstellungen und Wünsche zur Lösung des Konflikts vortragen,
- seine verletzten Gefühle und seine Ängste zum Ausdruck bringen,
- gegebenenfalls ohne Zivilklage Genugtuung und Schadenersatz erhalten.

Der Täter kann:
- die Hintergründe für sein Verhalten schildern und die Verantwortung dafür übernehmen,
- zeigen, dass er die Gefühle des Opfers ernst nimmt, und sich für sein Verhalten entschuldigen,
- den entstandenen Schaden nach seinen Möglichkeiten wiedergutmachen,
- dadurch eine Einstellung des Verfahrens, eine Strafmilderung oder ein Absehen von Strafe erreichen,
- einen Zivilprozess vermeiden.

Ablauf

- Ein Täter-Opfer-Ausgleich kann durch Polizei, Staatsanwaltschaft, Gericht und Organe der Gerichtshilfe, Bewährungshilfe oder durch die Betroffenen selbst, gegebenenfalls nach Beratung mit einem Rechtsanwalt, angeregt werden.
- Neutrale Vermittlerinnen oder Vermittler der Konfliktschlichtungsstelle sprechen jeweils getrennt mit Täter und Opfer. Danach entscheiden die Beteiligten selbst, ob sie einen Ausgleich versuchen wollen.
- Täter und Opfer besprechen mit Unterstützung der Konfliktschlichtungsstelle den entstandenen Konflikt und vereinbaren eine Wiedergutmachung.
- Die Vermittlerinnen oder Vermittler überprüfen, ob die getroffenen Absprachen eingehalten werden.
- Staatsanwaltschaft, Gerichte und gegebenenfalls andere Verfahrensbeteiligte werden über das Ergebnis der Ausgleichsbemühungen informiert.

zusammengestellt nach: http://cdl.niedersachsen.de/blob/images/C1149706_L20.pdf (Zugriff am 11.11.2009)

Arbeitsvorschläge

1. Informieren Sie sich mit **M3** über den sogenannten Täter-Opfer-Ausgleich. Erstellen Sie in kleinen Gruppen eine Liste von Straftaten, für die ein Täter-Opfer-Ausgleich Ihrer Meinung nach sinnvoll sein könnte.

2. **M2** wendet sich an die Opfer von Straftaten. Entwerfen Sie mit Ihren Informationen aus **M2** eine entsprechende Site, die sich an die mutmaßlichen Täter wendet.

3. Stellen Sie sich vor, Ihnen wäre Unrecht geschehen (z. B. in Form von Diebstahl oder Körperverletzung). Würden Sie auf das Angebot einer außergerichtlichen Schlichtung (**M1** und **M2**) eingehen? Notieren Sie für Ihre Entscheidung alle Gedanken, Gefühle und offenen Fragen, die Ihnen dabei durch den Kopf gehen.

6 Alles, was Recht ist …

Heiligt der Zweck jedes Mittel?
Diskussionen um Folter

Februar 2003: Es wird darüber diskutiert, ob einem Verdächtigen durch Androhung oder Anwendung von Gewalt (Folter) Informationen abgepresst werden dürfen. Nicht etwa im Film oder in einer weit entfernten Diktatur wurde das diskutiert, sondern hier, mitten in Deutschland.

Wir erwarten, dass der Staat uns schützt; doch wie weit darf der Staat für diesen Schutz gehen? Konflikte ergeben sich immer dann, wenn die Rechte verschiedener Personen betroffen sind und entschieden werden muss, wessen Rechte höher zu bewerten sind: Ist es das Recht eines mutmaßlichen Täters auf ein rechtsstaatliches Ermittlungsverfahren oder ist es das Recht eines Opfers auf alle erdenklichen Fahndungsmethoden? Im damals diskutierten Fall ging es um einen Kindesentführer, dem der Aufenthaltsort des entführten Kindes abgepresst werden sollte. Und es ging um die Frage: Heiligt der Zweck jedes Mittel?

Erklärungen

autorisieren = jemandem etwas erlauben

M1 „Ausnahmezustand?"

„Ausnahmezustand" ist ein US-amerikanischer Spielfilm von Regisseur Edward Zwick aus dem Jahr 1998. Das Drehbuch schrieb Lawrence Wright. Die Hauptrollen verkörpern Denzel Washington, Annette Bening, Bruce Willis und Tony Shalhoub. Der Film entwickelt ein Terrorszenario in New York, durch das sich wie ein roter Faden die Frage zieht: Heiligt der Zweck jedes Mittel?

Nach mehreren Anschlägen islamistischer Terrorzellen und Hunderten von Todesopfern wird über die Stadt der Ausnahmezustand verhängt. Einheiten der US-Army unter dem Kommando von General William Devereaux marschieren ein. Es kommt zu Rasterfahndungen, bei denen zahlreiche Muslime verhaftet werden. Massenhaft werden arabisch-stämmige Bürger ohne Verhandlung in Sammellager gesperrt. Einen Hauptverdächtigen, Tariq Husseini, will Devereaux foltern, um weitere Bombenanschläge zu verhindern. Der Mann soll seine Komplizen verraten.

Vor der Aktion berät sich der General mit einer CIA-Agentin, die sich in der Terrorszene auskennt, und dem FBI-Agenten Anthony Hubbard.

„Wie lange brauchen wir, um ihn klein zu kriegen?" erkundigt er sich und geht die unterschiedlichen Methoden der Folter durch.

„Schläge? Schlafentzug? Elektroschocks? Wir könnten auch schneiden, macht aber 'ne ziemliche Sauerei …"

Entsetzt unterbricht ihn der Agent: „Sind sie überhaupt noch zu retten? Wovon reden Sie bloß?"

Aber Devereaux ist sich sicher: „Wir haben hier einen Mann, der leiden muss – damit Hunderte von Leben gerettet werden …"

Hubbard kann dieser Rechnung nicht folgen: „Einen Mann? Warum nicht zwei oder mehr?"

Eindringlich bittet er den General, Folter nicht in Betracht zu ziehen: „Denn wenn wir diesen Mann foltern, General, wenn wir das tun, ist alles, wofür wir mal bluten und kämpfen und sterben mussten, zum Teufel – und sie gewinnen …".

Bericht der Autorin

M2 Folterverbot absolut

Die staatlichen Organe befinden im Einzelfall darüber, welche Schutzmaßnahmen zweckdienlich und geboten sind. Nicht zuletzt wenn es um den Schutz des Lebens geht, kann der Staat also seine Mittel wählen.

Doch diese grundsätzliche Wahlfreiheit findet eine unüberschreitbare Grenze in der absoluten Garantie der Menschenwürde. Sie darf trotz der zentralen Aufgabe des Staates, menschliches Leben zu schützen, nicht gebrochen werden. Wer also die Folter gegen die Rettung eines entführten Kindes oder einer ganzen Stadt vor einer terroristischen Bombe bilanziert, wer die Würde des mutmaßlichen Täters gegen die Würde und das Leben möglicher Opfer aufwiegen will, macht eine unzulässige Rechnung auf. Denn weder das Grundgesetz noch das internationale Recht erlauben Ausnahmen vom absoluten Folterverbot.

amnesty international e.V., Themenbericht: Warum muss Folter in Deutschland absolut verboten bleiben? (16.12.2004): http://www.amnesty.de (Zugriff am 08.01.2009)

M3 Die Rechtsgrundlage

Die Würde des Menschen ist unantastbar. Sie zu achten und zu schützen ist Verpflichtung aller staatlichen Gewalt.
Artikel 1 Grundgesetz

Jeder hat das Recht auf Leben und körperliche Unversehrtheit.
Artikel 2 Grundgesetz

Niemand darf der Folter oder unmenschlicher oder erniedrigender Strafe oder Behandlung unterworfen werden.
Artikel 3 Europäische Menschenrechtskonvention

M4 Wo fängt Folter an?

Sie werden angebrüllt, in Uniformen gesteckt und über Hindernisstrecken gejagt. Redeverbot, Isolationshaft oder Fußketten sollen dafür sorgen, dass aus widerborstigen Teenagern mit Hang zu Drogen und Schulschwänzen fügsame Jugendliche mit den richtigen Idealen werden.
„Sir, yes Sir" lautet die devote Standardantwort der Kids auf Befehle ihrer „Instruktoren". Verbale Ausfälle, Beleidigungen und animalisches Gebrüll im Soldatenjargon sind in amerikanischen Boot Camps an der Tagesordnung. Befehlsverweigerung, Regelverletzungen und Fehlverhalten werden umgehend bestraft: In gepolsterten Einzelzellen, so genannten „Get-right-rooms", sollen renitente Minderjährige in kompletter Isolation von der Außenwelt zur Vernunft kommen. Mit dem Paddle, einem in Amerika benutzten Schlagholz, versuchen sadistisch veranlagte Camp-Mitarbeiter, den Willen der Kinder zu brechen.
Die Minderjährigen werden mit Einverständnis ihrer Eltern in die so genannten Teen Help Programs gebracht. Üblicherweise unterschreiben die Erziehungsberechtigten vor Eintritt ihrer Kinder ins Camp einen Vertrag mit den Organisatoren, der das Personal autorisiert, für den verabredeten Zeitraum als Agenten der Eltern zu agieren. Ein Freibrief für die Wächter. Dass diese in den Camps tobenden „Experten" häufig weder eine pädagogische noch eine therapeutische Ausbildung besitzen, scheint für die meisten Eltern nicht von Bedeutung zu sein.
Laut Angaben der New York Times sind seit 1980 in elf Staaten mindestens 30 Teenager in Boot Camps ums Leben gekommen. Der 14-jährige Anthony Haynes etwa starb in einem westlich von Phoenix gelegenen Boot Camp, nachdem er offenbar stundenlang der intensiven Wüstenhitze ausgesetzt und dazu gezwungen worden war, Sand zu essen.
In Deutschland steht man den amerikanischen Erziehungslagern von jeher skeptisch gegenüber. Der niedersächsische Justizminister Christian Pfeiffer hat die Entwicklung der Boot Camps in den Vereinigten Staaten verfolgt. „Es gibt ganz klare empirische Beweise dafür, dass Boot Camps überhaupt nichts bringen, sondern lediglich viel Geld kosten", betonte er gegenüber Spiegel-Online. „Der militärische Drill erhöht die Anpassungsbereitschaft der Jugendlichen nur vorübergehend. Die Persönlichkeit kann man damit im Kern nicht verändern."
A. Langer, Boot Camps – Tod im „amerikanischen Gulag" (2001): http://www.spiegel.de (Zugriff am 19.05.2009, gekürzt)

Arbeitsvorschläge

1. Stellen Sie die Motive von Agent Hubbard und General Devereaux (M1) einander gegenüber. Ergänzen Sie eigene Argumente. Diskutieren Sie die Situation in Kleingruppen.

2. Klären Sie in Ihrer Gruppe, warum Amnesty International das Folterverbot für absolut hält (M2, M3). Formulieren Sie anschließend eine gemeinsame Position zur Aussage des Agenten: „Wenn wir das tun, verlieren wir alles." Tragen Sie diese in der Klasse vor.

3. Verstoßen die Zustände in amerikanischen Boot Camps (M4) gegen europäisches Recht (M3) oder sollten sie auch in Deutschland eingeführt werden? Diskutieren Sie kritisch Sinn und Zweck solcher Straflager. Beziehen Sie dabei Ihr Wandplakat zu den Seiten 110/111 noch einmal mit ein.

Methode

„Die müsste man doch alle killen!"
Pro und Kontra argumentieren

Das Stimmungsbarometer

Bevor Sie sich inhaltlich mit der Thematik beschäftigen, die Sie diskutieren möchten, können Sie in Ihrer Klasse ein Stimmungsbild festhalten. Viele haben eine feste Meinung zum Thema. Erstellen Sie auf einem Bogen Papier ein Stimmungsbarometer. Jeder Schüler erhält einen farbigen Klebepunkt und platziert ihn an der Stelle auf dem Barometer, wo er sich selbst sieht. Von „absolut dafür" über „unentschieden, doch eher dagegen" bis zu „absolut dagegen" soll jede Meinung möglich sein. Bewahren Sie das Stimmungsbild für die abschließende Diskussion auf.

Die Teams

Zur Durchführung der Pro-und-Kontra-Diskussion brauchen Sie mindestens drei Teams. Eins für jede Position und ein Beobachterteam, das die Ergebnisse der Diskussion festhält. Bei sehr kleinen Gruppen können auch ein oder zwei Schüler aus dem jeweiligen Team später als Beobachter eingesetzt werden. Die Einteilung der Gruppen sollte möglichst nach dem Losverfahren erfolgen, damit in jedem auch Schüler sitzen, die selbst eine andere Meinung haben, als die, welche sie später vertreten müssen. (Einige werden feststellen, dass es manchmal sogar einfacher ist, die „andere" Meinung zu vertreten – dazu aber später mehr.)

Die Vorbereitung

Um sich auf die Diskussion vorzubereiten, gibt es verschiedene Möglichkeiten. Wenn schon alle relativ viel über das Thema wissen, können sich das Pro- und das Kontra-Team jeweils zusammensetzen und alle Argumente auf Karteikarten sammeln, die ihnen zu der (vorgegebenen) Position einfallen.
Um möglichst viele Argumente zu finden, bietet sich das „Schneeball-System" an: Jeder schreibt zuerst für sich selbst alle Argumente auf Karten (ein Argument pro Karte). Nach einer festgelegten Zeit (z. B. fünf Minuten) setzen sich immer zwei Schüler zusammen, vergleichen ihre Karten, sortieren doppelte aus und fügen eventuell noch neue Ideen hinzu. Nach einem weiteren Zeitabschnitt schließen sich zwei Zweierteams zu einer Vierergruppe zusammen und stimmen erneut ihre Argumente untereinander ab. Zu große Gruppen sollten vermieden werden.
Sollte es in der Gruppe an Argumenten fehlen, müssen erst entsprechende Informationen gesammelt werden. Das Internet bietet in verschiedenen Suchmaschinen zu Ihren Stichworten eine Vielzahl von Seiten, die sich mit dem Thema beschäftigen.
Das Beobachtungsteam kann die Zeit nutzen, um einen Katalog von Beobachtungskriterien zusammenzustellen. Dabei wird vereinbart, wer bei der Diskussion was (oder wen) beobachtet. Neben der Sammlung der vorgebrachten Argumente soll auch das Verhalten der Diskussionsteilnehmer beobachtet und bewertet werden (siehe hierzu auch „Die Meta-Ebene").

Beispiel für ein Stimmungsbarometer

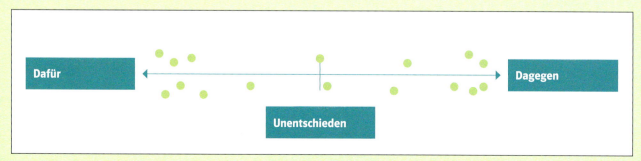

Die Diskussion

Vor der Diskussion müssen Sie Regeln aufstellen. Die unten stehenden sind ein Vorschlag, können aber von Ihrer Klasse verändert werden.
Außerdem brauchen Sie für die Diskussion einen Moderator. Diese Rolle kann vom Lehrer oder auch von einem Schüler übernommen werden. Wichtig ist nur, dass der Moderator neutral ist, auf die Einhaltung der Diskussionsregeln achtet und jeden zu Wort kommen lässt.
Während der Diskussion machen die Beobachter zu allen im Beobachtungskatalog festgelegten Punkten Notizen. Nach einer vorher vereinbarten Zeit wird die Diskussion beendet. Eventuell hat jeder noch mal die Gelegenheit ein Abschlussstatement vorzubringen.

Die Auswertung

Als Erstes bekommen die aktiven Teilnehmer der Diskussion Gelegenheit, sich zu äußern und sich von der vorgegebenen Position zu lösen. Dabei sollten Sie kurz etwas dazu sagen, ob Sie auf der „richtigen" Seite des Diskussionstisches gesessen haben, also ob Sie tatsächlich die Meinung haben, die Sie vertreten mussten. Äußern Sie sich auch dazu, ob Sie es leicht oder schwierig fanden, aus dieser Position heraus zu argumentieren. Dabei sollte sich jeder kurz fassen.
Anschließend präsentiert die Beobachtergruppe die gesammelten Argumente, indem die Karteikarten an die Tafel oder auf eine Wandzeitung geheftet werden. An dieser Stelle können auch noch Fragen gestellt oder Erklärungen gegeben werden.

Der Abschluss

Nun können Sie das Stimmungsbarometer erneut erstellen. Entweder erhält jeder Schüler einen Punkt in einer anderen Farbe oder Sie fertigen ein zweites Barometer an. Abschließend wird über die Veränderung diskutiert, z. B. unter der Fragestellung, welche Argumente besonders überzeugend waren und was zu Meinungsänderungen geführt hat.

Die Meta-Ebene

Wenn alle inhaltlichen Punkte geklärt sind, sollten Sie die Diskussion nochmals auf einer übergeordneten Ebene (der so genannten Meta-Ebene) betrachten. Dazu kann das Beobachterteam die übrigen Kriterien und seine Beobachtungen dazu vorstellen. Wer hat sich durchgesetzt? Wer war fair? Wer konnte besonders überzeugen? Welchen Einfluss haben Gestik und/oder Mimik gehabt? Die Ergebnisse des Gesprächs auf der Meta-Ebene können Ihnen für zukünftige Diskussionen nützlich sein.

Regeln für die Pro-und-Kontra-Diskussion

1. Es sitzen jeweils nur zwei Personen aus Ihrem Team am Diskussionstisch. Sie können sich aber jederzeit gegenseitig ablösen.
2. Die übrigen Teammitglieder sitzen in der „2. Reihe" und können neue/weitere Argumente mit Hilfe der Karteikarten an die Gesprächsteilnehmer weiterreichen.
3. Jeder Gesprächsteilnehmer eröffnet die Diskussion mit einem kurzen Statement („Ich bin für …, weil …").
4. Fassen Sie sich möglichst kurz. Bringen Sie möglichst immer nur ein Argument.
5. Gehen Sie auf die Argumente der Gegenseite ein.

6 Alles, was Recht ist …

Angst und Schrecken
Die terroristische Gefahr

Wie sehr die Terroranschläge vom 11. September 2001 die Vereinigten Staaten verändert haben, ließ sich im Sommer 2008 an einer kleinen Debatte ablesen, die vor diesem Datum undenkbar gewesen wäre. Sollten amerikanische Telefongesellschaften ungestraft davonkommen, die ohne richterliche Genehmigung die Leitungen ihrer Kunden angezapft hatten? Ja, das sollten sie, meinten die meisten Politiker, denn im Land herrsche Gefahr im Verzug.

Nach den terroristischen Anschlägen ist in Amerika die Angst bei vielen Politikern groß, im Kampf gegen den Terrorismus als zu lax zu gelten. Zwar gab es seit jenem Septembertag 2001 keinen Terroranschlag mehr in den USA. Doch die Sorge ist groß, erneut zum Ziel eines Anschlags zu werden. Nicht nur in Amerika herrscht diese Angst. Terroristische Gewalt ist für viele Länder zu einer Herausforderung geworden. Auch für uns in Deutschland stellt sich die Frage: Wie reagieren wir darauf?

M1 11. September 2001

Ein Bild, das sich ins kollektive Gedächtnis der USA eingebrannt hat.

M2 Terroristische Gewalt

Die gegenwärtige Form der terroristischen Gewalt zielt unmittelbar auf die Wirtschaftskreisläufe der westlichen Welt sowie der ihr verbundenen Staaten, und sie setzt dabei – das kennzeichnet sie als terroristische Gewalt – statt auf die physischen auf die psychischen Folgen der Gewalt. Sie ist zerstörerisch nicht nur dadurch, dass sie massive Schäden an der Infrastruktur der angegriffenen Länder, an Fabriken und Einkaufszentren, Steuerungs- und Transportsystemen anrichtet, sondern indem sie Schrecken verbreitet und damit das hochsensible psychische Wirtschaftsgewebe moderner Gesellschaften zerreißt. Hier liegt der schwächste Punkt dieser Gesellschaften.

H. Münkler, Die neuen Kriege, Reinbek (Rowohlt-Verlag) 2004, S. 6

M3 Angst und Schrecken

Ganz gleich, welche Ziele terroristische Gruppen im Einzelnen verfolgen, deren Zielrichtung scheint in der Regel politischer Natur. Sie wollen das Verhalten von Regierungen, Gesellschaften oder einzelnen sozialen Gruppen verändern und deren Wertesystem beeinflussen. Terroristen geht es dabei um den Effekt, den ihre Taten auf das Fühlen, das Denken und die Psyche des Gegners auslösen. Sie versuchen, das bestehende Herrschaftssystem und den Glauben an die Regierung zu untergraben und die Gesellschaft durch die Verbreitung von Angst und Schrecken einzuschüchtern. Gleichzeitig soll der Staat zu einer Überreaktion herausgefordert werden.

V. Pfeifer, Terrorismus. Unterrichtsmagazin, Hamburg/Leipzig (Spiegel Verlag/Ernst Klett Verlag) 2004, S. 23

Erklärungen

Infrastruktur = organisatorisches Geflecht einer hoch entwickelten Wirtschaft (Verkehr, Arbeitskräfte …)
amnestieren = per Gesetz eine Bestrafung vollständig oder teilweise erlassen
Exekutive = Regierung eines Landes (die sogenannte ausführende Gewalt)
Dilemma = Zwangslage, Zwangsentscheidung

M4 Nationale Sicherheit

Im Sommer 2008 debattierte der US-Senat darüber, ob Telefongesellschaften von juristischer Verfolgung ausgenommen werden sollen, wenn sie bei den von der Regierung verlangten Abhörmaßnahmen mitgemacht hatten. Eigentlich dürfen Terrorverdächtige nur dann belauscht werden, wenn dafür eine entsprechende Genehmigung vorliegt. Doch in vorauseilendem Gehorsam gegenüber Präsident Bushs Regierung zapften die Kommunikationskonzerne die Telefone auch ohne Bewilligung an. Während demokratische Senatoren die Telefongesellschaften dafür belangen wollten, machte Barack Obama einen Rückzieher – und unterstützte ein Gesetz, das die Unternehmen im Endeffekt amnestiert.

Präsident Bush hatte die Spielräume der Exekutive in den USA ausgeweitet wie zuvor nur Richard Nixon. Unter der Überschrift „Nationale Sicherheit" geschah dies vor allem in der Zeit direkt nach dem 11. September 2001. Einmal in Gang gesetzt, lassen sich die strengen Regulierungen (z.B. an Flughäfen) nicht einfach wieder abschaffen. Wer immer das versucht, müsste argumentieren, dass die Terrorgefahr entweder nicht mehr existiere oder zumindest weit gesunken sei. Nur: Wer weiß das schon? Und: Mit welchen Vorwürfen müssten die dafür Verantwortlichen rechnen, falls es doch wieder zu einem Anschlag kommen sollte?

M. Ziener, Der hohe Preis der Sicherheit, in: Das Parlament vom 08.09.2008, S. 3

M5 11. März 2004

Terror auch in Europa – Zuganschläge in Madrid

M6 Sauerland-Zelle vor Gericht

Essen. Die vier Männer der „Sauerland-Zelle" hatten zerstörerische Pläne. Der Prozess gegen sie hat unter hohen Sicherheitsvorkehrungen begonnen. Ihnen wird unter anderem Mitgliedschaft in einer terroristischen Vereinigung und die Vorbereitung von Sprengstoffanschlägen vorgeworfen.

Sie wollten töten. Viele Menschen, Amerikaner bevorzugt. Und hätte es nicht diesen Hinweis des US-Geheimdienstes gegeben, wären sie nicht monatelang von deutschen Ermittlern verfolgt, beobachtet und abgehört worden, es wären ihnen womöglich Anschläge gelungen, die in ihrer Wucht und Brutalität jene von Madrid und London übertroffen hätten. Ihre letzten Tage in Freiheit, die verbrachten sie im idyllischen sauerländischen Dorf Medebach, ab heute wird der Gerichtssaal einen großen Teil ihrer Realität ausmachen. An jeweils zwei bis drei Tagen pro Woche werden sie im hochgesicherten Prozessgebäude des Oberlandesgerichts Düsseldorf sitzen.

H. Lanwert, Anklage gegen Sauerland-Terroristen erhoben, in: WAZ Rhein-Ruhr vom 22.4.2009

Arbeitsvorschläge

1. Was wissen Sie über den 11. September 2001 (M1)? Berichten Sie davon.

2. Setzen Sie sich in Kleingruppen zusammen und überlegen Sie gemeinsam: Welche Ziele und Folgen (M2, M3) haben Terroranschläge? Worin könnten „Überreaktionen" des Staates (M3) auf terroristische Gewalt bestehen? Ziehen Sie Vergleiche zu den Diskussionen um Folter auf S. 114/115.

3. Persönliche Freiheit und wenig Kontrolle – das sind für US-Amerikaner typische Merkmale ihres Staates. Beschreiben Sie das Dilemma, in das die terroristischen Angriffe sie nun gebracht haben (M3, M4).

4. Rechtfertigen Anschläge (wie auf Foto M5 abgebildet) und ein Fahndungserfolg (wie der in M6 beschriebene) den Einsatz von Videoüberwachung und Abhöraktionen auch in Deutschland? Formulieren Sie ein kurzes Statement zu dieser Frage und bearbeiten Sie das Thema vertieft mit den folgenden Seiten.

6 Alles, was Recht ist …

„Ich weiß, was Du getan hast!"
Überwachung im Rechtsstaat

Und wie reagiert der deutsche Staat auf die terroristische Bedrohung? Bringt auch hierzulande eine strikte Sicherheitspolitik die Grundrechte in Gefahr?
In Zeiten der Bedrohung und der Unsicherheit liegt es nahe, sich mit allen möglichen und unmöglichen Mitteln schützen zu wollen. Das Abhören von privaten Telefongesprächen, Online-Durchsuchungen von Computern und Videoüberwachung rund um die Uhr – all das muss man doch nicht fürchten, heißt es, wenn man nichts zu verbergen hat! Wer sollte etwas dagegen haben, wenn sich der Staat mit den Mitteln wehrt, die auch Kriminelle und Terroristen anwenden? Wenn er modernste Technik und sämtliche Kommunikationsmedien nutzt, um sich und uns zu schützen? Oder könnte das, was unserer Sicherheit dienen soll, in Wirklichkeit zur Gefahr werden? Wenn nämlich ein Staat, in welchem die Freiheit der Bürger deren höchstes Gut ist, Schritt für Schritt zum Überwachungsstaat wird …?

→ Kapitel 8, S. 165

Erklärungen

informationelles Selbstbestimmungsrecht = das Recht des Einzelnen, grundsätzlich selbst über die Preisgabe und Verwendung seiner personenbezogenen Daten zu bestimmen
präventiv = vorbeugend
evaluieren = auswerten
Infiltration = Eindringen
legalisiert = nach dem Gesetz erlaubt

M1 Unter Kontrolle?

In Deutschland erlaubt: Online- und Video-Überwachung.

M2 Nichts zu befürchten?

Eines der Hauptargumente, das Überwachungsbefürworter den Skeptikern immer entgegenhalten, lautet, der unbescholtene Bürger habe ja vor den Kameras nichts zu verbergen. Welche Nachteile könne der besagte „unbescholtene Bürger" durch die Kameraüberwachung im Alltag denn haben? Schon 1983 hat das Bundesverfassungsgericht zu bedenken gegeben: Menschen, die nicht wissen, wann etwas über sie aufgezeichnet wird, das vielleicht gegen sie verwendet werden könnte, werden ihr Verhalten ändern. Sie entziehen sich einer Gesellschaft. Letztlich kann damit die Demokratie nicht mehr funktionieren. Deshalb gibt es so etwas wie das informationelle Selbstbestimmungsrecht und das Datenschutzrecht, das ein hohes Gut ist. Es geht nicht darum, dass der „unbescholtene Bürger" Dinge zu verbergen hätte. Sondern es geht darum, dass wir unter permanenter Überwachung von Dritten, die wir selbst gar nicht sehen können, unser Verhalten verändern – ob wir wollen oder nicht.

aus einem Interview mit dem Vorsitzenden des Datenschutzvereins Foebud e.V. mit H. Schwesinger (Tagesschau): http://www.tagesschau.de (Zugriff am 19.05.2009)

M3 Freiheit schützen?

Mit dem neuen BKA-Gesetz darf das Bundeskriminalamt bei der Terrorabwehr erstmals auch präventiv tätig werden. Neben der umstrittenen Online-Durchsuchung erhält das Bundeskriminalamt folgende neue Befugnisse:

Großer Lauschangriff
Zur Terrorabwehr darf das BKA künftig einen Verdächtigen abhören, filmen und fotografieren, unabhängig davon, ob dieser sich in seiner eigenen oder in einer fremden Wohnung aufhält. Dazu ist eine richterliche Genehmigung erforderlich. Bei „Gefahr in Verzug" kann diese nachgereicht werden.

Telefonüberwachung mit Handy-Ortung
Dem Bundeskriminalamt ist es künftig gestattet, Telefongespräche heimlich aufzuzeichnen. Telekommunikationsunternehmen sind verpflichtet, dem BKA entsprechende Auskünfte, z.B. über die Verbindungsdaten, zu erteilen. Bei Handygesprächen darf in Zukunft auch der Aufenthaltsort abgefragt werden. Auch hierzu ist eine richterliche Genehmigung erforderlich.

Wohnungsdurchsuchung

Unter bestimmten Voraussetzungen darf das BKA die Wohnung eines Verdächtigen ohne dessen Wissen betreten und durchsuchen.

Rasterfahndung

Zur Gefahrenabwehr darf das BKA künftig die so genannte Rasterfahndung einsetzen. Dabei werden bestimmte Personengruppen anhand bestimmter Suchkriterien aus öffentlichen oder privaten Datenbanken herausgefiltert.

Ausgespart von den Überwachungsmaßnahmen bleibt der so genannte „Private Kernbereich". Auf Drängen der SPD wird die Online-Durchsuchung zunächst bis zum Jahr 2020 befristet. Befugnisse wie Rasterfahndung oder Online-Durchsuchung werden nach fünf Jahren von der Bundesregierung auf ihren Nutzen hin evaluiert.

M. Reyer, BKA-Gesetz: http://www.abgeordnetenwatch.de (Zugriff am 19.05.2009, gekürzt)

M4 Gefahr im Verzug?

Die heimliche Infiltration eines informationstechnischen Systems ist verfassungsrechtlich nur zulässig, wenn tatsächliche Anhaltspunkte einer konkreten Gefahr für ein überragend wichtiges Rechtsgut bestehen. Überragend wichtig sind Leib, Leben und Freiheit der Person oder solche Güter der Allgemeinheit, deren Bedrohung die Grundlagen oder den Bestand des Staates oder die Grundlagen der Existenz der Menschen berührt. Die Maßnahme kann schon dann gerechtfertigt sein, wenn sich noch nicht mit hinreichender Wahrscheinlichkeit feststellen lässt, dass die Gefahr in näherer Zukunft eintritt.

gekürzter Auszug aus einem Urteil des Bundesverfassungsgerichts vom 27.02.2008, http://www.bverfg.de (Zugriff am 11.11.2009)

M5 Überwachungsstaat?

Der Begriff Überwachungsstaat beschreibt ein Szenario, in dem ein Staat seine Bürger mit allen zur Verfügung stehenden und staatlich legalisierten Mitteln überwacht. So sollen Gesetzesverstöße besser und schneller erkannt und verfolgt werden können. Befürworter führen die Verhinderung von Straftaten, organisierter Kriminalität und Terrorismus als Argumente für eine umfassende Überwachung der Bürger an. Kritiker halten einen Überwachungsstaat hingegen für nur schwer oder gar nicht mit einer freiheitlichen Demokratie vereinbar.

Die Prävention von Straftaten und anderen unliebsamen Verhaltensweisen der Bürger findet im Überwachungsstaat bereits indirekt durch den ständigen Beobachtungsdruck statt. In diversen überwachenden Staaten waren bzw. sind „präventive" Festnahmen überwachter Personen vor Veranstaltungen üblich, um das öffentliche Erscheinungsbild der Veranstaltungen zu beeinflussen (China, Nepal, Kolumbien, UdSSR).

Der Überwachungsstaat zeichnet sich durch die Einschränkung des Datenschutzes, der Privatsphäre und der informationellen Selbstbestimmung aus. So gesehen ist die informationelle Selbstbestimmung ein direkter Gegenspieler des Überwachungsstats. Als Beispiele für typische Maßnahmen des Überwachungsstaates seien Rasterfahndungen, Kameraüberwachung öffentlicher Plätze, die routinemäßige Erstellung von Bewegungsprofilen, Gendatenbanken (Genetischer Fingerabdruck) sowie eine umfassende Kommunikationsüberwachung genannt.

Stichwort „Überwachungsstaat", in: http://de.wikipedia.org (Zugriff am 19.05.2009, gekürzt)

Arbeitsvorschläge

1. Führen Sie in Ihrer Klasse ein „Blitzlicht" durch zu der Frage: „Was bedeutet für mich Freiheit?" Erarbeiten Sie anschließend in Kleingruppen Vor- und Nachteile der Online- oder der Video-Überwachung (vgl. **M1**).

2. Nehmen Sie kritisch Stellung zu der These „Unbescholtene Bürger haben durch Online- und Video-Überwachung (**M2**) nichts zu befürchten!" Formulieren Sie Ihre Meinung.

3. Wird Deutschland ein Überwachungsstaat? Erarbeiten Sie sich mit einem Partner eine Stellungnahme zu dieser Frage.

– Informieren Sie sich dafür über die neuen Befugnisse des Bundeskriminalamtes (mit **M3** und **M4**).
– Klären Sie den Begriff „Überwachungsstaat" (mit **M5**).
– Nennen Sie Risiken, die von den genannten Maßnahmen ausgehen.
– Wägen Sie Vor- und Nachteile der „Politik der Sicherheit" ab.

4. Führen Sie abschließend eine Pro- und Kontra-Diskussion zur „Online-Durchsuchung" durch (vgl. S. 116/117). Berücksichtigen Sie dabei auch das BVerfG-Urteil (**M4**).

Vertiefung

„Ich sage, was ich will!"
Grenzen der Meinungsfreiheit

„Die Gedanken sind frei", heißt es, und in einer Demokratie hat jeder das Recht, seine Gedanken öffentlich zu äußern – vorausgesetzt, er hält sich an die Spielregeln und überschreitet nicht die Grenze zu Beleidigung oder Falschaussage. Ist diese Grenze aber immer klar erkennbar? Wo genau verläuft sie zwischen einer (legalen) Meinungsäußerung und einer (illegalen) Aussage, die strafrechtlich verfolgt werden muss? Ist das Internet eine allgemein zugängliche Informationsquelle oder kann man sich bereits durch das Aufrufen einer bestimmten Web-Site strafbar machen?

→ Kapitel 7, S. 133, 142

M1 Meinungsfreiheit

Die Meinungsfreiheit ist eines der zentralen Grund- und Menschenrechte, das in Deutschland durch Art. 5 GG und in der Menschenrechtserklärung der Vereinten Nationen von 1948 durch Art. 19 geschützt wird. Danach hat jede/r das Recht sich eine eigene Meinung zu bilden, diese frei zu äußern und zu verbreiten. Niemand darf hierbei unter Druck gesetzt, mit Zwang bedroht oder daran gehindert werden, sich aus allgemein zugänglichen Quellen zu informieren. Die Meinungsfreiheit zielt nicht nur auf bloße Fakten und Informationen, sondern auch auf Wertungen, Meinungen, Überzeugungen etc. Die Meinungen können durch Wort, Schrift und Bild verbreitet werden, aber auch andere Formen der Meinungsäußerung (z.B. Schweigemarsch) sind möglich. Einschränkungen der Meinungsfreiheit ergeben sich aus den Vorschriften der allgemeinen Gesetze, dem Jugendschutz und dem Recht der persönlichen Ehre (Art. 5 Abs. 2 GG).

K. Schubert / M. Klein, Das Politiklexikon, Bonn (Verlag J.H.W.Dietz) 4/2005, S. 188

M2 Bundesgerichtshof: „Auschwitz-Lüge" im Internet strafbar

Deutsche Gerichte können ausländische Rechtsextremisten auch dann wegen Volksverhetzung bestrafen, wenn sie die „Auschwitz-Lüge" aus dem Ausland im Internet verbreiten. Mit diesem Urteil fällte der Bundesgerichtshof (BGH) am 12. Dezember 2000 erstmals eine Entscheidung zu der umstrittenen Frage, ob eine durch einen Ausländer irgendwo auf der Welt begangene Volksverhetzung nach deutschem Recht geahndet werden darf, wenn die einzige Inlandsberührung das Internet ist. Der 1. Strafsenat des Gerichts in Karlsruhe korrigierte damit ein Urteil des Landgerichts Mannheim gegen den australischen Holocaust-Leugner Fredrick Töben. Die im Internet weltweit abrufbaren hetzerischen Schriften seien gerade in Deutschland „geeignet, den öffentlichen Frieden zu stören", argumentierte der Senat. Der „Erfolg" der Handlung sei damit in Deutschland eingetreten, so dass die Tat als in Deutschland begangen gelte.

Th. Feltes, Polizei-Newsletter Nr. 26, Februar 2001: http://www.polizei-newsletter.de (19.09.2006)

M3 Aus dem Strafgesetzbuch

§130 Volksverhetzung

(1) Wer in einer Weise, die geeignet ist, den öffentlichen Frieden zu stören,
1. zum Hass gegen Teile der Bevölkerung aufstachelt oder zu Gewalt- oder Willkürmaßnahmen gegen sie auffordert oder
2. die Menschenwürde anderer dadurch angreift, dass er Teile der Bevölkerung beschimpft, böswillig verächtlich macht oder verleumdet, wird mit Freiheitsstrafen von drei Monaten bis zu fünf Jahren bestraft.
(2) Mit Freiheitsstrafe bis zu drei Jahren oder mit Geldstrafe wird bestraft, wer […] Schriften [im Sinne von Absatz 1]
a) verbreitet,
b) öffentlich ausstellt, anschlägt, vorführt oder sonst zugänglich macht,
c) einer Person unter 18 Jahren anbietet, überlässt oder zugänglich macht oder
d) herstellt, bezieht, liefert, vorrätig hält, anbietet, ankündigt, anpreist, einzuführen oder auszuführen unternimmt.

§130a Anleitung zu Straftaten

(1) Wer eine Schrift, die geeignet ist, als Anleitung zu einer [Straftat] zu die-

nen, und nach ihrem Inhalt bestimmt ist, die Bereitschaft anderer zu fördern oder zu wecken, eine solche Tat zu begehen, verbreitet, öffentlich ausstellt, anschlägt, vorführt oder sonst zugänglich macht, wird mit Freiheitsstrafe bis zu drei Jahren oder mit Geldstrafe bestraft.

(2) Ebenso wird bestraft, wer
2. öffentlich oder in einer Versammlung zu einer [Straftat] eine Anleitung gibt, um die Bereitschaft anderer zu fördern oder zu wecken, eine solche Tat zu begehen.

Anmerkung: In den oben genannten Paragraphen ist ausschließlich die Rede von „Schriften". Das Gleiche gilt für Ton- und Bildträger, Datenspeicher, Abbildungen oder andere Darstellungen. (§ 11 Absatz 3 StGB)

M5 Verhör-Schulung

Eine Ausbildung in der geschickten Verwendung von Beweismitteln im Rahmen eines Verhörs kann helfen, Falschaussagen aufzudecken. 82 geschulte und ungeschulte Polizisten verhörten vermeintliche Verdächtige und wurden später zu den angewandten Strategien befragt. Speziell ausgebildete Verhörpersonen verwendeten andere Strategien als ihre ungeschulten Kollegen und konnten häufiger Aussagen gewinnen, die im Widerspruch zu gewonnen Beweismitteln standen. Dies schlägt sich auch in der Anzahl der aufgedeckten Falschaussagen nieder.

A. Ruch, Polizei-Newsletter Nr. 119, Mai 2009: http://www.polizei-newsletter.de (Zugriff am 19.05.2009, gekürzt)

M4 Prüfungsschema zur Rechtsprechung des Bundesverfassungsgerichts zur Meinungsfreiheit

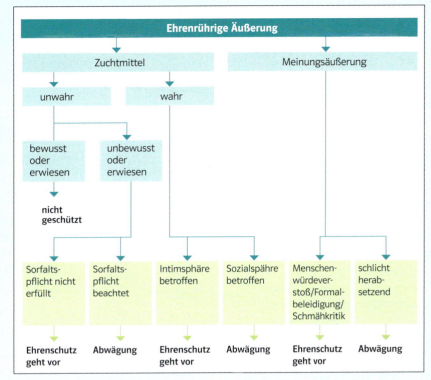

Arbeitsvorschläge

1. Lexikontext **M1** erläutert den Inhalt von Artikel 5 des Grundgesetzes. Erstellen Sie mit Ihrem Nachbarn eine Übersicht in Stichpunkten, welche Rechte durch diesen Artikel geschützt sind und welche Einschränkungen es gibt. Finden Sie zu Ihren Stichpunkten konkrete Beispiele.

2. Erstellen Sie eine Liste von Möglichkeiten, wie man eine Meinung äußern kann. Lesen Sie dazu auch den Artikel 5 des Grundgesetzes.

3. In **M2** definiert der BGH in besonderer Weise den „Tatort" einer Straftat. Diskutieren Sie in Kleingruppen die Tatsache, dass jemand, der in Australien eine Seite ins Internet stellt, in Deutschland dafür verurteilt wird. Berichten Sie anschließend von Ihren Ergebnissen.

4. Dass Personen, die illegale Inhalte im Internet verbreiten, strafrechtlich verfolgt werden, ist selbstverständlich. Überlegen Sie nun, inwiefern Sie sich als Nutzer einer solchen Seite ebenfalls strafbar machen können. Beachten Sie dazu die Paragrafen 130 und 130a StGB (**M3**).

5. Sammeln Sie in Ihrer Klasse eine Reihe von Aussagen aus Situationen wie Nachbarschaftsstreit, Versammlung eines Sportvereins, Talkrunde im Fernsehen auf Karteikarten. Entscheiden Sie anschließend gemeinsam, welche dieser Aussagen zulässig bzw. welche Aussagen nicht durch Artikel 5 geschützt sind. Nutzen Sie dabei auch das Schema **M4**.

6. Wie gehen Polizei und Verfassungsschutz gegen Falschaussagen (vgl. **M5**) und deren Verbreitung vor? Führen Sie eine Expertenbefragung zum Thema durch (vgl. S. 148/149). Informieren Sie sich bei der Stelle für Öffentlichkeitsarbeit der Polizei oder wenden Sie sich an das Bundesamt für Verfassungsschutz.

6 Alles, was Recht ist …

Gleiche Chancen – gleicher Lohn!
Grundrecht Gleichberechtigung

Langsam, aber stetig erobern sich in Deutschland immer mehr Frauen einen Chefsessel, sagt die Statistik. Heißt das, Frauen sind heute in der Arbeitswelt tatsächlich gleichberechtigt und holen allmählich auf? Haben Sie die gleichen Rechte und Chancen wie Männer? Verdienen sie bei gleicher Arbeit den gleichen Lohn? Das Grundgesetz will es so. Doch es klafft eine Lücke zwischen dem Anspruch des Artikel 3 GG und der Wirklichkeit in den Betrieben. Der Anteil von Frauen in Führungspositionen ist gestiegen, aber er liegt jetzt bei bescheidenen 15 Prozent. Die Einkommen von Frauen sind gestiegen, aber Frauen verdienen noch immer ein Viertel weniger als ihre männlichen Kollegen. Wer ist verantwortlich für diese Ungleichbehandlung? Und wie lässt sie sich abstellen?

→ Kapitel 1, S. 24 f.
→ Kapitel 2, S. 36 f.

M1 Artikel 3 GG

a) Alle Menschen sind vor dem Gesetz gleich.

b) Männer und Frauen sind gleichberechtigt. Der Staat fördert die tatsächliche Durchsetzung der Gleichberechtigung von Frauen und Männern und wirkt auf die Beseitigung bestehender Nachteile hin.

c) Niemand darf wegen seines Geschlechtes, seiner Abstammung, seiner Rasse, seiner Sprache, seiner Heimat und Herkunft, seines Glaubens, seiner religiösen oder politischen Anschauungen benachteiligt oder bevorzugt werden. Niemand darf wegen seiner Behinderung benachteiligt werden.

M2 Die große Ungleichheit

Nehmen wir an, in diesem Moment kommen zwei Babys zur Welt: ein Junge und ein Mädchen. Und nehmen wir an, sie machen in ihrem Leben alles haargenau gleich. Gehen zur gleichen Schule, wählen den gleichen Job, sparen auf die gleiche Weise fürs Alter und verdienen bis zur Rente immer genau gleich viel. Und abschließend nehmen wir noch an, dass die Gesetze so bleiben, wie sie derzeit in Kraft sind. Dann stünde vom Augenblick der Geburt an fest: Das Mädchen wird in seinem Leben monatlich mit weniger Geld auskommen müssen als der Junge.
Warum? Weil ihre monatliche Betriebsrente – so wollen es die Regeln der Versicherungsmathematik – oftmals deutlich geringer ausfallen wird als die ihres Kollegen. Sie wird also entweder während ihres Berufslebens mehr sparen müssen, um sich im Alter das gleiche leisten zu können wie er. Oder aber sie wird sich im Alter mit weniger begnügen müssen. Wohlgemerkt, wir reden nicht von einem Entwicklungsland. Wir reden von Deutschland, in dessen Grundgesetz seit 60 Jahren steht: „Männer und Frauen sind gleichberechtigt."

Über das Thema der unterschiedlichen Betriebsrenten wird wenig geredet. Und vermutlich ist das auch verständlich. Bei der Gleichstellung liegt nämlich noch so vieles im Argen, dass es in den Augen der meisten gar keine Rolle spielt, wenn Frauen im Ruhestand monatlich 200 Euro weniger haben als ihre männlichen Kollegen. Das Problem tritt ja erst dann offen zu Tage, wenn tatsächlich mal eine Frau und ein Mann in ihrem gesamten Berufsleben gleich entlohnt werden. Das aber ist derzeit leider noch ziemlich unwahrscheinlich.

D. Kuhr, Die große Ungleichheit, in: Süddeutsche Zeitung vom 07./08.03.2009, S. 23 (gekürzt)

Erklärungen

Ehegatten-Splitting = Form der Haushaltsbesteuerung, bei der das Einkommen der Ehegatten zusammengezählt und beiden zu gleichen Teilen angerechnet wird

M3 Der kleine Unterschied

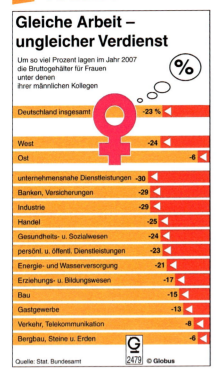

Hauptgrund für diese Differenz ist die unterschiedliche Einstufung je nach Qualifikation. 40 Prozent der männlichen Angestellten waren in der Leistungsgruppe II eingestuft – aber lediglich 15 Prozent der weiblichen Angestellten. Diese Leistungsgruppe setzt besondere Erfahrungen voraus und umfasst verantwortungsvolle Tätigkeiten. Bei den Arbeitern waren 60 Prozent der Männer als Fachkräfte eingruppiert, aber nur 13 Prozent der Frauen.

M4 Wer ist verantwortlich?

Frauen verdienen in Europa im Schnitt 17,4 Prozent weniger als Männer, in Deutschland liegt diese Kluft sogar bei 23 Prozent. Hochgerechnet auf die Lebensarbeitszeit entgehen ihnen damit bis zu 160 000 Euro. Doch wer ist dafür verantwortlich?

Da wäre zum einen die Politik, die mit dem gesetzlichen Anspruch auf Teilzeitarbeit und steuerlichen Regeln wie dem Ehegattensplitting zwar etwas Gutes wollte, aber die Entwicklung noch befördert hat. Bei Teilzeitkräften – das sind nun einmal meistens Frauen – unterstellen Arbeitgeber unbewusst, dass sie weniger leistungsfähig oder -willig sind. Teilzeitkräfte werden bei Beförderungen häufig übergangen. Die ungünstige Lohnsteuerklasse V, die bei verheirateten Frauen meist greift, bewirkt zudem hohe Abzüge, so dass von ihrem Verdienst wenig übrig bleibt.

Verantwortlich sind natürlich auch die Arbeitgeber, die in veralteten Denkmustern verharren. Wenn sie jemanden einstellen oder befördern, ist das jedes Mal ein Risiko. Sie orientieren sich daher an den Mitarbeitern im Unternehmen, die auf Führungspositionen sitzen. Und das sind nun einmal in der Regel Männer.

Die größte Verantwortung aber tragen Frauen selbst. Sie nehmen die Dinge häufig als gegeben hin, statt sie in Frage zu stellen. Warum werden eigentlich die von ihnen begehrten Berufe so schlecht bezahlt? Mit geringerer Qualifikation oder Verantwortung jedenfalls hat das nichts zu tun. Oder welchen Grund gibt es, dass eine Krippenerzieherin weniger verdient als ein Tierpfleger? Oder eine Friseurin weniger als ein Monteur? Wieso mucken die Gewerkschaften nicht viel häufiger auf? Sitzen da keine Frauen drin?

D. Kuhr, Die große Ungleichheit, in: Süddeutsche Zeitung vom 07./08.03.2009, S. 23 (gekürzt)

M5 Internationaler Frauentag

Seit fast 100 Jahren demonstrieren Menschen weltweit am 8. März für die Gleichberechtigung von Männern und Frauen (wie hier in der Türkei).

Arbeitsvorschläge

1. Lesen Sie Artikel 3 des Grundgesetzes (M1). Der zweite Satz von Absatz 2 („Der Staat fördert …") wurde 1994 nachträglich ergänzt. Überlegen Sie gemeinsam mit Ihrem Nachbarn, welche Gründe das haben könnte.

2. Warum verdienen Frauen weniger als Männer? Notieren Sie zunächst Ihre Vermutungen; überprüfen und ergänzen Sie diese mit M2 und M3 und ziehen Sie anschließend die Informationen der Seiten 24/25 hinzu.

3. Überzeugen Sie die Erklärungen unter Schaubild M3? Nehmen Sie Stellung.

4. Wer ist verantwortlich – was kann man tun gegen die Ungleichbehandlung von Männern und Frauen im Erwerbsleben? Erstellen Sie in Kleingruppen einen Maßnahmenkatalog für die verschiedenen Beteiligten (mit M4).

5. Lesen und vergleichen Sie einmal am 8. März die Presseberichterstattung zum Internationalen Frauentag (M5).

7 Die Demokratie der Bundesrepublik Deutschland

„Die Demokratie ist eine Regierungsform, die nur in modernen Staaten verwirklicht ist."

„In modernen Gesellschaften gibt es viele Trends, die die Demokratie gefährden."

Symbol der Demokratie: Die gläseren Kuppel des Reichstagsgebäudes in Berlin

„Alle Staatsgewalt geht vom Volke aus …

… sie wird vom Volke in Wahlen und Abstimmungen ausgeübt." (Art. 20, Abs. 2, Grundgesetz)

- Wie regiert sich das Volk?
- Wann sind Wahlen demokratisch?
- Kann jeder mitmachen in der Demokratie?
- Rechtsradikalismus – eine unterschätzte Gefahr?

Diese und weitere Fragen und Denkanstöße erwarten Sie auf den nächsten Seiten.

7 Die Demokratie der Bundesrepublik Deutschland

Demokratie – was ist das?
Elemente und Definitionen

Über Demokratie wird in vielen Zusammenhängen gesprochen. Zum Beispiel in Betrieben gibt es Möglichkeiten demokratischer Mitbestimmung, in der Schule wird ein Klassensprecher demokratisch gewählt und die große Politik soll sich nach demokratischen Verfahrensregeln abspielen. Vielleicht wissen Sie, dass der Begriff ursprünglich aus dem Griechischen kommt. Wenn man in einem Lexikon nachschlägt, findet man verschiedene Definitionen und Theorien zum Begriff der Demokratie. Demokratie heißt: Herrschaft des Volkes. Können wir also alle mitmachen? Sollten oder müssen wir vielleicht sogar mitmachen? Für die meisten von uns ist das Leben in der Demokratie so vollkommen selbstverständlich, dass wir oft nicht darüber nachdenken, wie unser Leben in einer anderen Staatsform aussehen würde.

→ Kapitel 6, S. 122 f.

Erklärungen

individuell = auf den Einzelnen bezogen
Souverän = Herrscher
Legitimation = Berechtigung, Rechtmäßigkeit

M1 Demokratie ist …

M2 Äußerungen über Demokratie

„Die Demokratie ist ein Verfahren, das garantiert, dass wir nicht besser regiert werden, als wir es verdienen."
George Bernard Shaw (1856–1950; englisch-irischer Dramatiker)

„Das entscheidende und wertvollste Element der Demokratie ist die Bildung einer politischen Elite im Konkurrenzkampf um die Stimmen einer hauptsächlich passiven Wählerschaft."
Seymour Martin Lipset (geb. 1922; amerikanischer Soziologe)

„Das höchste Maß an Demokratie bedeutet weder die größte Freiheit noch die größte Gleichheit, sondern das höchste Maß an Beteiligung."
Alain de Benoist (geb. 1943; Theoretiker der französischen Neuen Rechten)

„Es wird immer einer der besten Witze der Demokratie bleiben, dass sie ihren Todfeinden die Mittel selbst stellte, durch die sie vernichtet wurde."
Joseph Goebbels (1897–1945; NS-Propagandaminister)

„Die Demokratie lebt vom Streit, von der Diskussion um den richtigen Weg. Deshalb gehört zu ihr der Respekt vor der Meinung des anderen."
Richard von Weizsäcker (geb. 1920; Jurist und Politiker, 1984–1994 Bundespräsident der Bundesrepublik Deutschland)

„Die Demokratie ist die schlechteste aller Regierungsformen mit Ausnahme all jener anderen Formen, die von Zeit zu Zeit ausprobiert worden sind."
Winston Churchill (1874–1965; britischer Premierminister)

M3 Auszüge aus dem Grundgesetz

Artikel 18
Wer die Freiheit der Meinungsäußerung, insbesondere die Pressefreiheit, die Lehrfreiheit, die Versammlungsfreiheit, die Vereinigungsfreiheit, das Brief-, Post- und Fernmeldegeheimnis, das Eigentum oder das Asylrecht zum Kampfe gegen die freiheitliche demokratische Grundordnung missbraucht, verwirkt diese Grundrechte [...]

Artikel 20
(1) Die Bundesrepublik ist ein demokratischer und sozialer Bundesstaat.
(2) Alle Staatsgewalt geht vom Volke aus. Sie wird vom Volke in Wahlen und Abstimmungen und durch besondere Organe der Gesetzgebung, der vollziehenden Gewalt und der Rechtsprechung ausgeübt.
(3) Die Gesetzgebung ist an die verfassungsmäßige Ordnung, die vollziehende Gewalt und die Rechtsprechung sind an Gesetz und Recht gebunden.
(4) Gegen jeden, der es unternimmt, diese Ordnung zu beseitigen, haben alle Deutschen das Recht zum Widerstand, wenn andere Abhilfe nicht möglich ist.

Artikel 21
(1) Die Parteien wirken bei der politischen Willensbildung des Volkes mit. Ihre Gründung ist frei. Ihre innere Ordnung muss demokratischen Grundsätzen entsprechen. Sie müssen über die Herkunft und Verwendung ihrer Mittel sowie über ihr Vermögen öffentlich Rechenschaft ablegen.
(2) Parteien, die nach ihren Zielen oder nach dem Verhalten ihrer Anhänger darauf ausgehen, die freiheitliche demokratische Grundordnung zu beeinträchtigen oder zu beseitigen oder den Bestand der Bundesrepublik Deutschland zu gefährden, sind verfassungswidrig [...]

M4 Stichwort „Demokratie"

(griech.) Demokratie ist ein Sammelbegriff für moderne Lebensformen und politische Ordnungen.
Demokratie ermöglicht insofern moderne Lebensformen, als sie
a) die Freiheit individueller Entscheidungen und Handlungen sowie individuelle Verantwortung ermöglicht,
b) die [...] Gleichheit vor Recht und Gesetz garantiert sowie Minderheiten schützt und
c) zahllose Formen gesellschaftlicher Vereinigungen ermöglicht [...]
Demokratie schafft die Grundlage für eine Vielfalt moderner politischer Ordnungen, deren gemeinsames Kennzeichen die Volkssouveränität und die Beschränkung politischer Herrschaft ist: In Demokratien ist 1) das Volk oberster Souverän und oberste Legitimation politischen Handelns. Das bedeutet jedoch nicht, dass das Volk unmittelbar die Herrschaft ausüben muss. Vielmehr sind 2) die modernen Massendemokratien durch politische und gesellschaftliche Einrichtungen (Parlamente, Parteien, Verbände etc.) geprägt, die die Teilhabe des größten Teils der Bevölkerung auf gesetzlich geregelte Teilhabeverfahren (z. B. Wahlen) beschränken. [...] 3) Die Ausübung politischer Herrschaft wird zunächst durch das Rechtsstaatsprinzip beschränkt, indem die Grund- und Menschenrechte sowie die politische Organisation und die Verteilung der politischen Zuständigkeiten in [...] Verfassungen garantiert werden. Diese Rechte und Regelungen sind darüber hinaus einklagbar und gelten insbesondere gegenüber den staatlichen Gewalten (Rechtsstaatsprinzip). [...]
Weitere wichtige mittelbare Beschränkungen politischer Macht ergeben sich aus der Kontrolle durch freie Medien (sog. Vierte Gewalt) und der Freiheit zum politischen Engagement in Parteien und Verbänden, Interessengruppen und Initiativen etc. Dieses Engagement kann Grundlage für weitere Demokratisierungsprozesse sein.

K. Schubert / M. Klein, Das Politiklexikon, Bonn (Verlag J. H. Dietz) 4/2006, S. 71f.

Arbeitsvorschläge

1. Formulieren Sie für die Karikatur **M1** eine Überschrift. Überlegen Sie, was Ihnen selbst zum Stichwort „Demokratie" einfällt und notieren Sie Ihre Ideen. Vergleichen Sie Ihre Liste mit der Ihres Nachbarn und erstellen Sie anschließend im Plenum eine gemeinsame Liste.

2. Welchem der genannten Zitate (**M2**) würden Sie am ehesten zustimmen? Begründen Sie Ihre Wahl. Das Goebbels-Zitat spielt auf die deutsche Geschichte und die Gefährdung der Demokratie durch sich selbst an. Welche „Mittel" sind gemeint, mit denen die Demokratie ihre Gegner unterstützt?

3. Erst mit dem Grundgesetz gelang in Deutschland die Errichtung einer dauerhaften und stabilen Demokratie. Zeigen Sie an den Artikeln 18, 20 und 21 GG (**M3**), dass hier aus der Geschichte gelernt wurde.

4. Setzen Sie den Lexikonartikel **M4** graphisch um, indem Sie die wichtigsten Stichpunkte und Kernaussagen um den Begriff „Demokratie" herum anordnen. Finden Sie sich abschließend in Gruppen zusammen und entwerfen Sie ein Plakat zum Thema.

7 Die Demokratie der Bundesrepublik Deutschland

Wer macht was?
Institutionen der Demokratie

Ohne einen Staat mit Institutionen und Regeln gäbe es keine Demokratie, sondern einen Zustand, in dem die Stärkeren die Schwächeren beherrschten. Aber wer macht die Regeln, die das verhindern? Wer arbeitet in den staatlichen Institutionen und welche Aufgaben haben diese Einrichtungen? Wie hängen die einzelnen Institutionen in dem komplexen Gebilde „Staat" zusammen und wie wird sichergestellt, dass die Mächtigen ihre Macht nicht für eigene Zwecke missbrauchen? Im 2. Absatz des Artikels 20 GG steht: „Alle Staatsgewalt geht vom Volke aus. Sie wird vom Volke in Wahlen und Abstimmungen und durch besondere Organe der Gesetzgebung, der vollziehenden Gewalt und der Rechtsprechung ausgeübt." Die folgenden vier Seiten sollen Aufschluss darüber geben, welches diese „besonderen Organe" sind, wie sie funktionieren und welche Aufgaben sie haben.

→ Kapitel 4, S. 84 f.

Erklärungen

Institutionen = hier: in der Verfassung verankerte Staatsorgane wie Parlament, Regierung, Justiz

M1 Wer wählt wen?

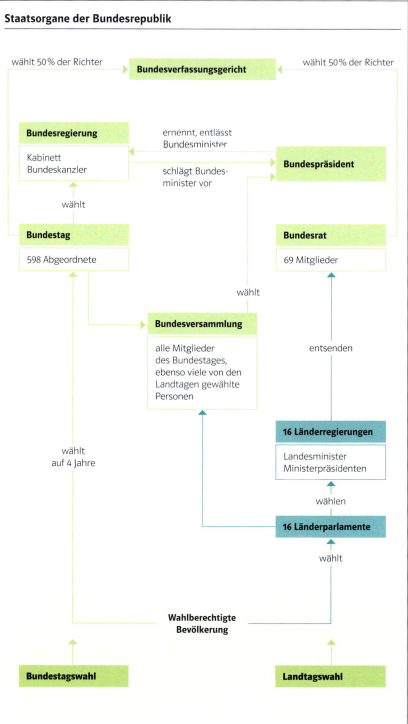

M2 Das Grundgesetz legt fest:

Artikel 38
Die Abgeordneten des Deutschen Bundestages werden in allgemeiner, unmittelbarer, freier, gleicher und geheimer Wahl gewählt. Sie sind Vertreter des ganzen Volkes, an Aufträge und Weisungen nicht gebunden und nur ihrem Gewissen unterworfen.

Artikel 39
Der Bundestag wird [...] auf vier Jahre gewählt. [...]
Der Bundestag tritt spätestens am dreißigsten Tag nach der Wahl zusammen.

Artikel 40
Der Bundestag wählt seinen Präsidenten, dessen Stellvertreter und die Schriftführer. Er gibt sich eine Geschäftsordnung.

Artikel 50
Durch den Bundesrat wirken die Länder bei der Gesetzgebung und Verwaltung des Bundes und in Angelegenheiten der Europäischen Union mit.

Artikel 51
(1) Der Bundesrat besteht aus Mitgliedern der Regierungen der Länder, die sie bestellen und abberufen. [...]
(2) Jedes Land hat mindestens drei Stimmen, Länder mit mehr als zwei Millionen Einwohnern haben vier, Länder mit mehr als sechs Millionen Einwohnern fünf, Länder mit mehr als sieben Millionen Einwohnern sechs Stimmen.
(3) Jedes Land kann so viele Mitglieder entsenden, wie es Stimmen hat. Die Stimmen eines Landes können nur einheitlich und nur durch anwesende Mitglieder oder deren Vertreter abgegeben werden.

Artikel 54
(2) Das Amt des Bundespräsidenten dauert fünf Jahre. Anschließende Wiederwahl ist nur einmal zulässig.

Artikel 59
(1) Der Bundespräsident vertritt den Bund völkerrechtlich. Er schließt im Namen des Bundes die Verträge mit auswärtigen Staaten. Er beglaubigt und empfängt die Gesandten.

Artikel 64
(1) Die Bundesminister werden auf Vorschlag des Bundeskanzlers vom Bundespräsidenten ernannt und entlassen.

Artikel 65
Der Bundeskanzler bestimmt die Richtlinien der Politik und trägt dafür die Verantwortung. Innerhalb dieser Richtlinien leitet jeder Bundesminister seinen Geschäftsbereich selbstständig und unter eigener Verantwortung.

Artikel 67
(1) Der Bundestag kann dem Bundeskanzler das Misstrauen nur dadurch aussprechen, dass er mit der Mehrheit seiner Mitglieder einen Nachfolger wählt und den Bundespräsidenten ersucht, den Bundeskanzler zu entlassen.

Artikel 76
(1) Gesetzesvorlagen werden beim Bundestag durch die Bundesregierung, aus der Mitte des Bundestages oder durch den Bundesrat eingebracht.

Artikel 77
(1) Die Bundesgesetze werden vom Bundestag beschlossen. Sie sind nach ihrer Annahme durch den Präsidenten des Bundestages unverzüglich dem Bundesrat zuzuleiten.

Arbeitsvorschläge

1. Schauen Sie sich die Übersicht der Staatsorgane (M1) sorgfältig an. Schreiben Sie einen ausformulierten Text, in dem Sie die bildlich dargestellten Zusammenhänge erläutern.

2. Die in M2 vorgestellten Auszüge des Grundgesetzes befassen sich mit den Aufgaben einzelner Staatsorgane. Bilden Sie vier „Stammgruppen", von denen sich jede mit jeweils einem Staatsorgan beschäftigt. Entwerfen Sie eine Wandzeitung zu dem jeweiligen Organ und notieren Sie in Stichpunkten die Aufgaben. Hängen Sie die Wandzeitungen an vier verschiedenen Wänden im Klassenzimmer auf. Anschließend bilden Sie vier neue, so genannte „Expertengruppen", in denen mindestens ein Mitglied aus jeder Stammgruppe vertreten sein muss. Jede Expertengruppe geht nun zusammen alle vier Wandzeitungen ab und die jeweiligen Experten (die zuvor an der Erstellung der Wandzeitung mitgearbeitet haben) erläutern den übrigen Schülern die Ergebnisse der Arbeit aus den Stammgruppen. Danach kehren alle noch einmal in ihre Stammgruppe zurück und tauschen die neuen Erkenntnisse aus.

3. Ergänzen Sie den 2. Arbeitsvorschlag, indem Sie zusätzliche Materialien zu den einzelnen Staatsorganen finden. Dazu können Sie ein Lexikon oder das Internet nutzen, wo es für jedes Staatsorgan eine eigene Website gibt (vgl. Online-Link S. 127).

Vertiefung

Wer kontrolliert wen?
Gewaltenteilung in der Demokratie

Um zu verhindern, dass Politiker ihre Macht missbrauchen, ist es erforderlich, sie zu kontrollieren. Darüber, wie ein solches Kontrollsystem funktionieren kann, haben sich bereits die Menschen im 17. und 18. Jahrhundert Gedanken gemacht. Das Prinzip der Gewaltenteilung, das mehr oder weniger ähnlich in allen Demokratien angewandt wird, geht auf die Ideen des Franzosen Charles de Montesquieu (1689–1755) und des Engländers John Locke (1632–1704) zurück. Und damit es in einem System, in dem die Macht aufgeteilt ist, nicht zu Streitigkeiten der Staatsorgane untereinander kommt, ist eine Instanz notwendig, die „das letzte Wort" hat. Diese Aufgabe kommt in der Bundesrepublik dem Bundesverfassungsgericht in Karlsruhe zu.

M1 Gewaltenteilung

a Das klassische Modell der Gewaltenteilung

Gesetzgebung (Legislative)	ausführende Gewalt (Exekutive)	Rechtsprechung (Judikative)
Gesetze müssen der Verfassung entsprechen.	Regierung und Verwaltung sind an die Gesetze gebunden.	Die Richter urteilen nach Recht und Gesetz. Sie kontrollieren Legislative und Exekutive.

b Fortgeschrittene Gewaltenteilung in der modernen Demokratie

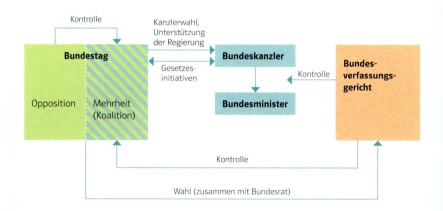

M2 Teile und herrsche!

Das Parlament liegt im Zentrum der politischen Macht. Es wirkt auf die Regierung ein (mittels Gesetzgebung, Haushaltskontrolle, Untersuchungsausschüsse, ggf. Kanzlersturz durch konstruktives Misstrauensvotum). Umgekehrt wirkt die Regierung durch Gesetzesinitiativen und -mitsprache auf das Parlament ein. Auch nimmt der Bundestag durch die Wahl der Richter und durch Gesetzgebung auf die Judikative, die dritte Gewalt, Einfluss. Diese wiederum wirkt auf das Parlament, indem sie die Verfassungsmäßigkeit von Gesetzen überprüft.
Wie die Praxis zeigt ist allerdings das Interesse der Regierungsfraktion im Parlament, die Regierung zu kontrollieren und zu kritisieren, im Unterschied zur Opposition nicht sonderlich stark. Kontrolle und Kritik liegen bei der Opposition. Seit einiger Zeit spricht man deshalb anstelle der klassischen Gewaltenteilung in Parlament, Regierung und Verwaltung sowie Rechtsprechung von der neuen Gewaltenteilung in politische Führung (die die Regierung umfasst mit der parlamentarischen Regierungsfraktion und der Verwaltung), parlamentarische Opposition und Rechtsprechung.

Duden, Basiswissen Schule POLITIK, Berlin (Paetec Verlag für Bildungsmedien) 2004, S. 124 (vereinfacht)

Erklärungen

Gewaltenteilung = Aufteilung der politisch-staatlichen Gewalt auf verschiedene Personen und Institutionen, um durch gegenseitige Kontrolle und Kritik Machtmissbrauch zu vermeiden

M3 Wer lenkt?

M4 Berlin oder Karlsruhe?

> **Karlsruhe:**
> Rechtschreibreform auch ohne Gesetz möglich

> **NPD-Verbotsverfahren in Karlsruhe gescheitert**

> *Gesetz zum Schwangerschaftsabbruch:*
> *Diesmal in Karlsruhe bestanden*

> Zuwanderung verfassungswidrig:
> **Karlsruhe korrigiert den Bundespräsidenten**

> **Aussperrung beim Streik**
> Verfassungsgericht gibt den Arbeitgebern Recht

M5 Schutz der Grundrechte

Zu den wichtigsten Aufgaben des Bundesverfassungsgerichts gehört die Überprüfung von Gerichtsurteilen auf Übereinstimmung mit dem Grundgesetz. Die Auslegung der Grundrechte kann sehr schwierig sein: Was bedeutet zum Beispiel „Würde" im Sinne des Art. 1 Abs. 1 GG? Umfasst sie das Recht des von Schmerzen gepeinigten, nur noch durch Maschinen am Leben erhaltenen Kranken, „in Würde" zu sterben? Verbietet es die Menschenwürde, dass Frauen sich in Peepshows nackt zeigen? Was heißt „Leben" im Sinne von Art. 2 Abs. 2 GG? „Lebt" der Fötus im Mutterleib? Ab welchem Zeitpunkt „lebt" er? Gehören ein Zelt, eine Scheune oder ein Ladengeschäft zum Begriff der „Wohnung" im Sinne des Art. 13 GG? Die Beispiele zeigen, dass die Grundrechte offen sind für unterschiedliche Interpretationen. Das Dynamisch-flexible der Grundrechtsinhalte bedarf deshalb eines Gegengewichts durch ein Moment der Beharrung und Stabilität. Dieses Moment wird durch das Bundesverfassungsgericht verkörpert. Das Bundesverfassungsgericht befindet in letztverbindlicher Weise darüber, ob ein Gesetz oder eine andere staatliche Maßnahme gegen die Grundrechte verstößt.

F. Rachor, Grundrechte, in: S. Hartung / St. Kadelbach (Hg.), Bürger, Recht, Staat. Handbuch des öffentlichen Lebens in Deutschland, Frankfurt a. M. (Fischer Taschenbuch Verlag) 1993, S. 46 f. (gekürzt und vereinfacht)

Arbeitsvorschläge

1. Vergleichen Sie die beiden Schaubilder zur Gewaltenteilung (M1) miteinander: In welcher Weise sind die drei Gewalten aufeinander angewiesen? Wie verändert sich die Situation, wenn in modernen Demokratien das Parlament in Regierungsfraktion und Opposition geteilt ist?

2. Lesen Sie Text M2 und ergänzen bzw. korrigieren Sie Ihren Schaubildvergleich.

3. Fassen Sie M3 als Kommentar zu den gesammelten Schlagzeilen M4 auf und interpretieren Sie die Karikatur. Was meinen Sie zu der Aussage: „Politik wird häufig nicht in Berlin, sondern in Karlsruhe gemacht"?

4. Informieren Sie sich über die Aufgaben des Bundesverfassungsgerichts (vgl. Online-Link S. 127) und ordnen Sie die Schlagzeilen (M4) den jeweiligen Aufgabenbereichen zu. Es kann sein, dass nicht jeder Fall eindeutig ist. Begründen Sie Ihre Zuordnung.

5. Erläutern Sie die Notwendigkeit eines „obersten Gerichts" mit Hilfe der Beispiele in M5. Könnte eine genauere Formulierung der Gesetzestexte die Kontrolle des Bundesverfassungsgerichts überflüssig machen?

7 Die Demokratie der Bundesrepublik Deutschland

Warum so kompliziert?
Wahlen zum Deutschen Bundestag

Die Regierungen und Volksvertreter der demokratischen Staaten werden auf sehr unterschiedlichen Wegen gewählt. In den meisten Staaten hat sich das so genannte Mehrheitswahlrecht durchgesetzt. In Deutschland hingegen wird das Parlament nach den Regeln der Verhältniswahl zusammengesetzt; allerdings nicht nach den Regeln der reinen Verhältniswahl. Es gibt einige Besonderheiten, die Sie mit den Materialien dieser Seiten herausfinden können.

M1 Verhältniswahlsystem

Beim Verhältniswahlrecht stellen sich alle Parteien im gesamten Wahlgebiet zur Wahl. Am Wahltag hat jeder Wähler eine Stimme, die er einer Partei geben kann. Die Verteilung der Sitze im Parlament wird prozentual errechnet, das heißt, jede Partei erhält so viele Prozente an Sitzen, wie sie Prozente an Stimmen gewonnen hat. Um zu entscheiden, welche Personen im Parlament einen Sitz bekommen, stellt jede Partei eine Liste von Kandidaten in einer festgelegten Reihenfolge auf. Die Parteien stimmen vorher darüber ab, welcher Kandidat auf welchem Listenplatz steht. Gewinnt diese Partei bei der Wahl z. B. fünf Sitze, dann bekommen die ersten fünf Kandidaten auf der Liste einen Sitz im Parlament. Weil hier eine Partei und nicht eine bestimmte Person gewählt wird, nennt man dieses Wahlsystem auch Listen- oder Proportionalwahl.

M2 Mehrheitswahlsystem

Beim Mehrheitswahlrecht wird das gesamte Wahlgebiet in so viele Wahlkreise eingeteilt, wie Sitze im Parlament vorgesehen sind. In diesen Wahlkreisen stellen die verschiedenen Parteien je einen Kandidaten auf. Am Wahltag hat jeder Wähler eine Stimme. Gewählt ist der Kandidat, der die Mehrheit der Stimmen in einem Wahlkreis bekommt. Jede Partei erhält so viele Sitze, wie sie Wahlkreise gewonnen hat.

Man unterscheidet dabei zwischen **absoluter** und **relativer** Mehrheit. Absolute Mehrheit heißt, dass ein Kandidat mehr als 50 Prozent der Stimmen braucht, um einen Wahlkreis zu gewinnen; relative Mehrheit bedeutet, dass der Kandidat gewonnen hat, der die meisten Stimmen bekommt.

Weil hier direkt eine Person und nicht eine Partei gewählt wird, nennt man dieses Wahlsystem auch Persönlichkeitswahl.

M3 Die personalisierte Verhältniswahl in der Bundesrepublik Deutschland

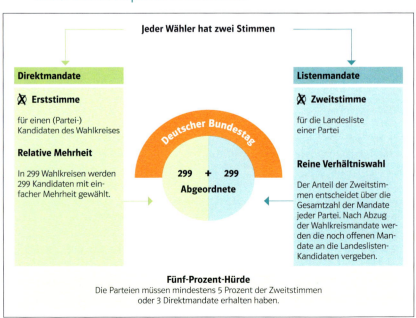

Erklärungen

Proportionalwahl = Verhältniswahl
proportional = verhältnisgleich

M4 Eine Modellrechnung

Wahl-kreis	abgegebene Stimmen	entfallen auf Partei:				Wahlkreis-sieger
		A	B	C	D	
1	50	7	13	24	6	?
2	50	13	21	12	4	?
3	50	21	17	4	8	?
4	50	18	15	11	6	?
5	50	22	20	3	5	?
6	50	8	31	4	7	?
7	50	28	6	10	6	?
8	50	26	3	18	3	?
9	50	19	18	11	2	?
10	50	38	6	3	3	?

Mehrheitswahl: ermittelt werden die Wahlkreissieger

Partei	abgegebene Stimmen	Stimmenanteil in Prozent
A	200	?
B	150	?
C	100	?
D	50	?

Verhältniswahl: ermittelt werden die Anteile der abgegebenen Stimmen

M5 Die Fünf-Prozent-Klausel

Die Fünf-Prozent-Klausel im deutschen Wahlrecht ist eine Art Sperrklausel. Sie schließt jene Parteien aus dem Parlament aus, die bundesweit nicht mindestens 5 % der abgegebenen Zweitstimmen oder drei Direktmandate erhalten haben. Die Wählerstimmen dieser Minderheit werden also bei der prozentualen Zuteilung der Sitze nicht berücksichtigt.

nach: Duden, Basiswissen Schule POLITIK, Berlin (Paetec Verlag für Bildungsmedien) 2004, S. 114 f.

M6 Wahlpflicht?

„Wir Politiker müssen im Parlament abstimmen – das kann man auch von den Wählern bei einer Wahl verlangen." So äußerte sich der SPD-Bundestagsabgeordnete Jörn Thießen gegenüber der BILD-Zeitung und forderte für Deutschland eine Wahlpflicht nach dem Modell Belgiens. Komme man dieser Pflicht nicht nach, solle man nach den Vorstellungen von Thießen mit 50 Euro zur Kasse gebeten werden.

Thießen befindet sich mit seinem Unmut über geringe Wahlbeteiligungsraten in guter Gesellschaft. Denn die vorherrschende Meinung in Politik und Medien ist, dass eine hohe Wahlbeteiligung identisch ist mit einer starken Demokratie. Dabei gibt es genügend Beispiele, die belegen, dass der angenommene Zusammenhang zwischen der Höhe der Wahlbeteiligung und der Qualität des demokratischen Prozesses kein zwangsläufiger ist. Beispiel Belgien: Rechtsextreme Parteien wie z.B. die Vlaams Belang sitzen hier schon lange im Parlament und nehmen bis zu einem Fünftel der Sitze für sich in Anspruch. Wenn man die Menschen per Gesetz dazu zwingt, ihre politischen Präferenzen zum Ausdruck zu bringen, muss man sich in jedem Fall darauf einstellen, dass sie ihre Stimmen nicht zwangsläufig an die etablierten Parteien verteilen. Aber Demokratie ohne Demokraten funktioniert nicht.

Jürgen Maier, Wahlpflicht in Deutschland (06.09.2009): http://blog.zeit.de (Zugriff am 11.11.2009, gekürzt)

Arbeitsvorschläge

1. Teilen Sie die Klasse in zwei große Gruppen und erarbeiten Sie sich je eins der beiden Wahlsysteme (M1, M2). Notieren Sie Ihre Ergebnisse jeweils auf einem Wandplakat. Erläutern Sie sich anschließend im Plenum gegenseitig „Ihr" Wahlsystem.

2. Der Deutsche Bundestag wird nach den Regeln einer Verhältniswahl gewählt, in die einige Elemente der Mehrheitswahl aufgenommen wurden (M1–M3). Finden Sie heraus, welche das sind, und erklären Sie den Unterschied zwischen der Erststimme und der Zweitstimme.

3. Die sogenannte Fünf-Prozent-Klausel (M5) ist eine Beschränkung der reinen Verhältniswahl. Welche Gründe für ihre Einführung vermuten Sie?

4. Prüfen Sie an einem Fallbeispiel, wie unterschiedlich sich die beiden Wahlsysteme auswirken können: Ein Parlament mit 10 Sitzen wird gewählt, die Parteien A, B, C und D stellen sich zur Wahl, insgesamt werden 500 Stimmen abgegeben. Schauen Sie sich das Wahlergebnis an (M4). Errechnen Sie in Kleingruppen die Sitzverteilung im Parlament jeweils einmal nach dem Verhältniswahlrecht und einmal nach dem Mehrheitswahlrecht.

5. Beurteilen Sie nun auf der Grundlage des Fallbeispiels (M4) die beiden Wahlsysteme, indem Sie in Ihren Kleingruppen Vor- und Nachteile formulieren. Berücksichtigen Sie dabei, dass ein Parlament die Regierung wählt.

6. Was halten Sie von der Einführung einer Wahlpflicht in Deutschland (M6)?

7 Die Demokratie der Bundesrepublik Deutschland

Zum Wohle des Volkes?
Mitwirkung an der Gesetzgebung

Wie entstehen Gesetze in einer parlamentarischen Demokratie? Im Parlament selbstverständlich – wie der Begriff schon verrät. Aber wie funktioniert das? Bevor über einen neuen Gesetzestext abgestimmt wird, muss ja jemand einen Vorschlag ausarbeiten. Bevor jemand einen Vorschlag ausarbeitet, muss er Informationen einholen. Bevor er Informationen einholt, muss er wissen, wo er fündig wird und wer ihm verlässlich Auskunft geben kann. Und bevor er diese Informationen verwendet, muss er wissen, welche Interessen sich hinter seinen Informationen verbergen. Es gibt also einiges zu klären, bevor genügend Sachverstand beisammen ist, um ein neues Gesetz auf den Weg zu bringen. Wirklich spannend aber sind erst Fragen wie diese: Welches Problem soll das neue Gesetz eigentlich regeln? Wer braucht es? Wer soll es akzeptieren und warum? Und da haben in einer Demokratie auch die Bürgerinnen und Bürger ein Wort mitzureden.

Erklärungen

Hearing = öffentliche (parlamentarische) Anhörung von verschiedenen Ansichten
legitim = berechtigt, begründet
Lobbyarbeit = Einflussnahme von Interessenverbänden auf die Politik
Plenum = Vollversammlung einer politischen Gruppierung, besonders der Mitglieder eines Parlaments

M1 Im Zentrum der Macht?

Blick in den Bundestag

M2 Stationen der Gesetzgebung

Jeder Gesetzesentwurf, der den Bundestag erreicht, hat bereits eine Vorgeschichte hinter sich. Neue Gesetze können vom Bundestag, vom Bundesrat oder von der Bundesregierung angeregt werden. Die meisten Vorschläge werden von der Regierung eingebracht.
Eine Gesetzesinitiative der Regierung durchläuft bis zur Schlussabstimmung folgende Stationen:
Referentenentwurf: Der zuständige Fachreferent eines Ministeriums bereitet den Entwurf vor. Dazu hört er betroffene Verbände und Fachleute, stimmt sich mit Behörden der Länder und Gemeinden und mit anderen Ministerien ab.
Kabinettsvorlage: Der Gesetzesentwurf wird vom Kabinett (d.h. von der Regierung) als Regierungsentwurf beschlossen.
Erster Durchgang im Bundesrat: Der Entwurf wird dem Bundesrat zugeleitet. Er prüft in erster Linie, inwieweit Interessen der Länder betroffen sind, und macht häufig Änderungsvorschläge.
Erste Lesung (d.h. Beratung) im Bundestag: Sie beschränkt sich in der Regel auf eine allgemeine Aussprache. Anschließend wird der Entwurf an einen oder mehrere Ausschüsse überwiesen.
Ausschussberatung: Dies ist die wichtigste Phase im Gesetzgebungsverfahren. Hier wird die Vorlage in Anwesenheit von Regierungsmitgliedern, des Bundesrates und der zuständigen Ministerialbeamten geprüft und überarbeitet. Bei wichtigen politischen Entscheidungen finden in der Regel Hearings statt. Am Ende der Beratungen gibt der Ausschuss dem Bundestag eine Beschlussempfehlung.
Zweite Lesung im Bundestag: Hier berät das Plenum und stimmt über alle Bestimmungen des Entwurfs einzeln ab, nachdem die Fraktionen vorher Position bezogen haben.
Dritte Lesung im Bundestag: Sie schließt sich der zweiten Lesung unmittelbar an, wenn keine Änderungen beschlossen werden. Grundsätzliche Probleme werden nochmals erörtert. Die dritte Lesung endet mit der Schlussabstimmung.
Zweiter Durchgang im Bundesrat: Jedes vom Bundestag beschlossene Ge-

setz wird nochmals vom Bundesrat geprüft. Gesetze, die die Rechte und Interessen der Bundesländer berühren, bedürfen seiner ausdrücklichen Zustimmung.

Ausfertigung und Verkündung: Ist das Gesetzgebungsverfahren abgeschlossen, wird das Gesetz „ausgefertigt". Hierzu unterzeichnet zunächst der zuständige Fachminister, dann der Bundeskanzler und schließlich der Bundespräsident das neue Gesetz. Er überprüft, ob es mit dem Grundgesetz übereinstimmt. Dann wird es im Bundesgesetzblatt veröffentlicht und tritt in Kraft.

P. Nabholz/H. Uhl (Hg.), Zeitfragen, Stuttgart (Ernst Klett Verlag) 2008, S. 112 f.

M3 Lobbyarbeit

An die 1 700 Verbände haben sich beim Deutschen Bundestag registrieren lassen. Wozu? Wie die Bundesregierung bei der Vorbereitung von Gesetzesentwürfen können auch die Bundestagsausschüsse Interessenvertreter zur Beratung heranziehen. Offiziell geschieht dies in öffentlichen Anhörungen. Im Vorfeld der Meinungsbildung starten sie Aktionen zur Beeinflussung der öffentlichen Meinung, ihre parlamentarischen Verbindungsstellen laden zu „Parlamentarischen Abenden" mit kaltem Buffet ein, sie versorgen die für sie interessanten Fraktionsexperten mit Unterlagen und besuchen sie auch gerne in deren Abgeordnetenbüro.

nach: Eckart Thurich, Nahaufnahme Bundestag; in: Bundeszentrale für politische Bildung (Hg.), Informationen zur politischen Bildung, Heft 12/2000, S. 26

M4 Verstärkte Lobbyarbeit

Am heftigsten umkämpft sind die Bereiche, in denen die Chancen der Unternehmen, auf dem Markt Geld zu verdienen, vor allem politisch bestimmt werden. Überall dort, wo es starke staatliche Regulierung gibt, gibt es auch starkes Lobbying – etwa im Gesundheitsbereich und im Energiesektor. Viele mächtige Interessengruppen versuchen, anstehende Gesetzesvorhaben in ihrem Sinne zu beeinflussen – etwa indem sie die Mitglieder des Gesundheitsausschusses mit Informationen versorgen.

aus einem Interview mit dem Politikwissenschaftler Rudolf Speth, in: Blickpunkt Bundestag vom 20.03.2006: http://www.bundestag.de

M5 Berechtigte Interessen?

Die einzelne Bürgerin, der einzelne Bürger, sei es als Gewerbetreibender, als Mitglied einer bestimmten Berufsgruppe, als Empfänger staatlicher Leistungen oder einfach für bestimmte Belange engagiert, kann Auffassungen alleine, ohne Zusammenschluss mit Gleichgesinnten, kaum zur Geltung bringen. Auf diese Mitwirkung der betroffenen und interessierten Kreise ist der Gesetzgeber auch angewiesen. Zum einen findet er bei ihnen ein erhebliches Maß von Sachkunde auf dem betreffenden Gebiet, ohne dass er schwerlich gerechte und auch geeignete Regelungen entwickeln könnte. Zum anderen ist es legitim und nützlich, wenn er Bedenken und Belange dieser betroffenen Kreise rechtzeitig kennt und gegebenenfalls berücksichtigt, weil auch ein Gesetz normalerweise nicht mit Gewalt durchgeboxt werden kann, sondern darauf angewiesen ist, dass es von den Betroffenen akzeptiert und befolgt wird.

Rupert Schick/Wolfgang Zeh, So arbeitet der Deutsche Bundestag, Rheinbreitbach (NDV), 15/2000, S. 84 f.

M6 Wohin wenden sich Verbände?

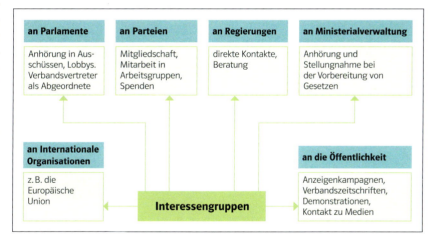

Arbeitsvorschläge

1. In Berlin wird viel geredet (M1). Könnte man in einer modernen Demokratie nicht einfach die Bürgerinnen und Bürger selbst per Internet ihre neuen Gesetze erarbeiten und abstimmen lassen? Erarbeiten Sie sich in Kleingruppen eine Liste mit Pro- und Kontra-Argumenten zu dieser Frage.

2. Skizzieren Sie in Form eines Pfeildiagramms den Weg (Stationen und Personen), den ein Gesetzesentwurf durchläuft, bevor über ihn im Bundestag abgestimmt wird (M2). Sie können dazu weitere Informationen über das Gesetzgebungsverfahren unter dem Online-Link S. 127 recherchieren.

3. Formulieren Sie (mit Hilfe von M3 bis M6) Ihre Meinung zum Einfluss der Verbände auf politische Entscheidungen.

7 Die Demokratie der Bundesrepublik Deutschland

Bürger an die Macht!
Pro und Kontra Volksentscheid

Einfach die Bevölkerung selbst über neue Gesetze abstimmen zu lassen – wäre das nicht viel demokratischer als den Parlamentariern den langen Weg der Gesetzgebung zu überlassen? Ob sich die Bürgerinnen und Bürger in einer Demokratie selbst vertreten oder ob sie sich über Volksvertreter vertreten (= repräsentieren) lassen, das ist eine immer wieder umstrittene Frage. Aber es ist nicht unbedingt eine Alternative. Auch in eine repräsentative Demokratie passen Elemente der direkten Mitbestimmung. So können z. B. Volksentscheide zu bestimmten Fragen auf der Ebene der Länder, Städte und Kommunen schon jetzt durchgeführt werden. Sollte man das nicht öfter organisieren? Und vielleicht auch auf Bundesebene damit beginnen?

Erklärungen

Bürgerinitiativen = spontan sich bildende Gruppen zur Vertretung bestimmter Interessen – meist im Konflikt zu den offiziellen Interessenvertretern
Volksentscheid = Beteiligung aller Stimmberechtigten an politischen Entscheidungen (auch Volksabstimmung genannt)
Volksbegehren = Verfahrensschritt vor dem Volksentscheid. Durch das Sammeln von Unterschriften in einem vorgegebenen Zeitraum wird ein Volksentscheid herbeigeführt.

M1 Argumente für Volksentscheide

Der „Blankoscheck" Wahl reicht nicht aus!
Von uns Bürgerinnen und Bürgern geht alle Staatsgewalt aus. Aber nur einmal innerhalb von vier Jahren. Dann geben wir unsere Stimmen ab. Mit dem Recht auf Volksabstimmung können wir Wähler unsere Stimme viel differenzierter zum Ausdruck bringen: Eine Bürgerin kann z. B. die CDU wählen, aber beim Volksentscheid – anders als „ihre" Partei – gegen die Atomkraft stimmen.

Aufs Gaspedal treten!
Volksbegehren machen Druck für notwendige Reformen. Gute Ideen prallen oft an Parteien und Parlamenten ab. Die Folge: Reformstau und hohe Kosten. Durch Volksabstimmungen können Bürgerinnen und Bürger die Politik selbst voranbringen. Allein in der Bundesrepublik gibt es ca. 70 000 Bürgerinitiativen, die ein riesiges Potenzial an Wissen und neuen Ideen bergen. Doch trotz ihres Einfallsreichtums und ihrer Kompetenz kommen sie oft nicht zum Zuge, weil nur die Amts- und Mandatsträger verbindliche politische Entscheidungsrechte besitzen.

Bürger sind besser informiert!
Die direkte Demokratie ist eine riesige Bildungsveranstaltung. Die Dänen und die Iren wissen viel besser über Europa Bescheid als die Deutschen – weil sie darüber abgestimmt haben.

Wer gefragt wird, wendet sich nicht ab!
Viele sagen: „Die da oben machen doch, was sie wollen." Die Menschen können kaum Einfluss auf die Politik nehmen. Die Folge: Resignation, sinkende Wahlbeteiligung. Dabei wollen 75 Prozent der Deutschen die Volksabstimmung. Die Bürgerinnen und Bürger identifizieren sich wieder mit der Politik, wenn sie etwas bewegen können.

Die Menschen werden an Problemlösungen beteiligt!
Alle politischen Entscheidungen betreffen die Menschen. Insofern ist es selbstverständlich, dass den Betroffenen die Chance gegeben wird, sich an Diskussion und Lösung der Probleme zu beteiligen. Dadurch werden die Problemlösungsfähigkeit der Menschen und ihr Verständnis für die Politik gefördert.

Politischer Wettbewerb führt zu besseren Ergebnissen!
Dadurch, dass mehr Menschen die Möglichkeit bekommen, ihre Ideen vorzustellen, steigen die Chancen, Probleme zu lösen. Ideen treten zueinander in Wettbewerb und können sich gegenseitig befruchten. Durch diesen Ideenwettbewerb kann sich niemand auf seiner Machtposition ausruhen. Denn alles kann hinterfragt werden, z. B. Subventions-, Rüstungs-, Verkehrs- oder Sozialpolitik.

Resignation und politischer Gewalt wird der Boden entzogen!
Wenn Menschen die Möglichkeit eines demokratischen Protestes fehlt, kann die Resignation in politische Gewalt umschlagen. Die Ereignisse rund um die Castor-Transporte zeigen deutlich, dass sich die Bürgerinnen und Bürger nicht mehr nur mit beruhigenden Worten abspeisen lassen, sondern ihre Interessen berücksichtigt sehen wollen.

Die Akzeptanz politischer Entscheidungen wird erhöht!
Bei wichtigen politischen Entscheidungen wollen die Menschen mitbestimmen. In der Vergangenheit haben das die Themen „Euro", „Gesundheitsreform" und „Auslandseinsätze" gezeigt. Ohne Volksentscheid ist die Gefahr größer, dass politische Maßnahmen boykottiert werden. Mit Volksentscheid hingegen fällt es den Menschen leichter, Veränderungen anzunehmen, da sie Einfluss nehmen konnten.
Eine Entscheidung der Bevölkerung hat mehr Akzeptanz als die einer Regierung oder eines Parlaments.

T. Weber / R. Kampwirth, in: Positionspapier 1, „Pro und Contra Volksentscheid": http://wissen.mehr-demokratie.de (Zugriff am 26.11.2009, gekürzt)

M2 Argumente gegen Volksentscheide

Probleme zu komplex!
Elemente direkter Demokratie sind auf kommunaler und Landesebene wegen der Überschaubarkeit der zu entscheidenden Fragen und der geringen Zahl der Abstimmungsberechtigten praktikabel. Für die komplexen Probleme der Bundespolitik sind sie nicht geeignet.

Minderheiten!
Aktive, gut organisierte Minderheiten können ihre Sonderinteressen durchsetzen. Ebenso kann es zur Missachtung von Interessen nicht durchsetzungsfähiger Mehrheiten kommen.

Das Volk ist verführbar!
Der Manipulation würde Tür und Tor geöffnet. Macht würde denen zufallen, die die dem Volk vorzulegenden Fragen formulieren und Zugang zu den Medien haben.

H. Pötzsch, Die deutsche Demokratie, Bonn (Bundeszentrale für politische Bildung) 1995, S. 8

Volksentscheide vereinfachen!
Solche Abstimmungen sind praktisch nur über klare Alternativen möglich: Ja oder Nein; Modell a, b oder c. Bundespolitische Entscheidungen sind jedoch meist kompliziert. Weil aber kaum ein Bürger (und schon gar nicht die große Masse) die Zeit und die Lust hat, sich in die Tiefen des jeweiligen Themas hineinzuwühlen, hätten die politischen Vereinfacher leichtes Spiel.

Volksentscheide sind kompromisslos!
Das parlamentarische Gesetzgebungsverfahren ist darauf angelegt, unterschiedliche Interessen einzubinden und auszubalancieren. Die zu einer Volksabstimmung mobilisierten Teilnehmer denken nicht an den Ausgleich konkurrierender Interessen, sondern daran, ihre Bedürfnisse unmittelbar durchzusetzen. Man möge sich nur das Ergebnis einer Volksabstimmung über den Steuertarif ausmalen – nach dem Motto: Die einen beschließen, was die anderen bezahlen sollen.

Volksentscheide sind willkürlich!
Über ihren Ausgang entscheidet in Wahrheit derjenige, der über die Fragestellung bestimmt. Den besten Beweis für diese These liefern die immer neuen Varianten von Meinungsumfragen, die zu den widersprüchlichsten Ergebnissen führen. Ein beliebiges aktuelles Beispiel: „Sind Sie dafür, den allgemeinen Steuertarif zu senken und dafür die Ausnahmeregelungen (Steuerschlupflöcher) zu streichen?" Auf diese Frage findet sich eine klare Mehrheit für Ja. Die nächste Frage „Soll die Kilometerpauschale gestrichen und die Steuerfreiheit für Lohnzuschläge bei Sonntagsarbeit sowie bei Mitarbeiter-Rabatten abgeschafft werden?" ergibt eine ebenso klare Mehrheit für Nein. Dabei gehört beides im Prinzip zusammen.

St. Reker, in: Rheinische Post vom 08.09.2000

M3 Freie Wahl

---

1. Erarbeiten Sie in Kleingruppen jeweils ein Positionspapier Pro bzw. Kontra Volksentscheid. Nutzen Sie dafür die Materialien (entweder M1 oder M2) und bringen Sie zusätzlich eigene Argumente ein. Anschließend tauschen Sie diese Positionspapiere unter den Gruppen so aus, dass jede Gruppe die entgegengesetzte Position erhält. Setzen Sie sich nun mit den Aussagen auseinander und formulieren Sie Gegenargumente. Anschließend stellt jede Gruppe das Positionspapier und die Gegenargumente dazu vor. Führen Sie abschließend eine Abstimmung zur Frage durch.

2. Welche Ansichten zum Wählen werden in Foto (M1) und Karikatur (M3) deutlich? Wenn es mehr Volksentscheide gäbe, würde sich Ihrer Meinung nach an diesen Ansichten etwas ändern? Diskutieren Sie und begründen Sie Ihre Meinung.

7 Die Demokratie der Bundesrepublik Deutschland

Aktiv sein für andere?
Politisches Interesse und Engagement

Jugendliche interessieren sich nicht übermäßig für Politik – das ist in Deutschland ein lang anhaltender Trend. Aber der nur gering ausgeprägten Neigung, sich in politischen Parteien, Verbänden und Gewerkschaften zu engagieren, steht eine große Bereitschaft gegenüber, sich für soziale Belange, für Umweltfragen oder für Aktivitäten im eigenen Umfeld einzusetzen. Manchmal erkennt man dabei erst auf den zweiten Blick, dass viele Probleme einen politischen Kern haben. Um wirklich etwas zu verändern, müsste man diesen Kern knacken. Aber wie stellt man das an? Was genau kann man tun, und wo findet man Leute, die mitmachen und dranbleiben?

M1 Umfrageergebnisse

%-Angaben (Erhebungsjahr/Zeile)	2002			2006		
	oft	gelegentlich	nie	oft	gelegentlich	nie
Ich bin aktiv für						
eine sinnvoll Freizeitgestaltung von Jugendlichen	13	35	51	13	31	55
die Interessen von Jugendlichen	12	38	49	10	36	53
hilfsbedürftige ältere Menschen	8	35	56	8	34	58
den Umwelt- oder Tierschutz	8	29	62	7	24	69
ein besseres Zusammenleben mit Migranten	8	25	65	6	22	72
ein besseres Zusammenleben am Wohnort	6	23	69	6	18	75
Sicherheit und Ordnung am Wohnort	6	20	73	6	16	78
sozial schwache Menschen	5	29	64	5	29	65
behinderte Menschen	6	16	76	5	13	81
Menschen in den ärmeren Ländern	4	24	69	4	24	72
die Pflege der deutschen Kultur und Tradition	4	17	76	3	15	81
soziale und politische Veränderungen	2	15	80	2	14	82
Sonstiges	5	25	65	7	24	67

Shell Jugendstudie 2006 – TNS Infratest Sozialforschung

M2 Engagiert im Jugendgemeinderat

Sich für den Jugendgemeinderat aufstellen zu lassen, war ein spontaner Entschluss von Katharina (19). Die Mitglieder des Jugendgemeinderats werden von den Jugendlichen der Gemeinde gewählt. Zum Wahlmodus:
„Also, es müssen soundso viele Bewerber da sein und dann wird gewählt. Das ist dann wie eine Gemeinderatswahl. Da gibt es Wahllisten, die werden an die Jugendlichen geschickt, also von 14 bis 21 [...] Dann hat man auch eine Wahlkarte und dann noch einen Zettel, wo man alles ankreuzen kann mit Bildern und Motto daneben. Und dann gibt es vorher noch verschiedene Wahlveranstaltungen. Dann macht man eine Party, wo man sich vorstellt. Dann gibt es einen Stand in der Stadt, wo die Leute fragen können."
Dazu, wie die Jugendvertreter dann im Gemeinderat agieren, sagt sie:
„Im Gemeinderat haben wir Anhörungsrecht und Antragsrecht und im Jugendhilfeausschuss auch eine Stimme. Das ist der eigentliche Ansatz: Dass wir Jugendlichen zu einer Stimme verhelfen und ihre Interessen artikulieren können." „Hast du den Eindruck, dass es funktioniert?" „Ja, ich denke schon, aber es braucht eine längere Zeit [...]"

Porträt aus: 15. Shell Jugendstudie. Jugend 2006. Eine pragmatische Generation unter Druck, Frankfurt am Main (Fischer Taschenbuchverlag) 2006, S. 317 (gekürzt)

M3 Politisch handeln – wie?

1. zum Wählen gehen,
2. in Dritte-Welt-Läden arbeiten,
3. ein Haus oder Fabrikgelände besetzen,
4. an Ständen von BUND, Amnesty International oder ähnlichen Organisationen mitarbeiten,
5. ältere Menschen regelmäßig betreuen,
6. grundsätzlich extreme Oppositionsparteien wählen,
7. eigene Interessen bei Aktionen vertreten, auch wenn dabei mal fremdes Eigentum beschädigt werden kann,
8. in Mitbestimmungsorganen wie Schülermitverwaltungen, Studenten- oder anderen Jugendvertretungen mitarbeiten,
9. beim Roten Kreuz oder einer ähnlichen Organisation mitarbeiten,
10. an einer genehmigten Demonstration teilnehmen,
11. ein politisches Amt/eine Funktion übernehmen,
12. sich gegen falsche Ansichten wehren, auch wenn man dabei Gewalt anwenden muss,
13. Briefe/Postkarten an Politiker/Behörden schreiben,
14. in einer Bürgerinitiative mitarbeiten,
15. sich an einem Boykott beteiligen,
16. zu öffentlichen Diskussionen/Versammlungen gehen,
17. sich an Unterschriftenaktionen beteiligen,
18. in Briefen an die Medien (Rundfunk-/Leserzuschriften) die eigene Meinung sagen,
19. aktives Mitglied in einer Partei werden,
20. sich an einem wilden Streik beteiligen.

zusammengestellt nach: Shell Jugendstudie 1997. Zukunftsperspektiven, gesellschaftliches Engagement, politische Orientierungen, Opladen (Leske + Budrich) 1997, S. 458

M4 Der mündige Wähler

Politik ist wie ein Fußballspiel. Die Politiker, das sind die Spieler, die Normalbürger die Zuschauer. Welche Kompetenz muss der Zuschauer denn nun haben? Er muss wissen, worum es bei dem Spiel geht, er muss informiert sein, er muss die Regeln kennen. Wenn die Politiker schlecht oder falsch bzw. gegen die Regeln spielen, kann er bei Wahlen dafür sorgen, dass die Mannschaft ausgewechselt wird.

W. Hennis, Das Modell des Bürgers, in: Gesellschaft–Staat–Erziehung 7/1957, S. 330f. (vereinfacht)

Arbeitsvorschläge

1. Schauen Sie sich die Umfrageergebnisse (M1) an. Welche Entwicklungen sind festzustellen? Führen Sie in Ihrer Klasse (oder Schule) eine entsprechende Umfrage durch (vgl. S. 62f.) und vergleichen Sie die Ergebnisse mit denen von 2002 und 2006. Welche Unterschiede/Trends lassen sich erkennen? Berichten Sie in Ihrer Klasse von Ihren eigenen gesellschaftlichen Aktivitäten, wenn Sie mögen.

2. Finden Sie heraus, ob es in Ihrer Stadt/Gemeinde ähnliche Partizipationsmodelle für Jugendliche gibt wie Jugendgemeinderäte (M2) oder Jugendparlamente. Was steht dort z. Zt. auf der Tagesordnung?

3. In M3 sind verschiedene Möglichkeiten für politisches Handeln aufgelistet. Teilen Sie die Liste auf in diejenigen, die sie selbst schon praktiziert haben oder gern praktizieren würden und diejenigen, die sie auf keinen Fall wahrnehmen möchten. Begründen Sie Ihre Auswahl.

4. In seinem Politik/Fußball-Vergleich (M4) wertet Wilhelm Hennis das Wahlrecht auf, indem er von der „Kompetenz" des Wählers spricht. Worin besteht diese seiner Meinung nach? Informieren Sie sich über die Programme der Jugendorganisationen einiger Parteien (vgl. Online-Link S. 127) und suchen Sie nach Punkten, die Sie besonders ansprechen.

5. Haben Sie Interesse daran, selbst politisch aktiv zu werden? Hier zwei Vorschläge:
a) Überlegen Sie, wann Sie zuletzt mit der Entscheidung eines Gremiums in Ihrem Umfeld nicht einverstanden waren. Sammeln Sie an der Tafel Vorschläge, was man dagegen unternehmen könnte. Entwickeln Sie in Kleingruppen einen Plan, wie sich Mitstreiter finden lassen und ein erstes Treffen organisiert werden könnte.
b) Recherchieren Sie im Netz zu Bürgerinitiativen in Ihrer Region. Wählen Sie ein Projekt aus und erläutern Sie, warum Sie bei dieser Initiative mitmachen würden. Nehmen Sie Kontakt mit den Initiatoren auf.

7 Die Demokratie der Bundesrepublik Deutschland

Am Rande der Demokratie
Rechtsextremismus unter Jugendlichen

Man muss nicht immer mit der Masse laufen – keine Frage. Und die junge Generation will nicht alles so machen, wie ihre Eltern und Großeltern. Jugendliche lassen sich nicht gern alles vorschreiben, sie suchen eigene Mittel und Wege zur Gestaltung ihrer Persönlichkeit. Das zeigt sich z. B. in Jugendkulturen mit eigener Kleidung, Musik oder eigenen Vorstellungen vom Leben. Aber es gibt nicht nur eine Grenze des guten Geschmacks, über die sich bekanntlich streiten lässt, es gibt eine Grenze, an der persönliches In-Szene-Setzen umschlägt in politischen Extremismus. Jeder kennt die Signale, die diese Grenze anzeigen, aber so richtig ernst nehmen mag man sie nicht. Und so verschwimmt die Grenze allmählich in der Wahrnehmung: „Ein bisschen rechtsextrem – na und?"

→ Kapitel 6, S. 122 f.

Erklärungen

Propaganda = systematische Verbreitung politischer, weltanschaulicher Ideen, mit dem Ziel das allgemeine Bewusstsein zu beeinflussen

M1 Die Hand zum Gruß erhoben

M2 Anwendung des Strafrechts

Kann man für das Singen eines Liedes verurteilt werden? Kann man für das Zeigen einer Geste ins Gefängnis gehen? Kann bereits das Tragen eines Abzeichens dazu führen, dass man bestraft wird? Unter Berücksichtigung des Strafgesetzbuches (StGB) sind alle drei Fragen mit „Ja" zu beantworten.

§ 86 (Verbreitung von Propagandamitteln verfassungswidriger Organisationen)
Wer (verbotene) Propagandamittel [...] verbreitet, [...] herstellt, vorrätig hält, einführt oder ausführt, oder in Datenspeichern öffentlich zugänglich macht, wird mit Freiheitsstrafe bis zu drei Jahren oder mit Geldstrafe bestraft.

§ 86a (Verwendung von Kennzeichen verfassungswidriger Organisationen)
Mit Freiheitsstrafe bis zu drei Jahren oder mit Geldstrafe wird bestraft, wer
1. [...] Kennzeichen einer (verbotenen) Partei oder Vereinigung verbreitet oder öffentlich [...] verwendet [...]. Kennzeichen im Sinne des Absatz 1 sind namentlich Fahnen, Abzeichen, Uniformstücke, Parolen und Grußformeln. Den [...] genannten Kennzeichen stehen solche gleich, die ihnen zum Verwechseln ähnlich sind.

§ 130 (Volksverhetzung)
Wer [...]
1. zum Hass gegen Teile der Bevölkerung aufstachelt oder zu Gewalt- oder Willkürmaßnahmen gegen sie auffordert oder
2. die Menschenwürde anderer dadurch angreift, dass er Teile der Bevölkerung beschimpft, böswillig verächtlich macht oder verleumdet, wird mit Freiheitsstrafe von drei Monaten bis zu fünf Jahren bestraft. Mit Freiheitsstrafe bis zu fünf Jahren oder mit Geldstrafe wird bestraft, wer [...] (die) unter der Herrschaft der Nationalsozialisten begangenen Handlungen (gemeint ist hier: Judenvernichtung, Völkermord) öffentlich oder in einer Versammlung billigt, leugnet oder verharmlost.

M3 aus Tageszeitungen

Obdachlosen getötet:
Rechtsradikale vor Gericht

Neun Tote bei Wohnungsbrand in Ludwigshafen

Nürnberg:
Kroate und Afrikaner zusammengeschlagen

Brandstiftung an Wohnhaus –
türkische Familie kann sich retten

Angriffe auf Rollstuhlfahrer
Rechtsradikale Jugendliche attackieren Behinderte in Altdorf

Brandanschlag auf Wohnhaus von Ausländern

Zahl rechtsextremer Straftaten steigt auf Rekordniveau

M4 Frauen in Braun

Neonazis haben erkannt, dass Frauen nützlich sind – und lassen mittlerweile ganz unterschiedliche, modernere Frauenbilder zu. Neonazi-Frauen sind längst nicht mehr nur Skingirls mit Pubertätsproblemen oder national gesinnte Mütter im Trachtenlook. Die rechtsextremistische Szene wird nicht nur zunehmend größer, sondern auch vielfältiger.

Über Freunde ist die 18-jährige Lara vor drei Jahren in Kontakt mit Rechtsextremen gekommen. Das Mädchen war lange Mitglied in einer rechten Clique. „Auf einer Party habe ich ein paar Leute kennen gelernt, die rechts sind. In einen davon hab' ich mich verliebt", erzählt sie. Der Junge ist ein bekannter Neonazi in der Region. Vermutlich habe sie seine selbstbewusste Art fasziniert, sein Auftreten als starker Kerl, dem keiner was kann. Und: „Bei uns war es auch irgendwie normal, rechts zu sein. Viele Jugendliche haben rechte Einstellungen, auch viele Erwachsene."

Dass die rechtsextremen Einstellungen innerhalb der Gesellschaft zunehmen, belegen inzwischen mehrere Studien. [...]

Tina Groll, Frauen in Braun, in: Menschen. Das Magazin 1/2009, S. 90 (leicht gekürzt)

M5 Zum Beispiel René

René (18, Azubi) sieht sich, im Gegensatz zu seinen Freunden, als gemäßigt fremdenfeindlich, da er nicht alle Ausländer gleichermaßen ablehnt.

„Na so wie die meisten Leute hab ich die Überzeugung überhaupt nicht. Wäre bei mir ja auch gar nicht möglich. Ich hab einen schwarzen Klassenkameraden, den mag ich. Aber es gibt natürlich Gruppierungen, wo ich auch alle über einen Kamm schere, weil ich bis jetzt nur schlechte Erfahrungen mit denen gemacht habe und nicht nur einmal ..."

Zugleich lehnt René aber „Faschos" ab, die ihm zufolge auf die Straße gehen und ohne wirkliche politische Überzeugung losprügeln.

„Die Leute kann ich wirklich nicht leiden. Man sollte schon so ein bisschen mit Köpfchen da rangehen. Man sollte schon einen Grund haben, warum man so ist wie man ist, warum man diese Meinung hat."

Mitglied einer rechten Gruppierung ist er bislang nicht, er wartet noch, dass jemand mit einem „guten Vorschlag" auf ihn zukommt.

„Aber bis jetzt kam nur Schwachsinn. Ich hab bis jetzt noch keine gute oder intelligente Truppe getroffen. Die meisten, die mich angequatscht haben, waren gerade am Saufen ..."

Porträt aus: 15. Shell Jugendstudie. Jugend 2006. Eine pragmatische Generation unter Druck, Frankfurt am Main (Fischer Taschenbuchverlag) 2006, S. 399 (sprachl. bearbeitet und gekürzt)

Arbeitsvorschläge

1. Betrachten Sie das Foto **M1** und notieren Sie spontan, was Ihnen dazu einfällt. Was mag den Personen auf dem Foto durch den Kopf gehen? Wie würden Sie sich fühlen, wenn Sie in dieser Gruppe ständen? Stellen Sie sich vor, Sie hätten die Möglichkeit, mit einer der Personen zu reden – was würden Sie sagen?

2. In **M2** sind verschiedene Handlungen beschrieben, die laut StGB mit unterschiedlichen Strafen geahndet werden. Welche Strafen halten Sie für gerechtfertigt, welche nicht? Überlegen Sie, aus welchen Gründen die beschriebenen Handlungen begangen werden und weshalb darin eine Gefährdung der Demokratie liegen könnte.

3. Überschriften, wie die in **M3** zusammen gestellten, finden sich regelmäßig in den Tageszeitungen. Recherchieren Sie im Internet nach einem konkreten Fall und stellen Sie diesen Ihren Mitschülern vor.

4. Wird es „irgendwie normal, rechts zu sein?" Diskutieren Sie in kleinen Gruppen die Erfahrungen und die Aussagen von Lara und René (**M4**, **M5**). Beziehen Sie evtl. Ihr selbst recherchiertes Fallbeispiel (zu **M3**) mit ein. Überlegen Sie auch, wie die schleichende Grenzverschiebung (vgl. Text Randspalte S. 142) in diesen Beispielen zustande kommt.

7 Die Demokratie der Bundesrepublik Deutschland

Jenseits der Demokratie
Parteienverbot als Lehre aus der Geschichte

Eine freiheitliche Demokratie tut sich schwer mit Verboten. Denn wer mag noch von „Freiheit" reden, wenn diese überall eingeschränkt wird? Das Grundgesetz garantiert seinen Bürgern die Freiheit, sich politisch zu organisieren. Es schreibt den Parteien dabei die wichtige Aufgabe zu, an der Meinungsbildung des Volkes mitzuwirken. Parteien bündeln die verschiedenen Meinungen zu Programmen und versuchen, sie umzusetzen. Dabei müssen sie sich selbst demokratischen „Spielregeln" unterwerfen. Was aber, wenn sie das nicht tun? Was ist, wenn eine Gruppierung die Demokratie ausnutzt für undemokratische Zwecke? Den Nationalsozialisten war jedes Mittel recht auf ihrem Weg zur Machtergreifung. Schritt für Schritt hebelten sie die Weimarer Republik aus, indem sie sich erst ihrer Rechte bedienten, um diese anschließend abzuschaffen. Ganz offen bekannten sie „Wir kommen als Feinde!" Welche Lehre ziehen wir aus dieser Geschichte?

Erklärungen

Aura = Wirkungskraft, Ausstrahlung
Märtyrer = jemand, der wegen seiner Überzeugung bzw. seines Glaubens Leid erträgt bzw. getötet wird
Dilemma = Wahl zwischen gleich unangenehmen Dingen; Zwangslage

M1 Kleckern oder klotzen?

„Ich fürchte, wir müssen an Wurzeln und Boden!"

M2 Parteienverbot in der Bundesrepublik

In der Geschichte der Bundesrepublik hat es bisher zwei Parteiverbote gegeben, 1952 gegen die Sozialistische Reichspartei (SRP) und 1956 gegen die Kommunistische Partei Deutschlands (KPD). Das Bundesverfassungsgericht begründete die Verfassungswidrigkeit dieser Parteien in seinen Urteilen dabei folgendermaßen:

gegen die SRP

„Die SRP bekämpft die demokratischen Parteien der Bundesrepublik in einer Weise, die erkennen lässt, dass sie nicht nur in legitimer Weise ihr eigenes Programm in ein helles Licht rücken, sondern die anderen Parteien ausschalten will. Sie bekämpft also das für die freiheitliche Demokratie wesentliche Mehrparteienprinzip.
Die innere Organisation der SRP wird durch folgende Umstände charakterisiert: Sie ist von oben nach unten im Geiste des Führerprinzips aufgebaut, das hier durch ein streng durchgeführtes Bestätigungs- und Berufungssystem gekennzeichnet ist. Der Eintritt in die Partei ist nicht frei, sondern kann willkürlich verweigert werden. Der Ausschluss aus der Partei kann nach der Satzung durch autoritäre Auflösung ganzer Gebietsverbände geschehen; darüber hinaus wird er gegen einzelne willkürlich und ohne ordnungsmäßiges Verfahren praktiziert ... Die Partei war mithin aufzulösen."

gegen die KPD

„Die Diktatur des Proletariats ist mit der freiheitlichen Demokratie des Grundgesetzes unvereinbar. In der modernen Demokratie muss das Volk, von dem alle Staatsgewalt ausgeht, irgendwie repräsentiert werden, damit ‚der allgemeine Wille' sich bei der Führung der Staatsgeschäfte jeweils konkret ausdrücken kann. Wenn man einmal den Gedanken der Demokratie aus diesem Zusammenhang heraus löst, lässt sich schließlich jede Repräsentation, sogar die eines durch Akklamation von den Volksmassen bestätigten ‚Führers', rechtfertigen. Es wird dann eben dem jeweiligen Repräsentanten die Fähigkeit zugeschrieben, den ‚wahren Volkswillen' zum Ausdruck zu bringen. So haben denn auch faschistische Führer ihre Diktatur gern als ‚reinste Form der Demokratie' beschrieben ..."

B. Sutor, Politik. Ein Studienbuch zur politischen Bildung, Paderborn (Schöningh Verlag) 1994, S. 150 f. (gekürzt und vereinfacht)

M3 Das Dilemma der „streitbaren Demokratie"

Demokratietheoretisch betrachtet, befindet sich die „streitbare Demokratie" in einem permanenten Dilemma: Handelt der Staat nicht, könnte er möglicherweise dem politischen Extremismus das Feld überlassen und damit die Demokratie schwächen. Schöpft er hingegen alle seine repressiven Möglichkeiten aus, könnte die schleichende Aushöhlung demokratischer Grundrechte durch den Staat selbst die Folge sein. Dieses Dilemma muss bei der Betrachtung staatlicher Maßnahmen gegen Rechtsextremismus stets mitbedacht werden: Zu viel Staat ist gefährlich, zu wenig auch.

H.-G. Jaschke, Sehnsucht nach dem starken Staat. Was bewirkt Repression gegen rechts? in: Aus Politik und Zeitgeschichte, B 39/2000, S. 23 (gekürzt)

M4 Pro und Kontra Parteienverbot

Pro

Die Erfahrungen der Weimarer Republik lehren: Der demokratische Staat hat dafür zu sorgen, dass antidemokratische Parteien ihn nicht eines Tages aus den Angeln heben. Wer das Prinzip der „streitbaren Demokratie" nicht als ein bloßes Lippenbekenntnis ansieht, muss für den Schutz der demokratischen Ordnung eintreten, der sich nicht in verbalen Beteuerungen erschöpfen darf. Freiheit lässt sich (leider) nicht absolut verstehen. Sie kann eben nur für die Parteien gelten, die demokratische Prinzipien respektieren.

Kontra

Allein schon durch die Möglichkeit des Parteienverbots werden extreme Parteien gezwungen, ihre Ziele nicht unverhüllt darzulegen, um allzu offenkundige Parallelen zu einer schon verbotenen Partei zu vermeiden. Gerade ein an den strikten Grundsätzen des Rechtsstaates orientiertes Verfahren beim Verbot einer Partei garantiert, dass die parlamentarische Demokratie keinen Schaden leidet.
Gegnerische Positionen müssen politisch bekämpft, nicht administrativ zum Verstummen gebracht werden. Damit lassen sich wohl die Symptome, keinesfalls jedoch die tieferen Ursachen antidemokratischen Gedankenguts beseitigen. Eine extremistische Partei kann der Staat, wenn sie nicht verboten ist, zudem viel besser unter Kontrolle halten. Bei einem Verbot bilden sich möglicherweise Hilfs-, Tarn- und Nachfolgeorganisationen, die Wühl- und Untergrundarbeit betreiben. Die offenkundige Tatsache, dass eine antidemokratische Partei bei uneingeschränkter Parteienkonkurrenz keine Chancen besitzt, schwächt sie viel mehr als ein Parteienverbot, das die betreffende Partei mit der Aura des Märtyrertums ausstattet. Ein System, das Parteienverbote rechtlich absichert, gerät leicht in den Ruch mangelnder demokratischer Offenheit.

Politik-Aktuell für den Unterricht, Nr. 06/94

M5 Was von den Bürgern erwartet wird

Die Bundesrepublik Deutschland ist eine Demokratie, die von ihren Bürgern eine Verteidigung der freiheitlich-demokratischen Grundordnung erwartet und einen Missbrauch der Grundrechte zum Kampf gegen diese Ordnung nicht hinnimmt.

Bundesverfassungsgericht 1970 (BVerfGE 28, 36)

Arbeitsvorschläge

1. Interpretieren Sie die Karikatur **M1**. Welche unterschiedlichen Standpunkte treffen hier aufeinander? Welche Maßnahmen könnten ergriffen werden?

2. Skizzieren Sie mit Hilfe der Argumente aus **M2** in Stichpunkten, wie ein Parteienverbot begründet werden und was durch ein Parteienverbot erreicht werden kann. Diskutieren Sie anschließend in der Klasse darüber, ob ein Parteienverbot das richtige Mittel der Demokratie ist, sich zu schützen.

3. Beschreiben Sie mit eigenen Worten das Dilemma, in das ein freiheitlicher Staat durch radikale Verbote gerät (**M3**). Kennen Sie andere Beispiele für dieses Dilemma (vgl. z. B. S. 118/119)?

4. Teilen Sie die Klasse in zwei Gruppen ein und erarbeiten Sie auf Stichwortkarten jeweils die Vor- und Nachteile eines Parteienverbots (mit **M4**). Führen Sie anschließend eine Pro- und Kontra-Diskussion zum Thema durch (vgl. S. 116/117).

5. Fassen Sie die in **M5** formulierte Erwartungshaltung einmal als persönlich an Sie gerichtet auf und überlegen Sie, in welcher Situation Sie Zivilcourage zeigen könnten.

7 Die Demokratie der Bundesrepublik Deutschland

Wer soll das bezahlen?
Parteienfinanzierung in Deutschland

Parteien brauchen Geld – für Büros und Angestellte, für Veranstaltungen und Auftritte, für Broschüren und Wahlplakate, für ihre gesamte Organisationsstruktur. Die Frage, woher dieses Geld kommen soll, ist als Streitfrage und Ärgernis so alt wie die Parteien selbst. Der Idealfall wäre, die Parteien lebten als Vereinigungen politisch engagierter Bürger von deren Beiträgen. Aber kann man Bürger, die bereit sind, sich politisch zu engagieren, auch noch dafür zur Kasse bitten? Gereicht hätten diese Beiträge ohnehin nie, auch nicht zu Zeiten, als die Organisation der Parteien noch weniger aufwendig war als heute. Woher also kommt das Geld für die Arbeit der Parteien?

M1 Einnahmequellen der Parteien

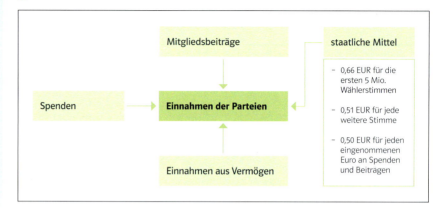

M2 Spendenskandal?

M3 Staatliche Mittel

Das Parteiengesetz regelt, wie sich Parteien finanzieren und in welcher Höhe sie staatliche Mittel als Teilfinanzierung erhalten. Maßstab für die Verteilung dieser Mittel ist die Verwurzelung der Parteien in der Gesellschaft. Dies wird zum einen daran gemessen, wie viel Stimmen eine Partei bei der jeweils letzten Europa- und Bundestagswahl und den jeweils letzten Landtagswahlen erzielt hat. Zum anderen wird der Umfang der Mitglieds- und Mandatsträgerbeiträge und rechtmäßig erlangten Spenden zugrunde gelegt. Anspruch auf staatliche Teilfinanzierung haben nach § 18 Abs. 4 PartG grundsätzlich diejenigen Parteien, die nach dem endgültigen Wahlergebnis der jeweils letzten Europa- oder Bundestagswahl mindestens 0,5 Prozent oder bei einer der jeweils letzten Landtagswahlen 1 Prozent der abgegebe-

Erklärungen

Transparenz = Durchlässigkeit, Offenheit
legitim = berechtigt, angemessen

nen gültigen Stimmen für ihre Liste erreicht haben.

Das Parteiengesetz (§ 19a Abs. 1 PartG) hat dem Präsidenten des Deutschen Bundestages die Exekutivaufgabe übertragen, jährlich zum 15. Februar die Höhe der staatlichen Mittel festzulegen, die den anspruchsberechtigten Parteien zufließen.

http://www.bundestag.de (Zugriff am 01.06.2009)

M4 Mehr Geld für die Parteien?

Pro
- Parteien erfüllen eine wichtige Funktion in unserer Gesellschaft. Deshalb ist es legitim, dass sie zur Erfüllung ihrer Aufgaben staatliche Mittel erhalten.
- Würden Parteien sich ausschließlich selbst finanzieren, wären sie von Mitgliedsbeiträgen und Spenden abhängig. Dadurch wäre Politik käuflich.
- Besonders kleine Parteien hätten kaum eine Chance, wenn sie sich nur durch ihre Mitgliedsbeiträge finanzieren müssten.
- In der Regel ist mit der staatlichen Finanzierung von Parteien auch die Offenlegung der Parteifinanzen und der Spendenbücher verbunden. Damit entsteht eine Transparenz, die zum einen der Korruption entgegenwirkt und zum anderen den Bürgern die wirtschaftlichen Abhängigkeiten aufzeigt.

Kontra
- Da die Parteien in den Parlamenten selbst über die Höhe ihrer Zuschüsse aus den Staatskassen entscheiden, degradieren sie den Staat zum Selbstbedienungsladen.
- Die Verteilung der staatlichen Mittel ist ungerecht, weil unter anderem auch die Spendenbeiträge bezuschusst werden. Dadurch erhalten Parteien mit wohlhabenden „Förderern" deutlich mehr Mittel, als solche mit weniger reichen Spendern.
- Wenn Parteien auf die Beiträge und Spenden ihrer Mitglieder angewiesen wären, wären sie gezwungen, ihre Politik mehr am Wähler bzw. an der Basis zu orientieren.
- Die Parteien wären mit weniger Mitteln gezwungen, ökonomischer mit ihren Geldern umzugehen. Insbesondere in schwierigen wirtschaftlichen Zeiten ist es für viele Bürger nicht nachzuvollziehen, in welchem Maße z. B. für Wahlkämpfe Gelder geradezu verschleudert werden.

Autorentext

M5 Wer zahlt?

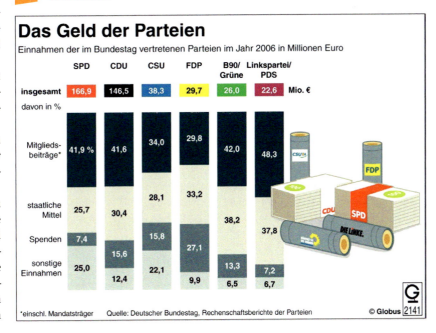

Aufgaben

1. Wie sollte sich Ihrer Meinung nach der Einnahmenpool der Parteien in Deutschland prozentual zusammensetzen? Entwickeln Sie aus dem Rechteck im Mittelpunkt der Mindmap (**M1**) ein fiktives Kreisdiagramm.

2. Vergleichen Sie Ihre Überlegungen mit der tatsächlichen Situation (**M5**). Da sich Parteimitglieder an einer öffentlichen Aufgabe beteiligen – der politischen Willensbildung –, werden Parteigelder vom Staat bezuschusst. Die Eigenfinanzierung muss aber überwiegen. Prüfen Sie, ob dies bei allen Parteien der Fall ist. Wie groß ist – allgemein gesprochen – der Anteil der öffentlichen Mittel an den Einnahmen?

3. Die staatliche Unterstützung der Parteien ist an bestimmte Voraussetzungen gebunden. Leuchten Ihnen diese Voraussetzungen ein (**M3**)? Sollte hier nicht auch anstelle einer 0,5%-Klausel eine 5%-Klausel gelten?

4. Eine Tageszeitung führt eine Umfrage zum Thema „Parteienfinanzierung" durch. Schreiben Sie einen Leserbrief als Antwort auf die Frage: „Sollten die Parteien vom Staat mehr oder weniger Geld erhalten als derzeit gesetzlich festgeschrieben?" Nutzen Sie für Ihre Argumentation alle Materialien der Seite (besonders **M4**).

5. Interpretieren Sie abschließend die Karikatur **M2** (vgl. S. 18/19). Welche der Argumente in **M4** geben die Auffassung des Karikaturisten wieder?

Methode

„Sagen Sie mal, …"
Experten befragen

Die Vorüberlegung

Zuerst müssen Sie festlegen, welche Experten Sie einladen wollen. Das hängt natürlich davon ab, ob Sie eher allgemein etwas über den Tages- und Arbeitsablauf z. B. eines Politikers wissen möchten, oder ob Sie Fragen zu einem speziellen Thema haben. Im ersten Fall müssen Sie sich entscheiden, ob Sie mit einem Lokalpolitiker (z. B. jemandem aus dem Stadtrat), einer Landtagsabgeordneten oder einem Bundestagsabgeordneten sprechen wollen. Diskutieren Sie die verschiedenen Möglichkeiten in Ihrer Klasse und stimmen Sie anschließend ab.

Um herauszufinden, welcher Politiker für Ihren Wahlkreis oder das für Sie interessante Thema zuständig ist, müssen sie recherchieren. Dafür können Sie zum Beispiel das Internet nutzen (Online-Link S. 127) oder die Homepage Ihrer Stadt/Ihres Kreises. Eine weitere Möglichkeit besteht darin, Parteien direkt anzusprechen. In der Regel haben die größeren Parteien in den meisten Städten Büros, in denen man Ihnen weitere Auskünfte geben kann.

Die Planung

Als Erstes formulieren Sie gemeinsam eine Einladung an den Gast, in der Sie sich als Klasse kurz vorstellen, darüber berichten, was Sie vorhaben und anfragen, ob es möglich wäre, einen Termin zu vereinbaren. Wenn der Termin und der Ort festgelegt wurden, können Sie mit der detaillierten Vorbereitung beginnen.

Zunächst sollten Sie sich genauer über Ihren Gast informieren. Über das Parteibüro oder eine Internetseite erhalten Sie Informationen zum Werdegang und zu aktuellen Aufgabenbereichen. Wenn Sie jemanden zu einem speziellen Thema eingeladen haben, müssen Sie sich auch darüber informieren – nur wer sich im Thema auskennt, kann auch sinnvolle Fragen stellen. Diesen Teil der Vorbereitung können Sie arbeitsteilig in Gruppen vornehmen (das heißt, jede Gruppe beschäftigt sich mit einem bestimmten Themenbereich).

Als Nächstes sollte jeder von Ihnen überlegen, was Sie wissen möchten. Dafür notiert jeder auf Karteikarten 5 bis 10 Fragen, die er dem Politiker stellen möchte. Anschließend finden Sie sich in Kleingruppen (max. vier Schüler) zusammen, vergleichen Ihre Karten, sortieren Doppelnennungen aus und finden eventuell gemeinsam noch weitere Fragen. Anschließend werden alle Karten an der Tafel präsentiert und jede Gruppe erläutert gegebenenfalls ihre Fragen. Nachdem Sie erneut Doppelnennungen aussortiert haben, können Sie die Fragen nach Themengebieten ordnen und mit Überschriften versehen. Damit auch Ihr Gast sich optimal vorbereiten kann, können Sie ihm die Themen oder den ganzen Fragenkatalog zusenden.

Beispiel

Wahlkreiskarte des Landtags NRW
Die Karte von NRW ist unterteilt nach Landkreisen und kreisfreien Städten. Zur besseren Orientierung sind die Namen einiger Städte eingefügt. Wenn Sie eine Gegend Nordrhein-Westfalens anklicken, werden Ihnen die dortigen Wahlkreise angezeigt. Sie erhalten außerdem den Namen des oder der direkt gewählten Abgeordneten sowie die Namen der Abgeordneten, denen die Betreuung des Wahlkreises von ihrer Fraktion übertragen wurde. Wenn Sie ein einzelnes Mitglied auswählen, erhalten Sie seine persönlichen Daten.

Die Vorbereitung

Überlegen Sie, ob die Sitzordnung in Ihrer Klasse für die Durchführung geeignet ist, oder ob Sie für einen Tag „umbauen". Fertigen Sie für jeden Schüler ein Namensschild an, damit man Sie auch direkt ansprechen kann. Erkundigen Sie sich, ob Ihr Gast besondere Medien (einen Overheadprojektor, ein Videogerät o. Ä.) benötigt und stellen Sie sicher, dass zu dem entsprechenden Termin alles bereit steht. Berücksichtigen Sie, dass Ihr Gast eventuell Unterlagen mitbringt, und einen Tisch braucht, um diese ablegen zu können. Wollen Sie für die Nachbereitung Fotos von der Befragung machen, bestimmen Sie einen „Fotografen" und sorgen Sie dafür, dass die Kamera bereit liegt.

Legen Sie außerdem fest, wie Sie die Befragung durchführen wollen. Am sinnvollsten ist es, ein kleines „Interviewer-Team" zu bilden. Das könnten zum Beispiel die Sprecher der vorherigen Gruppen sein. Innerhalb dieses Teams sollten Sie die Themengebiete und Fragen untereinander aufteilen. Alle übrigen Schüler haben natürlich auch die Möglichkeit ergänzende Fragen zu stellen, sollten sich aber in erster Linie auf das Beobachten und Zuhören einstellen.

Die Durchführung

Zu Beginn sollte ein Schüler (z. B. der Klassensprecher) den Gast begrüßen und die Klasse kurz vorstellen. Zeigen Sie dem Gast seinen Platz und geben Sie eine kurze erläuternde Einleitung, warum Sie ihn eingeladen haben, zu welchem Thema Sie die Befragung durchführen möchten und weshalb das Thema für Sie besonders interessant ist. Das Interviewer-Team kann mit der Befragung beginnen. Der Rest der Klasse ist das Beobachter-Team, das sicherstellt, dass die Antworten notiert werden. Auch hier kann es sinnvoll sein, wenn die Beobachter in Gruppen aufgeteilt werden, von denen jede für die Mitschrift der Antworten zu einem ausgewählten Fragenkomplex verantwortlich ist. Eine weitere Möglichkeit besteht darin, dass Sie die gesamte Befragung auf Video aufzeichnen und die Auswertung im Anschluss gemeinsam durchführen.

Die Nachbereitung

Um Ihre ersten Eindrücke zu sammeln, können Sie im Anschluss ein „Blitzlicht" durchführen. Dann sollten Sie die Antworten und Informationen, die Sie erhalten haben, entsprechend den Themengebieten und den Fragen zusammenstellen und auf Wandzeitungen präsentieren. Falls Ihr Gast Ihnen Unterlagen mitgebracht hat oder Sie bei der Befragung fotografiert haben, können Sie diese Materialien mit in die Wandzeitung einbauen. Je nachdem, um welches Themengebiet es sich bei der Befragung handelt, könnten Ihre Ergebnisse auch für andere Schüler interessant sein. Erkundigen Sie sich nach einer Möglichkeit, Ihre Wandzeitungen in der Schule auszustellen.

Abschlussüberlegungen

Zum Schluss sollten Sie Ihre gesamte Arbeit noch einmal betrachten. Diskutieren Sie in der Klasse folgende Fragestellungen:
- Ist die Durchführung so abgelaufen, wie Sie sich das vorgestellt haben?
- Haben Sie Antworten bekommen, die Ihnen zu diesem Thema weitergeholfen haben?
- Waren Ihre Fragen konkret genug, um die gewünschten Ergebnisse zu erzielen?
- Was könnte beim nächsten Mal, bei der Vorbereitung oder der Durchführung verbessert werden?

8 Neue Technologien – Chancen und Risiken

„Früher liefen alle Uhren langsamer."

„Heute haben wir Mühe, mit der technologischen Entwicklung Schritt zu halten."

Clean: Biotechnologisches Forschungslabor

Protest: Gegen die genetische Veränderung von Pflanzen

Demonstration: Gegen die Patentierung menschlicher Gene

- Wie hat die moderne Technik das Leben der Menschen verändert?
- Was wollen wir zulassen, was lieber verbieten?
- Reicht unsere Urteilskraft aus, um die Folgen des Fortschritts einzuschätzen?
- Und was sagt unser Gewissen?

Diese und weitere Fragen und Denkanstöße erwarten Sie auf den nächsten Seiten.

8 Neue Technologien – Chancen und Risiken

Der Traum vom Fliegen
Was die Menschheit vorantreibt

Der Drang des Menschen, immer weiter zu reisen und dabei immer schneller von einem Ort zum anderen zu kommen, hat seinen Erfindungsgeist immer beflügelt. Zahlreiche Entwicklungen gelangten zwar nicht über den Status des Versuches hinaus, andere hingegen wurden zu Meilensteinen der Technikgeschichte. Die Mobilität der Menschen, also ihre Möglichkeit der Fortbewegung, war stets Gradmesser für den Entwicklungsstand des technischen Fortschritts. Der Traum vom schnellen Fahren wurde zum Traum vom Fliegen und der Erkundung des Weltraums. Und er wurde zur Triebfeder der wirtschaftlichen Entwicklung.

→ Kapitel 9, S. 176–179

Erklärungen

Mobilität = Beweglichkeit
Innovation = Entwicklung neuer Ideen, Techniken, Produkte
Output = ökonomische Bezeichnung für das Ergebnis der Produktion, also der hergestellten Güter oder der bereitgestellten Dienstleistungen

M1 Das Automobil von Cugnot

Cugnots Dampfwagen

1769 rollte das erste dampfbetriebene Auto über die Straßen. Das von dem französischen Erfinder Joseph Cugnot gebaute dreirädrige Automobil erreichte bei der ersten Vorführung eine Geschwindigkeit von 4 km/h. Nach zwölf Minuten war der zuvor aufgeladene Dampfkessel leer und die Fahrt vorbei. Ein zweites, für den Transport schwerer Kanonen entworfenes Gerät erreichte zwar 10 km/h, ließ sich aber wegen des weit vorn liegenden Schwerpunkts kaum lenken. Nachdem es bei der Probefahrt gegen eine Mauer fuhr und zu Bruch ging, verlor das französische Militär das Interesse an Cugnots Dampfwagen.

M2 Neue Transportmittel

Mit der Erfindung des Verbrennungsmotors veränderte sich das Transportwesen grundlegend. Auto, Motorrad und Lastwagen gehören zu den typischen Fortbewegungsmitteln des 20. Jahrhunderts. Die Züge entwickelten sich rasant weiter. 1903 fuhr eine elektrische Schnellzuglokomotive im Testbetrieb 210 km/h, heute erreichen Hochgeschwindigkeitszüge bis zu 515 km/h. Mit dem Luftschiff und dem Flugzeug eroberte der Mensch auch den Luftraum. 1903 gelang es den Gebrüdern Wright, einen kleinen motorgetriebenen Doppeldecker wenige Sekunden lang zum Fliegen zu bringen. In diesem Bereich entwickelte sich die Technik – nicht zuletzt durch den Ersten Weltkrieg – sehr schnell fort. Neue Motoren ermöglichten regelmäßige Transatlantikflüge. Die Erfindung des Strahltriebwerks kurz vor dem Zweiten Weltkrieg gab der Luftfahrt weiteren Auftrieb. Auch die Transportschifffahrt zur See nutzte neue Techniken und rüstete ihre Schiffe mit Dieselmotoren aus. Ab 1959 setzte man für kurze Überfahrten Luftkissenboote ein. 1961 begann die Ära der bemannten Raumfahrt, 1969 spazierte der erste Mensch auf dem Mond.

M3 Der Dampfantrieb

In der Schifffahrt spielte der Dampfantrieb bald eine große Rolle. Die 1807 vom Amerikaner Robert Fulton erbaute „Claremont" fuhr auf dem Hudson. 1819 überquerte der Raddampfer „Savannah" den Atlantik. 1804 wurden die ersten Lokomotiven gebaut, 1825 ging die erste Eisenbahnlinie in Betrieb. Die Dampftechnik benötigte Eisen und Kohle und verlieh dadurch der Eisenhüttenindustrie und dem Bergbau erheblichen Aufschwung. Die beschleunigte industrielle Produktion und die Entwicklung neuer Transportmittel leiteten einen tief greifenden Wandel ein, der alle Bereiche der Gesellschaft erfasste.

M4 Reise durch den Weltraum

Die ersten Schwarz-Weiß-Fotos der Flüge Sputniks 1 und Jurij Gagarins wirken wie Grüße aus einer fernen Vergangenheit. Mit diesen beiden Namen verbinden wir die Ankunft in einer neuen Welt, deren Eroberung und Erforschung damit erst begonnen hatte. Heutzutage öffnen uns moderne Teleskope ein Fenster, durch das wir Dinge sehen können, die für das menschliche Auge unsichtbar sind: die Geburt eines Sterns oder einer ganzen Galaxie; mittels der Sonden haben wir den lachsfarbenen Himmel des Planeten Mars gesehen; die Weltraumstationen rücken den Traum vom Leben in den Sternen ein Stückchen näher.

M1 bis M4 aus: Die große Bertelsmann Lexikothek, Gütersloh (Bertelsmann Electronic Publishing) 1999, Lexikodisc-System, Teil 2

M5 Neue Finanzströme

Mit der Verbreitung der Industrialisierung wuchs auch die weltweite Bewegung von Kapital, vor allem für Investitionen in öffentliche Dienstleistungen wie Eisenbahnen, Häfen, Straßenbahnen, Wasserversorgung und elektrische Anlagen. Die unglaubliche Fülle an Erfindungen, Innovationen und technologischen Anwendungen veränderte das Produktionswesen und das tägliche Leben der Bevölkerung immer stärker.

Durch die Dampfmaschinen schrumpften die Entfernungen zu Wasser und zu Lande. Ab dem Jahr 1888 verband der Orientexpress London und Paris mit Istanbul. Das Dampfschiff befuhr seit 1820 den Atlantik, der Einsatz von Segelschiffen war 1900 nahezu überholt.

V. Giudici, Die Geschichte der Wirtschaft, München (Bertelsmann Jugendbuchverlag) 2000, S. 101

M6 Steigender Output

Der technische Fortschritt wirkt sich auf das Produktionswesen dadurch aus, dass es bei unveränderten Einsatzmengen von Arbeit und Kapital zu einem höheren Output kommt. Dies ist darauf zurückzuführen, dass in der Regel ständig bessere oder völlig neue Produkte eingesetzt werden, die über eine bessere Technologie verfügen als ihre Vorgänger und höhere Gewinne erzielen. Eine solche Entwicklung setzt voraus, dass sowohl in den Unternehmen wie in der gesamten Volkswirtschaft hohe Anstrengungen im Bereich von Forschung und Entwicklung unternommen werden.

P. Bofinger, Grundzüge der Volkswirtschaftslehre, München (Pearson Studium) 2003, S. 445 (gekürzt)

M7 Schneller, weiter, umweltschädlich?

Arbeitsvorschläge

1. Vergleichen Sie das Automobil von Cugnot (M1) mit Fahrzeugen unserer Zeit: Erstellen Sie mit Ihrem Nachbarn eine Auflistung und stellen Sie fest, wie lange jedes Fahrzeug benötigt, um eine Strecke von 10 Kilometern zurückzulegen. Diskutieren Sie anschließend, welche Art von Fortschritt daran deutlich wird.

2. Die Erfindung der Verbrennungsmotoren hat unsere Mobilität grundlegend verändert (M2). Neben den vielen Vorteilen gibt es aber auch negative Begleiterscheinungen der modernen Fortbewegung. Erstellen Sie eine Tabelle mit den Vor- und Nachteilen. Entwickeln Sie in Kleingruppen Vorschläge zur Minderung der Nachteile. Recherchieren Sie im Internet, wie zum Beispiel Kraftfahrzeughersteller den Problemen begegnen (siehe Online-Link S. 151).

3. Die Dampftechnik wurde auf vielen Gebieten mit Erfolg weiter entwickelt (M3). Welchen Einfluss hatte der Dampfantrieb auf die gesellschaftliche Entwicklung?

4. Was erhofft sich die Menschheit von der Weltraumforschung (M4)?

5. Welche Gründe gibt es für die ständige Weiterentwicklung neuer Technologien (M5–M7)?

8 Neue Technologien – Chancen und Risiken

Digital gespalten?
Die vernetzte Gesellschaft

Es gibt viele Menschheitsträume, die die wirtschaftliche Entwicklung beflügelt haben. Ein Ergebnis unermüdlichen technischen Erfindergeistes ist das weltumspannende Netz der Information und Kommunikation in allen Sprachen: das world wide web (www). Es ist offen für jeden. Aber kann es auch jeder nutzen? Als neue digitale Spaltung der Gesellschaft wird die Bildungskluft bezeichnet, die sich zwischen denjenigen auftut, die ihre Zeit beim Spielen und Surfen vergessen und denen, die z. B. gezielt navigieren, recherchieren und Informationen auswerten können. Unterschiede in der Gesellschaft sind nichts Neues – aber werden sie durch die neuen Informationstechnologien verstärkt? Und wenn ja – könnte man etwas dagegen tun?

→ Kapitel 2, S. 30 f.

M1 Zum Beispiel Cenk

Gerade wird die erste Generation erwachsen, die von Geburt an in einer digitalen Welt groß geworden ist. Eine Generation, die mit dem Schreiben vielleicht gleichzeitig auch das Tippen gelernt hat. Die ohne Probleme mit ‚multifunktionalen' Geräten umgeht – welche nicht nur die verschiedensten Medien in sich vereinen, sondern aus jedem Empfänger auch einen potentiellen Sender machen. Längst übernehmen Kinder und Jugendliche nicht mehr nur passiv fremdes Gedankengut, sie mischen aktiv mit, sie lernen. Nicht nur der Brockhaus online kann Wissen vermitteln, auch digitale Spiele können das. Es gehört Wissen dazu, um mit dem Handy Musikclips zu drehen oder mit der Freundin zu chatten.

Der 14-jährige Cenk, Hauptschüler in einer westdeutschen Großstadt, ist ein Paradebeispiel dafür, wie kreativ und selbstbewusst viele Jugendliche mit Medien umgehen. Als Fan von Online-Rollenspielen, nutzt er das Internet, um Updates und neue Spiele zu finden und mit anderen Interessierten Kontakt aufzunehmen. Dabei begnügt er sich nicht mit deutschsprachigen Foren und Chats. Ein englischsprachiges Forum fand er so hilfreich, dass er es kurzerhand ins Deutsche übersetzt und online gestellt hat.

Cenk ist aber nicht nur auf Spiele fixiert. Er nutzt das Internet, um für seine Hausaufgaben zu recherchieren, und er hat eine eigene Homepage. Er stellt Videos her und veröffentlicht sie online. Er kommuniziert mit anderen Heranwachsenden auf der Community-Plattform schuelerVZ.net. Cenk, so stellen wir Beobachter fest, „fällt auf durch sein Wissen und seine Fähigkeiten in Bezug auf die Medienwelt und durch seine hohe soziale Kompetenz. Er erklärt, hilft ohne Arroganz und Dominanz. In seiner Klasse ist er anerkannt und gut integriert." Aber wir wissen auch: „Die wenigsten können so souverän mit den medialen Möglichkeiten umgehen wie dieser Junge."

Petra Thorbrietz, Jugend im Netz: besser als ihr Ruf., in: Menschen. Das Magazin 1/2009, S. 77 f. (gekürzt)

M2 Lernziel: Medienkompetenz

M3 Technisch gut ausgestattet

Über die Technik verfügen fast alle. 98 Prozent der Jugendlichen in Deutschland zwischen zwölf und 19 Jahren haben zuhause zumindest einen Computer oder Laptop und fast ebenso viele (95 Prozent) einen Internetanschluss. Ein Handy besitzen 93 Prozent aller Hauptschüler, eine Spielkonsole sogar jeder Zweite. Leicht benachteiligt sind dabei die Mädchen aus Migrantenfamilien, doch auf die Nutzung hat das kaum Einfluss: Sie weichen geschickt auf Möglichkeiten außer Haus aus. Jeder dritte Jugendliche aus einer Hauptschule benutzt den Computer häufig – im Vergleich dazu ist es bei den Gymnasiasten nur jeder vierte. Die Jungen verbringen mehr Zeit mit Spielen, während die Mädchen lieber chatten oder über Messenger kommunizieren.

Petra Thorbrietz, Jugend im Netz: besser als ihr Ruf., in: Menschen. Das Magazin 1/2009, S. 78

M4 Mit Vollgas …

Auf dem Daten-Highway durchs Internet

266,5 Millionen Einwohner in den 30 OECD-Ländern hatten am Jahresende 2008 einen Breitband-Internetzugang

Land	darunter von je 1 000 Einwohnern	durchschnittl. Download-Geschwindigkeit in Kilobit/Sek.*
Dänemark	372	14 633
Niederlande	358	18 177
Norwegen	345	12 364
Schweiz	335	7 946
Südkorea	320	80 800
Schweden	320	12 297
Kanada	290	6 236
Großbritannien	285	10 673
Frankreich	280	51 000
Deutschland	274	15 919
USA	267	9 641
Australien	254	15 539
Japan	236	92 846
Durchschnitt	226	17 412
Österreich	216	10 292
Spanien	208	9 631
Italien	192	11 939
Tschechien	172	10 468
Portugal	160	14 100
Griechenland	135	7 504
Polen	105	4 313
Türkei	78	3 338
Mexiko	72	1 514

*technisch mögliche Maximalgeschwindigkeiten, tatsächlich deutlich geringer; z.T. regional unterschiedlich
Quelle: OECD
© Globus 2835

M5 „Digitale Spaltung vermeiden!"

Kulturstaatsminister Bernd Neumann formulierte zu Beginn der Bundestagsdebatte am 5. März 2009 als zentrales Anliegen der Politik: „Es gilt, die digitale Spaltung der Gesellschaft zu vermeiden". Gemeint ist damit nicht mehr nur, wie in den Anfangsjahren des Internet, die Frage des Zugangs zu entsprechender Technik. Der Fraktionsvorsitzende der Grünen, Fritz Kuhn, hob vielmehr hervor: „Bei der digitalen Spaltung der Gesellschaft geht es darum, wer die entsprechenden Kompetenzen hat, aus der Informationsflut im Netz Wissen zu machen". Kuhn fordert deshalb einen „Durchbruch" in den Schulsystemen der Länder. Medien und Computer müssten einen anderen Stellenwert im Unterricht bekommen. Für Lothar Bisky, medienpolitischer Sprecher der Linksfraktion, berührt der Zugang zu Information und Kommunikation Grundfragen demokratischer Mitbestimmung: „Es ist entscheidend, von wem und wie der Umgang mit den Medien beherrscht wird." Hans-Joachim Otto (FDP) forderte einen „diskriminierungsfreien Zugang" und mahnte: „Es muss einen fairen Wettbewerb bei der Versorgung des Landes mit Breitbandkabel geben."

C. Heine, Netz ohne Lücke, in: Das Parlament vom 09.03.2009, S. 13 (sprachlich leicht verändert)

Arbeitsvorschläge

1. Beobachten Sie zwei Wochen lang, wie Sie digitale Medien nutzen und führen Sie ein Medientagebuch. Tragen Sie darin ein, welche Medien Sie wie lange und zu welchem Zweck nutzen. Notieren Sie auch, ob Ihre Mediennutzung Einfluss auf die weitere Tagesgestaltung hat.
Vergleichen Sie Ihre Ergebnisse anschließend in der Klasse und überlegen Sie gemeinsam, wie Sie Ihr Medienhandeln (noch) kreativer und selbstständiger gestalten könnten (im Sinne von M1).

2. Untersuchen Sie die Medienausstattung an Ihrer eigenen Schule (M2). Erstellen Sie ein statistisches Material, das verdeutlicht, wie viele Schüler sich einen Computer und einen Internetzugang teilen. Diskutieren Sie, ob Sie die Ausstattung für angemessen halten und formulieren Sie einige Forderungen, die Sie gern an Ihren Schulträger richten würden.

3. Erklären Sie, was unter dem Schlagwort „digitale Spaltung der Gesellschaft" (M3, M5) zu verstehen ist und was sich an diesem Phänomen verändert hat.

4. Werten Sie das Schaubild M4 aus. Was fällt Ihnen auf? Welche Rückschlüsse ziehen Sie aus Ihren Beobachtungen?

5. Schreiben Sie die vier Politikerzitate aus der Debatte um den Medienbericht (M5) auf eine große Wandzeitung und kommentieren Sie die Äußerungen.

8 Neue Technologien – Chancen und Risiken

Sicher im Netz?
Online-Shopping und E-Commerce

Die Jeans um 23:00 Uhr aussuchen und den Preis in wenigen Minuten mit dem anderer Shops vergleichen. Das ungeliebte Geburtstagsgeschenk von der Tante schnell „entsorgen" und dabei noch das Taschengeld für den nächsten Urlaub aufbessern. Oooh, das Geschenk für die beste Freundin vergessen? Kein Problem, denn sie hat bestimmt einen virtuellen Wunschzettel im Bücher-Versandhandel hinterlegt. Also, das passende Buch bestellen und gleich hübsch als Geschenk verpackt an die Adresse der Freundin senden lassen. Das hört sich doch alles sehr praktisch an. Ist es das auch? Skepsis ist angebracht. Wie schnell verliert man den Überblick über Bestellungen und Kontostand! Viel Geld ist sehr schnell ausgegeben, und was ist, wenn der Paketbote die falsche Ware bringt oder der Umtausch nicht nach Wunsch verläuft …? Und das sind nicht die einzigen Risiken von Online-Shopping und E-Commerce.

M1 So oder so?

M2 Schnäppchenjäger?

Preisvergleichsportale im Internet versprechen die automatisierte Suche nach günstigen Angeboten, ultimativen Schnäppchen. Aber halten sie auch, was sie versprechen? Und ist billig wirklich immer besser?
Lukas liebt Schnäppchen. Die Schnäppchen-Dealer lieben Lukas, den imaginären Prototypen des Online-Shoppers. Sagen wir, der Lukas in uns allen möchte sich ein neues Telefon kaufen. Er liebäugelt mit dem iPhone. Das ist mächtig teuer, und Lukas hat wenig Geld. Also durchforstet er das Internet, auf der Suche nach günstigen Angeboten. Immerhin buhlen zig Preisvergleichsportale um seine Gunst.
Seine erste Anlaufstelle ist die Produktsuche von Google. Lukas gibt „iPhone" in die Suchmaske ein – und erschrickt über die Treffermenge. Bis vor wenigen Tagen waren hier auf den vorderen Listenplätzen ausschließlich Zubehörartikel anzutreffen. Die annoncierte „Sortierung nach Relevanz" fand nicht statt. Inzwischen häufen sich auch Angebote für das Handy selbst. Doch erstens muss man das Teil unter all den anderen erst einmal finden, und zweitens ist es teuer, denkt Lukas, und lässt die Resultate nach Kaufpreis absteigend sortieren: Im Falle des teuren Handys ist das logisch, weil so die billigen Zubehörteile, für die er sich nicht interessiert, erst auf den hinteren Seiten erscheinen.
Das Resultat: Lukas bekommt prompt einen Porsche 911 angeboten, für schlappe 129 000 Euro. Für Lukas ist das zu viel, für Google in Ordnung, schließlich besitzt das Gefährt eine – wie auch immer geartete – „iPhone-Vorbereitung". Intelligenz ist bei Maschinen und Software eben ein relativer Begriff und keine Schnäppchenseite und Produktsuche so gut, wie sie zu sein vorgibt.

Preisvergleich im Netz (29.09.2008), zit. nach: http://www.spiegel.de (Zugriff am 01.06.2009)

Erklärungen

„Sortierung nach Relevanz" = Auflistung nach Wichtigkeit
Diskrepanz = Missverhältnis

M3 Schlüsselfrage?

Die Frage, wie man im Internet seine Ware bezahlt, ist aus Verbrauchersicht die Schlüsselfrage bei der Entscheidung für oder gegen E-Commerce. Mehr als jeder dritte Käufer wünscht sich, besser, sicherer oder komfortabler im Internet bezahlen zu können. Dies spiegelt sich auch in den hohen Sicherheitsbedenken der Konsumenten wieder: 80,2 Prozent derer, die ein bis vier Mal in den letzten Monaten im Internet gekauft haben, plagen sich mit Sicherheitsbedenken bei fremden Shops. Selbst wer häufiger einkauft, macht sich Gedanken bei unbekannten Zahlverfahren.

Nach einer Studie im Auftrag der Europäischen Kommission hat die Öffentlichkeit in den meisten Mitgliedsstaaten ein „annehmbares Maß" an Vertrauen in den elektronischen Zahlungsverkehr. Für Deutschland allerdings kommt sie zu wenig schmeichelhaften Ergebnissen. Deutschland liegt dort an vorletzter Stelle. Nur auf 26 Prozent der von den Forschern im Rahmen der Studie ausgewerteten Websites waren Sicherheitsinformationen ohne Weiteres zu finden. Die im Rahmen der Studie befragten Verbraucherorganisationen kamen zu dem Schluss, dass „den Verbrauchern zahlreiche Aspekte des elektronischen Zahlungsverkehrs nach wie vor unklar" seien. Besonders Haftungsfragen sowie Rolle und Verantwortung beider Parteien bleiben ungeklärt.

Ein weiteres Problem besteht in der Diskrepanz zwischen dem, worauf Händler Wert legen und den Kundenwünschen. Händler schätzen an einem Bezahlsystem vor allem Bequemlichkeit und niedrigen Zahlungsausfall. Kunden haben Sicherheitsbedenken bei Techniken, die sie nicht kennen. Zudem sind sie ungeduldig: Vor allem erfahrene Shopper brechen den Bezahlvorgang ab, wenn er zu lange dauert. Eine Lösung könnte hier die Online-Überweisung sein, allerdings versuchen viele Händler, über Kreditkartendaten de facto Vorauskasse durchzusetzen, für die sie bei Zahlung per Überweisung die Einwilligung des Kunden brauchen.

Nicola D. Schmidt, in: Verbraucherzentrale Bundesverband (Hrsg.), Verbraucherschutz im Internet – Wie viel Vertrauen ist gerechtfertigt?, 2005, S. 12 (gekürzt)

M4 Auf Nummer sicher gehen?

Arbeitsvorschläge

1. Berichten Sie aus eigener Erfahrung, worin sich reale und virtuelle Geschäfte gleichen und worin sie sich unterscheiden (M1). Stellen Sie Ihre Ergebnisse in einer Tabelle einander gegenüber.

2. Ein echtes Schnäppchen ist gar nicht so einfach zu finden (M2). Führen Sie auf dem Pausenhof eine Umfrage durch (vgl. S. 62/63). Was wird im Internet gekauft und wie findet man dort das beste Angebot?

3. Welche Probleme und Risiken bestehen bei Online-Kauf und E-Commerce? Notieren Sie sich die wichtigsten Stichworte aus M3 und besprechen Sie mit Ihrem Tischnachbarn, wie Sie selbst mit den genannten Problemen und Risiken umgehen.

4. Wie versucht ebay, Sicherheitsbedenken zu zerstreuen (M4)? Welche Zahlungsmöglichkeiten sind für Sie die sichersten? Recherchieren Sie und erstellen Sie ein Info-Blatt, auf welchem Sie die jeweiligen Vor- und Nachteile verdeutlichen.

8 Neue Technologien – Chancen und Risiken

Lost in Cyberspace?
Virtuelle Gewaltspiele

Was treibt so viele Menschen an, ihre reale Existenz zeitweise einzutauschen gegen eine virtuelle Person im Internet, gegen ein „second life"? Oder in einem Computerspiel in die Haut eines Avatars zu schlüpfen, der tötend durch die Gegend zieht? Das Phänomen der Gewaltverherrlichung ist nicht neu. In allen Epochen der Geschichte finden sich Darstellungen von Gewalt etwa in Gemälden oder Skulpturen. Dieses Argument mag jeder Computerspiel-Fan anbringen. Jedoch neu und von größerer Anziehungskraft ist die hohe Identifikationsmöglichkeit mit einer anderen Person in jener virtuellen Welt. In einer Welt, die zwar vom Menschen elektronisch erzeugt, dann aber oftmals losgelöst wird von allen „menschlichen" Maßstäben für Zivilisation. Neu ist auch die Perspektive des Spielers: Man sieht das Opfer direkt an und hat den Finger selbst am Abzug …

→ Kapitel 5, S. 90 f.

M1 Unter Trollen

Jeden Abend, wenn es dunkel wird auf den Straßen, geht in Tausenden deutscher Wohnungen eine Verwandlung vor: Angestellte streifen ihr Angestelltenleben ab und werden zu Magiern, Zahnärzte bohren ihre Schwerter in Feuer speiende Drachen, Studenten schwimmen im Gold. Sie alle sitzen dabei vor einem Computer und sind doch unterwegs – in jenem fabelhaften Land, das ihnen das Computerspiel World of Warcraft auf den Bildschirm zaubert. Mehr als zehn Millionen Menschen führen in Azeroth eine Fabelexistenz, echte Menschen aus aller Welt, von Amerika bis China. Niemand zwingt sie dazu, im Gegenteil: Sie bezahlen der Firma Blizzard Entertainment, die World of Warcraft (WoW) seit dreieinhalb Jahren betreibt, jeden Monat rund zehn Euro, um am größten Online-Rollenspiel der westlichen Welt teilnehmen zu dürfen. Um eine Figur mit Maus und Tastatur durch Wüsten, Dschungel und Höhlen zu steuern, Abenteuer zu erleben und mit den Figuren anderer zu kämpfen oder zu plaudern.

S. Stillich, Internet – Unter Trollen (21.03.2008): http://www.zeit.de (Zugriff am 30.11.2008)

M2 Spieler unter sich

Hallo liebe LAN-Party und LANd-Forces e. V. Gemeinde,
die Yellow-LAN steht vor der Tür und wir möchten euch kurz über diese informieren.
Die Yellow-LAN ist bekannt für ihre unverwechselbare Atmosphäre, die sich dadurch auszeichnet, dass man sich vorkommt als wäre man auf einer zu groß geratenen Keller-LAN gelandet, nur dass die Location dafür überdimensioniert wirkt. Gespielt wird in einem Raum, der ursprünglich für Konzerte oder als Dorfdisco genutzt wird. Das ganze ist mit Schwarzlicht beleuchtet, wer das einmal mitgemacht hat, möchte diese Beleuchtung nicht mehr missen.
Unseren Gästen stehen eine Theke, ein Billardraum, ein Kickertisch, Spielekonsolen, eine Küche und eine Terrasse zum Grillen zur Verfügung.

St. Schleier, Die Yellow-LAN steht vor der Tür (06.04.2009): http://www.land-forces.de (Zugriff am 06.12.2009)

M3 Diagnose: „Computer-Spielsucht"

Betroffen sind oft Menschen, die auf dem Weg in ein autonomes Leben scheitern und eine Ersatzwelt gefunden haben, sagt der Psychiater Bert te Wildt. Computerspiele sind ein wichtiger Bestandteil der Jugend- und zunehmend auch der Erwachsenenkultur – und das ist nicht nur negativ zu bewerten. Doch die Kehrseite ist die zunehmende Zahl der Computerspielsüchtigen.
DIE WELT: Herr te Wildt, haben Sie schon einmal „Counter-Strike" & Co. gespielt?
Bert te Wildt: Ja, sicher. Ich könnte meine Forschung nicht betreiben, wenn ich mich nicht selber mal mit diesen Spielen beschäftigen würde. Ich kann schon nachvollziehen, warum die Bereiche Gewalt, Rollenspiele, Parallelidentitäten und Erotik im Internet und bei Computerspielen so viel Faszination ausstrahlen.
DIE WELT: Wie sieht das Profil eines typischen Computersüchtigen aus?
Bert te Wildt: Von Computerspielen sind häufig junge Männer abhängig, die sich im Alter von 20 bis 25 Jahren in diese virtuelle Welt zurückgezogen haben, weil sie in der Ausbildung oder in der Partnerschaft gescheitert sind. Das betrifft Menschen, die sich gekränkt und verängstigt aus der realen Welt zurückgezogen haben, auf dem Weg in ein autonomes Erwachsenenleben nicht erfolgreich waren und in der virtuellen Welt eine Ersatzwelt gefunden haben, in der sie all das tun und sein können, was sie möchten.
DIE WELT: Fungiert das Computerspiel als Ersatzdroge?
Bert te Wildt: Die Kicks bei den Ego-Shootern regen wohl das Belohnungssystem an – man vermutet, dass da sehr viele Endorphine ausgeschüttet werden. Ich glaube, dass das Verhalten von Computerspielabhängigen insgesamt viel zu komplex ist, um es mit dem Verhalten von Drogensüchtigen zu vergleichen. In Computerspielen suchen die Abhängigen nach Kameradschaft, nach Action, nach Rollenspiel, nach Aggressionsausleben, nach Romantik. Nach ganz vielen Dingen.

Interview von M. Frädrich (WELT) „Hinter Computerspiel-Sucht steckt immer eine psychische Erkrankung" (11.03.2008): http://www.welt.de (Zugriff am 30.11.2008)

M4 Hallo ...?

M5 „Das ist pervers."

Er ist ein leidenschaftlicher Verfechter eines „Killerspiel"-Verbots: Niedersachsens Innenminister. Im stern.de-Interview sagt er, weshalb er die Spiele für pervers hält und die Spieler künftig mit Razzien rechnen müssen.
Stern: Seit ein paar Wochen läuft im Kino ein neuer James-Bond-Film, nichts anderes also als die verfilmte Geschichte eines „Egoshooters". Auch hier wird Gewalt verherrlicht, und diesen Film kann man sich schon mit 12 Jahren ansehen. Warum wollen Sie „Killerspiele" verbieten, nicht aber den Bond-Film? Ist das nicht scheinheilig?
Antwort: Offenbar haben Sie sich noch kein „Killerspiel" angeschaut, sonst würden Sie nicht eine solch naive Gleichstellung mit einem James Bond herstellen. Das ist eine ganz andere Qualität. Bei den „Killerspielen" geht es darum, dass die Spieler selbst zum Töten animiert werden. Sie müssen auf einen Knopf drücken. Dadurch wird etwa ein Arm mit einer Kettensäge abgetrennt. Diese Handlung wird zudem positiv bewertet, wenn man sein Opfer zuvor quält. Fürs Arm-Abtrennen gibt es 100 Punkte, fürs Kopf-Abtrennen 1 000 Punkte. Das ist pervers und gehört sofort verboten.

Interview von F. Güßgen (stern) mit U. Schünemann (Innenminister in Niedersachsen, CDU), „Killerspiel"-Debatte (08.12.2006): http://www.stern.de (Zugriff am 30.11.2008)

Arbeitsvorschläge

1. Suchen Sie nach Gründen für den „Rollentausch" nach Feierabend (M1). Was reizt Sie evtl. selbst daran, als Avatar in einer virtuellen Welt zu leben und dabei auch Geld auszugeben?

2. LAN-Partys sind beliebt (M2). Wie stehen Sie zu dieser Art der Freizeitbeschäftigung?

3. In M3 wird die Computer-Spielsucht von der Drogensucht abgegrenzt. Erarbeiten Sie sich in Kleingruppen einen Vergleich, indem Sie Ähnlichkeiten und Unterschiede einander gegenüberstellen. Recherchieren Sie Möglichkeiten der jeweiligen Suchtbekämpfung.

4. Nach den schrecklichen Amokläufen in Schulen auf der ganzen Welt wurde der Ruf nach einem Verbot der so genannten „Killerspiele" laut (M5). Bereiten Sie eine Pro- und Kontra-Diskussion zu dieser Forderung vor (vgl. S. 116/117). Sammeln Sie dafür zunächst Aussagen von Experten und Ergebnisse von Studien (vgl. Online-Link S. 151).

5. Auf welcher Seite der Diskussionsteilnehmer würde der Karikaturist von M4 stehen? Begründen Sie Ihre Zuordnung.

8 Neue Technologien – Chancen und Risiken

Freund oder Feind?
Roboter im Einsatz

Über den Einsatz von Robotern in der Industrie ist viel diskutiert worden. Wegzudenken sind die programmierten „Kollegen" heute nicht mehr. Sie produzieren kostengünstiger als der Mensch Produkte auf hohem Niveau. Der „Kollege Roboter" kann präziser arbeiten, schwerer heben, lässt sich nicht ablenken, legt keine Frühstückspause ein und arbeitet auch ohne Zuschläge die halbe Nacht. Betriebe steigern durch Robotereinsatz ihre Produktivität. Der Mensch kann sich aus Produktionsprozessen zurückziehen, die zu gefährlich, zu aufreibend oder zu eintönig sind. Zurückziehen, gut – aber wohin? Gibt es denn anderswo Arbeit für ihn? Zunehmend wird auch im Dienstleistungsbereich über den Einsatz von Robotern nachgedacht. Wo liegen die Chancen, wo die Risiken der neuen Maschinen im Alltag und in der Arbeitswelt des Menschen?

→ Kapitel 1, S. 10 f.

Erklärungen

Automatisierung = Inbegriff moderner Methoden der Produktion – neuerdings auch der Dienstleistung –, die darauf abzielen, bestimmte Prozesse von Maschinen ausführen zu lassen

M1 Der Roboter als Freund?

Welche Eigenschaften müssten Roboter oder andere künstliche Wesen haben, damit ein Mensch sie als Freund akzeptieren könnte? Das herauszufinden ist das Ziel des europäischen Forschungsprojektes Lirec, eine Abkürzug für „Living with Robots and Interactive Companions" (auf Deutsch etwa: „Leben mit Robotern und interaktiven Begleitern"). Dabei wollen die Forscher zunächst erforschen, wie wir Menschen Roboter wahrnehmen, auf sie reagieren und mit ihnen umgehen. Schon heute entwickeln wir eine Beziehung zu persönlichen elektronischen Geräten – etwa zu einem Mobiltelefon: Es wird verschönert, mit eigenen Klingeltönen oder Hintergrundbildern individualisiert. Zu eigenen Robotern ließen sich solche emotionalen Bindungen noch vertiefen.

Werner Pluta, Europäische Forscher entwickeln Persönlichkeit für Roboter (Networld/17.04.2008): http://www.golem.de (Zugriff am 16.03.2009, gekürzt)

M2 Ein Roboter für den Alltag?

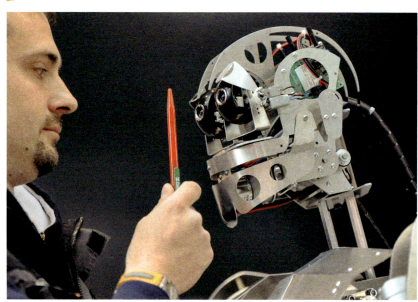

Haushaltsroboter

Dynamaid hat immer Zeit: Sie packt bei der Hausarbeit zu und reicht ihrem Besitzer auf Wunsch ein Glas Wasser. Hilfreiche Maschinen wie der von Bonner Studenten entwickelte Roboter sollen sich in Zukunft in jedem Haushalt nützlich machen. „Dem Menschen dienen im täglichen Leben und in der Arbeitswelt", umreißt Frank Dittmann, Kurator für Automatisierungstechnik am Deutschen Museum in München, das Ziel der Forschung. Der demografische Wandel könnte zu immer höherer Akzeptanz der Maschinen im Alltag führen. Hilfe bei der Umbettung Kranker in Heimen wäre ebenso eine Aufgabe wie die Versorgung alter Menschen mit Getränken.

dpa, Pflegeroboter im Altenheim, in: Leipziger Volkszeitung vom 25.05.2009, S. 1 (gekürzt)

M3 Ein Roboter für die Fitness?

Hightech erobert alle Bereiche des Seniorenlebens. Krückstock und Gehwagen sind im fernen Osten schon bald Museumsobjekte. Noch in diesem Jahr wollen japanische Firmen einen „Roboteranzug" auf den Markt bringen, eine batteriebetriebene Hose zum Umschnallen, die wackligen Menschen beim Gehen hilft. Und damit Japans Senioren gelenkig bleiben, hat das National Institute of Advanced Industrial Science and Technology einen 60 Zentimeter großen Fitnessroboter auf zwei Beinen entwickelt, der 20 Leibesübungen vorturnen kann.

B. Probol, Gesundheitsversorgung in Japan. Der Roboter, dein Freund und Pfleger (02.04.2008): http://www.ard.de (Zugriff am 16.03.2009)

M4 Ein Roboter für alle Fälle?

Seine Augen sind Kameralinsen, seine Füße sind Ketten und sein Arm ist aus Stahl. „Teodor" ist ein Roboter, der eingesetzt wird, wenn gefährliche Pakete oder Koffer auf Straßen oder Bahnhöfen gefunden werden. Dann kommt er, um sie zu entschärfen.
Bei Einsätzen stecken in „Teodors" Magazin bis zu drei Werkzeuge: Zum Beispiel eine Wasserkanone, mit der der Entschärfer die Kabelverbindungen vom Zünder zur Bombe zerschießen kann. Mit einer Röntgenkamera kann „Teodor" das verdächtige Objekt durchleuchten oder mit einem Vereisungsgerät die Zündelektronik einfrieren.

Urs Zietan, Wenn's brenzlig wird, kommt „Teodor": http://www.wdr.de (Zugriff am 10.01.2009)

M5 Technik als Jobkiller?

M6 Im Supermarkt der Zukunft?

Kassiererin im Supermarkt – ein Auslaufmodell? Die Kassiererin der Zukunft heißt NCR Fastlane und steht in einem zur Metro AG gehörenden Real-Markt in Ratingen. Sie markiert den Beginn einer Revolution, die Hunderttausende Kassiererinnen arbeitslos machen könnte. Denn Fastlane ist eine Kasse ohne Kassiererin. Der Kunde hält die Strichcodes der Waren an den Scanner und legt sie dann in Plastiktüten, die an einem Metallgestell hängen. Eine integrierte Waage prüft, ob der eingescannte Joghurt nicht doch Delikatess-Lachs ist. Wenn das passiert, blinkt ein Licht auf, und der Aufpasser vom „Kundenassistenzplatz" stürmt herbei. Nur mit der Schnelligkeit der Kasse hapert es etwas: Wer fünf Joghurts kauft, muss auch fünf Joghurts einscannen, quälend langsam sagt die sanfte Stimme dann den Preis jeder Ware an – und mit Bargeld läuft gar nichts. Noch nehmen die Metro-Mitarbeiterinnen ihre virtuelle Kollegin gelassen: „Ich habe keine Angst um meinen Job", sagt eine Kassiererin, „SB-Kassen werden immer nur eine Alternative bleiben." Gewerkschafter halten das jedoch für Wunschdenken. „Im Ernstfall kosten die SB-Kassen Hunderttausende Arbeitsplätze", fürchtet Ulrich Dalibor, Einzelhandelsexperte der Gewerkschaft Ver.di.
Dabei ist ein Job im Supermarkt ohnehin schlecht bezahlt: Wer Vollzeit arbeitet, bekommt knapp 2 000 Euro brutto im Monat. Eine SB-Kasse ist zwar um einiges teurer als ein Standardgerät, auf Dauer aber billiger: „Das hat einen riesigen Rationalisierungseffekt", ahnt Dalibor.
Real weist die Sorgen der Gewerkschaft zurück. „Wir können uns den menschenleeren Laden nicht vorstellen", beteuert Real-Sprecher Rainhardt Freiherr von Leoprechting. Nach dem Umbau habe man in Ratingen sogar mehr Mitarbeiter eingestellt.
Zukunftsprognosen will der Real-Mann aber nicht abgeben, etwa für jene Vision, in der Kunden ihren Einkaufswagen nur noch durch eine Schleuse schieben und wo durch Funksignale abkassiert wird. „Wir sind in einem sehr harten Wettbewerb", was in zehn Jahren sei, könne man seriös nicht sagen, so Leoprechting.
Schon jetzt stehen nicht vier Aufpasser an den SB-Kassen, sondern mal zwei, mal drei Assistentinnen. „Das kann fies werden, wenn die Kassiererinnen eine nach der anderen rausgeschmissen werden", ahnt Kurt Jablonski, 63, als seine Frau mehrere Weinflaschen einscannt. „... durch die Roboter werden die Menschen doch alle arbeitslos."

M. J. Hartung, Lara Croft im Supermarkt (16.02.2004): http://www.spiegel.de (Zugriff am 15.11.2008, gekürzt)

Arbeitsvorschläge

1. Was fällt Ihnen zum Thema „Freundschaft" ein? Erstellen Sie eine Mindmap; betrachten Sie das Ergebnis und prüfen Sie, ob der Begriff „Freundschaft" in der Mitte problemlos durch den Begriff „Roboter" zu ersetzen wäre. Überlegen Sie nun, warum Forscher (wie in M1) ein Interesse daran haben, Roboter wie „Freunde" erscheinen zu lassen.

2. Wie stehen Sie zum Einsatz von Robotern in der Arbeitswelt und im Alltag des Menschen? Erstellen Sie zu den Beispielen M2–M5 eine Pro- und Kontraliste. Beschreiben Sie zusammenfassend Chancen und Risiken des zunehmenden Einsatzes von Robotern (vgl. dazu auch S. 10/11).

3. Entwickeln Sie in kleinen Gruppen Szenarien zum Stichwort „Supermarkt der Zukunft" (M6). Wie das geht, finden Sie auf den Seiten 168/169 beschrieben.

8 Neue Technologien – Chancen und Risiken

Optima(h)l?
Lebensmittel aus dem Genlabor

Die Gentechnik ist in aller Munde – und die Unsicherheit der Menschen nimmt zu. Hat der Verbraucher im Supermarkt noch eine Chance im Kampf gegen den Turbo-Mais, die Anti-Matsch-Tomate oder den Salat mit extra Vitaminen? Für alle Menschen auf der Erde genug Nahrung – das soll nach den Wünschen der Genforscher nicht mehr lange eine Utopie sein. Obst und Gemüse, mit zusätzlichen Vitaminen versehen, unempfindlich gegenüber Schädlingen und länger haltbar, soll den Welthunger beseitigen. Gleichzeitig könnte damit sogar die Umwelt geschont werden. Wälder müssten nicht zugunsten noch größerer Getreide-Anbaugebiete gerodet werden und man würde auch auf das Schädlingsbekämpfungsmittel verzichten können. Klingt doch optimal, oder?

→ Kapitel 10, S. 211

Erklärungen

manipulieren = bewusst, gezielt beeinflussen oder lenken
Protein = Eiweiß, wichtiger Bestandteil der menschlichen Ernährung, besonders in Fleisch und Sojabohnen enthalten

M1 Fortschritt?

M2 Was ist Gentechnik?

Die Vielzahl unterschiedlicher Lebewesen ist unvorstellbar. Wir Menschen sind von über einer Million anderer Lebewesen umgeben: Mikroorganismen, Pflanzen und Tieren. Ein Blick durchs Mikroskop zeigt, dass all diese Lebewesen (auch wir) aus kleinsten Bausteinen, den Zellen, aufgebaut sind. Diese Zellen sind in allen Lebewesen in ihren Grundstrukturen sehr ähnlich. Zellen lassen sich in drei grundsätzlich unterschiedliche Typen einteilen: Bakterienzelle, Tierzelle, Pflanzenzelle. Jede einzelne Zelle enthält die gesamte Erbinformation. Diese wird DNA genannt. Alle Zellen eines Organismus enthalten die gleiche DNA. Ein bestimmter genetischer Code bedeutet für alle Lebewesen dasselbe. Das heißt: Eine Bakterieninformation wird auch in Pflanzen verstanden und umgekehrt. Das ist die Grundlage der Genmanipulation.

Ines Janssen, Gentechnik geht uns alle an! Österreichisches Ökologie-Institut, S. 3 ff.

M3 Grenzüberschreitung

Bislang wird in der Pflanzenzüchtung immer noch die Kombinationszüchtung verwendet, in der zwei Pflanzen mit gewünschten Eigenschaften miteinander gekreuzt werden. Eine Kreuzung ist aber nur zwischen eng verwandten Pflanzen möglich. [...] Die Gentechnik ermöglicht es nun, die Artgrenzen zu überschreiten und gänzlich neue Eigenschaften in eine Pflanzenart hineinzubringen. Gene aus Bakterien, Viren, Insekten und höheren Tieren und natürlich auch aus verwandten und nichtverwandten Pflanzen können gentechnisch in die neue Pflanze übertragen werden.

Ines Janssen, Gentechnik geht uns alle an! Österreichisches Ökologie-Institut, S. 13 ff.

M4 Schutzregeln?

Anbauregeln für Genpflanzen
nach dem Gesetz vom Dezember 2004

Vorsorgepflicht	Haftungsbestimmung	Mitteilungspflicht
Landwirte, die Genpflanzen anbauen, müssen mögliche Schäden vorbeugen, beispielsweise mit Hecken zum Schutz vor Pollenflug.	Bauern, auf deren Felder sich ungewollt gentechnisch veränderte Organismen angesiedelt haben, erhalten vom Verursacher Schadenersatz.	Dokumentation im Standortregister

Änderungen im März 2006
überwiegend Form- und Verfahrensvorschriften zur Umsetzung der EU-Richtlinien

Geplante Novellierung
- Schutz von Mensch und Umwelt bleibt oberstes Ziel
- Forschung und Anwendung der Gentechnik in Deutschland fördern
- Größere Wahlfreiheit für Landwirte und Verbraucher; Koexistenz der unterschiedlichen Bewirtschaftungsformen

M5 Immer ein bisschen manipuliert

Die VerbraucherInnen sollen zwischen Genfood und unmanipulierten Lebensmitteln wählen können. Doch eine solche Wahlmöglichkeit gibt es schon lange nicht mehr.
Wie die Stiftung Warentest im Jahr 2002 herausfand, weisen auch „gentechnikfreie" Ökoprodukte zum Teil Restbestände gentechnisch veränderter Organismen auf. „Es gibt keine hundertprozentige Sicherheit, dass Lebensmittel aus ökologischem Landbau auch wirklich gentechnikfrei sind", so Lebensmittelexperte Jochen Wettach von der Stiftung Warentest. Ein Ökobauer kann sich faktisch nicht dagegen wehren, dass seine Produkte durch Pollenflug von genmanipulierten Organismen verunreinigt werden. Zudem ist – etwa bei Produkten wie Sojaöl und Cornflakes – später nicht mehr nachweisbar, ob die Erbsubstanz verändert wurde. Ab dem 1. April 2004 gilt für Lebens- und Futtermittel ein Schwellenwert von maximal 0,9 Prozent, bis zu dem genetisch veränderte Organismen toleriert werden. Ein Produkt, das unter diesem Wert bleibt, muss nicht mit „gentechnisch verändert" gekennzeichnet sein.
Wer demnächst vor dem Supermarktregal steht, hat also nicht mehr die Wahl zwischen reinen und unreinen Lebensmitteln. Stark oder weniger stark verändert, das ist die Alternative.

Michael Sittig, Immer ein bisschen manipuliert, in: Die Tageszeitung, 13. Januar 2004, S. 3

M6 Gegen den Hunger in der Welt?

Ein Standard-Argument der Befürworter ist: Genpflanzen erlauben höhere Ernten und helfen dabei, den Hunger in der Welt zu bekämpfen. Thomas Stützel, Biologie-Professor der Ruhr-Universität Bochum: „Dieses Argument ist schwachsinnig. So lange wir auf den fruchtbarsten Böden in Deutschland, in der oberrheinischen Tiefebene, Tabak anbauen, der zudem von der EU subventioniert wird, so lange ist diese Begründung nicht stichhaltig." Das Ernährungsargument ist für Stützel „ein schlichter Betrugsversuch". Man benötige die Gentechnik dafür nicht. Er hält es für aberwitzig, gentechnisch veränderte Sojabohnen aus Regionen zu importieren, in denen die Bevölkerung unter Proteinmangel leidet, um die Bohnen hier zu verfüttern. Überdies seien viele Hochleistungspflanzen für den Anbau in Entwicklungsländern gar nicht geeignet. Dass die Gentechnik dabei helfe, die Umwelt zu schonen, sieht er nicht. Sie sei bisher nicht dazu genutzt worden, ökologischer zu wirtschaften, sondern nur dazu, die Natur noch rücksichtsloser auszubeuten.

nach: Christopher Onkelbach, Gentechnik hilft nicht gegen Hunger in der Welt, in: WAZ, 19. April 2004, S. WBH1x

---

Arbeitsvorschläge

1. Welche Fragen und Befürchtungen wirft die Karikatur M1 auf?

2. Welche Fragen und Befürchtungen herrschen in Ihrem Freundes- und Bekanntenkreis zum Thema „gentechnisch veränderte Lebensmittel" vor? Ist die Stimmung eher positiv oder eher negativ? Führen Sie eine Meinungsumfrage durch (vgl. S. 62/63).

3. Prüfen Sie nun einige Argumente: Genveränderungen bei Pflanzen bringen auch unerwünschte Nebenwirkungen mit sich. Erarbeiten Sie sich in Kleingruppen, welche das sein können (M2, M3). Überlegen Sie anschließend, ob neue Gesetze zum Anbau von Genpflanzen diese Nebenwirkungen verhindern können (M4).

4. Recherchieren Sie den Streit um den Anbau von gentechnisch verändertem Mais in Deutschland (vgl. Online-Link S. 151). Präsentieren Sie Ihre Ergebnisse.

5. Den Befürwortern der „Grünen Gentechnik" stehen hartnäckige Kritiker gegenüber. Welche Argumente führen Sie ins Feld (M5, M6)? Auf welcher Seite stehen Sie selbst?

8 Neue Technologien – Chancen und Risiken

Komplett entschlüsselt
Das Humangenom

Wenige Daten sind von so grundlegender Bedeutung für einen Menschen wie genetische Informationen. Umso brisanter ist die Situation jetzt, seit das menschliche Genom als entschlüsselt gilt. Die Erkenntnisse der Genforschung werden zunehmend bei der medizinischen Versorgung und besonders bei der Diagnostik genutzt. Doch die vielen Versprechungen, die mit ihnen verbunden waren, sind einem neuen Realismus gewichen. Nur wenige Krankheiten lassen sich klar über einen Gentest ermitteln. Oft liefern die Daten lediglich Wahrscheinlichkeiten. Was aber nützt es zu wissen, dass man ein Alzheimer Risiko von 1:2000 hat? Und muss man das überhaupt wissen, wenn die Krankheit noch gar nicht heilbar ist? Jeder kann selbst bestimmen, ob er einen Gentest machen lassen will. Aber was ist, wenn sich mein Chef oder die Krankenversicherung für meine Daten interessieren?

→ Kapitel 6, S. 120 f.

Erklärungen

Humangenom = menschliches Erbgut; die Gesamtheit aller vererbbaren Informationen einer menschlichen Zelle, die als Desoxyribonukleinsäure (DNA) vorliegt
Sequenzierung = eine Serie aufeinander folgender Daten
kommerzialisieren = etwas wirtschaftlichen Interessen unterordnen

M1 Nur eine Filmszene?

Im Hollywood-Film GATTACA herrschen die genetisch perfekten Menschen. Wer nicht dazugehört, weil seine Eltern ihn auf natürliche Weise gezeugt haben, kann niemals Karriere machen.

Arzt: Die Ihnen entnommenen Eier, Mary, wurden befruchtet mit Antonios Sperma. Nach der Überprüfung blieben, wie Sie sehen, zwei gesunde Jungen und zwei sehr gesunde Mädchen übrig – natürlich ohne kritische Dispositionen für schwere erbliche Krankheiten. Sie müssen sich nur noch den passenden Kandidaten aussuchen. Wir können zunächst einmal über das Geschlecht entscheiden. Haben Sie noch einmal nachgedacht?
Mary: Wir möchten gerne, dass Vincent ein Brüderchen kriegt. Sie wissen schon, zum Spielen.
Arzt: Ja, natürlich. Sie wollten hellbraune Augen, dunkles Haar und helle Haut. Ich war so frei und habe alle potenziell abträglichen Beschwerden ausgeschaltet – vorzeitige Kahlheit, Alkoholismus und Suchtanfälligkeit, Neigung zu Gewalt, Fettleibigkeit.
Mary: Wir wollten keine schweren Krankheiten, aber ...
Antonio: Genau, ja ..., ob ..., ob es gut ist, ein paar Sachen dem Zufall zu überlassen ...
Arzt: Sie möchten doch für Ihr Kind den bestmöglichen Start. Glauben Sie mir, in uns steckt schon genug Unvollkommenheit, Ihr Kind braucht keine zusätzlichen Belastungen. Und vergessen Sie nicht: Dieses Kind ist immer noch von Ihnen, nur eben das Beste. Sie können 1 000-mal empfangen und nie ein solches Ergebnis erzielen.

nach: Bernd Rolf, Der genetisch optimierte Mensch: http://www.learnline.nrw.de (Zugriff am 20.09.2006)

M2 Was sind Gene?

Gene sind die Grundeinheiten unserer Erbanlagen. Sie sind der Code, der bestimmt, in welcher Form sich ein lebendiger Organismus organisiert. Unsere Gene machen uns nicht nur zu menschlichen Wesen, sondern sie bestimmen die Farbe unserer Augen, unser Geschlecht, unsere Körpergröße, unsere Veranlagung zu Erkrankungen und sehr wahrscheinlich auch unsere Persönlichkeit und unsere Talente.

DNS (im Englischen DNA) ist die Abkürzung für Desoxyribo Nuklein Säure. Die ist der in allen Lebewesen vorhandene Träger der genetischen Information mit der Fähigkeit zur identischen Verdopplung. Die DNS eines Hundes, eines Lilienbusches oder eines Menschen unterscheidet sich in der Reihenfolge, in der diese chemischen Substanzen aufgereiht sind. Eine genetische Sequenz könnte also so anfangen: GGAATTCCC usw.
Die Anordnung der chemischen Elemente in einem Gen bestimmt die Funktion dieses Gens. Wenn die Ordnung gestört ist, könnte diese Funktion zum Beispiel einem Menschen fehlen. Ein „Irrtum" in einem Gen kann zum Beispiel eine tödliche Krankheit produzieren.

Autorentext

M3 Bestimmungen aus dem Gendiagnostik-Gesetz

Genetische **Untersuchungen auf Verlangen des Arbeitgebers sind verboten**. Standarduntersuchungen, mit denen die gesundheitliche Eignung eines Beschäftigten für den Arbeitsplatz festgestellt werden kann, bleiben aber weiter zulässig.

Versicherungsunternehmen dürfen beim **Abschluss eines Versicherungsvertrags** weder eine genetische Untersuchung noch Auskünfte über bereits durchgeführte Untersuchungen verlangen.

Der Einzelne hat das **Recht auf informationelle Selbstbestimmung** auch im Bereich der Gendiagnostik. Dazu gehören das Recht, die eigenen genetischen Befunde zu kennen (Recht auf Wissen) und das Recht, diese nicht zu kennen (Recht auf Nichtwissen). Genetische Untersuchungen dürfen nur durchgeführt werden, wenn die Betroffenen in die Untersuchung rechtswirksam eingewilligt haben.

Allein der Betroffene bestimmt über **Weitergabe, Aufbewahrung oder Vernichtung** seiner genetischen Daten und Proben.

Die **vorgeburtliche genetische Untersuchung** ist auf medizinische Zwecke beschränkt.

Hintergrund, Das Gendiagnostikgesetz (16.04.2008): http://www.tagesschau.de (Zugriff am 03.06.2008)

M4 Menschliche Gene als Ware

20 percent of human genes have been patented in the United States, primarily by private firms and universities

Berlin, 3.12.2004: Bundestag beschließt Richtlinie für „Patente auf Leben"
Die Biopatentrichtlinie der Europäischen Union wird auch in Deutschland umgesetzt. Das Gesetz regelt, welche biotechnologischen Erfindungen patentiert werden dürfen und welche nicht. Dabei spielen sowohl ethische als auch wirtschaftliche Überlegungen eine Rolle.

Das Klonen von Menschen ist verboten, ebenso wie Eingriffe in die Keimbahn bei Menschen und die Verwendung menschlicher Embryonen zu industriellen oder kommerziellen Zwecken. Für menschliches Erbgut gibt es dem Gesetz zufolge keine Stoffpatente. Das heißt: Bei menschlichen Genen oder Teilen von Genen, so genannten Gensequenzen, werden Patente nur vergeben, falls damit eine konkrete Anwendung verbunden ist – ein so genanntes Verfahrenspatent. Nur biologisches Material, das mit einem technischen Verfahren isoliert oder neu hergestellt wird, kann patentiert werden, nicht aber die bloße Entschlüsselung eines Gens oder seiner Teile. Tierrassen und Pflanzensorten können nicht patentiert werden. Allerdings soll es Patente auf Erfindungen geben, deren technische Ausführung nicht auf eine bestimmte Sorte oder Rasse beschränkt ist – wie zum Beispiel ein Gen, das bei verschiedenen Pflanzensorten eine Resistenz gegen Schädlinge erzeugt. Für Tier- und Pflanzengene sind Stoffpatente erlaubt.

Bundestag verbietet Patente auf menschliche Gene (03.02.2004): http://www.spiegel.de (Zugriff am 07.12.2009)

M5 Argumente gegen die Patentierung menschlicher Gene

- Es können nur „Erfindungen" patentiert werden, nicht aber „Entdeckungen". Gene können allenfalls entdeckt werden, nicht aber erfunden.
- Die Patentierung des Lebendigen bedeutet einen Riesenschritt in Richtung Kommerzialisierung des Lebens.
- Weitgreifende Patente auf menschliche Gensequenzen halten andere Forschende vom Zugang zu diesen patentgeschützten „Erfindungen" ab. Sie blockieren die Forschung und stören die offene wissenschaftliche Kommunikation.
- Bei patentierten Genen lässt sich nicht ausschließen, dass Konzerne die medizinische Anwendung kontrollieren, z. B. durch hohe Lizenzgebühren (Beispiel: Patente auf Brustkrebsgen).

zusammengestellt nach: F. Koechlin, Vernehmlassung zum Entwurf zum Bundesgesetz über Erfindungspatente: http://www.blauen-institut.ch (Zugriff am 03.09.2009)

Arbeitsvorschläge

1. Traum oder Alptraum – wie beurteilen Sie die Filmszene **M1**? Gehen Sie auf die Argumente des Arztes und auf die Bedenken der Eltern ein.

2. Jeder kann inzwischen seine Gene (**M2**) entschlüsseln lassen. Wer sich z. B. am „Personal Genome Project" als Freiwilliger beteiligt, erhält eine kostenlose Sequenzierung seines Genoms, wenn er die Daten Wissenschaftlern zur Verfügung stellt oder im Internet veröffentlicht. Setzen Sie sich in Kleingruppen zusammen und überlegen Sie, ob eine solche Teilnahme für Sie in Frage käme. Notieren Sie Chancen und Risiken. Schreiben Sie abschließend eine persönliche Stellungnahme („Warum ich an dem Projekt teilnehmen/nicht teilnehmen würde …").

3. Wer die Ergebnisse seiner Genanalyse veröffentlicht, verzichtet in diesem Bereich auf sein Recht auf informationelle Selbstbestimmung (vgl. S. 120). Zeigen Sie dies an den Schutzbestimmungen des Gendiagnostik-Gesetzes (**M3**).

4. In Deutschland sind Patente auf menschliche Gene verboten – im Unterschied zu den USA (**M4**). Überzeugen Sie die Gründe für dieses Verbot (**M5**)?

Vertiefung

Menschen nach Maß?
Bioethische Diskussionen

Die Biotechnologie werde die Welt mehr verändern als alles andere, prophezeit der amerikanische Politikwissenschaftler Francis Fukuyama, und diese Entwicklung sei nicht aufzuhalten. Er fordert deshalb alle Gesellschaften auf, darüber zu diskutieren, was sie zulassen und was sie per Gesetz verbieten wollen.

Vielleicht wollen wir biochemische Medikamente, die das Verhalten von Menschen steuern, etwa Stimulantien, die konzentrationsgestörten Jugendlichen helfen. Vielleicht wollen wir auch Gentests, die zur medizinischen Diagnostik eingesetzt werden, und vielleicht auch die künstliche Gewebezüchtung, die vielen Menschen helfen kann. Aber wollen wir auch, dass menschliches Erbgut geprüft und Embryonen nach ihren Genen sortiert werden? Wissen wir überhaupt genau, was wir wollen und was nicht? Oder wandeln sich mit den neuen Möglichkeiten der Biotechnologie unsere alten Vorstellungen von Menschenrecht und Menschenwürde?

Erklärungen

Bioethik = Entscheidungskriterien für die Probleme, die sich aus der biotechnologischen Entwicklung ergeben
Stimulanz = anregendes Medikament
letal = zum Tode führend, tödlich
implantieren = einsetzen
Evolutionsbiologie = Theorie der Entwicklung aller Lebewesen aus niederen Organismen
Selektion = Auslese, Zuchtwahl (in der Biologie)

M1 Wunschkind?

Eine britische Familie will im Reagenzglas genau das Kind zeugen, das mit seinen Stammzellen einen kranken Sohn retten kann. Das neue Kind wird als Klümpchen beginnen im Labor einer Privatklinik – in Nottingham. Es wird ein Wunschkind sein, wie es bisher in Europa noch keines gab. Es soll das Leben seines Bruders retten, der jetzt drei Jahre alt ist und der bald sterben wird, wenn das neue Kind ihm nicht hilft. Wenn man Zains Körper sich selbst überließe, würde der Junge nicht älter als zehn. Weil er regelmäßig Transfusionen und Medikamente bekommt, hat er die Chance auf ein paar wenige Jahre mehr. „Er braucht passendes Knochenmark. Oder Stammzellen", sagt Raj Hashmi; wachsam sitzt er seiner Frau gegenüber. Was sie wollen, sagt Shahana Hashmi, ist die „Selektion". Sie wollen die Erlaubnis, dass ihre Reagenzglas-Embryonen getestet werden. Präimplantationsdiagnostik (PID) heißt das Verfahren und ist in Großbritannien, anders als in Deutsch-

M2 Sein oder Nichtsein?

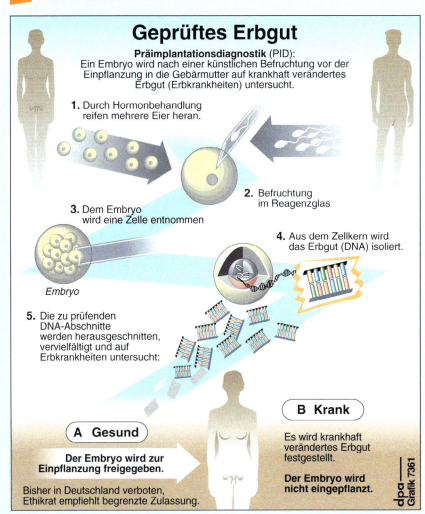

land, auch erlaubt. Aber bisher durfte man es nur anwenden, um genetisch kranke Embryonen vor dem Einpflanzen auszusondern. Die Hashmis wollen mehr. Das neue Kind soll ja nicht nur danach ausgesucht werden, dass ihm die Thalassämie erspart bleibt. Es soll eines sein, dessen Gewebe perfekt zum kranken Bruder passt. Mit dem Blut aus seiner Nabelschnur, mit seinen Stammzellen, die man dort reichlich findet, soll es dafür sorgen, dass Zain überlebt.

Es gibt Aufruhr deswegen in Großbritannien. Ein Kind werde da erschaffen, das nicht wie ein Mensch erwünscht, sondern „wie eine Ware" sei. Lebensschützer haben sich zu Wort gemeldet, die Gruppe „Life" beispielsweise, die von einem „Designerbaby" spricht, von einem „Ersatzteillieferanten" für den kranken Zain. Wenn alles gut geht, wenn der erwählte Embryo die neun Monate in der Gebärmutter überlebt, wenn die Transplantation klappt und Zain die Stammzellen gut annimmt – dann, sagen die Ärzte, liegen seine Chancen, dass er völlig gesund wird, bei mehr als 90 Prozent. Diese Stammzellen aus der Nabelschnur sind besser verträglich als Knochenmarksspenden von Erwachsenen. Aber ein Restrisiko bleibt, dass die Spende nicht ausreicht. Dass Zain später doch noch Knochenmark braucht, dass das neue Kind vielleicht immer wieder spenden müsste.

B. Supp, Wunschkind, in: Der Spiegel 02/2002, S. 100 ff. (gekürzt)

M3 Präimplantationsdiagnostik (PID)

Durch die PID soll ausgewählt werden, welcher Embryo in die Gebärmutter verpflanzt und somit eine Chance zum Überleben bekommt. Die Kriterien für eine derartige Auswahl, die in der Evolutionsbiologie als „künstliche Selektion" bezeichnet wird, seien nicht kontrollierbar, sagen Kritiker. Einige argumentieren, Menschen dürften diese Entscheidung gar nicht treffen; andere halten eine Entscheidung gegen das Einpflanzen von Embryonen mit letalen Gendefekten oder sehr schwerwiegenden Gendefekten zwar für ethisch vertretbar, befürchten aber, dass selbst eine auf Einzelfälle beschränkte Erlaubnis der PID mittelfristig doch zu einer Zulassung führen könnte. Dann könnte die PID zu einer gängigen Methode werden, um „optimalen" Nachwuchs zu bekommen. Dabei gäbe es kein Recht auf ein „gesundes" Kind.

Wer eine Entscheidung gegen das Einpflanzen von Embryonen mit künftiger körperlicher oder geistiger Behinderung begründet, werte im Gegenzug die lebenden Behinderten ab. Eine solche Abwertung von Behinderungen sei eine unakzeptable Diskriminierung.

Stichwort „Präimplantationsdiagnostik", in: http://de.wikipedia.org (Zugriff am 03.06.2009, gekürzt)

M4 Tissue Engineering (TE)

Die Methode der Gewebezüchtung (TE) beruht darauf, lebende menschliche Zellen im Labor auf einer anderen lebenden „Gerüstsubstanz" zu vermehren. Diese können dann in meist denselben Organismus zurück implantiert werden, um so eine Gewebefunktion zu erhalten oder wiederherzustellen. Daher ist das TE eine der zentralen Technologien für die regenerative Medizin.

Der Vorteil bei einem solchen Implantat mit patienteneigenem Zellanteil besteht darin, dass es vom Immunsystem des Patienten akzeptiert wird, denn die kultivierten Zellen weisen nur solche Proteine auf den Zelloberflächen auf, die das Immunsystem als „eigene" erkennt. Damit sollten Tissue-Engineering-Implantate normalerweise nicht abgestoßen werden.

Bisher ist es gelungen, Haut- und Knorpelgewebe sowie Blutgefäße zur kommerziellen Anwendung zu züchten.

Stichwort „Gewebezüchtung", in: http://de.wikipedia.org (Stand und Zugriff am 22.05.2009, sprachlich bearbeitet)

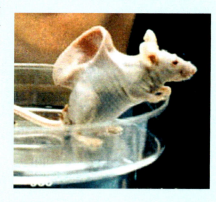

Arbeitsvorschläge

1. Lesen Sie den in **M1** beschriebenen Fall und tauschen Sie in der Klasse Ihre Meinungen dazu aus.

2. Die Präimplantationsdiagnostik (PID) ist ethisch sehr umstritten und in Deutschland nicht erlaubt (**M2**). Ist die PID der erste Schritt in Richtung Gattaca (vgl. S. 164)? Welche Argumente führen Kritiker der PID ins Feld (**M3**)? Unter welchen Voraussetzungen würden Sie einer PID zustimmen oder sie ablehnen?

3. Gestalten Sie jeweils zu viert ein Rollenspiel zu dem Fall. Spielen Sie die Situation einmal für England (PID erlaubt) und einmal für Deutschland (PID verboten) durch. Notieren Sie sich dafür zuvor auf Rollenkarten Ihre wichtigsten Argumente (mit **M1**–**M3**). Berücksichtigen Sie besonders auch die zukünftige Lebenssituation des nachgeborenen Kindes.

4. Das berühmte Bild einer Maus, auf deren Rücken ein Ohr wächst (**M4**), hat einen neuen Zweig der Wissenschaft in die Diskussion gebracht: die Gewebezüchtung. Sie kann Millionen von Menschen helfen. Grund genug, so mit Tieren zu verfahren? Diskutieren Sie.

Methode

Im Jahr 2053 …
Szenarien entwickeln

Problemstellung klären

Ausgangspunkt für ein Szenario ist immer ein gesellschaftliches Problem, das eine größere Anzahl von Menschen betrifft. Damit der Rahmen nicht zu groß wird, kann man mehrere Teil-Szenarien entwerfen, die alle zusammengesetzt am Ende wieder ein Ganzes ergeben. Es geht aber bei diesem Blick in die Zukunft weder darum, exakte Prognosen durch Gegenwartsfortschreibung zu liefern und noch weniger darum, realitätsferne Utopien zu entwerfen.

Beispiel:
Der Individualverkehr in der Stadt im Jahr 2053
Teilen Sie die Klasse in mehrere Teilgruppen auf. Eine Gruppe entwirft die mögliche Zukunft des Autofahrens, eine weitere befasst sich mit der Situation des öffentlichen Nahverkehrs, also Fortbewegung mit Bus und Bahn, eine dritte Gruppe könnte die Situation der Fußgänger beleuchten und so weiter. Entscheiden Sie sich auch für eine gemeinsame Stadt, zum Beispiel die, in der Ihre Schule steht.

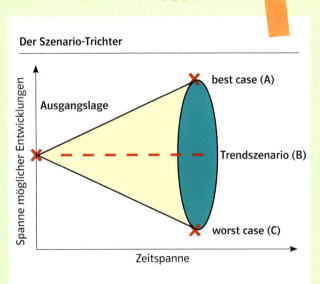

Szenario A:
Die Entwicklung verläuft positiv. Im Laufe der Zeit reduziert sich die durch die private PKW-Nutzung verursachte Umweltbelastung. Steuerliche Anreize und ein größeres Angebot an öffentlichem Nahverkehr unterstützen diese Entwicklung zunehmend. Es gibt weniger Staus und die noch vorhandenen PKW verbrauchen weniger Benzin, da die Automobilhersteller ein Fahrzeug entwickelt haben, das nur einen Liter Treibstoff benötigt …
Szenario B:
Es gibt keine großen Veränderungen …
Szenario C:
Die Entwicklung verläuft negativ. Der Verkehr nimmt noch weiter zu, der öffentliche Nahverkehr stellt aufgrund der geringen Auslastung einzelne Linien ein, woraufhin noch mehr Personen auf ein eigenes Auto angewiesen sind. Der Benzinverbrauch und die Umweltbelastung steigen an …

Das Leben im Jahr 2053 könnte von verschiedenen Seiten her beleuchtet werden. Neben dem bereits durchgespielten Beispiel könnten auch andere Aspekte des Straßenverkehrs thematisiert werden: Welche Fortbewegungsmittel sind zukünftig denkbar? Gibt es vielleicht bald den Raketenantrieb zur Schule? Basis der Überlegungen muss der heutige Stand der Technik sein. Darauf aufbauend könnte der zu erwartende Verlauf der technischen Entwicklung Aufschluss über tatsächlich zu erwartende Lösungen geben. Faktoren wie zum Beispiel die tatsächlich vorhandenen Energieressourcen oder der Stand der Wissenschaft und Technik bieten bedeutsame Grundlagen für die Entwicklung eines wahrscheinlichen Szenarios. Dieses kann dann – wie in der Grafik dargestellt – in drei mögliche Richtungen gehen.
Oder wie könnte die Entwicklung in anderen, in diesem Kapitel angesprochenen Bereichen, wie etwa der Biotechnologie oder der Robotik aussehen? Was sind die Folgen für den Einzelnen und die Gesellschaft? Was muss getan werden, damit uns eine möglichst positive Zukunft erwartet? Entwerfen Sie ein eigenes Szenario!

Einflussfaktoren ermitteln

Die wichtigsten Faktoren, die das Problem bestimmen, müssen geklärt sein, um den Fortgang der Geschehnisse beschreiben zu können. Daten und reelle Bilder der Gegenwart werden zugrunde gelegt, um eine „wahrscheinliche" Zukunft entwerfen zu können.
Analysieren Sie also die gegenwärtige Situation:
Wie groß ist die ausgewählte Stadt heute, wie viele Einwohner gibt es, wie viele Kraftfahrzeuge sind hier zugelassen, wie viele Kilometer Fahrradwege gibt es, welche Möglichkeiten der Fortbewegung hat man mit Omnibus, S- oder U-Bahn, wie viele Menschen nutzen überhaupt den öffentlichen Nahverkehr, …?
Nützliche Informationen finden Sie sicherlich im Internet auf der Homepage der Stadt oder des örtlichen Nahverkehrsunternehmens.
Beachten Sie auf jeden Fall auch den heutigen Stand der Technik, damit Ihr Szenario realistisch bleibt!

Handlungsstrategien entwerfen

Der Sinn und Zweck der Durchführung eines Szenarios ist es, Einfluss auf eine möglichst positive Entwicklung zu nehmen. Durch die Darstellung einer positiven Zukunft kann den Verantwortlichen an den „Schalthebeln" aufgezeigt werden, dass man mit bestimmten Mitteln eine positive Zukunft zu erwarten hat. Das dieses aber trotz aller sorgfältig durchgeführten Vorarbeiten immer noch Unsicherheiten birgt, liegt in der Natur der Sache.

Vergleichen Sie Ihr Teilergebnis mit den Ergebnissen der anderen Gruppen und setzen Sie ein „Gesamtbild" zusammen. Überlegen Sie dann in der gesamten Klasse, was getan werden muss, damit die Entwicklung der Wirklichkeit möglichst positiv wird. Für das vorangegangene Beispiel könnte es die Forderung nach einem sparsamen PKW oder den Verzicht auf ein eigenes Auto bedeuten.

Trend- und Extremszenarien unterscheiden

Da man natürlich nicht mit 100%iger Sicherheit die Zukunft voraussagen kann, wird unsere eigene Prognose entweder mehr oder auch weniger von der tatsächlichen Zukunft abweichen. In der Regel kann von unterschiedlichen Grundannahmen ausgegangen werden, die sich in der Verbindung mit unterschiedlichen Zeitspannen auch unterschiedlich auf das Ergebnis des Szenarios auswirken.
Grundsätzlich gibt es drei verschiedene Entwicklungen:
A) das positive Extremszenario geht von optimistischen Grundeinstellungen aus und zeigt das beste Zukunftsbild;
B) das Trendszenario schreibt die Gegenwart ohne größere Veränderungen in die Zukunft hinein;
C) das negative Extremszenario zeigt die schlechteste Entwicklung. In der Abbildung sind diese Entwicklungen nebeneinander dargestellt.

9 Umweltschutz zwischen Ökonomie und Ökologie

„Früher war wirtschaftliches Wachstum eng verknüpft mit dem steigenden Verbrauch fossiler Brennstoffe wie Kohle, Öl und Gas."

„Heute sparen wir Energie und suchen nach nichtfossilen Energiequellen wie Sonne, Wind und Wasser."

Nachhaltige Energiegewinnung: Offshore-Windpark in der Nordsee

Online-Link
800481-0009

Hoher Energieverbrauch mit Klimafolgen!

Politische Energiewende gefordert!

- Erst die Wirtschaft, dann die Umwelt!?
- Ist die Windkraft die Energie der Zukunft?
- Was hat das Fliegen mit Klimaschutz zu tun?
- „Energiewende" – was heißt das?

Diese und weitere Fragen und Denkanstöße erwarten Sie auf den nächsten Seiten.

9 Umweltschutz zwischen Ökonomie und Ökologie

Im Widerstreit?
Ökonomie und Ökologie

Soll man sich heute eigentlich noch mit „der Umwelt" beschäftigen? Sind den deutschen Unternehmen weitere Kosten durch Umweltschutzauflagen zumutbar? Kurzum: Gilt in wirtschaftlich schwierigen Zeiten der Grundsatz: Erst die Wirtschaft und dann die Umwelt? Diese Frage berührt das grundsätzliche Verhältnis von Ökonomie und Ökologie. Stehen Wirtschaft und Umwelt wirklich in einem unversöhnlichen Gegensatz? Bedeutet mehr Umweltschutz schlechtere Absatzchancen der deutschen Unternehmen? Oder gibt es durchaus Möglichkeiten, wirtschaftlich profitables Handeln mit dem Schutz unserer natürlichen Lebensgrundlagen in Einklang zu bringen?

→ Kapitel 10, S. 210 f.

Erklärungen

Dilemma = Zwangslage
Ökonomie = Lehre vom Erstellen bzw. Einsetzen von Gütern, die der menschlichen Bedürfnisbefriedigung dienen
Ökologie = Lehre von den Beziehungen zwischen den Lebewesen und ihrer Umwelt

M1 Wirtschaft oder Umwelt?

Wirtschaft fordert: Ausbau des Autobahnnetzes	Naturschutzverbände fordern: Stopp des Autobahnbaus
Wirtschaftsverbände haben darauf hingewiesen, dass der Autoverkehr auf deutschen Straßen in den kommenden Jahren noch deutlich zunehmen wird. Sie fordern daher von der Bundesregierung einen zügigen Ausbau des bestehenden Autobahnnetzes.	Mehrere Natur- und Umweltschutzverbände haben in einer gemeinsamen Erklärung auf die zunehmende Belastung der Umwelt durch den Straßenverkehr hingewiesen. Sie fordern von der Bundesregierung einen weit gehenden Stopp des Autobahnbaus.

nach: Hans-Jürgen Albers/Gabriele Albers-Wodsak, Volkswirtschaftslehre, Haan-Gruiten (Verlag Europa-Lehrmittel) 8/2008, S. 445

M2 Ökonomie und Ökologie

Die Menschen haben eine Vielzahl von Bedürfnissen. Ein Teil dieser Bedürfnisse richtet sich auf Güter, die in der „Wirtschaft" hergestellt werden. Wir brauchen die Wirtschaft, um leben und überleben zu können.

Ein anderer Teil der menschlichen Bedürfnisse richtet sich auf die Umwelt. Die Umwelt ist als natürliche Lebensgrundlage für die menschliche Existenz ebenfalls unverzichtbar und darüber hinaus wesentliche Quelle unseres Wohlbefindens.

Das Dilemma besteht darin, dass die Wirtschaft die Umwelt als Produktionsfaktor benötigt. Durch die Herstellung der Güter wird die Umwelt abgebaut (z. B. Rohstoffe), bebaut (Straßen, Häuser usw.) und geschädigt (Boden, Wasser, Luft). Die Güter werden von den Menschen genutzt. Auch die Güternutzung ist oft nicht umweltneutral (Autofahren usw.).

Aus der wechselseitigen und konflikthaften Beziehung von Wirtschaft und Umwelt ergibt sich ein Spannungsverhältnis zwischen Ökonomie und Ökologie.

nach: Hans-Jürgen Albers/Gabriele Albers-Wodsak, Volkswirtschaftslehre, Haan-Gruiten (Verlag Europa-Lehrmittel) 8/2008, S. 446

M3 Teure Umweltnutzung

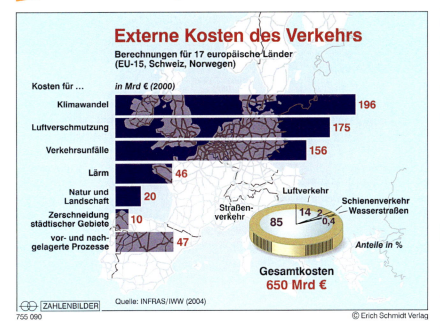

M4 Externe Kosten

Bei jeder wirtschaftlichen Aktivität (Produktion oder Konsum) wird die Umwelt (z. B. Luft, Wasser, Boden) genutzt. Da sie keinen direkten Preis hat, kann die Umwelt belastet werden, ohne dass dafür bezahlt werden muss. Es gibt keinen direkten finanziellen Anreiz zum Umweltschutz. Externe Kosten entstehen bei Umweltbelastungen, für die nicht die Verursacher, sondern die Allgemeinheit (z. B. Straßenbau oder Lärmschutz des Staates), die Opfer (z. B. Hochwasserschäden aufgrund versiegelter Flächen) oder zukünftige Generationen (z. B. langfristige Folgen des Klimawandels) aufkommen müssen.

Autorentext

M5 Umweltbewusster Autokauf?

Der Spritverbrauch eines Neuwagens gewinnt beim Autokauf immer mehr an Bedeutung. Dieses Kriterium besitzt bei Verbrauchern inzwischen den gleichen Stellenwert wie Sicherheit, Zuverlässigkeit und Preis eines Modells. Das ist das Ergebnis der aktuellen „Cars Online"-Studie des Beratungsunternehmens Capgemini. Wie das Unternehmen in Berlin mitteilt, bezeichneten 90 Prozent der Befragten den Verbrauch als wichtiges Kaufkriterium.

Laut Capgemini haben steigende Spritpreise zusammen mit einem geschärften Umweltbewusstsein ihre Wirkung bei den Autokäufern hinterlassen. Für die repräsentative Studie wurden in mehreren Ländern 3100 Personen befragt.

Autokauf-Kriterien: Spritverbrauch entscheidend: http://www.n-tv.de (Zugriff am 18.04.2009)

M6 Imagewechsel?

Etwas Gutes hat die Krise – die deutschen Autokäufer achten offenbar etwas mehr auf den Verbrauch. Kleinwagenhersteller fahren Sonderschichten, Dacia und Skoda melden Rekordverkäufe. Bei Ford in Köln wurde die Kurzarbeit abgesagt – weil sich die Modelle Ka, Fiesta und Fusion bestens verkaufen. Bei Audi hingegen bricht der Umsatz ein. Trotzig schalten die Ingolstädter teure Anzeigen. Offenbar sind sie hin- und hergerissen: Einerseits hat sich Audi inzwischen so sehr auf sportliche Boliden festgelegt, dass ein ökologischer Kurswechsel das Marken-Image gefährden würde. Andererseits ist klar, dass es mit der ewigen Aufrüstung auch nicht mehr so weiter geht.

news, in: Greenpeace Magazin 03/2009, S. 10

Arbeitsvorschläge

1. Sammeln Sie in Kleingruppen Pro- und Kontra-Argumente zum weiteren Ausbau des deutschen Autobahnnetzes (M1). Formulieren Sie Ihren persönlichen Standpunkt.

2. Beschreiben Sie, weshalb ein grundsätzlicher Konflikt zwischen Wirtschafts- und Umweltinteressen besteht (M1, M2).

3. Zentrales Ziel der Umweltpolitik ist es, dass die Kosten der Umweltverschmutzung vom jeweiligen Verursacher getragen werden (Verursacherprinzip). Man spricht auch von der Verringerung der „externen Kosten" (M3, M4). Erarbeiten Sie in Kleingruppen, welche externen Kosten mit dem Straßenverkehr verbunden sind. Wer verursacht die jeweiligen Umweltbelastungen? Wie können die Verursacher zur Übernahme der entstandenen Umweltschäden gezwungen werden? Diskutieren Sie im Plenum die erarbeiteten Vorschläge.

4. „Umweltschutz kostet Arbeitsplätze!" Diskutieren Sie diese Aussage unter Berücksichtigung von M5, M6.

9 Umweltschutz zwischen Ökonomie und Ökologie

Schönes Wetter!?
Treibhauseffekt und Klimawandel

Als im „Jahrhundertsommer" 2003 im Saarland mit 40,8 °C ein neuer Hitzerekord in Deutschland gemessen wurde, überwog hierzulande die gute Stimmung. Schwimmbad, Biergarten, Grillfeten und Fahrradtouren waren angesagt. Nur „Spielverderber" begründen das Wetter mit dem Treibhauseffekt: „Ist doch schön, wenn's wärmer wird!" Oder hat die wachsende Zahl von Überschwemmungen, Windstürmen und Dürrekatastrophen nicht auch mit dem Klimawandel zu tun? Welche Auswirkungen sind in Europa zu spüren? Wer kann unmittelbar betroffen sein? Und vor allem: Welche Ursachen hat der Treibhauseffekt?

→ Kapitel 10, S. 191–193

Erklärungen

Treibhausgase = entstehen vor allem durch die Verbrennung von fossilen (ausgegrabenen, geförderten) Energieträgern (= Kohle, Gas, Öl, Benzin) und tragen zur Verstärkung des Treibhauseffektes bei. Zu den Treibhausgasen gehören neben Kohlendioxid (CO_2) auch Ozon (O_3), Methan (CH_4), Lachgas (N_2O) und Fluorchlorkohlenwasserstoff (FCKW).

M1 Der lange Abschied vom weißen Winter

In den Siebzigerjahren waren die Leute verrückt danach, in Todtmoos im Schwarzwald Ski zu fahren. Auch für Eberhard Böhler ging es zunächst bergauf. Im Winter 1969/70 lag der Schnee vier Meter hoch. So schien es ihm eine lohnende Investition, einen Skilift zu bauen. Das Wort Klimakatastrophe gab es damals noch nicht. Dabei hatte der lange Abschied vom weißen Winter schon begonnen. Klima ist Wetter über einen langen Zeitraum betrachtet. Dass es sich verändert, lässt sich erst in der Rückschau erkennen. Ein einzelner warmer Winter oder mehrere hintereinander sagen noch nichts über eine Klimaerwärmung aus. Um den Rückzug des Winters festzustellen, gibt es zwei Möglichkeiten: den Glauben und die Langzeitbeobachtung.

Eberhard Böhler hat den Winter anders kennen gelernt. Der Winter dauerte von Anfang Dezember bis Ende März, und ein Lift lief mindestens 90 Tage. Die ersten schneearmen Winter kamen Anfang der Siebzigerjahre über Todtmoos, und sie überraschten den Skiclub böse. Kredite konnten nicht mehr bedient werden. Als Eberhard Böhler 1977 mit einer Einlage von 100 000 DM einstieg, ahnte er nicht, dass es von nun an immer wärmer werden würde. Er führt eine Liste, auf der er die Zahl der Betriebstage seit 1983 notiert hat. Bis 1988 waren es immer über 50 Lifttage, in den Neunzigerjahren lief der Lift mit einer Ausnahme stets weniger als 50 Tage. Eine Zeit lang hat Böhler gedacht, dass sich der Winter in Siebenjahreszyklen ändere. Doch wenn er sich erinnert, dann ist es eigentlich immer schlechter geworden.

nach: Heike Faller, Todtmoos, kein Wintermärchen, in: DIE ZEIT, 27. März 2002, S. 15 f.

M2 Ursache und Wirkung

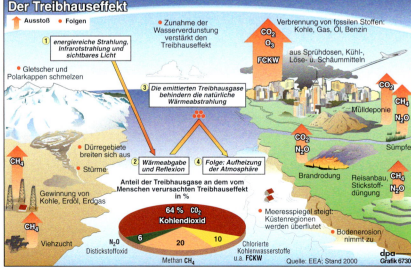

M3 Höhere Gewalt?

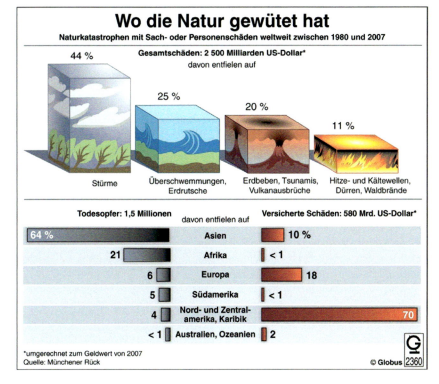

M4 Die Folgen des Klimawandels in Europa

– Die Hälfte der alpinen Gletscher und großen Dauerfrostgebiete könnten bis zum Ende des 21. Jahrhunderts verschwinden.
– Die Gefahr von Fluss-Hochwässern wird in den meisten Teilen Europas zunehmen; in Küstenbereichen werden die Überschwemmungsgefahr, die Erosion und der Verlust von Feuchtgebieten merklich ansteigen. Dies wird Folgen für menschliche Siedlungen, Industrie, Tourismus, Landwirtschaft und Naturschutzbereiche in Küstenzonen haben.
– Sommerlicher Wasserabfluss, Wasserverfügbarkeit und Bodenfeuchtigkeit werden sich insbesondere in Südeuropa voraussichtlich verringern und damit die Ungleichheit zwischen dem Norden Europas und dem dürregefährdeten Süden weiter verschärfen.
– In Süd- und Osteuropa wird sich die landwirtschaftliche Produktivität verringern, in Nordeuropa wird es – bei einem Temperaturanstieg von bis zu 3 °C – zunächst positive Effekte auf landwirtschaftliche Erträge geben.
– Wachstumszonen werden sich nach Norden verlagern. Dabei werden höchstwahrscheinlich wichtige Lebensräume für Tiere und Pflanzen (z. B. Feuchtgebiete) verloren gehen.
– Höhere Temperaturen und Hitzewellen könnten eine Verschiebung sommerlicher Touristenziele zur Folge haben, und in Wintertourismuszentren wird es durch eine geringere Verlässlichkeit für gute Wintersportbedingungen starke Einschnitte geben.

zusammengestellt nach: Rolf Sartorius, in: Umweltbundesamt (Hg.), Globaler Klimawandel – Klimaschutz 2004, Berlin 2004, S. 13

M5 Steigende Fluten – höhere Deiche

Zum globalen Meeresspiegelanstieg – im schlimmsten Fall mehr als ein Meter – müssen deutsche Küstenschützer noch bis zu 35 Zentimeter hinzuaddieren. Nicht eingerechnet ist dabei, dass stärkere Orkane in Zukunft das Wasser bei Sturmfluten noch stärker aufpeitschen könnten. Schon heute leben an der deutschen Küste 3,5 Millionen Menschen in Gebieten, die nur durch Deiche vor Überflutungen sicher sind – und je höher das Wasser steigt, desto größer wird das bedrohte Gebiet.
Wegen der Landabsenkung müssen die Deiche ohnehin erhöht werden, die Küstenländer haben aber inzwischen „Klimaaufschläge" von 50 Zentimetern eingeplant.

W. Hassenstein, Der Pegel steigt, in: Greenpeace Magazin 03/2009, S. 32 f.

Arbeitsvorschläge

1. Beschreiben Sie, wie der Skilift-Betreiber Eberhard Böhler den Klimawandel erlebt hat (M1). Schildern Sie Ihre persönlichen Eindrücke vom Klimawandel.

2. Erklären Sie mit Ihrem Nachbarn die Ursachen des Treibhauseffektes. Beschreiben Sie fünf Beispiele, wie Sie selbst zum Treibhauseffekt beitragen (M2).

3. Geben Sie an, welche Naturkatastrophen mit dem Treibhauseffekt in Verbindung gebracht werden können. Erklären Sie die ökonomischen und ökologischen Folgen mit jeweils einem Beispiel (M3–M5).

4. Erarbeiten Sie in Kleingruppen, welche Bedeutung der Klimawandel für die nachfolgenden Bereiche bzw. Interessengruppen hat (M3, M4): Staatshaushalte der EU-Länder, Gesundheitswesen, Versicherungen, Landwirtschaft, Touristik-Unternehmen. Tragen Sie Ihre Ergebnisse der Klasse vor.

9 Umweltschutz zwischen Ökonomie und Ökologie

„… ich geb' Gas!"
Umstrittenes Tempolimit

In nahezu allen Staaten der Europäischen Union hat man sich an ein generelles Tempolimit auf Autobahnen gewöhnt. Gewichtige Ausnahme: Deutschland! Aber ist dieser deutsche Sonderweg heute noch zeitgemäß? Sprechen nicht fundierte Argumente der Verkehrssicherheit und des Klimaschutzes für die Einführung eines Tempolimits? Oder lässt sich an diesen beiden Zielen auch auf anderen Wegen arbeiten? Was sagen die Experten?

→ Kapitel 10, S. 192 f.

M1 Blick von außen

German cars are famous internationally for their quality. This quality is matched by Germany's excellent network of roadways including the famous Autobahn network, which has many sections without speed limits and lots of speed hungry drivers on it. German drivers tend to drive faster and more aggressively than you might be used to, especially on the parts of the highway system without speed limit.

M. Rüter, Travel Info: www.travel-infonet.com (Zugriff am 14.03.09)

Übersetzungshilfen
to match sth: gut zu etwas passen
section: Abschnitt
to be used to: gewohnt sein

M2 Mehr Sicherheit mit Tempolimit?

Eine Geschwindigkeitsbegrenzung auf maximal 130 Kilometer pro Stunde auf Brandenburgs Autobahnen würde nicht nur die Zahl der Unfälle drastisch reduzieren, sondern auch den Verkehrsfluss deutlich erhöhen. Zu diesen Ergebnissen kommt eine vom Infrastrukturministerium in Auftrag gegebene Studie.
Um 20 bis 50 Prozent ging die Zahl der Unfälle und Toten nach Einführung eines Tempolimits auf den betreffenden Brandenburger Autobahnabschnitten zurück. Ein Beispiel dafür ist der rund 60 Kilometer lange Abschnitt der A 24 zwischen den Dreiecken Havelland und Wittstock. Vor Einführung von Tempo 130 im Dezember 2002 gab es hier jährlich zwischen sechs und acht Unfalltote. In den beiden zurückliegenden Jahren zählte die Polizei jeweils nur einen tödlichen Unfall. Die Zahl der Schwerverletzten ging von 54 im Jahr 2002 auf 29 im Jahr 2006 zurück.
Ebenso erhöhe ein langsameres und gleichmäßigeres Fahren die Kapazität der Fahrbahnen, so die Studie. Pro Tag und Richtung könne eine sechsspurige Autobahn bei Tempo 130 etwa 7 200 Fahrzeuge mehr aufnehmen als bei freigegebener Geschwindigkeit. Derzeit gibt es auf 453 des insgesamt 790 Kilometer langen Brandenburger Autobahnnetzes keine Geschwindigkeitsbegrenzungen.

Claus-Dieter Steyer, Halb so viele Tote bei Tempo 130 (01.11.2007): http://www.tagesspiegel.de (Zugriff am 10.01.2010)

Erklärungen

fundiert = gut begründet
marginal = hier: unerheblich, zu vernachlässigen
limitieren = begrenzen

M3 Mehr Klimaschutz mit Tempolimit?

Durch ein allgemeines Tempolimit von 120 km/h würden die von Pkw auf Autobahnen emittierten Stickoxide um 16 Prozent abnehmen; die Kohlendioxid-Emissionen würden sich um 9 Prozent verringern. Diese Minderung der Schadstoffemissionen wäre relativ schnell zu erreichen.

Die Effektivität eines Tempolimits steht und fällt jedoch mit der Höhe des Befolgungsgrades. Eine Geschwindigkeitsbeschränkung, die nicht oder nur ungenügend eingehalten wird, kann auch nicht zur Verringerung der Umweltbelastungen führen. Nach bisherigen Erfahrungen wird zunächst eine relative intensive Überwachung des Tempolimits erforderlich sein, die auch gewisse, schwer schätzbare Kosten verursacht. Diesen wären jedoch die Bußgeldeinnahmen gegenüberzustellen. Eine exakte Berechnung der Kosten und des ökonomischen Nutzens eines Tempolimits ist allerdings nicht möglich.

Umweltbundesamt: http://www.umweltdaten.de/publikationen/fpdf (Zugriff am 23.04.2009, gekürzt)

M4 Die Position des ADAC

zur Frage der Sicherheit

Die Autobahnen in Deutschland sind bei weitem die sichersten Straßen im Land. Der Anteil der Unfälle mit Personenschäden ist mit 6,2 Prozent unterdurchschnittlich.

Ein Zusammenhang zwischen generellem Tempolimit und dem Sicherheitsniveau auf Autobahnen ist im internationalen Vergleich nicht feststellbar. Die Zahl der Getöteten auf Autobahnen pro 1 Mrd. Fahrzeugkilometer liegt in Deutschland bei 2,99 mit fallender Tendenz. Zahlreiche Länder mit genereller Geschwindigkeitsbeschränkung schneiden schlechter ab als Deutschland (z. B. Belgien, Österreich, Slowenien, Tschechien, USA). In Österreich, wo ein generelles Tempolimit von 130 km/h gilt, ist die Getötetenrate auf Autobahnen etwa 1,5-mal höher als in Deutschland. Derzeit sind bereits knapp 40 Prozent des deutschen Autobahnnetzes dauerhaft oder zeitweise geschwindigkeitsbeschränkt, weitere rund 9 Prozent sind mittels Streckenbeeinflussungsanlagen zu limitieren – somit also schon etwa die Hälfte des Autobahnnetzes. Streckenbeeinflussungsanlagen ermöglichen eine flexible Geschwindigkeitsregelung zur optimalen Nutzung der Autobahn. In Abhängigkeit des aktuellen Verkehrsaufkommens und der aktuellen Witterungsbedingungen kann die situationsgerechte Geschwindigkeit gewählt und angezeigt werden.

zur Frage des Klimaschutzes

Für den Umwelt- und Klimaschutz bringt ein generelles Tempolimit auf Autobahnen keine erkennbaren Verbesserungen. Der CO_2-Ausstoß des Straßenverkehrs wird durch ein Tempolimit nicht nennenswert verringert. Bei einem Tempolimit von 120 km/h beträgt die Kraftstoffeinsparung bezogen auf den gesamten Pkw-Verkehr lediglich ein bis zwei Prozent. Da der Pkw-Verkehr wiederum nur etwa 12 Prozent der CO_2-Emissionen in Deutschland verursacht, ist der Einspareffekt im Hinblick auf die CO_2-Gesamtemissionen marginal. Zur Lösung eines globalen Problems ist ein generelles Tempolimit auf Deutschlands Autobahnen daher ungeeignet.

Zum Schutz der Umwelt kann man wesentlich effektivere Maßnahmen als ein generelles Tempolimit ergreifen. Der ADAC fordert die Umgestaltung des Kfz-Steuersystems und hat dafür ein Steuermodell auf Basis der CO_2-Emissionen entwickelt. Die CO_2-basierte Kfz-Steuer schafft Anreize, dass vermehrt effiziente, Sprit sparende Autos gekauft werden.

aus einem Flyer des ADAC e.V zum Thema Tempolimit: http://www.adac.de (Zugriff am 17.04.2009, gekürzt)

Arbeitsvorschläge

1. Viele Autofahrer stoßen im Netz auf die Reiseinformationen in **M1**. Angenommen, Sie werden von den Betreibern des Internetportal um einen Kommentar aus deutscher Sicht gebeten: Wie würden Sie einen entsprechenden Fünfzeiler formulieren?

2. Berechnen Sie zusammen mit Ihrem Nachbarn, um wie viel Prozent die Zahl der Unfalltoten und die der Schwerverletzten im Jahr 2006 gegenüber dem Jahr 2002 auf der in **M2** genannten Autobahnstrecke zurückgegangen ist. Halten Sie das Ergebnis für ein ausschlaggebendes Argument im Streit um das Tempolimit auf Autobahnen?

3. Wie wichtig erscheinen Ihnen die in **M3** aufgeführten Zahlen zum Klimaschutz? Verfassen Sie mit Ihrem Nachbarn eine gemeinsame Stellungnahme zu der Frage, ob die Zahlen aus **M2** und **M3** die Einführung eines generellen Tempolimits auf deutschen Autobahnen rechtfertigen.

4. Vergleichen Sie Ihre Stellungnahme mit der des ADAC (**M4**). Unterscheiden Sie dabei sorgfältig zwischen Einschätzungen und Fakten.

5. Angenommen, es wird ein allgemeines Tempolimit auf deutschen Autobahnen eingeführt. Entwerfen Sie dazu drei unterschiedliche Szenarien (vgl. S.168/169).

9 Umweltschutz zwischen Ökonomie und Ökologie

Ein teurer Spaß?
Umweltschäden durch „Billigflieger"

Am Wochenende zu einem Konzert nach London, in Paris einkaufen oder auf Mallorca Geburtstag feiern – das ist ein mittlerweile für viele erschwinglicher Luxus! Denn verdammt klein geworden ist unsere Welt und vor allem preisgünstig, dank einer wachsenden Zahl von so genannten „Billigfliegern". Doch wie kommen deren Flugpreise zustande, zumal das Autofahren immer teurer wird? Keine Frage: Die Billigfliegerei ist alles andere als umweltschonend. Sollte der Staat also eingreifen? Sollten Flugpreise die „ökologische Wahrheit" sagen? Damit jeder weiß, was er tut, wenn er mal eben von hier nach dort jettet?

→ Kapitel 9, S. 173

Erklärungen

Billigflugsegment = Markt für Billigflüge
Kontingent = hier: Menge
Kerosin = Flugbenzin
Subventionen = staatliche Unterstützungszahlungen an private Unternehmen, meist zur Erhaltung oder Schaffung von Arbeitsplätzen
Crew = (engl.) Besatzung, Mannschaft
Veto = Einspruch

M1 Wie Anbieter von Billigflügen ihr Geld verdienen

Grundlage für die Kalkulation der Fluggesellschaften ist die Maßeinheit: Kosten pro angebotene Sitzkilometer. Die großen Fluggesellschaften rechnen mit 13,4 Cent pro Sitz und Kilometer. Ryan-Air kann diese Kosten um bis zu 60 Prozent senken:

1. Billigflugreisen kann man meist nur über das Internet oder eine Hotline buchen. Das spart eigene Verwaltungskosten und Provisionen, die an die vermittelnden Reisebüros gezahlt werden müssten.
2. Auf Billigflügen gibt es zwar Essen, aber nicht umsonst. Besonderer Service wird nicht geboten.
3. Auf dem Flug gibt es weniger Flugbegleiter, die niedrigere Zuschläge bekommen und zudem putzen müssen.
4. Im Billigflieger sind bis zu 15 Prozent mehr Sitze als normal, so kann die Fluggesellschaft mehr Leute mitnehmen.
5. Damit die Sitzplätze ausgebucht sind, suchen sich Billigflieger möglichst Strecken aus, auf denen Reisende oft unterwegs sind.
6. Angesteuert werden möglichst kleine Flughäfen, Steuern und Flughafenkosten sind dort niedriger. Und weil hier nicht so viel Betrieb ist, kann nach einer Landung schneller wieder gestartet werden.
7. Welche kleinen Flughäfen angesteuert werden, ist davon abhängig, ob es Geld dafür gibt. Der Flughafen „Frankfurt-Hahn" im Hunsrück wird von der Landesregierung Rheinland-Pfalz mit insgesamt 5 Mio. Euro für arbeitsmarktpolitische Maßnahmen unterstützt – dazu gehört auch die Ausbildung der Crews für Ryan-Air.
Ein Sitz von London nach Frankfurt kostet bei Ryan-Air 4,9 Cent mal 668 Flugkilometer, also 32,73 Euro. Mit 9,99 Euro für das Ticket würde das Unternehmen Verlust machen. Darum gibt es immer nur ein bestimmtes Kontingent an Billigtickets.

nach: Nikolaus Röttger, Mit Panzer, ohne Rollstuhl, in: Bundeszentrale für politische Bildung (Hg.), Fluter, Nr. 10, März 2004, S. 47

M2 Umweltverbände schlagen Alarm

Mehrere deutsche Umweltverbände verurteilten die Billigflieger als „Klimakiller" und verlangten politische Maßnahmen gegen die Ausweitung des Flugverkehrs. Subventionen sollten abgebaut und Verbraucher vor Lockangeboten geschützt werden. Ferner verlangten sie die europaweite Einführung einer Steuer auf das Flugbenzin Kerosin – eine Abgabe, die an Schadstoff- und Lärmausstoß der Jets gekoppelt wäre. Die Bevölkerung müsse zudem wirksamer gegen den zunehmenden Fluglärm geschützt werden (z.B. durch schärfere Grenzwerte, Nachtflugverbote). Städte sollten das „ökonomisch unsinnige" Buhlen um die Billigflug-Airlines durch „Subventionierung von Provinzflughäfen" einstellen. So konkurrierten inzwischen allein im Rheinland vier Airports um die Billigfluglinien.
Die Kunden würden erst durch fragwürdige Angebote, die die erheblichen Zusatzkosten verschweigen, zum klimaschädlichen Fliegen verleitet, meint der Verkehrsclub Deutschland. Reservierungszuschläge, An- und Abfahrtskosten, Sicherheits- und Stornogebühren tauchten dabei nicht auf.

Umweltverbände gegen Billigflieger: Stoppt die Klimakiller (04.09.2003): http://www.spiegel.de (Zugriff am 10.10.2008)

M3 Unerwünschte Reisebegleiter

Reiselust: Die Umwelt zahlt den Preis

Bei einer Reise von 500 km entstehen pro Person:

Verkehrsmittel	Kohlendioxid in kg	Stickstoffoxide in g	Schwefeldioxid in g
mit dem Flugzeug	130 kg	490 g	62 g
mit dem Auto (Pkw mit Kat)	88	220	17
mit der Bahn	19	57	17
mit dem Reisebus	14	340	14

Quelle: Die Deutschen Bahnen / WWF

M5 Klimapolitik im Flugverkehr

Die Einführung der Besteuerung von Flugbenzin auf internationaler Ebene erweist sich als schwierig. Dies liegt daran, dass der Flugverkehr zu einem großen Teil ein internationaler Wirtschaftszweig ist, in dem Wettbewerbsverzerrungen befürchtet werden, wenn einzelne Staaten einseitig handeln. Auf der europäischen Ebene kann der inländische gewerbliche Flugverkehr besteuert werden. Zudem können zwei oder mehr Staaten die Flüge zwischen sich besteuern. Kurzfristig ist jedem Land die Einführung von emissionsabhängigen Landegebühren möglich, wie bereits in Schweden und der Schweiz praktiziert.

atmosfair gGmbH, Klimapolitik: http://www.atmosfair.de (Zugriff am 13.02.2009)

M4 Europaweite Besteuerung von Flugbenzin?

Der Verkehrsclub Deutschland (VCD) forderte die Bundesregierung auf, zusammen mit anderen Vorreiterstaaten wie Frankreich, England, Österreich, den Niederlanden und der Schweiz die Benzinsteuer für Inlandsflüge einzuführen und diese auch auf Flüge zwischen diesen Staaten auszudehnen. Eine EU-weite Kerosinsteuer wäre nach Ansicht des VCD zwar der bessere Weg. Diese werde jedoch am Veto von Ländern wie Spanien und Irland scheitern, die stark vom Tourismus abhingen. „Ausgerechnet das Verkehrsmittel mit der schlechtesten Klimabilanz ist bislang von jeglichen internationalen Verpflichtungen zum Klimaschutz ausgenommen", erklärte der VCD.

„Kommt es tatsächlich auf deutscher oder teileuropäischer Ebene zur Einführung einer Kerosinsteuer, führt dies zu einer gravierenden Beeinträchtigung der Wettbewerbsfähigkeit deutscher Fluggesellschaften und des Luftverkehrsstandorts Deutschland im globalen Wettbewerb", warnte der Generalsekretär des Luftfahrtverbandes BARIG, Martin Gaebges.

Die Steuerbefreiung des Luftverkehrs geht auf das so genannte Chicagoer Abkommen von 1944 zurück, mit dem das damals junge Verkehrsmittel Flugzeug gefördert werden sollte.

dpa, Umweltministerium: Kerosinsteuer zulässig, in: Kölner Stadt-Anzeiger, 11. März 2005

M6 Für Klimagase zahlen?

Für Menschen, denen Klimaschutz wichtig ist, gibt es jetzt ein Angebot: atmosfair. Mithilfe eines Emissionsrechners lässt sich feststellen, wie viel Klimagase Ihre Reise verursacht. Dafür zahlt der atmosfair-Kunde so viel, dass damit die Menge klimaschädlicher Gase an anderer Stelle vermieden werden kann, die eine vergleichbare Klimawirkung haben wie die Emissionen des Flugzeugs. Ein solcher Reparaturversuch ist ohne Zweifel besser als die Hoffnung, durch Aussitzen werde sich das Problem schon irgendwie von selbst lösen.

atmosfair gGmbH, Fliegen – und für die Klimagase zahlen: http://www.atmosfair.de (Zugriff am 05.09.2009)

Arbeitsvorschläge

1. „Konsequente Kostensenkung eines Unternehmens ist praktischer Umweltschutz!" Überprüfen Sie diese Aussage anhand der Geschäftspolitik von Ryan-Air (M1). Würden Sie das Unternehmen als umweltfreundlich bezeichnen? Diskutieren Sie.

2. Berechnen Sie gemeinsam mit Ihrem Nachbarn, wieviel Kohlendioxid die Verkehrsträger Flugzeug, Auto und Bahn auf der Strecke von Frankfurt a. M. nach London und zurück (= 1336 km) pro Person ausstoßen (M3). Interpretieren Sie das Ergebnis.

3. Sortieren Sie in Gruppenarbeit die Vorschläge der Umweltverbände nach Arten (M2, M4, M6). Wo setzen die einzelnen Instrumente an? Fassen Sie Ihre Ergebnisse in einer übersichtlichen Tabelle zusammen.

4. Sollten in einem ersten Schritt die deutschen Inlandsflüge besteuert werden? Sammeln Sie in Ihren Gruppen Pro- und Kontra-Argumente (M4, M5) und diskutieren Sie darüber.

5. Informieren Sie sich im Netz über die Angebote von atmosfair (M6).

9 Umweltschutz zwischen Ökonomie und Ökologie

Ein neuer Mix?
Energiewende geplant

Wir entscheiden als Verbraucher und Wähler mit, wie und wo unser Strom aus der Steckdose erzeugt wird. Auf welche Energieträger wird derzeit bei der Stromerzeugung zurückgegriffen? Welche Vor- und Nachteile haben die bislang ausgewählten Energieträger und wie zukunftsfähig sind diese? Aus welchen Gründen wird über eine Energiewende nachgedacht? Welche Ziele werden mit der Energiewende angestrebt? Erst bei genauerer Betrachtung wird deutlich, dass Strom nicht unbedingt gelb sein muss, wie uns die Werbung Glauben machen will, sondern vielleicht auch grün, schwarz oder …

→ Kapitel 8, S. 168 f.

M1 Energieversorgung

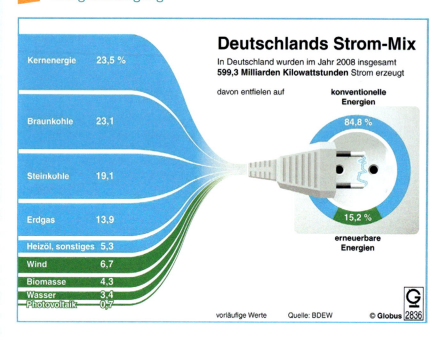

Deutschlands Strom-Mix
In Deutschland wurden im Jahr 2008 insgesamt **599,3 Milliarden Kilowattstunden** Strom erzeugt

davon entfielen auf

Kernenergie 23,5 %
Braunkohle 23,1
Steinkohle 19,1
Erdgas 13,9
Heizöl, sonstiges 5,3
Wind 6,7
Biomasse 4,3
Wasser 3,4
Photovoltaik 0,7

konventionelle Energien 84,8 %
erneuerbare Energien 15,2 %

vorläufige Werte   Quelle: BDEW   © Globus 2836

Erklärungen

fossil = ausgegraben bzw. gefördert, auch urzeitlich (im Laufe von Jahrmillionen entstanden)
erneuerbare Energien = Energiegewinnung aus wieder verwertbaren bzw. unerschöpflichen Energieträgern (Wasser, Wind, Biomasse/Müll, Sonne)
Intermezzo = Zwischenstadium

M2 „Jetzt oder nie!"

Vier Fünftel ihres Energiekonsums bestreitet die Menschheit mit Öl, Kohle und Gas. Die Rohstoffe sind zwar endlich, sie sind zwar ungleich unter den Nationen verteilt, aber vorerst gibt es noch viel davon: mehr Gas als Öl und deutlich mehr Kohle als Gas. Rein physisch ist die Energieversorgung auf Jahrzehnte hinaus möglich. Doch abgesehen vom Preis, ließe die Verbrennung aller erreichbaren fossilen Energien die Temperaturen dermaßen ansteigen, dass weite Teile des Blauen Planeten unbewohnbar würden.

Was also könnte, was müsste dem Öl folgen und könnte gleichzeitig das Klima retten? Es kann, bei Lichte betrachtet, nur eine Energiequelle sein: die Sonne. Ihre Kraft lässt Pflanzen wachsen, den Wind wehen und das Wasser zwischen Himmel und Erde zirkulieren. Jahrtausendelang nutzten die Menschen ausschließlich diese Energien, bis vor nicht einmal 300 Jahren fossile Brennstoffe diese Ära beendeten. Die fossile Ära kann aber nur ein Intermezzo sein, denn Kohle, Öl und Gas regenerieren sich nicht und werden eines nicht zu fernen Tages tatsächlich verbraucht sein. Der Aufbruch ins zweite Sonnenzeitalter ist deshalb unvermeidlich. Die Innovationen dafür sind bereits da oder entwickeln sich rasch. Sie müssen indes genutzt werden – und zwar „jetzt oder nie", wie es sogar bei der Internationalen Energie-Agentur (IEA) heißt.

F. Vorholz, Auf dem Weg ins Solarzeitalter (31.07.2009): http://www.zeit.de (Zugriff am 14.08.2009, gekürzt)

M3 Wird der Strom „grün"?

In 40 Jahren wird die Ölförderung an ihre Grenzen stoßen, in 50 Jahren sind die Erdgasvorräte, in 200 die Kohlevorkommen erschöpft. Das zumindest schätzen das Bundesumweltministerium und die Bundesanstalt für Geowissenschaften und Rohstoffe (BGR). Bis dahin soll die Energiegewinnung aus erneuerbaren Ressourcen in der Lage sein, für Ersatz zu sorgen. Das bedeutet: Strom, Wärme und Kraftstoff müssen dann durch Wind oder Wasserkraft, Biomasse, Erdwärme und Sonnenstrahlen gewonnen werden. Carmen Dienst vom Wuppertal-Institut für Klima, Umwelt, Energie ist da zuversichtlich: „Es ist möglich, die Versorgung mit erneuerbaren Energien zu gewährleisten – wenn gleichzeitig daran gearbeitet wird, die Effizienz zu verbessern."

Erdöl und Erdgas – sobald diese nicht mehr gefördert werden können – als beliebig verfügbare Energieträger mit Kohle auszugleichen kann wegen des massiven CO_2-Ausstoßes bei der Verbrennung und der damit verbundenen Klimaschädigung nicht der Weg sein. Das Wuppertal Institut bezeichnete es in einem Bericht für die Bundesregierung daher auch als unrealistisch, „gleichzeitig den beschlossenen Ausstieg aus der Atomenergie zu vollziehen und den Ersatzbedarf nur durch zentrale Großkraftwerke auf Basis von Kohle oder Erdgas zu ersetzen".

Ein wichtiges Instrument zur Stärkung der Marktposition der erneuerbaren Energien ist das 2000 beschlossene „Gesetz für den Vorrang erneuerbarer Energien" (EEG).

K. Steinbichler, Unsere Reservebank, in: Bundeszentrale für politische Bildung (Hg.), Fluter Nr. 19, 03/2006, S. 14 (gekürzt)

M4 Das Erneuerbare-Energien-Gesetz (EEG)

Mit dem Erneuerbare-Energien-Gesetz (EEG) werden Stromnetzbetreiber verpflichtet, Strom aus erneuerbaren Energien vorrangig abzunehmen und dafür einen festgelegten Preis zu zahlen. Am 6. Juni 2008 hat der Deutsche Bundestag eine Neufassung des EEG beschlossen, das am 1. Januar 2009 in Kraft trat.

M5 Alternativen gesucht?

Bis zum Jahr 2020 soll sich der Anteil am gesamten Stromverbrauch auf mindestens 30 % erhöhen, danach soll er kontinuierlich gesteigert werden. Im Jahr 2030 soll bereits rund die Hälfte des Stroms in Deutschland aus erneuerbaren Energien stammen.

Seit der Verabschiedung des Stromeinspeisungsgesetzes im Jahr 1990 hat sich zunächst die Windenergie kräftig entwickelt und die Wasserkraft konnte auf einem hohen Niveau gehalten werden. Mit dem Inkrafttreten des EEG im Jahr 2000 weitete sich der Boom auf die Biomasse und die Photovoltaik aus. Bemerkenswerte Entwicklungen gibt es auch bei der Nutzung der Erdwärme (Geothermie) zur Stromproduktion.

nach: Bundesumweltministerium Referat Öffentlichkeitsarbeit (Hg.), Kurzinfo Erneuerbare Energien: http://www.bmu.de (Zugriff am 14.02.2009)

Arbeitsvorschläge

1. Berechnen Sie gemeinsam mit Ihrem Nachbarn, welche prozentualen Anteile bei der Stromerzeugung in Deutschland auf die so genannten „fossilen Energieträger" und „erneuerbaren Energien" entfallen (M1).

2. Recherchieren Sie im Internet (siehe Online-Link S. 171) jeweils Vor- und Nachteile der in M1 genannten Energieträger. Gliedern Sie Ihre Ergebnisse in einer Tabelle (Wandzeitung), die Sie anschließend der Klasse präsentieren.

3. Warum wird in Deutschland über eine Energiewende (einen neuen Mix der Energieträger) nachgedacht? Erstellen Sie gemeinsam mit Ihrem Nachbarn eine Liste von Gründen (M2, M3).

4. Diskutieren Sie, ob die in M4 genannten Ziele realistisch sind und der Strom in Deutschland künftig „grün" sein wird.

5. Interpretieren Sie die Karikatur M5. Wie beurteilt der Zeichner den Energiemix?

Vertiefung

Ausbauen oder einsparen?
Atomenergie in der Diskussion

Umfragen fördern es immer wieder zutage: Die Mehrheit der Bevölkerung lehnt die Atomenergie als gefährlich ab und befürwortet den weiteren Ausbau der erneuerbaren Energien. Auch vor diesem Hintergrund verständigte sich die frühere rot-grüne Bundesregierung mit den Energiekonzernen auf einen Ausstieg aus der Atomkraft. Spätestens im Jahre 2025 soll das letzte deutsche Kernkraftwerk abgeschaltet werden. Eine explodierende Energie-Nachfrage auf dem Weltmarkt, die wachsende Sorge um eine steigende Abhängigkeit vom Ausland sowie Befürchtungen, die CO_2-Minderungsziele nicht einhalten zu können, haben seit einiger Zeit aber eine neue Diskussion um einen Ausstieg vom Atomausstieg entfacht. Ist Atomstrom nun doch wieder unverzichtbar?

→ Kapitel 10, S. 192 f.

Erklärungen

abgeschrieben = hier: Anschaffungskosten wurden schon erwirtschaftet
Energie-Effizienz = hier: für eine bestimmte Leistung (z. B. 24 Stunden Kühlschrank) wird weniger Energie bzw. Strom gebraucht

M1 Unverzichtbar?

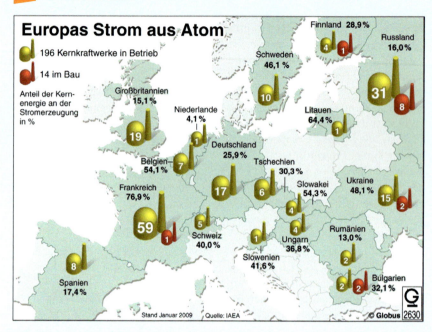

M2 Isoliertes Deutschland?

Gleich zehn neue Kraftwerke will die schwedische Regierung in den kommenden Jahren bauen – im Zusammenhang mit einer neuen Energie- und Klimapolitik. Sie befindet sich in bester Gesellschaft. Bulgarien kündigte den Neubau von Meilern an, ebenso Polen, die Niederlande und Italien. Das Hauptargument, mit dem die Regierungen ihre Pläne begründen, ist simpel: Klimaschutz. Schließlich emittieren Kernkraftwerke kein Kohlendioxid – betrachtet man nur die Stromproduktion, ohne den Uranabbau und dessen Aufbereitung mit einzurechnen. Die Atombranche jubelt und spricht einmal wieder von der Renaissance der Atomenergie weltweit. Sie zeichnet ein dramatisches Bild: Deutschland stehe mit seinem Atomausstieg allein da und sei weltweit isoliert.

Doch die Mehrheit muss nicht immer Recht haben. Das Potenzial der Atomkraft, den Klimawandel zu bremsen, ist gering. Die Internationale Energie-Agentur rechnet vor: Gerade einmal sechs Prozent könne die Branche beitragen, um die Treibhausemissionen bis zum Jahr 2050 um 50 Prozent zu reduzieren.

M. Uken, Atomkraft hilft dem Klima nicht (29.07.2009): http://www.zeit.de (Zugriff am 14.08.2009)

Kernkraftwerk Forsmark in Schweden

M3 Atomenergie – sauber, aber explosiv?

Am 14. Dezember 2001 gab es im KKW Brunsbüttel einen gewaltigen Knall. Nach der Diagnose „Leckage in einem unbedeutenden Sicherheitsbereich", schaltete man den vermuteten Bereich ab – und ließ das KKW unter Volllast weiterlaufen. „Unfallsicher" sei kein einziges KKW, warnt Helmut Hirsch als unabhängiger Berater für Kerntechnik. Wie durch ein Wunder beschädigten die umher fliegenden Trümmer keinen der sensiblen Messfühler. Und das explosive Wasserstoff-Sauerstoff-Gemisch entlud sich in gerade noch ausreichender Entfernung vom Reaktorkern. Tatsächlich werden in jedem der 17 hiesigen KKWs fast jeden zweiten Tag unerwartete Betriebsstörungen registriert, die schlimme Ausmaße annehmen können.

Mittlerweile sind die Anlagen abgeschrieben, zu Buche schlagen nur noch die reinen Betriebskosten – und die sind meist viel niedriger als bei Kohle- oder Gaskraftwerken. Dennoch schickt sich kein Stromerzeuger an, neue nukleare Stromfabriken zu planen. Der Grund: Die Investitionskosten dafür sind rund doppelt so hoch wie für neue Kohlekraftwerke. Dieser Nachteil kann auch durch die günstigen Betriebskosten der Atommeiler nicht wettgemacht werden.

Nach Schätzung der Internationalen Energie-Agentur (IEA) wird die Atomkraft im Jahr 2030 nur noch 4,6 Prozent zur weltweiten Energieproduktion beisteuern. Doch ist das wirklich Anlass zur Freude? Weniger Nuklearenergie bedeutet zwar weniger Nukleariskio, weniger Sorge um die Endlagerung des Strahlenmülls und weniger Streit darum, wie lange die Uranvorräte reichen – aber dann verrußt ohne CO_2-freien Atomstrom eben auch die Atmosphäre schneller, und Deutschland wird noch abhängiger von begrenzten und obendrein ausländischen Öl-, Gas- und Kohlevorräten. Es sei denn, Alternativenergien könnten die Versorgung mit weniger Gefahren für Mensch und Umwelt sicherstellen!

Genau davon ist Stephan Kohler überzeugt, der Chef der Deutschen Energie-Agentur (Dena). Effizienz, so Kohler, sei die ergiebigste Energiequelle – und eine heimische dazu. Intelligente Technik ermögliche es Industrie und Haushalten, rund ein Viertel der bisher verbrauchten Elektrizität einzusparen; das entspricht beinahe der Produktion sämtlicher deutscher Kernkraftwerke.

C. Gammelin / F. Vorholz, Sauber, aber explosiv (12.01.2006): http://www.zeit.de (Zugriff am 14.08.2009, gekürzt)

M4 Anbieterwechsel

10 Milliarden Euro mehr als nötig zahlen deutsche Haushalte an Stromgebühren. Die Energiekonzerne erhöhen jedes Jahr ihre Tarife: Im Schnitt ist Strom 2009 um 8,5 % teurer als im Vorjahr. Umso erstaunlicher ist, dass die Deutschen ihren Versorgern so treu sind. Nur 17 % wechselten in den letzten Jahren ihren Anbieter.

Notiz aus „Geld und Wirtschaft", in: Nido 1/2009, S. 96

M5 Verbraucherinformation

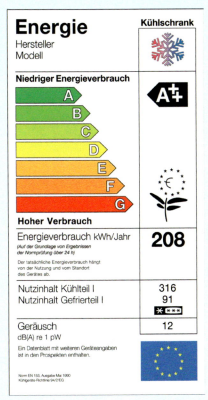

Europäisches Energielabel

Arbeitsvorschläge

1. Recherchieren Sie im Internet, welche Atompolitik die acht führenden Industriestaaten betreiben (Deutschland, Frankreich, Großbritannien, Italien, USA, Kanada, Japan, Russland). Erläutern Sie, ob Deutschland hierbei isoliert ist (M1, M2).

2. Das Thema „Sicherheit" kann im Zusammenhang mit der Atomenergie aus verschiedenen Perspektiven betrachtet werden. Erläutern Sie diese (M2, M3).

3. Erklären Sie den Begriff „Energie-Effizienz" und seine Bedeutung für die Energiedebatte (M3).

4. Angenommen, Sie haben Ihre erste Wohnung bezogen. Die Eltern übernehmen die Grundmiete, für die Nebenkosten müssen Sie selbst aufkommen. Recherchieren Sie (vgl. Online-Link S. 171), welche Anbieter für Sie in Frage kommen. Welche Kriterien (M4) legen Sie bei Ihrer Auswahl zugrunde? Diskutieren Sie Ihre Auswahl.

5. Erläutern Sie an praktischen Beispielen, wie Sie persönlich zu mehr Energie-Effizienz beitragen können (M5).

9 Umweltschutz zwischen Ökonomie und Ökologie

Umweltschutz mit Prüfsiegel?
Ökologische Unternehmensführung

Es ist noch nicht lange her, dass ein deutscher Bierhersteller den Käufern seiner Produkte zusicherte, mit den erzielten Erlösen insgesamt 25 Millionen Quadratmeter Regenwald „nachhaltig" schützen zu wollen. Was zunächst nach gewaltigem Umweltprojekt klang, entpuppte sich bei genauerer Berechnung als sehr überschaubar: 25 Millionen Quadratmeter entsprechen 25 Quadratkilometern, also einer Fläche von fünf mal fünf Kilometern, etwa so groß wie der Berliner Grunewald. Vielleicht fällt auch Ihnen auf, wie viele Unternehmen sich mit ihrer Umweltverbundenheit schmücken. Geht es dabei nur um Werbegags oder gibt es ein ernst zu nehmendes Öko-Management, das seinen Namen wirklich verdient? Wenn ja, wie funktioniert so etwas?

→ Kapitel 4, S. 70
→ Kapitel 10, S. 201

M1 Umweltschutz als Unternehmensziel

Um ihre unverwechselbare Eigenheit (Corporate Identity) sichtbar zu machen, geben sich viele Unternehmen ein Leitbild. Als Kern dieses Leitbildes können unterschiedliche Ziele definiert werden:
- **wirtschaftliche Ziele**: Sicherung der Existenz des Unternehmens durch langfristige Gewinnoptimierung,
- **soziale Ziele**: Sicherung der Arbeitsplätze und der Arbeitseinkommen sowie stetige Verbesserung der Arbeitsbedingungen,
- **technische Ziele**: Sicherung des technischen Fortschritts durch Forschung und Entwicklung für qualitativ immer bessere Produktionsprozesse und Produkte,
- **ökologische Ziele**: Sicherung der natürlichen Lebensbedingungen durch Minimierung des Ressourcenverbrauchs und der Schadstoffemissionen sowie Optimierung des Recycling.

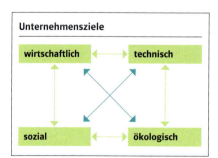

Oft gelingt es nicht, alle vier Ziele der Unternehmenspolitik gleichzeitig zu erfüllen. Diesen Sachverhalt könnte der Begriff „magisches Viereck" veranschaulichen.

nach: Franz-Joachim Ludolph, Umweltökonomie, Haan-Gruiten (Verlag Europa-Lehrmittel) 1998, S. 113

M2 Das Öko-Audit-Verfahren

Zur ständigen Verbesserung des betrieblichen Umweltschutzes hat die Europäische Union ein einheitliches Öko-Audit-Verfahren geschaffen, an dem sich jede Organisation freiwillig beteiligen kann. Dabei geht es zunächst um die systematische Erfassung sämtlicher umweltrelevanter Abläufe z.B. in einem Unternehmen. Darauf aufbauend wird unter fachkundiger Beratung ein Plan mit konkreten Umweltschutzzielen und Verantwortlichkeiten zusammengestellt. Ist-Zustand und geplante Umweltschutzmaßnahmen werden in einer Umwelterklärung festgehalten und veröffentlicht. Das damit geschaffene Umweltmanagement wird in regelmäßigen Abständen von unabhängigen Gutachtern überprüft. Entsprechen die Umweltschutzbemühungen den von der Europäischen Union definierten Qualitätsmerkmalen, erhält das überprüfte Unternehmen ein entsprechendes Zertifikat. Mit der Urkunde darf nicht für bestimmte Produkte, wohl aber für das Unternehmen geworben werden.

K. Gebhardt, Stichwort „EG-Öko-Audit": www.umweltdatenbank.de (Zugriff am 16.04.2009)

Erklärungen

audit = (engl.) prüfen
Corporate Identity = unverwechselbares Wesen bzw. Image eines Unternehmens
Inputfaktoren = Eingangsstoffe eines Produktionsprozesses
Outputfaktoren = Ausgangsstoffe eines Produktionsprozesses
Recycling = Wiederverwertung von genutzten Stoffen
Zertifikat = (amtliche) Bescheinigung
EMAS (Eco Management and Audit scheme) = Öko-Audit-Verfahren

M3 Ökologisches Management am Beispiel einer Brauerei

Bier wird aus den Ausgangsstoffen Wasser, Gerste (in manchen Bieren auch Weizen) und Hopfen hergestellt. In dem Prozess, der aus mehreren Abschnitten besteht, wird zur Erwärmung Energie benötigt und zur Erzeugung des Alkohols Hefe verwendet. Schließlich entsteht das Getränk, das nun nur noch abgefüllt und verkauft werden muss. Oder gibt es doch noch mehr zu bedenken?

Das ökologische Management betrachtet nicht nur den unmittelbaren Produktionsprozess und die damit verbundenen Input- und Outputfaktoren, sondern berücksichtigt auch die Auswirkungen auf die Umwelt. Erst bei dieser Betrachtung ergibt sich ein weitaus komplizierteres Bild:

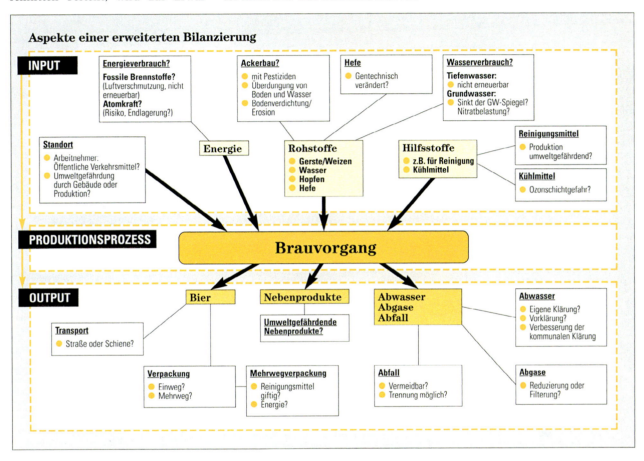

Arbeitsvorschläge

1. Angenommen, Sie sind Mitarbeiter einer Brauerei. Bilden Sie vier Gruppen, die sich jeweils um einen der vier Zielbereiche des Unternehmens kümmern (M1). Entwickeln Sie fünf Vorschläge, wie das in Ihrer Gruppe jeweils angestrebte Ziel erreicht werden kann. Vergleichen Sie schließlich im Plenum Ihre erarbeiteten Vorschläge und diskutieren Sie darüber.

2. Erläutern Sie, was unter dem „magischen Viereck" zu verstehen ist (M1). Diskutieren Sie, ob die vier Zielbereiche in einem Unternehmen gleichberechtigt nebeneinander stehen.

3. „Mit dem Öko-Audit-Verfahren kann sich der Staat beim betrieblichen Umweltschutz raushalten!" (M2) Nehmen Sie kritisch Stellung zu dieser Aussage. Falls Sie anderer Meinung sind, beschreiben Sie, welche Umweltschutzaufgaben der Staat gegenüber den Unternehmen übernehmen muss.

4. Als Mitarbeiter einer Brauerei arbeiten Sie bei einem Öko-Audit-Verfahren mit (M2, M3). Bilden Sie vier Expertengruppen zu den Bereichen Luft, Wasser, Energie und Abfall. Entwickeln Sie Vorschläge zur Verbesserung des Umweltschutzes. Recherchieren Sie eventuell im Internet, welche Umweltbelastungen mit dem Bierbrauen verbunden sind. Vergleichen Sie anschließend Ihre Ergebnisse und diskutieren Sie über die Verwirklichungschancen. Wann würden Sie die Brauerei als umweltfreundliches Unternehmen bezeichnen?

Methode

Umweltfreundliche Schule?
Das Öko-Audit-Verfahren anwenden

Kurzes Vorwort

Gerade beim Umweltverhalten wird schnell mit den Fingern auf andere gezeigt. Doch wie sieht es eigentlich im eigenen Umfeld aus, zum Beispiel in der Schule? „Das sind doch Peanuts!", mögen hier manche glauben. „Das ist doch überhaupt nicht mit der Umweltverschmutzung von Industrieunternehmen zu vergleichen." Großer Irrtum! Auch wenn in der Schule „nur" Qualifikation und Kompetenz „produziert" wird, ist mit dem gewöhnlichen Schulbetrieb ein sehr beachtlicher Umweltverbrauch verbunden!

Doch wie kann dieser Umweltverbrauch systematisch erfasst und reduziert werden? Die Antwort liefert ein Verfahren, das in der Privatwirtschaft schon seit vielen Jahren mit großem Erfolg angewandt wird: das Öko-Audit-Verfahren (vgl. S. 184 f.). Werden auch Sie Öko-Manager und tun Sie auch in dieser Hinsicht vor allem etwas für Ihre Zukunft!

Vorbereitung

Bitten Sie um die Mithilfe des Hausmeisters!
Es muss klar sein, dass es von Ihrer Seite nicht um Kontrolle, sondern um verantwortliche Mitarbeit geht! Mit Schülern, die sich um den Umweltschutz kümmern, hat der Hausmeister unter dem Strich weniger Arbeit. Man denke nur an die konsequente Nutzung der Mülleimer!

Suchen Sie sich Unterstützung bzw. Beratung von außen
Bei einem vollständigen Öko-Audit-Verfahren (z. B. unter Einbezug der Heiztechnik) geht es rasch um sehr spezifische Fragen, bei denen fachkundiger Rat eingeholt werden sollte. In einer Reihe von Städten laufen so genannte „Fifty-Fifty"-Programme. Das heißt, den Schulen wird die Hälfte der eingesparten Kosten vom Schulträger zur freien Verfügung gestellt. Erkundigen Sie sich beim Rat der Stadt oder Gemeinde danach. Selbstverständlich ist es auch möglich, sich bei „seinem" Öko-Audit-Verfahren zunächst auf einen überschaubaren Umweltbereich zu konzentrieren (z. B. Müllreduzierung).

Beschaffen Sie sich Messgeräte
Bei der Untersuchung des Energieverbrauchs sind die folgenden Messgeräte sehr hilfreich:
– Wattmeter (Stromverbrauch),
– Luxmeter (Beleuchtungsstärke),
– Thermometer (Raumtemperatur).
Erst mit diesen Geräten lassen sich die wahren „Energiefresser" ermitteln. Darüber hinaus existieren im Hinblick auf die Beleuchtung und Raumtemperatur bestimmte Richtwerte, die eingehalten werden müssen. Beispielsweise sämtliche Lichter im Treppenhaus auszuschalten, ist schon aus haftungsrechtlichen Gründen nicht zulässig! Aber vielleicht kann die Anzahl der Leuchtstoffröhren reduziert werden?

Beispiel

	Anzahl der Müllbehälter	Volumen der Müllbehälter (in Liter)	Anzahl der Leerungen pro Woche	Müllaufkommen pro Jahr (in Liter)
Altpapier	1	660	14-tägig	17 160
„Gelbe Tonne"	2	120	14-tägig	6 240
Restmüll	2	770	2	160 160
			Gesamt	183 560

An dieser Schule funktioniert die Mülltrennung offenbar überhaupt nicht. Dies hat auch zur Folge, dass der Schulträger sehr hohe Gebühren für den Restmüll bezahlt, während die gebührenfreie „gelbe Tonne" mit 3,4 % des jährlichen Müllaufkommens praktisch keine Rolle spielt.

Bilden Sie Expertengruppen
Sinnvoll ist folgende Arbeitsteilung: Heizenergie, Strom, Wasser und Abfall/Müllreduzierung. Besorgen Sie sich die Verbrauchsdaten der letzten drei Jahre und beginnen Sie mit der regelmäßigen (!) Erfassung der Verbrauchs- bzw. Abfalldaten. Im Internet gibt es dazu viele praktische Tipps.
Für die Gruppe Abfall/Müllvermeidung könnte eine Datenerfassung wie im Beispiel S. 186 aussehen.

Zusammenstellung und Umsetzung des Umweltprogramms

Setzen Sie sich vernünftige Ziele
Wenn Sie vorwärts kommen wollen, dann müssen Sie wissen, wohin es gehen soll. Setzen Sie sich realistische und vor allem nachprüfbare Ziele. Berechnen Sie dazu jeweils die Verbrauchsdaten je Einheit (z. B. Müllaufkommen pro Schüler, Wärmeenergie pro Quadratmeter). Erstens sind diese Zahlen besser geeignet, um sich den Umweltverbrauch konkret vorstellen zu können. Zweitens können Sie mit diesen so genannten spezifischen Größen (im Internet) Vergleiche mit anderen Schulen durchführen und damit einschätzen, wo Ihre Schule steht (vgl. Online-Link S. 171).

Planen Sie in überschaubaren Zeiträumen
Unterteilen Sie Ihre angestrebten Ziele in möglichst überschaubare kleine Schritte. Bei jedem Schritt muss klar sein, wer, wann, was zu erledigen hat. Häufig ist es ratsam, nicht gleich alle möglichen Baustellen gleichzeitig zu eröffnen. Definieren Sie Ihre Schwerpunkte!

Überlegen Sie sich, wie Sie Ihre Mitschüler zur Mitwirkung motivieren wollen
Letztlich sind Sie zur Erreichung Ihrer Umweltziele auf die Unterstützung Ihrer Mitschüler angewiesen. Bloße Appelle an das Umweltbewustein führen in der Regel nicht zum Ziel. Überlegen Sie sich, wie Sie auf kreative und ungewöhnliche Weise für Ihr Anliegen werben können. Sie könnten in Abstimmung mit der Schulleitung besondere Umweltaktionen planen, bei denen auf dem Schulhof der Müll einer Schulwoche zu besichtigen ist oder Ihre Mitschüler im Rahmen eines Wettbewerbs berechnen müssen, wie häufig die Aula mit dem jährlichen Schulmüll aufgefüllt werden könnte ...
Bedenken Sie auch: Häufig führt Unwissenheit zum umweltschädlichen Verhalten. Stellen Sie die wichtigsten Energiespartipps zusammen und hängen diese in sämtlichen Klassenräumen aus.

Kontrolle und Bewertung

Ziehen Sie regelmäßig Bilanz
Durch die laufende Verbrauchskontrolle können Sie jederzeit den Erfolg Ihrer Arbeit überprüfen. Setzen Sie sich regelmäßige Meilensteine, an denen die neuen Zahlen genau unter die Lupe genommen werden. Haben die eingeleiteten Maßnahmen wirklich zum gewünschten Erfolg geführt? Wenn nein, wo liegen die Gründe?

Informieren Sie Ihre Mitschüler
An der Verwirklichung der gesetzten Ziele hat letztlich die ganze Schule mitgewirkt. Informieren Sie deshalb Ihre Mitschüler über die erzielten Erfolge. Gibt es in Ihrer Schule einen Ort, an dem alle regelmäßig vorbeigehen? Bestimmt! Stellen Sie genau dort Ihre Infotafel auf, die Sie natürlich regelmäßig aktualisieren müssen. Deutlich wird dadurch auch etwas ganz Wichtiges: Über den Zustand unserer Umwelt entscheiden im Grunde nur WIR selbst!

10 Entwicklung und Frieden in der Einen Welt

„Früher konnten wir Krisen und Katastrophen in der Welt von ferne zusehen."

„Heute kommen die Probleme der anderen zu uns."

Flüchtlinge Sudans

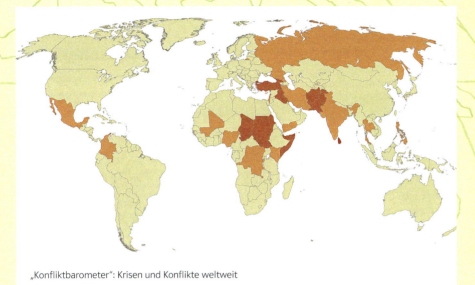

„Konfliktbarometer": Krisen und Konflikte weltweit

Kaffeebauern bei der Ernte

- (K)eine Welt für alle?
- Wovor flüchten die Menschen?
- Was haben wir mit den Kaffeebauern in Mittelamerika zu tun?
- Welche Weltregionen sind von Krisen und Konflikten besonders betroffen?
- Was können wir tun und welche Organisationen unterstützen uns?

Diese und weitere Fragen und Denkanstöße erwarten Sie auf den nächsten Seiten.

10 Entwicklung und Frieden in der Einen Welt

„Nur weg von hier!"
Migration weltweit

Weltweit suchen Menschen nach Arbeit oder Ausbildungsmöglichkeiten; sie fliehen vor Bürgerkrieg, Hungersnot und politischer Verfolgung; sie werden gewaltsam vertrieben in ethnischen Konflikten oder durch ökologische Katastrophen. Schätzungen zufolge sind derzeit ungefähr 50 Millionen Menschen als Umweltflüchtlinge unterwegs – sie suchen, wie alle Migranten, nach einer neuen Lebensgrundlage.
Auch wir in Europa sind betroffen und müssen uns mit Ursachen und Problemen auseinandersetzen. Kein Land kann allein eine Lösung finden, aber vielleicht viele Länder, wenn sie zusammenarbeiten? Welche Möglichkeiten haben wir und welche Organisationen und Institutionen können uns unterstützen?

→ Kapitel 4, S. 72–75
→ Kapitel 9, S. 174 f.

Erklärungen

Migration = Flucht und Wanderungsbewegungen
Migranten = Menschen, die freiwillig oder unfreiwillig ihre Heimat verlassen
ethnische Konflikte = Konflikte, die sich an sprachlichen oder kulturellen Unterschieden von Volksgruppen entzünden
UN (United Nations) = Die Vereinten Nationen sind ein Zusammenschluss von (2008) 192 Staaten, die ihre wichtigste Aufgabe in der Förderung der internationalen Zusammenarbeit sehen.
UN-Konferenzen = regelmäßige Treffen der Vereinten Nationen zur Beratung der weltweit drängenden „großen" Probleme
UNHCR (United Nations High Commissioner for Refugees) = Organisation der UN zum weltweiten Schutz von Flüchtlingen

M1 Woher – wohin?

M2 Krieg, Hunger, Missbrauch

Als er 1998 in Deutschland ankam, war Humberto gerade 15 Jahre alt, allein auf der Flucht. In seiner Heimat war Krieg. Und der hatte sich tiefer in seine Seele gebrannt, als auf den ersten Blick ersichtlich war. Humberto möchte nicht darüber reden, wie er von Afrika hierher kam. Irgendwo an einem Berliner Bahnhof wurde er ohne Papiere von der Polizei aufgegriffen und in einem Flüchtlingsheim untergebracht. Humberto blieb bei dem Aufnahmegespräch wortkarg. Nur so viel: Er kommt aus Angola und seine Eltern sind ermordet worden. Nachts läuft Humberto durch die Gänge des Heims, ist unruhig. Am Morgen springt er katzenhaft in die Zimmer der anderen Kinder, schießt mit seinem Zeigefinger Löcher in die Bettdecken, tut so, als ob er etwas in den Raum werfen würde, das er explodieren lässt: „Wumm!" Erst später stellt sich heraus, dass er im Alter von neun Jahren von der angolanischen Rebellenorganisation entführt und zum Kindersoldaten ausgebildet wurde. Sechs Jahre lang musste er in deren Auftrag morden, foltern und plündern, bis ihm die Flucht gelang.

Matthias Zuber, Ausgeliefert, in: Frankfurter Rundschau Magazin vom 24.03.2001 (gekürzt)

M3 Pressemitteilung von terre des hommes

Berlin, 22.05.2008 – Die Situation für die etwa 250 000 Kinder und Jugendlichen, die weltweit als Soldaten eingesetzt werden, hat sich in den vergangenen vier Jahren kaum verbessert. Zu diesem Ergebnis kommt der neue Weltreport Kindersoldaten 2008. Der Wille der internationalen Staatengemeinschaft sei da, doch die bisherigen Anstrengungen reichten bei weitem nicht aus.

terre des hommes-Pressereferat Osnabrück, Situation von Kindersoldaten weltweit dramatisch (22.05.2008), zit. nach: http://www.uni-kassel.de (Zugriff am 07.09.2009)

M4 Klimaveränderung und organisiertes Verbrechen

„Die Zahl der weltweiten Klima- und Umweltflüchtlinge wird dramatisch ansteigen. Wenn sich die Lage in den bedrohten Regionen nicht verbessert, werden es vor allem Menschenhändler und Schlepper sein, die an dieser Tragödie verdienen", warnt Janos Bogardi, Direktor des Institute for Environment and Human Security der United Nations University während der UN-Konferenz über Klima- und Umweltflüchtlinge 2008 in Bonn.

„Das Problem geht alle etwas an", bringt es Bogardi auf den Punkt. „Bis 2050 werden es mindestens 200 Mio. Menschen sein, die aufgrund von Umweltproblemen ihre Heimat verlassen müssen. Die Gründe, das Heimatland zu verlassen, sind mannigfaltig und reichen von Klimaveränderungen bis hin zu leergefischten Ozeanen", umschreibt der Forscher die Problematik. „EU-Fischereiflotten fischen beispielsweise vor der Küste Westafrikas in großem Stil die Meere leer. Wenn die Lebensgrundlage der Menschen dort nicht mehr vorhanden ist, sind sie gezwungen, ihr Land zu verlassen", meint der Experte. Schnelle Lösungen gebe es dafür jedoch nicht. „Sie können nur darin liegen, die Probleme an ihrem Ursprung zu packen und etwas dagegen zu tun." Das bedeutet, dass man nicht die Symptome bekämpfen dürfe, sondern die Ursachen. Entwicklungshilfe dürfe von den reichen Ländern nicht als Gabe von Almosen gesehen werden, sondern es sollte ein kulturelles Interesse daran bestehen, den Menschen in ihren Ländern zu neuen Chancen zu verhelfen.

Eine weitere Problematik der Flüchtlinge sind die perfekt organisierten Schlepper und Menschenhändler, die die Not der Menschen ausnützen und damit Geschäfte machen. „Umweltbedingte Migration führt also sehr oft auch zu organisiertem Verbrechen", erklärt der Experte. „Wir müssen den Menschen die Möglichkeit geben, in ihren Heimatländern bleiben zu können."

Dass die Problematik nicht nur fernab Europas stattfindet, skizziert Bogardi anhand des Beispiels Spanien. „Das südwesteuropäische Land ist nicht nur ein Zielland für Flüchtlinge und Schlepperbanden, es ist auch selbst vom Klimawandel betroffen. Denn schwer wiegt in Spanien bereits heute der Wassermangel. Sollte die nicht-nachhaltige Landnutzung weiter in der Art betrieben werden wie bisher, wird die Region von Versteppung bedroht sein. Das Land wird zunehmend unbewohnbar und die Menschen werden es verlassen", so Bogardi abschließend.

pte, 200 Mio. Klima- und Umweltflüchtlinge bis 2050 (09.10.2008): http://www.pressemitteilungen-online.de (Zugriff am 14.06.2009, gekürzt)

Die Wüste dringt vor in Räume, die bisher noch von Menschen genutzt werden.

Arbeitsvorschläge

1. Untersuchen Sie eine der Regionen genauer, aus denen z. Zt. viele Menschen auf der Flucht sind (M1). Bilden Sie dafür kleine ‚Ländergruppen' und versuchen Sie, die Ursachen der Flucht herauszufinden. Präsentieren Sie Ihre Ergebnisse.

2. In Afrika sind Menschen jeden Alters Schrecken ausgesetzt (M2, M3). Hilfsorganisationen wie UNICEF oder terre des hommes versuchen zu helfen – vor Ort oder in den Zufluchtländern. Informieren Sie sich über diese Arbeit (Online-Link S. 189).

3. Lesen Sie Text M4 und formulieren Sie für jeden Abschnitt eine Zwischenüberschrift. Zeichnen Sie für die beschriebene Problemkette ein Ursache-Wirkung-Diagramm (vgl. dazu auch S. 72–75). Erläutern Sie Ihr Diagramm vor der Klasse und überlegen Sie gemeinsam: Wo müsste man Ihrer Meinung nach bei der Lösung der Probleme ansetzen? Diskutieren Sie.

10 Entwicklung und Frieden in der Einen Welt

Zu teuer?
Ein neues Klimaschutzabkommen

Es ist bekannt, dass Stürme, Dürrekatastrophen und Überschwemmungen zu den Folgen des globalen Klimawandels zählen. Dass diese Naturkatastrophen weltweit die Flüchtlingsströme anschwellen lassen, dringt dagegen erst langsam in unser Bewusstsein. Klimaschutz ist aus vielen Gründen wichtig.

„Eine globale Klimakatastrophe kann nur durch internationalen Klimaschutz abgewendet werden." Mit dieser Aussage endet allerdings für viele Staaten der Welt schon die Gemeinsamkeit beim Thema Klimaschutz. Letztlich geht es um die Verringerung von Treibhausgasen. Rauchende Schornsteine aber haben für viele etwas mit Gewinnen und Arbeitsplätzen zu tun. Und da möchten sich nicht alle Staaten auf allzu lästige Beschränkungen bei der eigenen wirtschaftlichen Entwicklung einlassen – oder vielleicht doch?

→ Kapitel 9, S. 174 f.

Erklärungen

Emissionen = Abgabe von Schadstoffen oder Strahlungen, die die Umwelt belasten (z. B. Luftschadstoffe, Lärm, radioaktive Strahlen)
Emissionshandel = Handel mit Emissionsrechten, d. h. mit Berechtigungen zur Abgabe von Schadstoffen
kollabierend = zusammenbrechend
Pakt = Übereinkunft, Vertrag
Ratifizierung = völkerrechtlich verbindliche Zustimmung internationaler Abkommen
Schwellenländer = frühere Entwicklungsländer, in denen die Industrialisierung stark voranschreitet
Weltklimarat (IPCC) = 1988 u. a. vom UN-Umweltprogramm gegründeter beratender Expertenausschuss zum Klimawandel

M1 Von Kyoto nach Kopenhagen

Im Jahre 1997 einigen sich Vertreter aus über 170 Ländern in Kyoto (Japan) auf das so genannte Kyoto-Protokoll. Erstmals werden darin konkrete Ziele zur Verminderung der Treibhausgase vereinbart – allerdings nur für die Industriestaaten. Gemeinsames Ziel ist es, die Treibhausgas-Emissionen bis 2012 im Vergleich zu 1990 um 5 Prozent zu verringern. Den Schwellen- und Entwicklungsländern wird es erlaubt, ihren Ausstoß von Treibhausgasen zugunsten ihrer wirtschaftlichen Entwicklung zu erhöhen.

Weltweit wird sich der CO_2-Ausstoß nach aktuellem Stand allerdings erhöhen, da sich große Nationen wie die USA, China und Indien nicht beteiligen. Der Grund für das „gute" Abschneiden der Staaten in Osteuropa liegt v. a. am Zusammenbruch der Wirtschaft in diesen Ländern Anfang der 1990er-Jahre.

Der Weltklimarat (IPCC) drängt nun die internationale Staatengemeinschaft zu einem ehrgeizigen Klimaschutzziel: Bis 2050 sollen weltweit 50 Prozent der Treibhausgasemissionen eingespart werden, damit sich die durchschnittliche Temperatur auf der Welt bis 2100 um nicht mehr als 2 °C erwärmt. Die USA haben ihre Teilnahme an den Verhandlungen um ein neues Abkommen zugesagt, bestehen allerdings vor der Vereinbarung von Zielmarken darauf, dass auch Schwellenländer wie China und Indien diesmal Auflagen zustimmen müssen. Diese wiederum verweisen auf die Verantwortung der USA, die weltweit am meisten CO_2 ausstoßen.

E. Wansleben, Wochenschau-Themenheft Klimawandel, Schwalbach Ts. (Wochenschau Verlag) 2008, S. 19 f. (gekürzt)

M2 Erstes Klimaschutzabkommen

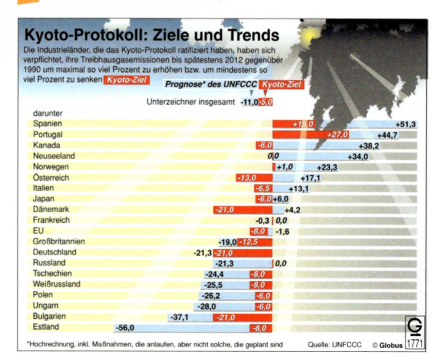

192

M3 Ein Klimaschutzpakt zwischen Nord und Süd?

In Zeiten wachsender Arbeitslosigkeit und kollabierender Unternehmen könnten wir uns Klimaschutz nicht mehr leisten, heißt es. Ein Irrglaube. Tatsächlich können wir es uns nicht leisten, auf den Schutz des Klimas zu verzichten.

Die vom Menschen angezettelte Erderwärmung gefährdet den Lebensraum Erde; dieser Schaden ist irreparabel. Der Kampf gegen den Klimawandel verlangt von uns mehr als Windräder aufzustellen, sparsamere Autos zu kaufen und Häuser zu sanieren. Notwendig ist ein Pakt zwischen Nord und Süd, zwischen Industrieländern auf der einen, Schwellen- und Entwicklungsländern auf der anderen Seite.

Die Länder des Südens haben zwar nicht viel zum Klimafrevel seit Beginn der Industrialisierung beigetragen; inzwischen sind jedoch einige von ihnen, voran das bevölkerungsreiche China, zu Großemittenten von Treibhausgasen geworden. Soll die Erderwärmung gebremst werden, sind China & Co. deshalb gefordert. Die Länder des Nordens, die Verursacher des bereits messbaren Temperaturanstiegs, sind allerdings doppelt gefordert. Sie müssen nicht nur ihre Emissionen deutlich mindern; sie stehen ebenso in der Pflicht, dem Süden mit Geld zu helfen – auch, um ihre historischen Klimaschulden zu begleichen. Es geht um einen dreistelligen Milliardenbetrag, jährlich. Das ist weniger als ein halbes Prozent des globalen Bruttoinlandsprodukts, eine fast lächerlich kleine Prämie, um die dramatischen Risiken des Klimawandels zu vermeiden. Es geht um Geld für Deiche, für Bewässerungssysteme, für Krankenstationen und Medikamente – für all das, was arme Länder und Menschen vor den Folgen der bereits begonnenen Erderwärmung schützen hilft. Es geht um Geld für den Schutz der Urwälder, deren Vernichtung den Klimawandel noch beschleunigt. Und schließlich geht es um Geld, das den Ländern des Südens ermöglicht, sich zu entwickeln, ohne dabei die Fehler des Nordens zu wiederholen.

Dieses Geld wird den Entwicklungsländern bisher verweigert. Bleibt es dabei, wird es kein neues Klimaschutzabkommen geben. Die Wirtschaftskrise ist keine Entschuldigung. Im Gegenteil. Sie zeigt, welch immense Summen binnen kürzester Frist lockergemacht werden können. Zugegeben, ein funktionierendes Bankensystem ist wichtig. Aber nicht so wichtig wie die Erde als funktionierender Lebensraum.

F. Vorholz, Erde ohne Aktien (19.03.2009): http://www.zeit.de (Zugriff am 15.06.2009, gekürzt)

M4 Neue Entscheidungen?

Wir alle sind gewohnt, politische Entscheidungen in Form von Kompromissen herbeizuführen. Dies betrifft die Regierungen, die Politiker, die Wirtschaft, die Gewerkschaften, die Parteien und die Verbände. Lösungen in Form von Kompromissen anzustreben, ist sicher ein gutes Mittel, um Interessen zwischen verschiedenen Gruppen auszugleichen. Bei den globalen Umweltproblemen aber wird deutlich, dass sich mit halben Kompromissen keine ganze Klimakatastrophe verhindern lässt. Der Natur ist es gleichgültig, ob ein Kompromiss gut oder schlecht ist, Hauptsache er ist in der Sache richtig. Das heißt, die politischen Entscheidungen in der Umweltpolitik müssen mehr und mehr unter Sachgesichtspunkten entschieden werden. Dies ist eine neue Qualität von Entscheidungsfindung, an der sich keiner mehr vorbeimogeln kann, wenn er Maßnahmen mit Aussicht auf Erfolg treffen und durchsetzen will. Entweder die Menschheit begreift dies und passt sich mit ihren Aktivitäten an ökologische Notwendigkeiten an, oder die Natur hilft sich selbst. Die Natur könnte mit ihrem ökologischen Regelkreissystem dem „Störenfried Mensch" die Lebensgrundlage entziehen. Denn die Natur ist zum Überleben auf den Menschen nicht angewiesen, aber der Mensch auf die Natur.

D. Kerner/I. Kerner, Der Klimareport, Köln (Kiepenheuer & Witsch) 1990, S. 135 (gekürzt)

„Die Natur braucht uns nicht, aber wir brauchen die Natur!"

Arbeitsvorschläge

1. „Internationale Klimaschutzabkommen bringen nichts." Prüfen Sie mit Hilfe von **M1** und **M2** zusammen mit Ihrem Nachbarn diese Aussage.

2. Recherchieren Sie im Internet, welche Nachfolgeregelung für das auslaufende Kyoto-Protokoll getroffen wurde und nehmen Sie kritisch dazu Stellung. Untersuchen Sie auch die aktuelle amerikanische Umweltpolitik (vgl. Online-Link S. 189).

3. Setzen Sie sich in kleinen Gruppen zusammen und arbeiten Sie einen Nord/Süd-Vertrag aus (**M3**). Die eine Hälfte Ihrer Gruppe versetzt sich in die Rolle der Industrieländer, die andere in die Rolle der Schwellenländer. Halten Sie Ihre wichtigsten Vereinbarungen auf einem großen Wandplakat fest. Berücksichtigen Sie bei Ihren „Verhandlungen" auch **M4**.

4. „Ob mit oder ohne neue Abkommen, es wird auf jeden Fall teuer." Diskutieren Sie diese Aussage in Ihrer Gruppe. Notieren Sie hierbei auf Ihren Plakaten, welche Kosten entstehen (würden) und wer diese jeweils zu übernehmen hat/hätte.

10 Entwicklung und Frieden in der Einen Welt

Made in Germany?
Internationale Arbeitsteilung

Die wachsende wirtschaftliche Arbeitsteilung hat einen weltweiten Konkurrenzkampf um Standorte und Arbeitsplätze in Gang gesetzt. Viele Menschen suchen ihr berufliches Glück jenseits ihrer Heimatgrenzen in anderen Ländern – und viele Unternehmen ihrerseits suchen ihre Arbeitskräfte jenseits ihrer Heimatgrenzen an neuen Standorten. Die Wanderung von Arbeitskräften einerseits und die Verlagerung von Arbeitsplätzen andererseits – das sind zwei gegenläufige Trends auf den internationalen Arbeitsmärkten.

Schneller und mobiler als der Mensch bewegt sich das Geld auf internationalen Märkten. Können wir bei einer solchen Entwicklung den Überblick behalten, können wir Schritt halten? Ist die internationale Arbeitsteilung ein Schreckgespenst für die arbeitenden Menschen oder eine Chance auf mehr Wohlstand für alle?

→ Kapitel 2, S. 44 f.

Erklärungen

Arbeitsteilung = Spezialisierung auf bestimmte Tätigkeiten im Arbeitsprozess, wichtigste Triebfeder für den ökonomischen Fortschritt
Standort = der Ort, an dem sich der Produktionsbetrieb eines Unternehmens befindet
Kapital = das der Gütererzeugung oder dem Güterumlauf dienende Geld

M1 Made in China?

M2 Ein Experiment: Leben ohne „Made in China".

Alles fing mit Bergen von Weihnachtsgeschenken an. Auf dem einen stapeln sich Produkte, die aus China kommen. Auf dem anderen Geschenke aus dem Rest der Welt. 25 zu 14 Stück, zählt Sarah Bongiorni. Der DVD-Player ist ebenso „Made in China" wie das Gummispielzeug für den Hund und die Puppe für ihre Tochter Sofia. Sara Bongiorni, die im US-Staat Louisiana wohnt und als Wirtschaftsjournalistin arbeitet, war neugierig geworden. Fast täglich konnte sie es lesen: Amerikanische Firmen verlegen ihre Produktion nach Asien, so dass Amerikaner ihre Jobs verlieren, China wird immer mächtiger und exportiert immer mehr Produkte in die USA. All das wollte sie an diesem zweiten Weihnachtstag selbst kontrollieren. Sie schaute auf die kleinen weißen Schilder und die Stempel der Geschenke, die Auskunft über deren Herkunftsland geben. Nach der Auszählung ist sie schockiert. Deshalb wagt Bongiorni ein Experiment: Sie will mit ihrer Familie zwölf Monate ohne „Made in China" leben.

Die Regeln ihres Boykotts: Alle Dinge, die sich bereits im Haus befanden und mit „Made in China" ausgezeichnet waren, durften weiter benutzt werden. Neue Produkte aus China waren jedoch verboten – eine Herausforderung, die den Konsum der Bongiornis mächtig durcheinander wirbelte.

S. Pohlmann, Globalisierung. Überleben ohne „Made in China" (30.03.2008): http://www.tagesspiegel.de (Zugriff am 03.06.2009, gekürzt)

M3 Gegentrend?

Eine zunehmende Zahl deutscher Unternehmen kehrt China wegen gestiegener Löhne oder Qualitätsproblemen den Rücken. Der Verein Deutscher Ingenieure (VDI) schätzt, dass dies auf etwa jede fünfte der rund 1 600 in China mit Produktionsstandorten vertretene deutsche Firma zutreffen könnte.

Manchen Branchen und Firmen würden die Chinesen zu teuer. Sie sähen sich nun in günstigeren Ländern wie Bangladesch, Indien oder Kasachstan um oder kehrten ganz nach Deutschland zurück. Selbst chinesische Unternehmen verlagerten einfache Produktion immer häufiger ins Ausland, sagte Eddy Henning, Firmenkundenchef der Deutschen Bank in Peking. „Wer nur T-Shirts herstellen will, geht eher nach Vietnam oder nach Afrika."

Nach Einschätzung von Hans Röhm vom Beratungsunternehmen Deloitte gehen vor allem die deutschen Unternehmen aus China weg, die wegen der Kostenvorteile ins Land gekommen sind. Dazu gehöre etwa die Konsumgüterindustrie und die Textilbranche. Aber auch Hersteller hochwertiger Waren müssten sich überlegen, ob China für sie langfristig infrage käme. Wenn die Qualität nicht spitze sei, schade das dem Ruf des Unternehmens. „Wir raten vielen unserer Kunden daher, wieder eine Produktion in Deutschland in Betracht zu ziehen", sagte der Berater.

dpa, Jede fünfte Firma kehrt China den Rücken (02.08.2008): http://welt.de (Zugriff am 10.01.2010)

M4 Internationale Arbeitsteilung

Die zunehmende Verlagerung von Arbeitsplätzen ins Ausland ist Ausdruck wachsender internationaler Arbeitsteilung bei stark gesunkenen Transportkosten von Rohstoffen sowie Teil- und Fertigprodukten. Dadurch wurde es vor allem für große multinationale Konzerne interessant, ihre Waren an günstigeren Standorten zu produzieren.

Die Parfümhersteller der südfranzösischen Stadt Grasse, jahrelang als „Welthauptstadt der Düfte" bekannt, importieren inzwischen die Rosen aus der Türkei und lassen Jasmin in Indien anbauen. Das Know-how, wie aus den natürlichen Essenzen das edle Parfum wird, verblieb indes in Grasse. Ein weiteres Beispiel ist die Montage von Farbfernsehgeräten amerikanischer und japanischer Konzerne im Norden Mexikos. Bei diesen Produkten ist Mexiko inzwischen weltweit größter Exporteur. Mehr als die Hälfte der in Deutschland umgesetzten Bekleidung wird unter deutscher Verantwortung im Ausland gefertigt. Der US-Schuhhersteller Nike lässt Sportschuhe und -bekleidung in Thailand herstellen – allerdings unter Bedingungen, die an die Industriearbeit in Europa und den USA des 19. Jahrhunderts erinnern.

NZ, Migration und Jobverlagerung prägen Arbeitsmärkte im Zeitalter der Globalisierung: http://www.netzeitung.de (Zugriff am 21.05.2009)

M5 Made in Germany?

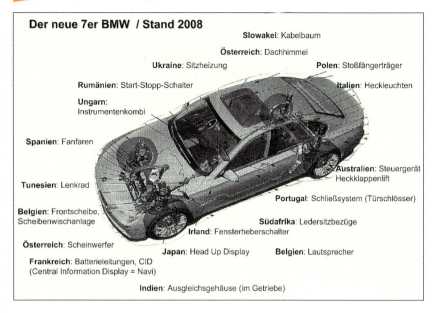

M6 Standards weltweit?

Selbst in Produkten, auf denen „Made in Germany" draufsteht, steckt nicht immer ausschließlich Deutschland drin, betont Christian Fronczak vom Bundesverband der Verbraucherzentralen. Werde ein aus China importiertes Produkt hierzulande weiter verarbeitet, stehe am Ende nur Deutschland als Verarbeitungsort auf der Verpackung. „Es gibt keine Kennzeichnungspflicht, und weil Produkte nun mal keinen Reisepass mit sich führen, mangelt es an Transparenz", sagt er. Umso wichtiger sei es, in der globalisierten Welt, Standards zu definieren und auch zu kontrollieren. „Es ist das gute Recht der Verbraucher, auch die ‚inneren Werte' des Produktes zu kennen", findet Fronczak.

S. Pohlmann, Globalisierung. Überleben ohne „Made in China" (30.03.2008): http://www.tagesspiegel.de (Zugriff am 03.06.2009, gekürzt)

Arbeitsvorschläge

1. Prüfen Sie nach: Woher stammen Ihre Taschenrechner (M1)?

2. Versuchen Sie, das Bongiorni-Experiment (M2) für eine kurze Zeit in Ihrer Familie nachzumachen. Befragen Sie dafür zunächst Ihre Familienmitglieder, welche Produkte aus China sie besitzen und gebrauchen. Achten Sie dabei besonders auf Textilien und technische Geräte wie Handys, DVD-Spieler und Taschenrechner. Berichten Sie sich in kleinen Gruppen von Ihren Erfahrungen.

3. Überlegen Sie gemeinsam, welche wirtschaftlichen Trends (vgl. S. 45) hinter Ihren Beobachtungen stecken und aus welchen Gründen es zu Gegentrends (M3) kommen könnte.

4. Wie versuchen Wirtschaftsunternehmen, von Kostenvorteilen auf internationalen Arbeitsmärkten zu profitieren und gleichzeitig die Qualität ihrer Produkte zu sichern (M4, M5)? Erstellen Sie eine Liste von Vor- und Nachteilen der internationalen Arbeitsteilung, die sich dabei für die beteiligten Unternehmen, Arbeitnehmer, Verbraucher und Länder (bzw. deren Volkswirtschaften) ergeben.

5. Formulieren Sie, ausgehend von Ihrer Liste, einige „Standards" (wie in M6 gefordert) für Produkte, die auf internationalen Märkten hergestellt und gehandelt werden. Prüfen Sie kritisch die Möglichkeit, internationale Vorschriften zur Regulierung der Märkte zu erlassen.

Vertiefung

Gemeinsam abwärts?
Internationale Abhängigkeit

Die Volkswirtschaften auf der Welt sind heute stärker miteinander verflochten als jemals zuvor. Zwar gab es immer schon internationalen Handel; Händler zogen wochenlang auf den alten Salzrouten oder Seidenstraßen hin und her, um ihre Waren zu tauschen. Aber erst mit der Globalisierung erfasst die Verflechtung große Teile der heimischen Wirtschaft und beeinflusst das Wirtschaftsgefüge der Staaten untereinander. In guten Zeiten können viele Länder von engen Handelsbeziehungen profitieren. Aber was ist in schlechten Zeiten? Erweisen sich enge Handelsbeziehungen und ein hohes Maß an internationaler Arbeitsteilung in Krisenzeiten als riskant? Wie sieht die Abhängigkeit der Länder von Weltmarktstrukturen konkret aus? Und warum trifft es in der Krise die armen Länder am ärgsten?

→ Kapitel 2, S. 44 f.

Erklärungen

Weltbank = eine Bank, die nach dem Zweiten Weltkrieg geschaffen wurde, um ursprünglich die vom Krieg zerstörten Länder wieder aufzubauen. Ihre Kernaufgabe ist die wirtschaftliche Entwicklung von unterentwickelten Mitgliedstaaten. Dabei leistet sie finanzielle Hilfe, berät und gibt technische Unterstützung.
Internationaler Währungsfonds (IWF) = eine auf Zusammenarbeit ausgerichtete Institution, die hilft, das internationale Währungssystem stabil zu halten. In ihr sind 182 Länder freiwillig vereint.

M1 Hart getroffen?

Philippinische Arbeiter fürchten um ihre Jobs

Auf den Philippinen gibt es kaum gut bezahlte Jobs, daher arbeiten Millionen Filipinos in Übersee. In Taiwans Elektro- und Elektronikbranche zum Beispiel schufteten in den vergangenen Jahren rund 50 000 Filipinos. Einen Großteil ihres Lohns schicken die Arbeitsmigranten nach Hause – 2008 waren es etwa 16,4 Milliarden US-Dollar. Weil in der Krise die Exporte einbrachen, waren die taiwanesischen Arbeitgeber gezwungen, Teile der Belegschaft zu entlassen oder deren Lohn drastisch zu kürzen. Die auf Taiwan beschäftigten Arbeiterinnen und Arbeiter mussten in ihre Heimat zurückkehren – lange bevor ihre Verträge ausgelaufen waren. Experten schätzen, dass dies erst der Anfang ist. Die Internationale Arbeitsorganisation (ILO) geht davon aus, dass von den weltweit im Ausland beschäftigten Wanderarbeitern etwa 20 Millionen ihren Job verlieren werden.

(Nicola Glass)

Die Ukraine ist der Verlierer in Osteuropa

Von allen osteuropäischen Ländern wurde die Ukraine von der Finanz- und Wirtschaftskrise am stärksten betroffen. Nach Schätzungen ist das Bruttosozialprodukt (BSP) im Januar 2009 um 15 bis 20 Prozent gesunken. Die meisten Hüttenwerke im Osten des Landes stehen still oder haben ihre Produktion stark zurückgefahren. Der Stahl aus der Ukraine findet kaum noch Absatz auf internationalen Märkten. Er wird in veralteten Anlagen mit hohen Energiekosten hergestellt und ist viel zu teuer. Die Branche war mit einem Anteil von 40 Prozent der wichtigste Posten bei ukrainischen Exporten.

(Juri Durkot)

Bolivien bangt um Exporte

Erst allmählich dämmert den Bolivianern, dass die globale Rezession auch sie treffen wird. Um fast ein Drittel sanken die Einnahmen aus Exporteinkünften im Januar 2008 gegenüber dem Vorjahr. Die sinkenden Rohstoffpreise schlagen dabei besonders zu Buche: 83 Millionen Dollar weniger beim Erdöl- und Erdgasexport, 27 Millionen im Bergbau.
Die anhaltende Popularität von Präsident Evo Morales hängt auch mit seinen Sozialprogrammen für die arme Bevölkerung zusammen. Die Finanzierung dieser Programme wurde möglich, weil die Regierung den Staatsanteil an den Erdgaseinnahmen vervielfacht hatte.

(Gerhard Dilger)

Kenias Krise verschärft sich

Eine riesige Lücke klaffte schon vor der weltweiten Finanz- und Wirtschaftskrise in Kenias Staatshaushalt. Nun steigt das Defizit in nicht mehr zu kontrollierende Höhen, warnen die Ökonomen – unter anderem wegen teurer Lebensmittelimporte. Dagegen stehen sinkende Einnahmen in allen Bereichen: die Exporte von Blumen, Kaffee und Tee sind zurückgegangen, die Touristenzahlen sinken und die Überweisungen von ausgewanderten Kenianern – in Kenia wie anderswo in Afrika eine der wichtigsten Einnahmequellen des Landes – werden geringer. Tun kann der Staat wenig. Die Reserven sind gering: Millionen sind allein in diesem Jahr in den Taschen korrupter Politiker verschwunden.

(Marc Engelhardt)

Die Armen erwischt es am härtesten, in: Die Tageszeitung (TAZ) vom 10.03.2009, S. 3 (gekürzt)

M2 Arbeit gesucht!

Riesenandrang: Millionen Arbeiter wurden wegen der Wirtschaftskrise allein in China entlassen. Jobmessen, wie hier in Peking, platzen deshalb aus allen Nähten.

M4 Schnelle Hilfe?

Dass die Krise die Entwicklungsländer besonders hart trifft, ist für den Wirtschaftswissenschaftler und Nobelpreisträger Joseph Stiglitz kein Zufall. Er fordert schnelles Handeln, um sie vor dem Bankrott zu bewahren. Andernfalls drohten zusätzliche Krisen und Konflikte. Im eigenen Interesse also müssten die Industrieländer zusätzliche Mittel für die Weltbank und den Internationalen Währungsfonds bereitstellen. Vorsorge sei immer billiger als die Kosten der entstehenden Konflikte. Mit dem von der Weltbank bereit gestellten Geld sollte armen Ländern ermöglicht werden, gerade in der Krise neue Investitionen zu tätigen. Sie hätten oft kein eigenes Geld und müssten die Ausgaben des Staates in einer Krise sogar noch vermindern.

St. Spiegel, Arme Länder am Finanzsystem beteiligen, in: Die Tageszeitung (TAZ) vom 10.03.2009, S. 2 (gekürzt)

M3 Gute Regierung?

Eine globalisierte Weltwirtschaft bietet Chancen und Risiken für Entwicklungsländer. Dies haben die Erfahrungen der letzten Jahrzehnte gezeigt. Einige Länder haben in beeindruckender Weise die Armut verringert und wirtschaftlich zu den Industrieländern aufgeschlossen. Andere Länder sind weiter zurückgefallen.

Es wäre falsch, für die unterschiedlichen Entwicklungspfade in erster Linie weltwirtschaftliche Einflussfaktoren als Ursachen heranzuziehen. Heute herrscht die Auffassung vor, dass für die wirtschaftliche Entwicklung eines Landes in erster Linie die Regierung dieses Landes verantwortlich ist. Der Staat muss dafür sorgen, dass entwicklungsfreundliche Rahmenbedingungen bestehen, also beispielsweise Rechtsstaatlichkeit, gute Regierungsführung, klare wirtschaftliche Regeln, eine stabile Wirtschaftspolitik mit geringer Inflationsrate und beherrschbaren Haushaltsdefiziten usw. Allerdings ist die internationale Staatengemeinschaft dafür verantwortlich, dass entwicklungsfördernde globale Regeln und Rahmenbedingungen existieren. Welche Defizite hier noch bestehen, hat die 2008 von den US-Märkten ausgelöste Wirtschaftskrise gezeigt. Außerdem hat sich die Staatengemeinschaft verpflichtet, für die ärmeren Länder Finanzhilfen bereitzustellen, um wichtige Entwicklungsinvestitionen zu finanzieren.

Klaus Liebig, Weltwirtschaft und Welthandel, in: Peter Meyns (Hg.), Handbuch Eine Welt, Wuppertal (Peter Hammer Verlag) 2009, S. 237

Arbeitsvorschläge

1. Entwicklungs- und Schwellenländer trifft eine weltweite Wirtschaftskrise hart – warum? Setzen Sie sich in kleinen „Ländergruppen" (passend zu M1, M2) zusammen und sammeln Sie die Gründe. Recherchieren Sie im Internet die aktuelle politische und wirtschaftliche Lage der genannten Länder. Präsentieren Sie Ihre Ergebnisse auf Wandzeitungen.

2. Wer soll helfen und wie? Erläutern Sie den Vorschlag des Wirtschaftswissenschaftlers in M4 und überlegen Sie gemeinsam in Ihren Gruppen: Wohin sollten in dem von Ihnen untersuchten Land Hilfsgelder fließen?

3. An welche Bedingungen würden Sie die Hilfe knüpfen (vgl. dazu auch M3)?

4. Sie können mit den Materialien dieser Doppelseite und mit Ihren Arbeitsergebnissen ein Rollenspiel inszenieren (wie auf den Seiten 204/205 beschrieben).

10 Entwicklung und Frieden in der Einen Welt

Gewinner und Verlierer?
Neue Regeln für den Kaffeemarkt

Kein anderes Getränk wird in Deutschland in derartigen Mengen konsumiert wie Kaffee. Ob „normal", entkoffeiniert, magenfreundlich – als Kaffee, Capuccino, Espresso, Latte Macchiato – mit Milch, Zucker oder „schwarz". Zum Frühstück, nach dem Essen oder einfach nur so – Kaffee ist aus unserem Alltag nicht wegzudenken. Woher kommt Kaffee eigentlich? Unter welchen Bedingungen wird er produziert? Die Werbung zeigt uns freundlich lächelnde Indios, die offensichtlich mit viel Spaß die Bohnen pflücken und an uns verschicken. Wer sich aber etwas näher mit der Thematik beschäftigt, erkennt, dass die Kaffeebauern in Wahrheit überhaupt nichts zu lachen haben und dass der Kaffee, den wir so billig kaufen, sie arm macht.

→ Kapitel 9, S. 184

Erklärungen

Fairer Handel/Fair Trade = kontrollierter Handel, bei dem internationale Umwelt- und Sozialstandards eingehalten werden; oft wird zu Preisen verkauft, die über den üblichen Weltmarktpreisen liegen. Die Fairhandelsbewegung konzentriert sich auf Waren, die von Entwicklungsländern in Industrieländer exportiert werden.
Gepa = das zur Zeit größte Fairhandelsunternehmen in Europa
OXFAM (Oxford Comitee for Famine Relief) = Oxforder Komitee zur Bekämpfung von Hungersnot

M1 Die Lage der Kaffeebauern

Kaffeebauern führen in der Regel Familienunternehmen, die entweder auf eigenem oder auf gepachtetem Land den Rohkaffee anbauen. Dazu müssen sie das Saatgut bzw. die Maschinen leihen oder kaufen. Der Kaffeebauer Peter Kafuluzi in Uganda: „Wir sind ruiniert. Es fehlt uns an allem, wir können noch nicht einmal die wichtigsten Dinge kaufen. Wir essen weder Fleisch, Fisch noch Reis. Die Kinder können wir auch nicht zur Schule schicken, weil wir das Geld dafür nicht aufbringen können." Ursache für die Misere ist die Tatsache, dass er statt der erwarteten 69 Cent pro Kilo Rohkaffee nur noch 7 Cent bekommt. Damit kann niemand mehr das Land bewirtschaften. Die Kaffeebauern können ihre Produktionskosten nicht aufbringen, durch Kredite sind sie überschuldet. Sie müssen ihre Plantagenarbeiter entlassen und das Land verkaufen. Nach Schätzungen von OXFAM, einer internationalen Hilfsorganisation, haben in Mittelamerika bereits 100 000 Hilfsarbeiter ihre Arbeit verloren. Der Preisverfall des Kaffees hat Armut und Hunger zur Folge.

Die ICO (International Coffee Organization) schätzt, dass etwa 125 Millionen Menschen weltweit in über 70 Ländern vom Anbau des Kaffees leben müssen. Die Produktion liegt vor allem bei den Kleinbauern, die ihre Ware über Zwischenhändler und die Exporteure auf den Weltmarkt bringen. Bis 1989 konnte die ICO für Kaffee einen Mindestpreis durchsetzen, heute ist der Kaffeemarkt durch ein Überangebot geprägt, was den Preis für Rohkaffee drückt.

Politik aktuell, Nr. 35/03, 7. November 2003, S. 3

M2 Wer verdient am Kaffee?

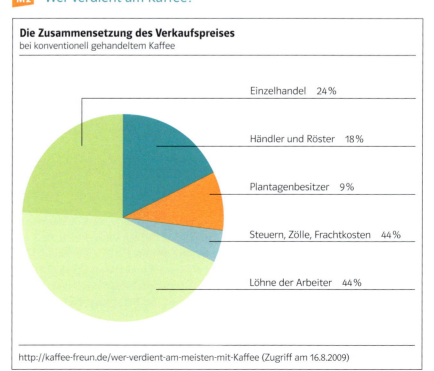

Die Zusammensetzung des Verkaufspreises bei konventionell gehandeltem Kaffee

- Einzelhandel 24%
- Händler und Röster 18%
- Plantagenbesitzer 9%
- Steuern, Zölle, Frachtkosten 44%
- Löhne der Arbeiter 44%

http://kaffee-freun.de/wer-verdient-am-meisten-mit-Kaffee (Zugriff am 16.8.2009)

M3 Die Lösung: Fairer Handel

Eine Lösung ist der FAIR gehandelte Kaffee, der in Deutschland zwischen einem und drei Prozent des nationalen Marktes ausmacht. Der FAIR gehandelte Kaffee wird in einem eigenen Vertriebsweg über Nichtregierungsorganisationen eingekauft und vermarktet. Diese Direktvermarktung sichert durch einen Preisaufschlag auf den Weltmarktpreis den Produzenten ein angemessenes Einkommen, so dass sie kontinuierlich produzieren können. Dazu erhalten die Kaffeeproduzenten Auflagen für ihre Produktion:
– strenge soziale Auflagen, d.h. wie sie ihre Gelegenheitsarbeiter beschäftigen und entlohnen,
– Umweltauflagen für die Produktion, damit diese die Umwelt nicht schädigt,
– Kinderarbeit muss auf den Plantagen ausgeschlossen sein,
– für Kinder der Plantagenarbeiter müssen Schulen auf Kosten der Produzenten eingerichtet werden.
Die Frage ist nur, ob der deutsche Konsument bereit ist, diese Aufpreise zu akzeptieren.

Politik aktuell, Nr. 35/03, 7. November 2003, S. 3

M4 FAIRTRADE ist Entwicklungszusammenarbeit

Rund 1,5 Millionen Kleinbauern und Arbeiter sowie ihre Familien in Lateinamerika, Afrika und Asien profitieren bereits vom Fairen Handel. TRANSFAIR ist ein gemeinnütziger Verein, der 1992 von angesehenen Institutionen gegründet wurde. TRANSFAIR handelt nicht selbst mit Waren, sondern überprüft im internationalen Verbund die Einhaltung der Fairtradekriterien bei seinen Partnern und vergibt das Siegel für fair gehandelte Produkte.
Fairer Handel lohnt sich für alle:
– Bauernfamilien können ihre Produkte zu fairen Preisen verkaufen,
– Pflücker und Plantagenarbeiterinnen erhalten garantierte Mindestlöhne,
– Importeure im Norden beziehen qualitativ hochwertige Produkte von zuverlässigen, motivierten Handelspartnern im Süden,
– Konsumenten genießen ausgesuchte und wohlschmeckende Lebensmittel. Sie leisten über den Einkaufskorb einen persönlichen, aktiven Beitrag zur Entwicklungszusammenarbeit.

TRANSFAIR e.V. / RUGMARK (Hg.), Infobroschüre FAIRTRADE – Qualitätsprodukte aus FAIREM Handel, Köln 2009 (gekürzt) (Alle Rechte TRANSFAIR e.V.)

M5 „Alle lieben Starbucks!"

Wer kennt sie nicht, die leckeren Kreationen des amerikanischen Kaffeegiganten? Was wenige Kunden wissen, ist, dass Starbucks sich mit seinem „Starbucks Shared Planet" aktiv für nachhaltiges Wirtschaften einsetzt. Bis 2015 plant das Unternehmen, ausschließlich fair gehandelten Kaffee anzubieten. Des Weiteren soll das Einkommen der Farmer in diesem Zeitraum verdoppelt werden. Auch wird angestrebt, bis 2010 50 Prozent des Energieverbrauchs in Starbucksläden aus erneuerbaren Energiequellen zu decken.

EarthLink e.V., Starbucks setzt vermehrt auf Fairtrade zertifizierten Kaffee: http://blog.aktiv-gegen-kinderarbeit.de (Zugriff am 17.03.2009)

Fair gehandelter Kaffee

Arbeitsvorschläge

1. Erstellen Sie in Kleingruppen Wandzeitungen und listen Sie die Gründe für die schlechte Situation der Kaffeebauern (M1, M2) stichpunktartig auf. Präsentieren Sie Ihre Ergebnisse im Plenum.

2. Diskutieren Sie mit Ihrem Nachbarn die folgende Frage: Wer trägt die Verantwortung für die katastrophale Lage der Kaffeebauern – sie selbst, die Kaffeeröster und Kaffeevermarkter, die Konsumenten?

3. Erstellen Sie in kleinen Gruppen ein Infoblatt zum Transfair-Konzept (M3, M4, Online-Link S. 189) und kaufen Sie ein fair gehandeltes Produkt. Führen Sie damit an Ihrer Schule/in einer Einkaufsstraße/Ihrem Freundes- und Bekanntenkreis eine Umfrage durch. Überlegen Sie sich dafür Fragen wie: Kennen Sie dieses Logo? Haben Sie schon fair gehandelte Produkte gekauft? Werten Sie die Umfrage anschließend in der Klasse aus (vgl. dazu S. 62/63).

4. Wenn sich Großunternehmen für nachhaltiges Wirtschaften einsetzen, verfolgen sie meist mehrere Ziele (vgl. S. 184). Halten Sie das Engagement von Starbucks für vorbildlich? Sind Sie zu der Überzeugung gekommen, dass fairer Handel sinnvoll ist? Diskutieren Sie.

10 Entwicklung und Frieden in der Einen Welt

„Fair Pay – Fair Play!"
Initiativen gegen Kinderarbeit

In vielen Produkten auf dem Weltmarkt steckt die Arbeit von Kindern. Kinder färben Jeansstoffe, knüpfen Teppiche und nähen Fußbälle zusammen. Sie schlagen Steine und schleifen Diamanten. Sie schuften in stickigen Fabriken und auf heißen Plantagen wie Sklaven. Nach Schätzungen der Internationalen Arbeitsorganisation (ILO) sind es weltweit mehr als 300 Millionen Kinder, die gezwungen sind zu arbeiten. Nicht freiwillig für mehr Taschengeld, sondern aus der puren Not heraus. Die Hälfte von ihnen ist unter 15 Jahre alt. Der Besuch einer Schule bleibt für sie ein unerreichbarer Traum. Wer kann etwas tun gegen diese maßlose Ungerechtigkeit? Wir auch? Wären wir bereit, auf Produkte zu verzichten, in denen Kinderarbeit steckt, wenn wir es wüssten?

→ Kapitel 2, S. 44 f.

M1 Moderne Sklaven

Noom war neun Jahre alt, als ihn seine hoffnungslos verschuldeten Eltern zum Geldverdienen einem Arbeitsvermittler übergaben. Der Junge wurde in das „Sexparadies" Pattaya verkauft. Im dunklen Hinterzimmer einer Bar musste er nun tagein, tagaus die sexuellen Wünsche erwachsener Männer aus Übersee befriedigen. Mit 15 starb Noom an AIDS.

Shilpi ist eine 14-jährige Textilarbeiterin aus Milpur. Sie fand als Hilfskraft in einer Bekleidungsfabrik Arbeit und faltet dort Hemden. Sie verdient 400 Taka im Monat (ca. 16 Euro). Sie sagt, dass sie sehr gerne zu Schule gehen würde, aber dass sie sich zuerst um ihren Lebensunterhalt kümmern muss.

Als **Radheyshyan** sieben Jahre alt war, lieh sich sein Vater 1 000 Rupien (ca. 30 Euro) bei einem Knüpfstuhlbesitzer. Als Gegenleistung musste Radheyshyan mit dem Teppichknüpfen beginnen. Morgens um acht Uhr ging er die zwei Kilometer zu Mewa Lal, der zwei Knüpfstühle besitzt. Dort musste er bis sechs Uhr arbeiten. Zu essen bekam Radheyshyan nur, was zu Hause übrig war. Lohn erhielt er im ersten Jahr nicht, weil es als sein Lehrjahr galt. Auch danach bekam er nichts, weil er für die Abzahlung des Darlehens arbeiten musste. Der Knüpfstuhlbesitzer misshandelte und schlug Radheyshyan. Wenn er krank war und deshalb zu Hause blieb, wurde er von Mewa Lal abgeholt und zur Arbeit gezwungen.

zusammengestellt nach: W. Redwanz, Zeitlupe – Eine Welt, Bonn (Bundeszentrale für politische Bildung) 1997, S. 6

M2 Arbeiten und arbeiten ist nicht dasselbe

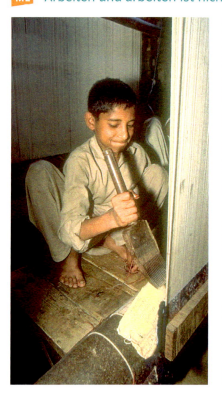

Erklärungen

ILO (International Labor Organization) = Internationale Arbeitsorganisation der Vereinten Nationen

M4 Was tun gegen Kinderarbeit?

Pro Warenboykott	Contra Warenboykott
– Warenboykott ist das beste Mittel, gewissenlose Unternehmer ins Leere laufen zu lassen. – Ein Boykott ist auch eine deutliche Warnung an die dortigen Regierungen und eine Aufforderung, endlich für den Schutz von Kindern und Jugendlichen zu sorgen. – Wenn keiner diese Waren kauft, werden sie erst gar nicht mehr produziert. Diese Kinder werden dann nicht mehr ausgebeutet. Dann müssen Erwachsene eingestellt werden.	– Boykottdrohungen können sich katastrophal auswirken. Sie führen zu Entlassungen von Kindern, die dann auf die Straße und in noch schlimmere Abhängigkeiten getrieben werden. – Wichtiger ist die gezielte Unterstützung von Produkten, die nachweislich aus Betrieben ohne Kinderarbeit stammen. Das gilt etwa für Teppiche aus Indien, die mit dem Warenzeichen RugMark gekennzeichnet sind.

nach: Bundeszentrale für politische Bildung (Hg.), Zeitlupe – Eine Welt, Bonn 1997, S. 76

M3 Goldener Knoten gegen Kinderarbeit

Die meisten Kinderarbeiter gibt es mit geschätzten 70–100 Millionen in Indien. Aber auch in Nepal arbeiten zahlreiche Kinder unter 14 Jahren als Knüpfer – häufig als so genannte Schuldknechte. Das bedeutet, hoch verschuldete Eltern müssen ihre Kinder den Geldleihern überlassen, von denen sie zuvor Kredite zu Wucherzinsen erhalten haben. Die Kinder werden von ihren Familien getrennt; eine Chance, die Schuld jemals abzuarbeiten, haben sie praktisch nicht. Die Arbeit an den Knüpfstühlen in engen, dunklen Räumen und in ständig hockender Stellung hat schlimme Folgen für die Gesundheit: Die Kinder tragen Sehstörungen und schwere Rückenleiden davon, ihre Atemwege werden durch die hohe Konzentration von Wollfasern in der Luft dauerhaft geschädigt. Viele Kinder sind unterernährt und werden geschlagen.

Mit dem Kauf eines Teppichs, der das GoodWeave-Siegel trägt – ein stilisierter, goldener Teppichknoten auf blauem Grund – helfen Konsumenten, diese Situation nachhaltig zu verändern. Denn bei dem Zeichen, seit Herbst 2009 vergeben von RugMark International e.V. (RMI), kann der Kunde sicher sein, dass der Teppich ohne ausbeuterische Kinderarbeit hergestellt wurde. Dafür sorgt ein klar geregeltes Lizenzierungs- und Kontrollsystem. Exporteure, die ein GoodWeave-Siegel erhalten wollen, verpflichten sich

– ihre Web- und Knüpfstühle zertifizieren zu lassen,
– unabhängigen Inspektoren den Zutritt zu ihren Produktionsstätten für regelmäßige, auch unangemeldete Kontrollen zu ermöglichen sowie
– Lizenz- und Zertifizierungsgebühren zu bezahlen.

Die Höhe dieser Gebühren wird für die Produzenten von den nationalen Initiativen von RugMark International e.V. festgelegt. Die Kontrollen werden regelmäßig von Inspektoren durchgeführt. Jedes GoodWeave-Siegel trägt eine Nummer. Die Herkunft des Teppichs kann dadurch zurückverfolgt werden. GoodWeave-Teppiche dürfen nur von solchen Firmen importiert werden, die einen Lizenzvertrag mit einer RugMark Initiative in einem Importland (Deutschland, Großbritannien, USA oder Kanada) abgeschlossen haben.

Neben Lizenzierung, Inspektion und Kontrolle gehören soziale Projekte zur Arbeit von RMI e.V. Ehemalige Kinderarbeiter aus der Teppichindustrie erhalten Schul- und Berufsausbildung. Ihnen wird die Wiedereingliederung in ihre Familien und in die Gesellschaft ermöglicht. Die sozialen Anliegen der Beschäftigten in der Teppichproduktion werden unterstützt. Dazu arbeitet RMI e.V. vor Ort auch mit erfahrenen Partnerorganisationen zusammen.

GoodWeave c/o Transfair e.V., Initiative gegen ausbeuterische Kinderarbeit, http://www.goodweave.net (Zugriff 16.12.2009)

Arbeitsvorschläge

1. Listen Sie die Gründe auf, aus denen Noom, Shilpi, und Radheyshyan (M1) gezwungen wurden zu arbeiten und weshalb sie keine Chance hatten zu entkommen. Überlegen Sie gemeinsam mit Ihrem Nachbarn, welche Möglichkeiten es gäbe, den Kindern zu helfen. Diskutieren Sie diese Möglichkeiten anschließend in der Klasse.

2. Vergleichen Sie die Fotos (M2). Obwohl es sich in beiden Fällen um Kinderarbeit handelt, gibt es große Unterschiede. Nennen Sie diese und beachten Sie dabei die Art der Arbeit und die Motivation der Kinder.

3. M3 listet die Vor- und Nachteile eines Warenboykotts auf. Bilden Sie Kleingruppen und finden Sie weitere Gründe, die dafür bzw. dagegen sprechen. Bilden Sie sich eine eigene Meinung und präsentieren Sie anschließend Ihre Ergebnisse der Klasse.

4. Beurteilen Sie die Arbeit von RugMark International e.V. (M4). Halten Sie solche Maßnahmen für geeignet, gegen Kinderarbeit vorzugehen? Wären Sie selbst bereit, einen höheren Preis für einen Teppich zu zahlen, wenn er ohne Kinderarbeit hergestellt wurde?

5. Führen Sie in Ihrer Klasse eine Podiumsdiskussion zum Thema „Mitverantwortung der Verbraucher für soziale Standards in der Produktion" durch.

10 Entwicklung und Frieden in der Einen Welt

Ausweg in Sicht?
Der Teufelskreis der Armut

Wenn Kinder arbeiten statt in die Schule zu gehen, ist ihr Weg in die Armut vorgezeichnet. Zu den Milleniumszielen der Vereinten Nationen gehört daher, Kindern weltweit bis zum Jahr 2015 zumindest eine vollständige Grundschulbildung zu ermöglichen. Schon jetzt ist klar: Dieses Ziel wird nicht erreicht werden. Vier von zehn afrikanischen Kindern z. B. brechen die Schule vorzeitig ab. Oft haben die Eltern kein Geld und die Kinder müssen zum Lebensunterhalt beitragen. Die Schulwege sind zu weit, es gibt keine Unterrichtsmaterialien, es fehlt eine Schulkantine. Gründe gibt es viele. Aber es gibt nur einen Ausweg aus dem Teufelskreis der Armut, in dem sich viele Familien drehen: Geld für Bildung. Heißt also Entwicklungshilfe: Kinder in die Schule schicken? Warum ist das so? Und wie könnte man das schaffen?

→ Kapitel 1, S. 20 f.

Erklärungen

Milleniumsziele = acht Entwicklungsziele, die im Jahr 2000 von einer Arbeitsgruppe aus Vertretern der UNO und anderer Institutionen formuliert worden sind

M1 Chancenlos

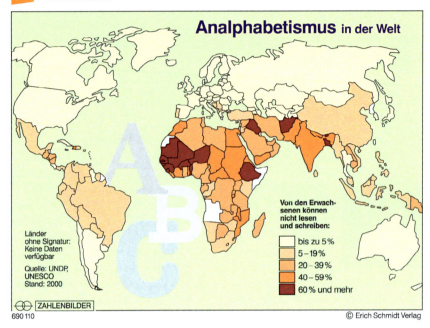

M2 Menschenrecht Bildung

Das „Menschenrecht auf Bildung" ist in die sogenannten „Millieniumsziele" aufgenommen worden. Neben dem Recht auf Grundbildung ist auch die Gleichbehandlung von Frauen und Mädchen auf allen Ebenen des Bildungssystems verankert worden.

Autoreninformation

M3 Von der Hand in den Mund

Große Teile der Bevölkerung leben von dem, was sie auf einem kleinen Stück Land selber erwirtschaften. Subsistenzwirtschaft, wie diese Form des Wirtschaftens zum unmittelbaren Überleben genannt wird, ist oft wichtiger als die „offizielle" Wirtschaft, die Güter für den Markt produziert. „Subsistieren" in diesem Sinne heißt, das erwirtschaften, was gerade für den eigenen Lebensunterhalt notwendig ist. Um mehr als nur für den unmittelbaren Bedarf produzieren zu können, wären Überschüsse, also Kapital, notwendig.

nach: H. Uhl / I. Möckel, Thema im Unterricht: Nord und Süd – eine Welt? Arbeitsheft 14, Bonn (Bundeszentrale für politische Bildung) 1999

M4 Bildungsprojekt Kiliflora

Kiliflora, eine Rosenfarm im Norden Tansanias, beschäftigt auf rund 30 Hektar Land mehr als 1 000 Arbeiter und Arbeiterinnen aus der Region. 2007 verkaufte Kiliflora 60 Prozent der Rosen an den Fairen Handel. Seitdem konnten zwei Millionen Euro Fairtrade-Prämien für soziale Projekte genutzt werden, z. B. für den Bau einer Schule. Nicht nur ihre Kinder, auch die Arbeiterinnen selbst drücken hier die Schulbank und besuchen Computer-, Führerschein-, Näh- und Kochkurse oder lernen Buchhaltung.

TransFair e.V. Redaktion, FairTrade wirkt: http://www.transfair.org (Zugriff am 08.09.2009, gekürzt)

M5 Kein Entrinnen?

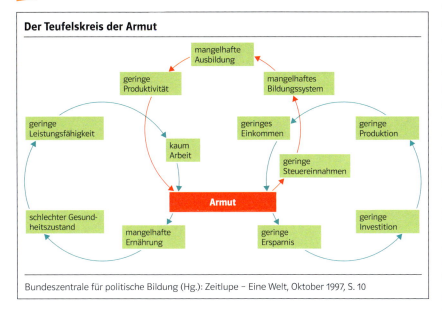

Bundeszentrale für politische Bildung (Hg.): Zeitlupe – Eine Welt, Oktober 1997, S. 10

M6 Mikrokredite – ein neues Konzept

Shakti bedeutet Energie. Grameen Shakti ist eine von der Grameen Bank 1996 gegründete Organisation mit der Aufgabe, den Menschen in den ländlichen Gebieten durch kleine Solarstromanlagen („Solar Home Systems") elektrische Energie als Grundlage zur Entwicklung verfügbar zu machen. Die Solaranlagen wurden ganz gezielt an Menschen verleast, die sich damit direkt ein zusätzliches Einkommen schaffen konnten, mit dem sie den Beschaffungskredit zurückzahlen konnten: an einen Händler, der mit einer solar betriebenen Lampe abends seinen Marktstand beleuchten konnte und so mehr Geschäft machte, der eine zweite Lampe weitervermietete, an einen Fischer, der mit der Beleuchtung nun auch nachts ausfahren konnte, ein Friseur, der abends seine Kunden bedienen konnte, ein solar betriebenes Kühlaggregat für den Verkaufswagen eines Lebensmittelhändlers. So wird in kleinsten Schritten, von unten nach oben, ein Markt geschaffen: die Menschen können immer höherwertigere Dienstleistungen anbieten und auch selbst in Anspruch nehmen. Gleichzeitig wird ein Bewusstsein für die Möglichkeiten der Sonnenenergie geschaffen, was für die Zukunft eines so energiebedürftigen Landes von großer Bedeutung ist. Fünf Jahre nach seiner Gründung, nach dem Verkauf von 8000 Solarstromanlagen, schreibt Grameen-Shakti ohne Subventionen bereits schwarze Zahlen und beweist so, dass nachhaltige Energien auch für Entwicklungsländer finanzierbar sind.

Der Erfolg der Grameen-Bank hat nach 25 Jahren Millionen Armen in Bangladesh zu einem besseren Leben verholfen. Hilfe zur Selbsthilfe ist die Devise. Weltweit hat dieser Erfolg zu neuen Einsichten in die Entwicklungspolitik geführt: arme Menschen sind kreditwürdig (der Begriff Kredit bedeutet nichts anderes als vertrauen), sie können sparen, bauen Häuser, kaufen Land und investieren in ihre Kinder – mittels Kredit, und nicht mit Hilfe von Almosen. Mikrokredite werden inzwischen von Fachleuten als die mit Abstand bedeutendste Entdeckung für einen Ausweg aus der Armut für Millionen Menschen weltweit erkannt.

Chr. Schmutterer, Ein Weg aus der Armut mit Mikrokrediten für Sonnenenergie (Neue Argumente Nr. 93, Juli 2002): http://www.arge-ja.at (Zugriff am 16.05.2009)

Arbeitsvorschläge

1. Überlegen Sie gemeinsam mit Ihrem Nachbarn, welche Folgen im Alltag es hätte, wenn Sie nicht lesen und schreiben könnten. Erstellen Sie eine Liste und stellen Sie diese in der Klasse vor. Überlegen Sie anschließend gemeinsam, welche Folgen für ein Land eine hohe Anzahl von Analphabeten hat (M1).

2. Die UN-Dekade „Bildung für nachhaltige Entwicklung" (M2) fördert Aktivitäten, die Kindern eine Zukunft geben. Recherchieren Sie in kleinen Gruppen ein entsprechendes Projekt wie M4 und stellen Sie es in der Klasse vor (vgl. Online-Link S. 189).

3. Erstellen Sie in Ihrer Gruppe anschließend ein Ursache-Wirkung-Diagramm, welches den Zusammenhang zwischen Subsistenzwirtschaft (M3) und Armut deutlich macht. Prüfen Sie, ob Ihr recherchiertes Projektbeispiel (vgl. Arbeitsvorschlag 2, auch M4) geeignet ist, diesen Zusammenhang aufzubrechen.

4. Erklären Sie den Teufelskreis der Armut (M5) mit eigenen Worten. Zeichnen Sie anschließend in Kleingruppen den Teufelskreis auf Wandzeitungen auf und überlegen Sie, an welchen Stellen er sinnvoll unterbrochen werden könnte. Sie können sich dabei wiederum auf Ihr Projektbeispiel beziehen. Entwickeln und notieren Sie weitere Ideen für Wege aus der Armut.

5. Das Beispiel von Grameen Shakti (M6) ist nur eines von vielen für die Vergabe von Mikrokrediten. Was macht dieses neue Konzept so erfolgreich? Stellen Sie weitere Beispiele vor (vgl. Online-Link S. 189) und prüfen Sie, an welcher Stelle hier der Teufelskreis der Armut unterbrochen wird.

Methode

„250 Millionen für …?"
Rollenspiele inszenieren

Einführung

Bei einem Rollenspiel bereiten sich mehrere Schüler in verschiedenen Gruppen jeweils auf eine bestimmte Position oder Rolle vor. Auf Ihren Rollenkarten finden Sie Angaben zu der Position, die Sie vertreten sollen und meist auch Gründe dafür. Darüber hinaus können und sollen Sie weitere Argumente finden, die „Ihre" Position unterstützen. Dabei ist es wichtig, dass Sie sich unabhängig von Ihrer eigenen Meinung möglichst gut in die Rolle hineinversetzen.

Die Situation (für alle)

Der Inselstaat Haitao liegt im Pazifischen Ozean. Diese Insel hat tropisches Klima. Ein großer Teil der Fläche ist von Regenwald bedeckt. Es gibt auch, besonders in den höheren Lagen der Insel, Feld- und Weidewirtschaft. Die Bevölkerung ist sehr arm. 60 Prozent leben als landwirtschaftliche Selbstversorger. Viele Merkmale von Entwicklungsländern treffen zu: geringe Schulbildung, schlechter Gesundheitszustand, hohe Kindersterblichkeit, Arbeitslosigkeit, Kaffeeanbau einiger Großgrundbesitzer, die „Wanderarbeiter" in ihre Dienste nehmen. Die wachsende Bevölkerung verschärft die Armut und die sozialen Spannungen.
Da treten zwei Ereignisse ein, die zu lebhaften Diskussionen führen. Die Europäische Union hat für die nächsten Jahre insgesamt 250 Millionen Euro Entwicklungsgelder zugesagt, wobei der Verwendungszweck mit der Regierung von Haitao ausgehandelt werden soll. Mitten in die beginnenden Überlegungen platzt die Nachricht von der Entdeckung eines großen Bauxit-Vorkommens. Aus Bauxit wird Aluminium gewonnen, ein begehrtes Metall auf dem Weltmarkt. Die Einheimischen von Haitao geraten in Aufbruchstimmung. Was kann man mit dem Geld nicht alles machen: Straßen, Schulen und Krankenhäuser bauen, den Bauxit-Abbau in Angriff nehmen, den Kaffeeexport vergrößern usw. Doch man hat schnell ausgerechnet, dass sich nicht alle Wünsche erfüllen lassen.
Der Inselstaat erhält das Geld nur, wenn sich auf einer Versammlung eine qualifizierte Mehrheit (mehr als 50 Prozent) auf einen Vorschlag einigt. Deshalb kann es für alle Gruppen wichtig sein, sich nach Bündnispartnern umzusehen. Möglicherweise kann man sich auf einen Kompromiss einigen.

Gruppenbildung

Die Bauxit-Gruppe
Die Gruppe sieht die große Chance im Bauxit-Abbau. Dafür benötigt man Straßen im Regenwald, eine Aluminiumhütte, einen Staudamm, um Strom zu erzeugen, und einen Ausbau der Hafenanlage, um das Aluminium zu exportieren. Die 250 Millionen sind eine sehr gute Anfangsinvestition. Mit Hilfe ausländischer Konzerne kann man weiteres Geld ins Land holen und dadurch eine Aufwärtsentwicklung einleiten.

Die Umwelt-Gruppe
Die Gruppe befürchtet neue Zerstörungen des Regenwaldes und große Umweltprobleme. Sie stellt die Frage,

wem denn die Gewinne zugute kommen würden. Sie will allenfalls das Bauxit als Rohstoff ausführen. Mit dem Großteil des Geldes könnte man die Infrastruktur und die Umweltqualität (Ausbau von unbefestigten Wegen zu kleinen Straßen, Kanalisation in der Inselhauptstadt, Schutzmaßnahmen für den Regenwald usw.) verbessern.

Die Kaffee-Gruppe
Die Gruppe will eine Ausweitung der Anbauflächen und das Geld in die dafür erforderlichen Maßnahmen investieren. Die Kaffeeverarbeitung könnte im eigenen Land erfolgen. Mit dem Export des Endproduktes „Kaffee" könnten die Verarbeitungsgewinne der Rösterei auf der Insel bleiben. So würden auch Arbeitsplätze in der Inselhauptstadt geschaffen.

Die Reform-Gruppe
Diese Gruppe will das Geld unmittelbar zur Armutsbekämpfung einsetzen. Eine gesetzlich durchzuführende Landreform soll die Existenzgrundlagen vieler Familien verbessern. Mit der Landreform sollen Großgrundbesitzer gezwungen werden, gegen finanzielle Entschädigung alle Flächen über 20 Hektar abzugeben. Ein Teil des Kaffeeanbaus soll so wieder in die Hände von Kleinbauern gelangen, die nach und nach den Boden als Eigentum erwerben können. Das Geld soll überwiegend in Schulen und Ausbildungsmaßnahmen, für eine bessere Trinkwasserqualität und das Gesundheitswesen eingesetzt werden.

Die Beobachter
Diese Gruppe wird während der Versammlung alles beobachten. Zum einen müssen die wichtigsten Argumente für die verschiedenen Positionen notiert werden, zum anderen soll das Gesprächsverhalten der Sprecher beobachtet und anschließend kommentiert werden. Teilen Sie sich die Arbeit in der Gruppe ein und entwerfen Sie zum Beispiel einen Beobachtungsbogen.

Durchführung

Bereiten Sie sich in Ihren Gruppen auf die Versammlung vor, indem Sie Argumente für Ihre eigene Position sammeln und sich mögliche Gegenargumente für die anderen Positionen überlegen. Wählen Sie jeweils einen Sprecher, der die Gruppe bei der Diskussion vertritt (alternativ können auch zwei Sprecher benannt werden).

Die Versammlung wird nach demokratischen Regeln durchgeführt. Jeder Sprecher gibt ein kurzes Statement ab, anschließend werden die Argumente diskutiert. Alle übrigen Schüler sind die Zuschauer, die nach Meldung auch Zwischenfragen stellen dürfen. Möglich ist auch, dass jeder Sprecher einmal den Antrag auf eine kurze Unterbrechung der Sitzung stellen kann – entweder um sich mit seiner Gruppe zu beraten oder um mit einer anderen Gruppe Bündnisgespräche zu führen. Nach einer vorher festgelegten Zeit wird die Diskussion beendet, jeder erhält nochmals die Gelegenheit eine abschließende Aussage zu treffen und seinen Vorschlag zur Wahl zu stellen.
Die Beobachter liefern nochmals eine kurze Zusammenfassung mit den wichtigsten Argumenten.

Das Plenum stimmt anschließend ab.

Abschluss und Reflexion

Jetzt bekommt jeder Gruppensprecher die Gelegenheit, sich von seiner Rolle zu lösen und kurz seine Eindrücke, Gefühle und auch seine eigene Meinung zum Sachverhalt zu äußern.

In der Abschlussdiskussion kann darüber gesprochen werden, ob man auf diesem Weg eine sinnvolle Lösung und einen optimalen Mitteleinsatz für eine nachhaltige Entwicklung erreicht hat. Am Ende erhalten die Sprecher ein kurzes Feedback zu ihrem Gesprächsverhalten durch die Beobachter.

Alternative: Möglich ist auch, dass eine „Entscheidungsgruppe" gebildet wird, die am Ende der Diskussion nach kurzer Beratung eine Entscheidung trifft und diese auch begründet.

10 Entwicklung und Frieden in der Einen Welt

Die Farbe des Friedens
Ziele und Aufgaben der UNO

Am 26. Juni 1945 gründeten 51 Staaten die Vereinten Nationen (UNO). Ihre gemeinsamen Werte und Ziele beschlossen sie in der UN-Charta und 1948 in der Menschenrechtserklärung. Bis heute haben sich rund 190 Mitgliedsstaaten weltweit angeschlossen. Eine Weltregierung ist die UNO nicht. Dennoch genießt sie weltweit eine hohe Anerkennung. Was macht diese große Institution? Welche Aufgaben hat sie? Welche Ziele setzt sie sich? Dass sie lernfähig ist, hat die UNO mit ihrer neuen „Agenda für den Frieden" unter Beweis gestellt. Sie gibt die Arbeit an ihrem obersten, selbst gesteckten Ziel nicht auf: der Sicherung des Weltfriedens.

→ Kapitel 5, S. 98 f.

M1 Auszüge aus der Charta der Vereinten Nationen

Präambel:
Wir, die Völker der Vereinten Nationen – fest entschlossen,
... unseren Glauben an die Grundrechte des Menschen, an Würde und Wert der menschlichen Persönlichkeit, an die Gleichberechtigung von Mann und Frau sowie von allen Nationen, ob groß oder klein, erneut zu bekräftigen, Bedingungen zu schaffen, unter denen Gerechtigkeit und die Achtung vor den Verpflichtungen aus Verträgen und anderen Quellen des Völkerrechts gewahrt werden können, den sozialen Fortschritt und einen besseren Lebensstandard in größerer Freiheit zu fördern, *und für diese Zwecke* Duldsamkeit zu üben und als gute Nachbarn in Frieden miteinander zu leben, unsere Kräfte zu vereinen, um den Weltfrieden und die internationale Sicherheit zu wahren, Grundsätze anzunehmen und Verfahren einzuführen, die gewährleisten, dass Waffengewalt nur noch im gemeinsamen Interesse angewendet wird, und ... den wirtschaftlichen und sozialen Fortschritt aller Völker zu fördern – ...

Artikel 1
Die Vereinten Nationen setzen sich folgende Ziele:
1. den Weltfrieden und die internationale Sicherheit zu wahren und zu diesem Zweck wirksame Kollektivmaßnahmen zu treffen, um Bedrohungen des Friedens zu verhüten und zu beseitigen, Angriffshandlungen und andere Friedensbrüche zu unterdrücken und internationale Streitigkeiten oder Situationen, die zu einem Friedensbruch führen könnten, durch friedliche Mittel nach den Grundsätzen der Gerechtigkeit und des Völkerrechts zu bereinigen oder beizulegen, ...
3. eine internationale Zusammenarbeit herbeizuführen, um internationale Probleme wirtschaftlicher, sozialer, kultureller und humanitärer Art zu lösen und die Achtung vor den Menschenrechten und Grundfreiheiten für alle ohne Unterschied der Rasse, des Geschlechts, der Sprache oder der Religion zu fördern und zu festigen; ...

Charta: http://www.unric.org/de (Zugriff am 19.09.2006)

M2 Zwangsmaßnahmen nach der Charta der Vereinten Nationen

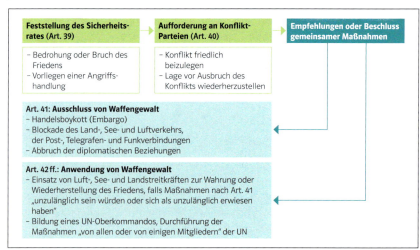

Feststellung des Sicherheitsrates (Art. 39)
- Bedrohung oder Bruch des Friedens
- Vorliegen einer Angriffshandlung

→ **Aufforderung an Konfliktparteien (Art. 40)**
- Konflikt friedlich beizulegen
- Lage vor Ausbruch des Konflikts wiederherzustellen

→ **Empfehlungen oder Beschluss gemeinsamer Maßnahmen**

Art. 41: Ausschluss von Waffengewalt
- Handelsboykott (Embargo)
- Blockade des Land-, See- und Luftverkehrs, der Post-, Telegrafen- und Funkverbindungen
- Abbruch der diplomatischen Beziehungen

Art. 42 ff.: Anwendung von Waffengewalt
- Einsatz von Luft-, See- und Landstreitkräften zur Wahrung oder Wiederherstellung des Friedens, falls Maßnahmen nach Art. 41 „unzulänglich sein würden oder sich als unzulänglich erwiesen haben"
- Bildung eines UN-Oberkommandos, Durchführung der Maßnahmen „von allen oder von einigen Mitgliedern" der UN

Erklärungen

wirtschaftliche Dynamik = wirtschaftliche Entwicklung
Agenda = Zusammenstellung von Gesprächspunkten bei politischen Verhandlungen
Diplomatie = außenpolitische Verhandlungen
Konsolidierung = hier: Erholungsprozess

M3 So wird die UNO-Charta umgesetzt

M4 „Agenda für den Frieden"

Die Bürgerkriege in Jugoslawien und Somalia hatten gezeigt, wie begrenzt die Handlungsmöglichkeiten der UNO waren. Eine neue „Agenda für den Frieden" sollte daraus Konsequenzen ziehen. Sie enthält im Kern vier Maßnahmenbündel:

1. „Vorbeugende Diplomatie": Das Engagement der Staatengemeinschaft soll sehr viel früher im Verlauf politischer Krisen beginnen und darauf angelegt sein, Feindseligkeiten beizulegen, bevor daraus gewaltsame Auseinandersetzungen entstehen.

2. „Friedensschaffung": Zivile und militärische Sanktionsmaßnahmen sollen einsetzen, wenn es bereits zu Gewalt gekommen ist, und dazu beitragen, dass die Konfliktparteien ihre Kampfhandlungen einstellen und sich an den Verhandlungstisch setzen.

3. „Friedenssicherung": Nach dem Ende von Kampfhandlungen sollen UNO-Kräfte die Umsetzung und Einhaltung von Abkommen überwachen. Dazu sollen Polizisten, Verwaltungsbeamte und Militärs eingesetzt werden können.

4. „Friedenskonsolidierung": Die große Zahl von gescheiterten Friedensprozessen hat gezeigt, dass der Wiederaufbau eines Landes eine zwar existentiell wichtige, aber gleichzeitig sehr riskante Aufgabe ist. Die Agenda fordert hierfür mehr internationales Engagement. Wirtschaftliche und soziale Verbesserungen für die Bevölkerung sollen das Vertrauen in den Frieden stärken und den „Gewinn" des Friedens erfahrbar machen.

Der Schwerpunkt dieses abgestuften Systems von Handlungsmöglichkeiten liegt auf der Vorbeugung (1) und auf dem Wiederaufbau der betroffenen Gesellschaften (4) nach der Beendigung von Kampfhandlungen.

zusammengestellt nach: Angelika Spelten, Frieden und Entwicklung, in: Peter Meyns (Hg.), Handbuch Eine Welt, Wuppertal (Peter Hammer Verlag) 2009, S. 69

Arbeitsvorschläge

1. Fassen Sie in Kleingruppen die Ziele der UNO (**M1**) in Stichpunkten auf einer Wandzeitung zusammen und präsentieren Sie Ihr Ergebnis anschließend dem Plenum. Diskutieren Sie darüber, welche der Ziele Sie für besonders wichtig erachten bzw. welche Ziele möglicherweise eher nachrangig sind.

2. Welche der genannten Ziele könnten mit den in **M2** genannten Zwangsmaßnahmen erreicht werden, welche nicht? Wie schätzen Sie die Wirksamkeit der Zwangsmaßnahmen ein? Diskutieren Sie mit Ihrem Nachbarn.

3. Wie arbeitet die UNO an ihren selbst gesteckten Zielen? Wählen Sie eine UNO-Institution (aus **M3**) und erarbeiten Sie sich in Kleingruppen eine Art Institutionen-Steckbrief. Recherchieren Sie hierfür im Internet (vgl. auch Online-Link S. 189). Präsentieren Sie anschließend Ihre Ergebnisse auf Wandplakaten. Bilden Sie neue Gruppen, in denen aus jeder ursprünglichen Kleingruppe ein Mitglied vertreten ist und führen Sie einen Rundgang durch, wobei das jeweils zuständige Gruppenmitglied das Plakat erläutert.

4. Die UNO zog aus ihren Erfahrungen mit den Bürgerkriegen in Jugoslawien und Somalia ihre Konsequenzen. Welche neue Schwerpunktsetzung erkennen Sie in der „Agenda für den Frieden" (**M4**)? Worin könnten Vorteile, worin könnten Risiken der neuen Friedensstrategie bestehen? Erstellen Sie eine Stichwortliste als Vorbereitung für eine Diskussion über die Lage der Bundeswehr in Afghanistan (vgl. S. 208/209).

10 Entwicklung und Frieden in der Einen Welt

Riskante Aufbauhilfe?
Die Bundeswehr in Afghanistan

Nach heftigen Debatten stimmte der Bundestag im Juni 1999 der Beteiligung deutscher Soldaten an Militäroperationen im Kosovo zu. Damit war eine Schranke gefallen: Erstmals seit dem Ende des Zweiten Weltkriegs standen deutsche Soldaten wieder direkt in einem Kampfeinsatz.
Zwei Jahre später – nach dem Anschlag vom 11. September 2001 – rief die NATO den Bündnisfall aus. Weltweit sollte der Terrorismus bekämpft werden, auch in Afghanistan. Seither stehen deutsche Soldaten am Hindukusch, um ..., um was zu tun? Krieg zu führen gegen Terroristen oder Aufbauhilfe zu leisten für die geschundene Bevölkerung oder beides? Es gibt einen Zusammenhang zwischen Entwicklung und Frieden. Entwicklungshilfe zu leisten in einem Land, in welchem kriegsähnliche Zustände herrschen, ist allerdings ein sehr riskantes Unternehmen. Wissen das die Verantwortlichen und werden sie ihrer Verantwortung gerecht? Wie geht es weiter in Afghanistan?

→ Kapitel 5, S. 102 f.

M1 Kämpfer und Entwicklungshelfer?

Die Bundeswehr beteiligt sich seit 2001 an der internationalen Afghanistan-Schutztruppe ISAF unter dem Kommando der NATO.

M2 Bundeswehreinsatz – wann?

a) Im Verteidigungsfall: Wenn das deutsche Staatsgebiet angegriffen wird oder ein solcher Angriff droht, kann die Bundeswehr eingesetzt werden. Ein Angriffskrieg ist der Bundeswehr nach Art. 26 GG verboten.
b) Im Rahmen eines Bündnisses: Die Bundeswehr ist nicht als eigenständige Armee gedacht, sondern als Teil eines Bündnisses. Sie kann an militärischen Einsätzen der UNO, der NATO und der EUFOR teilnehmen sowie an humanitären Einsätzen.
c) Im Spannungsfall: Wenn Deutschland aus internationalen Spannungen besondere Gefahren erwachsen, kann die Bundeswehr unter der Voraussetzung eingesetzt werden, dass der Bundestag diesem Einsatz zustimmt.
d) Bei innerem Notstand: Die Bundesregierung kann die Bundeswehr bei Naturkatastrophen, schweren Unglücksfällen, aber auch bei politischen Unruhen einsetzen.

Autorentext

M3 Bündnisfall

Drei Wochen nach den Terrorangriffen vom 11. September 2001 rief die NATO erstmals in ihrer über fünfzigjährigen Geschichte den Bündnisfall aus. Mit diesem Fanal erfolgte der Startschuss für den weltweiten Kampf gegen das Terrornetz Al-Quaida.
Für die Bundeswehr stellte der mögliche Einsatz deutscher Soldaten in militärischen Operationen gegen den internationalen Terrorismus eine innenpolitische Kraftprobe dar. Im November 2001 stimmte eine knappe Mehrheit der Parlamentarier für den Einsatz der Bundeswehr. Abgesichert mit diesem Mandat nahmen deutsche Soldaten ab Ende 2001 an multilateralen Einsätzen in Afghanistan teil. Dies setzte sich fort mit der Beteiligung an der Internationalen Schutztruppe in Afghanistan, die den politischen Wiederaufbau des Landes absichern sollte.

Marie-Luise Recker, Geschichte der Bundesrepublik Deutschland, München (C. H. Beck) 3/2009, S. 118 (gekürzt)

M4 Strategiewechsel?

Fünfundzwanzig Jahre alt ist Patrick Behlke geworden. Seinen letzten Geburtstag hat er am 29. September in Afghanistan gefeiert. Dann, keinen Monat später, reißt ihn die Bombe eines Selbstmordattentäters aus dem Leben. Der Vater, der um seinen Sohn trauert, ist kein Kritiker der Bundeswehr. Er meldet sich zu Wort, weil er glaubt, dass die Spitzen des Militärs umdenken müssen. Er spricht öffentlich über das Schicksal seines Sohnes, der der dreißigste tote Bundeswehrsoldat in Afghanistan war, weil er aufrütteln will. „Wenn man nach dreißig toten Soldaten seinem Ziel noch immer nicht näher gekommen ist, muss man doch endlich darüber nachdenken, ob die Strategie richtig ist. Man kann doch nicht weiter Schulen bauen und Buntstifte verteilen, wenn die Risiken für die Soldaten immer weiter steigen."

M. Fietz, Ein Schmerz, der nicht vergehen will, in: CICERO 6/2009, S. 24–26 (gekürzt)

M5 Was läuft falsch in Afghanistan?

Hamid Karzai (seit 2004 Präsident von Afghanistan):

Vor sieben Jahren begaben wir uns in Afghanistan mit dem Krieg, der die Taliban von der Macht verdrängte, auf eine Reise. Auf unserem Weg wurde viel für Afghanistan und die Welt erreicht. In weniger als 45 Tagen wurden die Afghanen 2001 von der Bedrohung des Terrorismus und den Taliban befreit. Damals machten sich die Menschen große Hoffnungen ... einige davon wurden erfüllt. Unsere Kinder gehen wieder zur Schule. Ungefähr 85 Prozent der Afghanen haben nun Zugang zu einer grundlegenden Gesundheitsfürsorge, gegenüber 9 Prozent in 2001. Die Kindersterblichkeit ist um 25 Prozent gesunken. Demokratie, eine freie Presse, wirtschaftliche Gewinne und bessere Möglichkeiten, den Lebensunterhalt zu bestreiten – all das ist in Ansätzen vorhanden.

Doch bedauerlicherweise kämpfen wir noch immer gegen die Taliban und Al Qaida. Was genau haben wir falsch gemacht?

Nach der Befreiung 2001 hat sich die internationale Gemeinschaft im Kampf gegen Extremismus und Terrorismus allein auf Afghanistan konzentriert. Der Kampf gegen den Terror kann aber nicht in afghanischen Dörfern ausgetragen werden. Man muss sich auf die Zufluchtstätten derer konzentrieren, die die Extremisten ausbilden, ausrüsten, motivieren und sie aussenden, um uns allen zu schaden – auf den gesamten Stammesgürtel entlang der pakistanisch-afghanischen Grenze. Solange wir die Wurzeln des Problems dort nicht gemeinsam angehen, werden wir den Terrorismus nicht besiegen.

Allerdings dürfen wir in unserem Kampf gegen den Terror auch nicht vergessen, dass wir auch jenen Menschen helfen müssen, die den extremistischen Kräften aus Verzweiflung zum Opfer gefallen sind. Im vergangenen Jahr begnadigte ich einen 14jährigen Jungen aus dem pakistanischen Stammesgebiet, der als Selbstmordattentäter nach Afghanistan gekommen war. Nur schiere Hoffnungslosigkeit kann einen so jungen Mann zu einer solchen Tat bringen. Wir müssen diese Menschen retten, indem wir ihnen eine bessere Zukunft bieten.

Hamid Karzai, Was läuft falsch in Afghanistan?, in: CICERO Nr.1/2009, S. 42 (gekürzt)

M6 Mehr Soldaten?

Mehr Soldaten bedeuten nicht automatisch mehr Sicherheit, so sieht es zum Beispiel die Welthungerhilfe. Deren Mitarbeiter versuchen, sich ganz bewusst unauffällig durchs Land zu bewegen. Sie bestehen auf einer möglichst sauberen Trennung zwischen Militär und Wiederaufbau, sagt der Kabuler Mitarbeiter der Welthungerhilfe, Alexander Schrade. „Wir distanzieren uns ganz stark von der militärischen Intervention und es wäre auch keine gute Idee, dass das Militär uns begleitet und als unsere Schutztruppe auftritt", so Schrade. „Denn wir wollen nicht als Konfliktpartei wahrgenommen werden." Wer die Afghanen selbst befragt, der bekommt im Norden fast ausschließlich als Antwort zu hören, dass die Deutschen doch bitte bleiben mögen, weil sie mehr Sicherheit als zu Taliban-Zeiten und auch die eine oder andere Schule oder Straße gebracht haben. Im Raum Kundus jedoch gibt es Aufständische, auch Taliban, die weder Sicherheit noch Schulen wollen und schon gar nicht die Deutschen. Immer wieder wurde das Lager in Kundus beschossen. Ein Hauptfeldwebel starb Ende August, weil sein Fahrzeug in eine Sprengfalle fuhr.

K. Küstner, Bundeswehr sieht ihren Auftrag noch lange nicht erfüllt (16.10.2008): http://www.tagesschau.de (Zugriff am 12.06.2009, gekürzt)

Arbeitsvorschläge

1. Was wissen Sie über den Bundeswehreinsatz in Afghanistan? Seit wann und warum setzen dort deutsche Soldaten (vgl. **M1**) ihr Leben aufs Spiel? Sammeln Sie Ihr Vorwissen im Klassengespräch und stellen Sie eine Chronologie der Ereignisse mit Hilfe des Internets her.

2. Informieren Sie sich über die verschiedenen Möglichkeiten, wie die Bundeswehr eingesetzt werden kann (**M2**).

3. Warum kam es wohl zu heftigen Auseinandersetzungen im Parlament um den Bundeswehreinsatz in Afghanistan (**M3**)? Sammeln Sie Pro- und Kontra-Argumente und spielen Sie die Debatte kurz im Rollenspiel an.

4. Lesen Sie **M4–M6** und recherchieren Sie in kleinen Gruppen aktuelle Informationen zur Lage in Afghanistan. Beschreiben Sie anschließend die Aufgaben der ISAF und die Schwierigkeiten, in die sie bei ihrem Einsatz geraten ist. Diskutieren Sie Ihre Erkenntnisse.

10 Entwicklung und Frieden in der Einen Welt

Gemeinsam stärker?
Nachhaltige Entwicklungspolitik

Früher konnten wir Katastrophen in der Welt aus der Entfernung beobachten. Wir haben gespendet, damit Hilfsorganisationen den Opfern schwerer Erdbeben oder Hungersnöte helfen. Doch die Lage hat sich verändert, die Welt ist zusammengewachsen. Heute gibt es Krisen und Probleme, die nur scheinbar weit entfernt sind. Militärische Konflikte in Afghanistan oder Pakistan, die Wirtschafts- und Finanzkrise sowie der Klimawandel wirken sich weltweit aus und können daher nur noch gemeinsam bewältigt werden. Viele dieser Probleme entstehen durch ungleiche wirtschaftliche, soziale und klimatische Entwicklungen, die vom Menschen verursacht wurden. Deshalb geht es heute nicht mehr einseitig um Entwicklungshilfe für die Länder der Dritten und Vierten Welt. Heute müssen sich alle Länder fragen, wohin sie sich entwickeln wollen und wie sie ihre Entwicklungsziele gemeinsam erreichen können. Denn wir leben buchstäblich in Einer Welt.

M1 Wer weniger als 1$ am Tag zum Leben hat

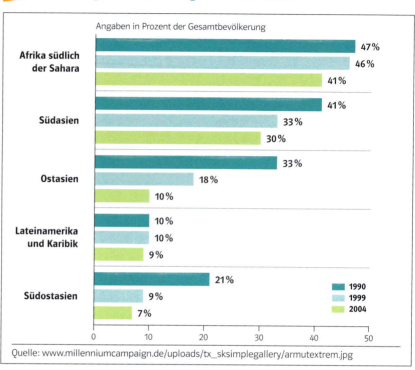

Quelle: www.millenniumcampaign.de/uploads/tx_sksimplegallery/armutextrem.jpg

M2 Krieg und Hunger

Vor fünf Monaten flohen die Bauern aus den ostkongolesischen Dörfern Bamungubano und Balinga tief im Regenwald in die Stadt Shabunda. In der von Milizen umlagerten Goldhandelsstadt leben sie bei Gastfamilien, die selbst nichts haben. „Manchmal teilen wir uns ein bisschen Maniokmehl mit Blättern", sagt ein Familienvater.
Parallel zum Weltflüchtlingstag 2009 erklärt die UN-Agrarorganisation FAO, die Zahl der Hungernden auf der Welt habe erstmals die Marke von einer Milliarde überschritten: 1,020 Milliarden Menschen haben regelmäßig nicht genug zu essen, gegenüber 915 Millionen vor einem Jahr. Davor hatte es zwölf Jahre gedauert, bis die Zahl um 100 Millionen gewachsen war. Experten sehen in der „stillen Hungerkrise" ein „ernstes Risiko für den Weltfrieden".
„Die Welt muss sich zusammentun, um den dringenden Bedarf zu stillen, während langfristige Lösungen vorbereitet werden," sagte FAO-Chef Jacques Diouf.
Das UN-Flüchtlingshilfswerk UNHCR meldet seinerseits eine starke Zunahme von Flucht und Vertreibung auf der Welt. Ökologische, ökonomische und militärische Unsicherheit bedingen sich oft gegenseitig. In Pakistan etwa sind rund drei Millionen Menschen vor der Großoffensive der Armee gegen die Taliban auf der Flucht. Ihre Versorgung kann nur durch lokale Hilfswerke gewährleistet werden.

D. Johnson, Die UNO schlägt Alarm – Krieg und Armut, ein Teufelskreis (19.06.2009): http://www.taz.de (Zugriff am 12.06.2009, gekürzt)

Erklärungen

FAO (Food and Agriculture Organization) = Ernährungs- und Landwirtschaftsorganisation der Vereinten Nationen
Agrotreibstoff = flüssige oder gasförmige Kraftstoffe, die aus Biomasse hergestellt werden, z. B. aus Zuckerrohr, Ölpflanzen oder Getreide
WTO (World Trade Organization) = Welthandelsorganisation mit Sitz in Genf, die sich die Förderung des freien Welthandels zum Ziel gesetzt hat
Biodiversität = biologische Vielfalt: Artenvielfalt, genetische Vielfalt und Vielfalt der Ökosysteme auf der Erde

M3 Nachhaltige Strategie gegen Hungerkrise

Das Recht auf Nahrung darf durch die Produktion von Agrotreibstoffen nicht gefährdet werden. Diese Position vertritt das Schweizerische Komitee der Welternährungsorganisation FAO. Es fordert deshalb auch den Verzicht auf Fördermassnahmen für Agrotreibstoffe, deren Produktion in Konkurrenz zur menschlichen Ernährung treten. Die Landwirtschaft müsse weltweit ihre Produktion steigern, ohne dabei die Ressourcen wie Boden, Wasser oder Biodiversität zu schädigen. Kurzfristig müsse mit Nahrungsmittelhilfe die Notlage vor allem der städtischen Bevölkerung in den Entwicklungsländern entschärft werden. Langfristig fordert das Komitee die Förderung einer standortgerechten, bäuerlichen Landwirtschaft und erhöhte Investitionen in die ländliche Entwicklung.

M. Stein (Hg.), FAO-Komitee fordert nachhaltige Strategie gegen Hungerkrise (30.05.2008): http://www.animal-health-online.de (Zugriff am 30.06.2009)

M4 Entwicklungshilfe – öffentliche Leistungen

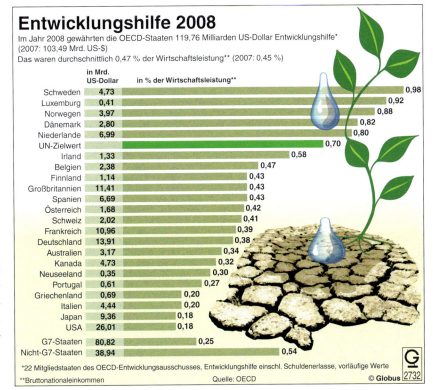

Die UNO fordert es seit Jahrzehnten, die EU hat es 2005 beschlossen: 0,7 % des BIP sollen ab 2015 an die Dritte Welt fließen. Deutschland und andere Mitgliedstaaten wollen ihren Beitrag bis 2010 auf 0,56 % und bis 2015 auf 0,7 % erhöhen.

M5 Entwicklungszusammenarbeit – warum?

Alle Menschen haben den gleichen Wunsch: Sie wollen, dass sie und ihre Kinder und Enkelkinder in einer friedlichen und gerechten Welt mit einer intakten Umwelt leben können. Entwicklungspolitik ist ein Weg, die Zukunft für uns und für nachfolgende Generationen zu sichern. Was dazu in einem Teil der Welt erreicht werden kann, hat Auswirkungen auf alle anderen Teile, denn unser Leben ist heute enger mit dem der Menschen in anderen Ländern verflochten als jemals zuvor in der Weltgeschichte. Durch die enge Verflechtung des heutigen Weltwirtschaftssystems bleibt keine Volkswirtschaft unberührt von den Krisen anderer Länder und Regionen.

Bundesministerium für wirtschaftliche Zusammenarbeit und Entwicklung, Grundsätze: Warum brauchen wir Entwicklungspolitik?: http://www.bmz.de (Zugriff am 16.05.2009)

Arbeitsvorschläge

1. Wie hat sich die absolute Armut in den genannten Weltgegenden seit 1990 entwickelt (M1)? Bewerten Sie diese Entwicklung.

2. Ökologische, ökonomische und militärische Unsicherheit bedingen sich oft gegenseitig (M2). Zeichnen Sie nach dem Modell von S. 203 einen oder mehrere „Teufelskreise" für diesen Zusammenhang.

3. Welche Entwicklungsziele verschiedener Länder geraten hier in Konflikt miteinander (M3)? Zeichnen Sie eine Pfeilskizze zum Text, die die verschiedenen Ziele und Interessen im Überblick darstellt.

4. Diskutieren Sie die Vorschläge der FAO zur Bekämpfung der Hungerkrise (M3). Welche Bedingungen müssten gegeben sein, damit diese Strategie langfristig zum Erfolg führen könnte (vgl. auch S. 198–203). Nachhaltige Landwirtschaft ist arbeitsintensiv. Ist das von Vor- oder von Nachteil für die Entwicklung der Landwirtschaft in Nord und Süd?

5. Welche Staaten erfüllen bereits die 0,7 % Vorgabe, welche sind noch weit davon entfernt (M4)? Überlegen Sie gemeinsam mit Ihrem Nachbarn, welche Motivation Länder wie z. B. Deutschland bewegen könnten, diese Art von Hilfe zu leisten. Setzen Sie sich dabei auch mit den Argumenten der Bundesregierung (M5) auseinander.

Sachregister / Stichwortverzeichnis

A

Abgeordnete 131, 137
Afghanistan 208–210
Agenda für den Frieden 207
Aggressionen 94 f.
Agrarpolitik der EU 82 f.
Altersvorsorge 26, 52–55
Amnesty International 78
Anforderungen im Beruf 14 f., 20 f.
Angebot und Nachfrage 83, 198–201
Arbeit 10 f., 16, 22 f., 40, 58 f., 71, 111, 196–203
Arbeitgeber 14–16, 22, 36, 42, 50, 99, 125, 165
Arbeitnehmer 16, 22, 37, 42, 45, 49 f., 99
Arbeitsbedingungen 27, 45, 48, 200
Arbeitsklima 27, 99
Arbeitskosten 50
Arbeitslosenversicherung 43, 51
Arbeitslosigkeit 31, 36, 40–43, 50, 95, 196 f.
Arbeitsmarkt 36, 41–43, 58 f., 157
Arbeitsmarktpolitik 42 f.
Arbeitsmigranten 190, 196
Arbeitsplätze 13, 16, 42, 53, 81, 107–109, 161, 195–197
Arbeitsteilung, internationale 194 f.
Arbeitsvermittlung 31
Arbeitsvertrag 36
Arbeitszeit 10, 32 f., 37
Armut 48, 54 f., 58 f., 196–203
Atmosphäre 174, 178 f.
Atomenergie 181–183
Ausbeutung 36, 45, 198–201
Ausbildung 12–16, 20 f., 36, 41, 111
Ausbildungsvertrag 13, 21
Ausbildungsvergütung 50
Außengrenze der EU 72–75

B

Bedarfsprinzip 61
Bedürfnisse 172
Beteiligung, politische 138–141
Bergbau 38
Beruf 11, 17, 20 f., 25, 27, 39
Berufswahl 12, 25, 36 f., 41
Beschäftigungsschutz 43
Betrieb 12, 17, 22, 36, 42, 65
Betriebsrente 124
Betriebsvereinbarung 99

Bevölkerungsentwicklung 52
Bewährungshilfe 113
Bewerbung 31, 71
Bilanzierung 185
Bilder in den Medien 102 f.
Bildung 20, 57, 202
Bildungschancen 20 f., 95, 200, 202
Bildungsschranken 31, 154 f.
Billigflugreisen 178 f.
Binnengrenzen in Europa 70, 73
Binnenmarkt 69–71, 76, 81
Biodiversität 210
Bioethik 164–167
Biotechnologie 164–167
Boot Camps 115
Boykott 141, 194, 201
Bruttoinlandsprodukt (BIP) 48, 211
Bruttosozialprodukt (BSP) 196
Bündnisfall 208
Bürgerinitiativen 138, 141
Bürgerkrieg 190, 207, 210
Bürgerrechte 69
Bundesgerichtshof 122
Bundeskanzler 130–132, 136
Bundeskriminalamt 120
Bundesländer 130
Bundesminister 131
Bundespräsident 131
Bundesrat 131, 136
Bundesregierung 131, 136, 208
Bundestag 131 f., 136, 208
Bundestagsausschüsse 137
Bundestagswahl 134 f.
Bundesverfassungsgericht 132 f., 144
Bundesversammlung 130
Bundeswehr 208 f.

C

Chancengleichheit 99, 155
Chats 154
China 45, 121, 158, 192–194, 197
Computerspiele 158 f.

D

Datenschutz 121, 165
Demokratie 128–136, 138, 145
Delikt 106, 109 f.
Dienstleistungen 58, 107, 153, 203
Dienstleistungsgesellschaft 18, 39

direkte Demokratie 139
Direktmandat 134
DNA (DNS) 164 f.
Diskriminierung 24, 79, 85, 92 f., 99, 167
duales System 12

E

E-Commerce 156 f.
Ehegatten-Splitting 124
Eine Welt 210 f.
Einkommen 124 f., 203
Einkommensverteilung 60
Einwanderer 72, 190
Eiserner Vorhang 76
elektronischer Zahlungsverkehr 157
Elternzeit 24
Emissionen 174, 178 f., 192 f.
Emissionshandel 192
Energie 180–183, 203
Energieversorgung 180
Energiewende 180
Engagement 55, 129, 140 f., 199, 207
Entwicklung 69, 192 f., 195, 197, 203, 208 f.
Entwicklungsländer 163, 192 f., 197, 211
Entwicklungspolitik 210 f.
Entwicklungszusammenarbeit 191, 199, 210 f.
erneuerbare Energien 180 f., 199
Erneuerbare-Energien-Gesetz (EEG) 181
Erwerbsarbeit 52–55
EU-Beitritt 68, 79
EUFOR 208 f.
EU-Ministerrat 84
EU-Mitgliedstaaten 66, 68, 76 f.
EU-Parlament 84
Euro 67, 69, 77
Europäische Kommission 84
Europäischer Bürgerbeauftragter 85
Europäischer Gerichtshof (EuGH) 71, 84
Europäischer Rat 84
Europäischer Rechnungshof 85
Europäischer Wirtschafts- und Sozialausschuss 85
Europawahlen 84
Europass 71
Europol 73
Exekutive (exekutive Gewalt) 118 f., 132
Existenzgründung 22 f.
Existenzsicherung 48 f., 54, 58, 203
Expertenbefragung 148 f.

Export 194–196
Extremismus 142–145

F

Fairtrade 198–201
Falschaussage 122 f.
Familienarbeit 24 f.
Familienunternehmen 198
Fertigprodukte 195
Flucht 190, 210
Flüchtlinge 74 f., 190 f., 210
Folterverbot 114 f.
Forschung 153, 162–167
Fortbildung 21
Fortschritt 152 f., 162, 206
Frauenfeindlichkeit 79
Frauentag 125
Freiheit 69 f., 120 f., 129, 144 f., 206
Freiheitsstrafe 106, 111, 142
Freizeit 33, 158
Freizügigkeit 70–73
Frieden 68, 76, 81, 122, 206–211
Friedenssicherung 206 f.
Frontex 75
Fußball 71, 100 f.

G

Gemeinsame Agrarpolitik (GAP) 82 f.
Genanalyse 164 f.
Gendiagnostik-Gesetz 165
Generation 26 f., 54–56, 64, 154
Generationenvertrag 52
Genfer Flüchtlingskonvention 75
Genfood 162
Gentechnik 162–167
Gepa (fairer Handel) 199, 201
Gesundheitsreform 51
Gerechtigkeit 64, 91, 98, 110 f., 199–203
Gerechtigkeit, soziale 49, 51, 56–61, 124 f.
Gericht 109, 112 f., 122
Gerichtshilfe 113
Gesellschaft 26, 30, 48, 56 f., 90 f., 107, 140 f., 143, 154 f., 158
Gesetze 37, 42 f., 50–59, 71, 107, 111, 115, 119–123, 129, 136 f., 143, 165–167, 181
Gesetzgebungsverfahren 163 f.
Gewalt 91, 94 f., 101–103, 114 f., 159, 190 f., 200, 206–210
Gewaltspiele 158 f.

Gewalt, strukturelle 91–93
Gewalt, terroristische 118 f., 209
Gewaltenteilung 132
Gewaltlosigkeit 98 f.
Gewebezüchtung 167
Gewerkschaft 42, 45, 58, 85, 125, 140, 161
Gewinn 153
Gleichberechtigung 124 f., 206
Gleichheitsprinzip 61
globaler Wettbewerb 44 f., 194 f.
Grenzkontrollen 70
Grenzsicherung 73
Grundeinkommen 55
Grundgesetz 124, 129, 131, 133, 144
Grundrechte 78, 120 f., 129, 133, 145, 206
Gruppe 56 f., 94 f., 100 f., 140
Güternutzung 172

H

Handelsbeziehungen 109, 194–197, 199, 201
Hartz IV 51, 56, 58
Haushalt 24 f., 65, 183, 196
Haushalt der EU 80 f.
Haushaltsdefizit 64 f.
Hitlergruß 100, 142
Hooligan-Szene 101
Hungerkrise 210 f.
Humangenom 164–167

I

Identität 24 f., 57, 93, 95
Ideologie 142–145
Imagekampagne 173, 184, 199, 201
Import 194–196
Industrialisierung 38 f., 48, 153, 193
Industriegesellschaft 38 f.
Industrieländer 192 f., 197
Industrieroboter 161
informationelle Selbstbestimmung 120, 165
Informationsgesellschaft 30, 32 f.
Informations- und Kommunikationstechnologie 30, 38 f., 154 f.
Informatisierung 38 f.
Infrastruktur 118
Innovation 153, 185
Institutionen, politische 84 f., 130–133
Integration, europäische 68–71, 76 f.
Integration, soziale 26, 41, 56 f., 95, 98

Interessengruppen 33, 42 f., 129, 137, 193
Internationale Abhängigkeit 196 f.
Internationale Arbeitsorganisation (ILO) 196, 200
internationale Arbeitsteilung 194–196
Internationale Energie-Agentur 182
Internationaler Währungsfond 196
internationale Sicherheit 206
internationale Zusammenarbeit 99, 206–211
Internet 30–33, 44, 106, 122, 154–159
Internetrecherche 34 f.
Interventionen, internationale/militärische 206–209
Invalidität 33, 52
Investitionen 65, 153, 174, 197, 211
Investitionsbedingungen 45, 196 f.
Islam 57, 79

J

Jobbörse 31
Journalisten 102 f.
Judikative (rechtsprechende Gewalt) 132 f.
Jugendarbeitslosigkeit 16, 40 f.
Jugendgemeinderat 140
Jugendkultur 17, 95–97, 100, 142 f., 158 f.
Jugendliche 26, 40 f., 115, 140 f., 154 f.
Jugendstrafen 111
Jugendstrafvollzug 111
Jugendstudie 26, 140

K

Kaffeehandel 198 f.
Karikaturenanalyse 18 f.
Kinderarbeit 199–201
Kindererziehung 24 f.
Kindersoldaten 190
Klimaschutz 82, 177–179, 181
Klimaschutzabkommen 192 f.
Klimawandel 173–175, 191–193, 210
Kompetenzen 14, 24, 71, 154
Konflikte 12 f., 42, 189
Konfliktlösung 96 f., 206 f., 211
Konflikttheorie 95
Konjunkturzyklus 42
konstruktives Misstrauensvotum 132
Konsum 64 f., 156, 172
Kontrolle, politische 103, 132 f.
Kooperation 96–99, 107

Kopenhagener Kriterien 77
Kosten, externe 173, 177
Kostendruck 45, 194
Krankenversicherung 51
Kredit 65, 174, 198, 203
Krieg 102, 189 f., 208–210
Konjunkturzyklus 64
Krisen 189, 197, 207
Kultur der Anerkennung 98
Kurzarbeit 37
Kyoto-Protokoll 192

L

Länderparlament 130
Länderregierung 130
Landtagswahl 130, 146
Landwirtschaft 39, 175, 211
Landwirtschaft, europäische 82 f.
Lebensarbeitszeit 27, 125
Lebenserwartung 26
Lebensgrundlagen 172, 190–193
lebenslanges Lernen 20 f.
Lebenslauf 15, 71
Lebensmittel 162 f.
Lebensqualität 11, 40, 91
Lebensrisiken 50
Lebensstandard 54
Lebensunterhalt 40, 58 f., 200–203
Legislative (legislative Gewalt) 132
Lehrstellenmarkt 12–16
Leistungsprinzip 20–23, 61
Listenplatz 134 f.
Lobbyarbeit 137
Löhne 36, 50, 58–61, 194

M

Maastrichter Vertrag 69
Macht 130–133, 136 f.
Management, ökologisches 185–187
Markt, gemeinsamer europäischer 68
Markt, globaler 44 f., 194 f.
Marktwirtschaft, freie 44 f., 49, 83, 194 f.
Marktwirtschaft, soziale 49, 55
Marktordnung 82 f.
Mediation 96 f., 112 f.
Medien 102 f., 154 f.,
Mehrheit 134 f., 138 f.
Mehrheitswahlsystem 134 f.

Mehrparteienprinzip 129, 144
Meinungsbildung 103, 129
Meinungs- und Pressefreiheit 122 f.
Meinungsumfrage 62 f.
Meisterprüfung 21
Menschenbild 78
Menschenhandel 73, 191
Menschenrechte 98, 120 f., 122, 129, 133, 145, 206
Menschenrechtserklärung der Vereinten Nationen 98, 122
Menschenrechtsverletzung 75, 78 f.
Menschenwürde 103, 110, 114, 122, 133, 166 f.
Migration 56, 190 f.
Migrationshintergrund 56 f.
Mikrokredite 203
Milleniumsziele 202
Minderheit 93, 134 f., 138 f.
Minderheitenschutz 79
Mitbestimmung 128, 138 f.
Mitgliedsländer der EU 66, 68, 76
Mobilität 70, 152 f.
Modernisierung 39, 83
Montanunion 69
Müllreduzierung 186 f.
Mütter, berufstätige 25, 125

N

nachhaltiges Wirtschaften 180 f., 184 f., 199
NATO 95, 208
Naturkatastrophen 175
Naturschutzverbände 172, 178
Nichtregierungsorganisationen (NGO) 199, 209
Niederlassungsfreiheit 69, 70
Normenkontrolle 107, 133

O

offene Stellen 16, 31, 42
Öko-Audit-Verfahren 184–187
Ökologie 172
Ökonomie 172
Ökostrom 181
Online-Rollenspiel 158
Online-Shopping 156
Opfer 112
Ordnung, politische 144 f.
Opposition 132

organisierte Kriminalität 191
Osterweiterung der EU 68, 76
Osteuropa 82 f.
Output 152, 184
OXFAM 198 f.

P

Pakistan 209
Parlament 130, 132
parlamentarische Demokratie 136
Parteien 129, 134
Parteienfinanzierung 146
Parteiengesetz 146
Parteienverbot 144 f.
Personalkosten 59
Persönlichkeitswahl 134
Pflegeversicherung 51
Polizei 101, 113, 123
Praktikum 36 f.
Preise 108, 156
Pressefreiheit 122 f., 129
Privathaushalte 65, 107
Produkte 108 f., 194 f., 201
Produktion 172, 183, 194, 211
Produktionskapazität 42
Produktionskosten 45, 198
Produktionssektoren 38 f.
Produktivität 52 f., 161
Produktpiraterie 108 f.
Prognosen 168 f., 175
Prüfsiegel (Logo) 184

R

Rationalisierung 58, 161
Rechtsextremismus 122, 144–146
Rechtsprechung 132 f.
Rechtsstaat 48 f., 79, 132 f.
Regierung 132 f.
Religion 78, 100 f.
Rendite 64
Rente 54 f.
Rentenversicherung 51–53
repräsentative Demokratie 134 f.
Ressourcen 180 f., 211
Richtlinien der Politik 131
Risiko 22 f., 50
Roboter 160 f.
Rohstoffe 180, 195 f.

S

Schengen-Informationssystem 73
Schuldenbremse 65
Schule 186 f.
Schwarzarbeit 107
Schwellenländer 192
Selbständigkeit 22 f.
Sitze im Parlament 135
Solidargemeinschaft 50
Solidarität 49, 98
Sonnenenergie 180, 203
Sozialabgaben 50, 60
Soziale Frage 48
soziales Netz 19, 50
Sozialleistungen 50–55
Sozialstaat 48 f., 62 f.
Staatsverschuldung 64 f.
Steuern 50, 55, 60, 64 f., 80, 178
Standort (eines Unternehmens) 194
Strafe 110–113
Strafgesetzbuch (StGB) 106, 142
Strafrecht 90 f., 112, 142
Strafvollzug 110 f.
Streik 141
streitbare Demokratie 145
Strukturwandel 38 f
Subsidiarität 55
Subsistenzwirtschaft 202
Subventionen 82 f., 178 f., 203
Szenariotechnik 168 f.

T

Tarifvertrag 58 f.
Täter-Opfer-Ausgleich 96, 112 f.
Teamfähigkeit 14
technischer Fortschritt 39, 52, 152–155, 160–167
Technologie 150 ff.
Teilzeitarbeit 25
Telearbeit 32 f.
Tempolimit 176 f.
Terrorabwehr 118–121, 208 f.
Toleranz 92, 99
Treibhauseffekt 174, 192 f.

U

Überwachung 118–121
Umweltbelastung 177–179
Umweltflüchtlinge 190 f.
Umweltschutz 82, 179, 181, 183–185
Umweltverbände 85, 172, 178
UN-Agrarorganisation (FAO) 210 f.
UN-Charta 190, 206 f.
UN-Flüchtlingshilfswerk (UNHCR) 190
Unfallversicherung 51
Ungleichheit 91, 124
Unternehmen 14, 27, 36 f., 42, 108 f., 184 f.
Unternehmen, multinationale 44 f., 195
Unternehmensführung, ökologische 184 f.
Unternehmensziele 184

V

Verbraucher 85, 108, 194 f., 173, 183
Vereinte Nationen (UNO) 190, 206
Verhältniswahlsystem 134 f.
Versicherungsbetrug 106
Verteidigungsfall 208
Vierte Gewalt 102 f.

Völkerrecht 206
Volksbegehren 138
Volksentscheid 138
Volksverhetzung 122, 142
Vorstellungsgespräch 15
Vorurteile 92 f.

W

Wahlen 130 f, 134 f., 138, 141
Wahlsystem 134 f.
Währung 69, 77
Wassermangel 191
Weltbank 196
Weltflüchtlingstag 210
Welthandel 44 f., 82, 194–200
Welthungerhilfe 209, 211
Weltklimarat (IPCC) 192
Weltwirtschaftssystem 211
Wettbewerb 49, 161, 178 f.
Willensbildung, politische 129, 138
Wirtschafts- und Finanzkrise 37, 64 f., 173
Wirtschaftswachstum 64 f.
World Trade Center 104
WTO (World Trade Organization) 210

Z

Zivilgesellschaft 85
Zivilrecht 112 f.
Zoll 109
Zuwanderer 56 f.

Bildnachweis

8 Picture-Alliance (Sören Stache/dpa), Frankfurt; **9.oben** Das Fotoarchiv (Klaus Rose), Essen; **9.unten** Ullstein Bild GmbH (Stefan Kiefer), Berlin; **10.M1** AKG, Berlin; **10.M2** Corbis (Charles O'Rear), Düsseldorf; **15.M3** Picture-Alliance (GLOBUS Infografik), Frankfurt; **15.M4** aus: Business Etikette in Deutschland, von Joachim Graff/Gretchen Schaupp © CO.IN. MEDIEN Verlagsgesellschaft mbH, Wiesbaden 2009; **16.M1** Heiko Sakurai, Köln; **17.M6** Thomas & Thomas, Hamburg; **18** Burkhard Fritsche, Köln; **19** CCC, www.c5.net (Gottscheber/www.c5.net), Pfaffenhofen a.d. Ilm; **20.M1** Picture-Alliance (dpa-infografik), Frankfurt; **21.M4** Picture-Alliance (GLOBUS Infografik), Frankfurt; **23.M6** Picture-Alliance (Globus Infografik), Frankfurt; **24.M1** Thomas Plaßmann/CCC, www.c5.net; **25.M5** Picture-Alliance (dpa-infografik), Frankfurt; **26.M2** Picture-Alliance (dpa-infografik), Frankfurt; **27.M5** laif (Markus Kirchgessner), Köln; **28** Picture-Alliance (Bernd Thissen/dpa), Frankfurt; **29.oben**; **29.unten** Ullstein Bild GmbH (PFP), Berlin; **30.M3** Erich Schmidt Verlag GmbH, Berlin; **31.M4 links** BPK, Berlin; **31.M4 rechts** Picture-Alliance (ZB), Frankfurt; **32.M3** Gerd Bauer, Nürnberg; **33.M5** Mayr/CCC,www.c5.net; **36.M1 links** VISUM Foto GmbH (Ilja C. Hendel), Hamburg; **36.M1 rechts** Picture-Alliance (dpa), Frankfurt; **38.M1 oben** DHM, Berlin; **38.M1 unten** Picture-Alliance (dpa), Frankfurt; **39.M3 oben**; **39.M3 unten** Ullstein Bild GmbH, Berlin; **40.M1 links** plainpicture GmbH & Co. KG (amigo-pictures), Hamburg; **40.M1 rechts** Getty Images (PhotoDisc), München; **41.M4** Picture-Alliance (dpa-infografik), Frankfurt; **44.M2** Klett-Archiv, Stuttgart; **45.M5** Picture-Alliance (Weihrauch), Frankfurt; **45.M6** The Associated Press GmbH (Richard Vogel), Frankfurt am Main; **46** Ullstein Bild GmbH (Gezett), Berlin; **47.oben** Schwalme/CCC,www.c5.net; **47.unten** Ullstein Bild GmbH (Krass/CARO), Berlin; **48.M2** DHM, Berlin; **49.M6** Picture-Alliance (Globus Infografik), Frankfurt; **52.M1** Picture-Alliance (dpa-Infografik), Frankfurt; **53.M3** Picture-Alliance (GLOBUS Infografik), Frankfurt; **54.M1** Picture-Alliance (Globus Infografik), Frankfurt; **56.M1** Berndt A. Skott, Düsseldorf; **57.M3 li**; **57.M3 re** Metin Yilmaz, Berlin; **57.M3 mitte** gruppe 28 (Steffen Diemer), Hamburg; **58.M1** Thomas Plaßmann, Essen; **59.M4** Picture-Alliance (Globus Infografik), Frankfurt; **60.M2** Plassmann/www.c5.net; **61.M6** Picture-Alliance (GLOBUS Infografik), Frankfurt; **64.M2** Thomas Plaßmann, Essen; **66** Picture-Alliance (dap Grafik), Frankfurt; **67** EZB, Frankfurt; **67.unten** Picture-Alliance (dpa/EPA/Alberto Estevez), Frankfurt; **69** Photographic service of the Council of the EU © European Communities; **70.M1** Picture-Alliance (Heirler), Frankfurt; **71.M3** Nationale Agentur Bildung für Europa beim Bundesinstitut für Berufsbildung (NA beim BIBB), Bonn; **71.M4** VfL Handball Gummersbach GmbH, Gummersbach; **72.M3** Getty Images (AFP), München; **73.M6** Tomicek/CCC,www.c5.net; **73.M7** Ullstein Bild GmbH (CARO/Sorge), Berlin; **75.M4** www.kilpper-projects.de/Courtesy by dispari&dispari project and the artist/© VG Bild-Kunst, Bonn 2009; **76.M2** Picture-Alliance (dpa-infografik), Frankfurt; **78.M1** Picture-Alliance (dpa), Frankfurt; **80.M2** Stuttmann/www.c5.net; **81.M3** Picture-Alliance (Globus Infografik), Frankfurt; **82.M2** Picture-Alliance (Peer Grimm/dpa), Frankfurt; **83.M4** Situationsbericht des Deutschen Bauernverbandes 2009 © Deutscher Bauernverband e.V., Berlin; **85.M2** Erich Schmidt Verlag GmbH, Berlin; **88** Imago, Berlin; **89.oben** Picture-Alliance (Pressefoto ULMER/Lukas Coch), Frankfurt; **89.unten** laif (David Steets/Stern), Köln; **91.M4 - 1** Getty Images (Taxi), München; **91.M4 - 2** Action Press GmbH, Hamburg; **91.M4 - 3** Interfoto, München; **91.M4 - 4** Picture-Alliance (epa/Wolberg), Frankfurt; **91.M4 - 5** Caro Fotoagentur (Rupert Oberhaeuser), Berlin; **91.M4 - 6** Picture-Alliance (epa AFP), Frankfurt; **91.M4 - 7** Picture-Alliance (Bernd Weißbrod), Frankfurt; **91.M4 - 8** Caro Fotoagentur (Aufschlager), Berlin; **91.M4 - 9** Uwe Schmid-Fotografie, Duisburg; **93.M4** Concerto S.P.R.L., Brüssel; **93.M6** Ullstein Buchverlage, Berlin; **94.M1** Gerhard Mester/CCC, www.c5.net; **95.M4a**; **95.M4b**; **95.M4c** Doris Leuschner, Fotodesign, Hannover; **96** Doris Leuschner, Fotodesign, Hannover; **99.M4** Mohr/CCC,www.c5.net; **100.M1** Sven Simon Fotoagentur GmbH & Co., Mülheim an der Ruhr; **101.M6** Picture-Alliance (dpa/Bernd Thissen), Frankfurt; **102.M1** The Associated Press GmbH, Frankfurt am Main; **104** Picture-Alliance (dpa/lsn), Frankfurt; **105.oben** Mauritius Images, Mittenwald; **105.unten** Picture-Alliance (dpa/Marcus Führer), Frankfurt; **106.M1** Picture-Alliance (Globus Infografik), Frankfurt; **108.M2** Aktionskreis gegen Produkt- und Markenpiraterie (APM) e. V., Berlin/mixundpartner, Hamburg; **108.M3** Aktion Plagiarius e.V., Elchingen; **109.M5** Quelle: Zollkriminalamt © förderland; **110.M2** Picture-Alliance (dpa/May), Frankfurt; **111.M3 links** Picture-Alliance (dpa/Katja Lenz), Frankfurt; **111.M3 rechts** Picture-Alliance (Patrick Pleul/ZB), Frankfurt; **111.M5** basiert auf: Erich Schmidt Verlag GmbH, Berlin; **112** Fotolia LLC (luchschen), New York; **115.M4** Corbis (CORBIS SYGMA), Düsseldorf; **118.M1** Picture-Alliance (dpa), Frankfurt; **119.M5** Getty Images (AFP/Christophe Simon), München; **120.M1 links** MEV Verlag GmbH, Augsburg; **120.M1 rechts** iStockphoto, Calgary, Alberta; **125.M3** Picture-Alliance (dpa-infografik), Frankfurt; **125.M5** laif (Sedat Suna/NarPhotos), Köln; **126** MEV Verlag GmbH, Augsburg; **127.oben** CCC, www.c5.net (Mester/www.c5.net), Pfaffenhofen a.d. Ilm; **127.unten** Picture-Alliance (Klaus-Dietmar Gabbert dpa/lbn), Frankfurt; **128.M1** Thomas Plaßmann/CCC, www.c5.net; **131.M2** Picture-Alliance (dpa/Pilick), Frankfurt; **133.M3** Walter Hanel/CCC, www.c5.net; **136.M1** imago, Berlin; **138.M1** Picture-Alliance (dpa/Altwein), Frankfurt; **139.M3** Baaske Cartoons (Karl Gerd Striepecke), Müllheim; **141.M3** laif (Paul Langrock/Zenit), Köln; **142.M1** Picture-Alliance (dpa/Hirschberger), Frankfurt; **144.M1** Horst Haitzinger/CCC, www.c5.net; **146.M2** Wiedenroth, Götz, Flensburg; **147.M5** Picture-Alliance (dpa-infografik), Frankfurt; **148** Landtag NRW, Düsseldorf http://www.landtag.nrw.de/portal/WWW/Webmaster/GB_II/II.1/Oeffentlichkeitsarbeit/Wahlkreiskarte/wahlkreiskarte.jsp **150** Ullstein Bild GmbH (Peter Arnold Inc.), Berlin; **151.oben** laif (homas Grabka), Köln; **151.unten** Ullstein Bild GmbH, Berlin; **152.M1** Corbis (Bettmann), Düsseldorf; **153.M7 links** Corbis (Museum of Flight), Düsseldorf; **153.M7 Mitte** Picture-Alliance (Consolidated U.S. Air Force), Frankfurt; **153.M7 rechts** Corbis (Reuters), Düsseldorf; **154.M2** Picture-Alliance (ZB/Waltraud Grubitzsch), Frankfurt; **155.M4** Picture-Alliance (dpa-infografik), Frankfurt; **156.M1 links** shutterstock (Monkey Business Images), New York, NY; **156.M1 rechts** shutterstock (Ingvald Kaldhussater), New York, NY; **157.M4** These materials have been reproduced with the permission of eBay Inc. © 2009 EBAY INC. ALL RIGHTS RESERVED; **158.M2** Ullstein Bild GmbH (Hechtenberg/Caro), Berlin; **159.M4** Roger Schmidt, Karikatur-Cartoon, Brunsbüttel; **160.M2** Picture-Alliance (dpa-Bildfunk/Jochen Lübke), Frankfurt; **161.M5** imago, Berlin; **162.M1** Liebermann/CCC/www.c5.net; **163.M4** Picture-Alliance (Globus Infografik), Frankfurt; **163.M5** Bundesministerium für Ernährung, Landwirtschaft un, Berlin; **164.M2** Corbis (Denis Scott), Düsseldorf; **165.M4** Gottscheber/CCC,www.c5.net; **166.M2** Picture-Alliance (GLOBUS Infografik), Frankfurt; **167.M4** Picture-Alliance (epa/Press Association), Frankfurt; **170** laif (Paul Langrock/Zenit), Köln; **171.oben** mediaskill OHG Bildmaschine (Bildmaschine.de/www.BilderBox.com), Berlin; **171.unten** Picture-Alliance (dpa), Frankfurt; **172.Mitte** Mauritius Images, Mittenwald; **172.unten links** Corel Corporation Deutschland, Unterschleissheim; **172.unten rechts** Fotosearch Stock Photography (Corel), Waukesha, WI; **173.M3** Erich Schmidt Verlag GmbH, Berlin; **174.M2** Picture-Alliance, Frankfurt; **175.M3** Picture-Alliance (dpa-infografik), Frankfurt; **176.M1** iStockphoto (RF/Thomas Pullicino), Calgary, Alberta; **176.M2** Picture-Alliance (dpa/Jürgen Loesel), Frankfurt; **179.M3** Picture-Alliance (GLOBUS Infografik), Frankfurt; **179.M3** Avenue Images GmbH RF (image 100), Hamburg; **180.M1** Picture-Alliance (dpa-infografik), Frankfurt; **181.M5** Behrendt/CCC,www.c5.net; **182.M1** Picture-Alliance (dpa-infografik), Frankfurt; **182.M2** Ullstein Bild GmbH (AP- Fredrik Sandberg), Berlin; **183.M5** Deutsche Energie-Agentur GmbH, Berlin; **184.M2** UGA - Umweltgutacherausschuss, Berlin, www.emas.de; **185.M3** Commerzbank (Hrsg.): Ökologisches Management. Frankfurt a.M. © Commerzbank AG; **188** FOCUS (Caroline Irby/Network), Hamburg; **189.oben** © HIIK e.V.; **189.unten** Picture-Alliance (dpa), Frankfurt; **190.M1** Picture-Alliance (dpa-infografik), Frankfurt; **191.M4** imago, Berlin; **192.M2** Picture-Alliance (Globus Infografik), Frankfurt; **194.M1** Fotolia LLC (Ralf-Udo Thiele), New York; **195.M5** BMW Group Konzernkommunikation, München; **197.M2** Corbis (JASON LEE/Reuters), Düsseldorf; **199** Picture-Alliance (dpa/dpaweb), Frankfurt; **200.M2 links** Corbis (John Van Hasselt), Düsseldorf; **200.M2 rechts** Avenue Images GmbH (Index Stock), Hamburg; **201.M4** TransFair e.V. www.goodweave.de; **202.M1** Erich Schmidt Verlag GmbH, Berlin; **204** Corbis (Bill Ross), Düsseldorf; **208.M1** Getty Images (MICHAEL KAPPELER/AFP), München; **211.M4** Picture-Alliance (dpa-infografik), Frankfurt; **Cover-1.oben** laif (Dirk Kruell), Köln; **Cover-1.unten** DGB-Bundesvorstand (b-media-redaktionsbüro, Udo Böhlefeld, Kleinmachnow), Berlin